上海市哲学社会科学规划项目"政治运动中的上海苏北人(1921—1949)"
(项目编号:2009BDS002)基金资助

张玲 著

苏北人与上海革命运动

SUBEIREN YU SHANGHAI GEMING YUNDONG

1921—1949

人民出版社

目　录

绪　论 …………………………………………………………………… 1

第一章　近代上海苏北人的构成及特点 ………………………………… 31
　　第一节　近代上海苏北人及行业分布 …………………………… 31
　　第二节　近代上海苏北人之生活及性格特点 …………………… 53

第二章　工人运动之先锋：大革命时期的上海苏北人 ………………… 69
　　第一节　20世纪20年代上海日商纱厂中的苏北人 ……………… 69
　　第二节　上海苏北人与中共工人学校 …………………………… 80
　　第三节　工人运动中的上海苏北人 ……………………………… 99

第三章　无畏之斗士：中共地下党工作时期的苏北人 ………………… 137
　　第一节　中共中央激进主义政策中的近代上海苏北人 ………… 137
　　第二节　1936年日商纱厂大罢工中的苏北人 …………………… 164
　　第三节　20世纪40年代上海革命运动中的苏北人 ……………… 176

第四章　近代上海苏北苦力的政治诉求 ………………………………… 213
　　第一节　上海革命运动中的苏北码头工人 ……………………… 214
　　第二节　上海革命运动中的苏北人力车夫 ……………………… 227
　　第三节　中国共产党在苏北贫民窟的教育动员 ………………… 240

第五章　苏北旅沪同乡团体与上海革命运动 …………………………… 258
　　第一节　近代苏北各旅沪同乡会及其演变 ……………………… 259
　　第二节　江淮旅沪同乡会及其政治倾向 ………………………… 265
　　第三节　中国共产党与江淮旅沪同乡会的互动 ………………… 271

结　语	288

部分上海苏北革命者简介	298
参考文献	320

绪　　论

第一节　研究意义、概念界定、学术回顾、研究方法

一、研究缘起及研究意义

（一）研究之缘起

中国共产党的群众路线是党的生命线和根本工作路线，是中国共产党取得民主革命胜利的一大法宝，体现了唯物史观的基本观点。20世纪80年代以来，近代上海史成为海内外学者研究的热点，一些海外学者对中国共产党的群众观提出质疑，认为中国共产党只依靠有技术的江浙人，而来自北方主要是苏北地区的苦力，不是中国共产党依靠的对象。笔者20年前开始研究近代上海苏北同乡社团及其成员；后来跟踪研究近代上海苏北人，发现长期遭到歧视的苏北人在近代上海革命运动的历史画卷上，留下了浓墨重彩。除了周恩来、朱瑞、李干成、江上青、刘瑞龙、江泽民等中国共产党重要领导人，以及赵寿先、焦伯荣、骆何民等知识分子曾在上海工作、学习，他们对上海革命运动产生重大影响外，占苏北人多数的苦力阶层——纱厂工人、人力车夫、码头工人，亦做出了历史贡献。

汹涌澎湃的大革命时期，在1925年"二月罢工"中，苏北籍日商纱厂男工戴器吉、姜维新、季小四子等成为罢工主力；轰轰烈烈的五卅运动因江苏阜宁籍工人顾正红被日商枪杀而起，掀起波及全国的反帝爱国运动；上海工人第三次武装起义中，在周恩来指挥下，苏北籍基层干部黄逸峰及工人姜维新、朱英如、吴启吉等，积极配合起义工作，成为运动骨干。

20世纪30年代初期的白色恐怖时期,在大革命时期接受中国共产党启蒙、加入党团和工会组织的苏北纱厂工人、人力车夫、码头工人(如邱文治、肖明、肖万才、崔阿二等骨干分子)等苦力,成为中国共产党倚重的不可或缺的力量。1936年的反日罢工和1945—1949的复工、争取经济待遇斗争和民主运动中,涌现出大批苏北籍工人领袖如刘贞、朱俊欣、周国强、汤桂芬、佘敬成等。

1946年苏北籍人力车夫藏大咬子被美国水手打死引发全市反美风潮;上海贫民窟苏北民众被广泛发动迎接上海解放;作出过历史贡献的更多的苏北民众,则湮没在历史的长河之中……

但笔者在梳理已有研究成果过程中发现,海内外学术界对上海苏北人的专门研究成果寥寥可数,仅有两本从社会学角度探讨苏北人受歧视、被视为"族群"的专著。近年来,上海苏北人开始进入博士和硕士生的研究领域,数量同样有限,亦未专门研究近代上海革命运动中的苏北人。上述研究成果与这个庞大的移民群体不匹配。

至于上海苏北人的生存状况与政治诉求之间的内在联系,共产党人怎样在上海苏北人中宣传马克思主义、启发其政治觉悟,及苏北人在上海革命运动中的地位和作用等问题,更被大陆学者忽视。

海外学者则弱化苏北人在上海革命运动中的作用。如美国学者裴宜理(Elizabeth J.Perry)认为,近代上海罢工中,中国共产党主要依靠有技术的江浙人(江苏省长江以南及浙江人),因他们罢工有效,而半技术和非技术的北方工人(多来自苏北地区)散漫、胆小,罢工中一有风吹草动便一哄而散,并不是中国共产党倚重的力量。但是这个结论无法解释20世纪20至40年代苏北工人充当了上海工人运动主力的史实。

综上所述,国内外学者对近代上海革命运动中苏北人的研究非常欠缺,海外学者的研究结论值得商榷。

如果不解决上述问题,上海革命史乃至中国革命史就不是全面的,也是个缺憾。为揭开这些历史谜团,本书进行探索性研究。

(二)研究意义

第一,理论意义:修正海外学者对近代上海革命运动中苏北人的"误判",拓展、丰富和发展上海革命史研究。

绪 论

长期以来,上海苏北人在上海革命运动中的作用一直没有得到学术界足够重视,长期的社会偏见把苏北人的历史贡献湮没了,这对苏北人是不公平的。中共中央1933年2月转移到中央苏区之前,上海曾长期是中共中央所在地(1927年短暂迁往武汉),因此,在此期间上海苏北人参与的上海革命运动则具全局意义。

有鉴于此,笔者拟从社会史角度入手,研究近代上海革命运动中苏北人的经济地位、政治态度、表现及历史作用,以期部分还原历史真相。这对于进一步拓展中共党史研究新领域,推进上海工人运动史研究的深化,具有一定的学术意义。

第二,现实意义:为进一步发展当代马克思主义群众观提供历史经验。上海苏北人是个成分复杂的移民群体,既有知识分子出身的领导者,亦有大量的贫苦劳工;劳工阶层中,既有在工厂工作、组织纪律训练有素的现代工人,亦有人力车夫、码头工人等苦力工人,更多的是手工业、服务业人员、小商贩及文化素质低下的半失业和失业人员。劳工阶层的苏北人三教九流无所不有,他们身上既包含利于革命的积极因素,也有"只问面包,不问政治"等消极因素。这是个异质化程度大、底层人群为主体的移民群体,中国共产党对其动员颇费周折,也具典型性。当代中国社会的异质性亦较强,中国共产党必须兼顾不同文化层次、不同行业、不同区域乃至不同能力的人群之间的利益分配,充分调动人民群众的积极性和主动性。

中国共产党对旅沪苏北人的启发、互动,既是一个把深奥的马克思主义理论转换为大众喜闻乐见的过程,也是使马克思主义理论变为现实力量进而推动中国现代化的过程,即马克思主义大众化。在新民主主义革命时期,中国共产党在动员上海苏北人进程中,积累了最有效的经验——创办免费的工人学校,提高群众的文化水平和政治觉悟;关心群众疾苦,举办教育、慈善和救助事业,帮助群众解决困难,把教育、生活和政治实践有机结合起来,基层党组织成为扩大党的影响的坚固堡垒。

中国特色社会主义建设需要全体人民的共同努力,如何发挥社会各个阶层群众的积极性、主动性和创造性,是社会主义建设成败的关键。关怀社会弱势群体,化消极因素为积极因素,结成建设中国特色社会主义最广泛的统一战线,使之成为构建和谐社会的建设力量,是该研究的现实意义。

二、概念界定、研究重点和研究时限

"苏北"地区,其内涵在不同的历史时空及不同的地域人群中有不同的界定。从地理意义上说,近代苏北泛指江苏省长江以北的广大区域,这是广义上的苏北。

现代以来,江苏本省则从经济社会发展角度,惯常把长江以北的大苏北细分为苏中和苏北地区,这里的苏北地区,特指经济相对落后的徐州、淮安、盐城、连云港、宿迁市及其辖区,苏中地区则包括经济相对发达的扬州地区、泰州地区和南通地区。

上海苏北人,亦有广义和狭义之分。广义上的苏北人,泛指来自江苏省内长江以北的移民。上海市民俗称的"苏北人",是狭义上的苏北人,特指民国时期隶属于淮扬道而移居上海的民众,其中大部分是灾民。淮扬道包括江淮地区六县,即淮安、淮阴、盐城、阜宁、涟水、泗阳,以及扬州地区八县,即江都、仪征、高邮、宝应、兴化、泰县、东台、靖江①。近代以来,这一地区曾长期受水患侵袭,大批灾民源源不断流向上海,成为数量巨大的移民群体,长期备受上海社会的歧视。也有些上海人习惯地把长江以北之江苏和安徽人,统称为"江北人"。

本书研究的视点是广义上的苏北人,它既包括从江苏省长江以北不同地区移民至上海的苏北人,也包括在上海出生、生活、工作或牺牲的苏北人,研究重点则是曾长期遭受偏见的苏北工人等苦力群体。

近代以来,上海苏北人数量到底有多少? 学者的看法并不一致。学者邹依仁统计,在解放前后,上海市600万总人口中,江苏人占了一半②,他并未细分苏北人和苏南人。何金海认为,上海刚解放统计人口时,苏北人占上海总人口的45%,还不包括悄悄改掉籍贯的苏北人,③按此比例计算,苏北人有270万。显然,这个数据过大。华东师范大学谢俊美教授的看法是,在解放初期,在600万

---

① 靖江原是长江中的沙洲,明成化七年(1471年)建县,靖江因其特殊的地理位置,近代以来频繁地属于不同地区:明清隶属于常州府,1913—1927年隶属于苏常道;1928年属江苏省政府;1933年隶属于省第八行政督察区(区署设于泰州),1934—1938年隶省属于省第四行政督察区(区署设于南通)。参见:上海市档案局藏:Q117—34—4。
② 邹依仁:《旧上海人口变迁的研究》,上海人民出版社1980年版,第114—115页。
③ 何金海:《苏北人——上海地方文化的一个问题》,《上海市建设职工大学学报》1999年第1期。

上海总人口中,苏北人占四分之一强,约150万。① 卢汉龙认为,解放前苏北(仅指扬州、盐城和淮阴三地)人占上海总人口的比重为13.7%,80万人左右。②

上述研究者对上海究竟有多少苏北人看法不一,但都肯定苏北人是上海第一大移民群体,其中,两淮地区移民是主体。综合来看,解放前上海苏北人大约150万—200万。

关于"动员",源于德文"Mobilmoahung",后发展为法文"mobilisation",再到英文"mobilization"。根据2002年7月商务印书馆出版的《现代汉语词典》,它对动员所下的定义为:"(1)把国家的武装力量由和平状态转入战时状态,以及把所有的经济部门(工业、农业、运输业等)转入供应战争需要的工作。(2)发动人参加某项活动。"本书从"动员"概念的第二个定义出发,研究中国共产党对上海苏北人的启发动员。中国共产党结合具体实际情况,采用机动灵活的方式启发、教育民众,提高其文化素质;宣传革命理论,提高其政治觉悟,并使被教育者把革命理论自觉内化为行动,自觉加入到革命洪流中并发挥积极影响。

关于研究时限。在近代上海革命运动的不同历史时期,上海苏北人的作用有大有小,但一直有苏北人的身影。早在20世纪初期,以苏北人为主体的码头工人和人力车夫就多次自发掀起反帝国主义、封建把头的政治经济斗争;1920年8月起,上海共产党发起组在沪西、沪东、浦东等工人集中地举办工人学校,动员工人入校接受教育,中国共产党成立后,工人学校的数量和规模不断发展壮大,在工人之中和社会上的影响越来越大;1924年,内外棉厂苏北籍工人戴器甲(吉)、姜维新、顾正红等参加中国共产党举办的沪西工人俱乐部,成为学生骨干,经过他们的介绍和动员,更多的苏北人进入学校学习,并积极投身到工人运动中。所以本书的研究起始时间是1921年,研究重点是1924—1949年间上海革命运动中的苏北工人。

三、学术回顾

上海是近代中国第一大工业城市,是工人阶级的发源地和中国共产党的诞生地,上海革命运动史是中国革命史的重要组成部分。

---

① 谢俊美:《上海历史上人口变迁的研究》,《社会科学》1980年第3期。
② 卢汉龙:《上海解放前移民特征研究》,《上海科学院学术季刊》1995年第1期。

邓中夏、刘明逵等对中国工人运动进行了资料汇总和翔实的研究。20世纪前期邓中夏的《中国职工运动简史》反映了早期共产党人教育、动员、领导工人罢工的基本面貌,重点研究了安源路矿罢工、五卅运动和省港罢工等工人运动。邓中夏是中国工人运动的先驱,他是早期工人运动重要的组织者和领导者,这部著作无疑是非常珍贵的史料①。刘明逵、唐玉良的《中国工人运动史》对1840—1949年的工人阶级状况及工人运动进行了系统的史料搜集整理②,这套丛书是国内工人运动史料的集大成者,涵盖整个新民主主义革命时期,资料丰富、全面,对工人阶级的工作及生活状况作了详细介绍,既有城市工人运动,也涉及根据地。其中涉及上海的工人运动,为本书提供了重要的参考资料。

关于上海工人运动史的研究。胡林阁、朱邦兴等编的《上海产业与上海职工》,对20世纪30年代上海20多个产业职工的人数、籍贯、工资、劳动强度、生活娱乐及其经济和政治斗争,进行了细致的调查和研究③,这是一部政治史和社会史、经济史相结合的著作,并对各个行业的工人来源作了介绍,是资料全面、丰富的社会调查报告。

上海社会科学院历史研究所20世纪50—60年代开展的工人口述史调查,其重点是五卅运动、上海工人三次武装起义及工厂工人斗争史④,为研究者提供了难得的口述资料。

改革开放后,上海工人运动史和工厂史研究一度进入鼎盛时期,上海革命史、中共上海各区(县)组织史、大事记、上海工人运动(含工会)史、五卅运动史、上海纺织工人运动史、上海三次工人武装起义、上海工厂史等研究成果陆续出版⑤,资料翔实。代表性的著作有:

首先,沈以行、蒋沛南等著的《上海工人运动史》(上、下册),该书按时间顺序展开,对1840—1949年的上海工人运动进行了翔实的研究,它是目前为止研究上海工人运动史学术价值很高的学术著作,采用典型研究方法,对美亚织绸厂

---

① 邓中夏:《中国职工运动简史》,人民出版社1953年版。
② 刘明逵、唐玉良:《中国工人运动史》(六卷本),广东人民出版社1998年版。
③ 胡林阁、朱邦兴等合编:《上海产业与上海职工》,香港远东出版社1939年版;上海人民出版社1984年版。
④ 上海社会科学院工人口述史1957—1963年。
⑤ 《五卅运动》(1、2、3辑),上海人民出版社1991年版;上海市档案局编:《上海工人三次武装起义》,上海人民出版社1983年版等。

工人运动及"七大工会"等进行了个案研究。美中不足的是对革命参与者的来源和社会地位、参与革命的动机,中国共产党与参与者之间的互动等环节,研究不够。①

其次,中共上海市委党史研究室编写的《中国共产党上海史(1920—1949)》,借助苏联解体后新解密的档案及上海市档案局所藏档案,对上海城市革命运动进行了全面研究②,系统化、理论化程度高。

最后,中共上海市委党史研究室和上海市总工会编纂的"上海工厂企业党史工运史丛书",对纺织、烟草、法电、英电、人力车等十几个行业的工人生活、生产及革命斗争进行了专题研究,③该丛书对企业的工人构成及籍贯进行了简要介绍,非常珍贵。上述三类代表性著作是上海工人运动史研究颇有分量的研究成果。

上述研究大多采用传统的以政治叙事为特征的政治史和中共党史的范式,宏观研究为主,从经济史、社会史、文化史的跨学科研究较少,亦缺乏联系革命者地域身份的系统的微观研究。

改革开放以来,伴随着思想解放大潮,大量档案及文献相继向历史研究者开放,秘密会社与工人运动关系的著作相继问世,刘明逵、唐玉良对早期工人的秘密结社进行了探讨;周育民、邵雍的《中国帮会史》,蔡少卿的《中国近代会党史研究》《中国秘密会社》④,论述了民主革命时期帮会与工农运动的关系,及中国共产党在各个时期对会党的政策方针;1986年出版的《旧上海的帮会》⑤为研究上海各青帮势力(主要是杜月笙、黄金荣和张啸林)与政党政治的关系,提供了珍贵的史料,但该书的研究重点不包括苏北青帮。

20世纪90年代以来,苏北人逐步进入国内学者的视野,上海师范大学、南京大学、复旦大学等博士生、硕士生把上海苏北人作为研究选题,他们多从社会

---

① 沈以行、姜沛南等:《上海工人运动史》(上、下),辽宁人民出版社1991年版。
② 《中国共产党上海史(1921—1949)》上、下卷,上海人民出版社1999年版。
③ "上海工厂企业党史工运史丛书",中央党史出版社1991—1997年版。
④ 刘明逵、唐玉良主编:《中国工人运动史》(1—6),广东人民出版社1998年版;周育民、邵雍:《中国帮会史》,上海人民出版社1993年版;蔡少卿:《中国近代会党史研究》,中国人民大学出版社2009年版;《中国秘密会社》,浙江人民出版社1990年版;苏智良、陈丽菲:《近代上海黑社会研究》,浙江人民出版社1991年版;胡训民、贺建:《上海帮会简史》,上海人民出版社1991年版;郭绪印:《旧上海黑社会秘史》,上海人民出版社1996年版。
⑤ 《旧上海的帮会》,上海人民出版社1986年版。

史视角入手。如青年学者陈櫓从社会史视角撰写了《民国时期上海苏北人问题研究》专著,赵亮细致地研究上海闸北的苏北人。① 胡银平对沪西小沙渡地区20世纪20年代工人运动进行了研究,也未能脱离传统的政治叙事,亦没有对工人籍贯进行细致分析。② 国内至今尚无融合多学科、专门研究苏北人参与上海革命运动的学术著作。

海外、港台方面。中国台湾马俊超的《中国劳工运动史》③,把中国工人运动纳入到国民党史研究中。20世纪80年代之前,国外学者对中国工人运动的研究没有突破中国传统政治史的研究思路和范式。日本共产党学者中村三登志、法国学者谢诺是代表。尽管谢诺承认工人中的地区差别和职业差别,但更强调工人罢工中"阶级团结的进步性"④,把工人阶级看作整齐划一的整体。

80年代以来海外掀起的上海史研究热潮中,关于苏北人问题的研究领先于国内。美国学者韩起澜(Emily Honig)《苏北人在上海,1850—1980)》是研究上海苏北人最具影响的代表性著作,她运用"族群(ethnicity)"理论探讨上海苏北人受歧视的根源。作者将历史学和文化人类学研究相融合,从上海苏北人移居上海的原因、在上海从事的职业及生活习惯,到本地人、江浙人和外国人如何看待他们,论证了"苏北人"的由来,只是在上海,才有"苏北人"这个称谓,它是上海本地人强加的产物。她全面地描述了上海苏北人受到的不公正待遇和遭受歧视的种种现象,也分析了上海苏北人逐步由难民形成"族群"的过程,但没有研究上海苏北人参与政治运动。

她另撰文分析上海纱厂女工的阶级意识问题和地域(籍贯)隔阂。她认为近代上海工人并不是铁板一块,地域隔阂严重,即便同是苏北人,盐城籍女工与泰州籍女工不仅没有认同感,反而很冷漠,甚至敌视,她们只在为数甚少的几次罢工中联合起来,罢工结束后一切照旧。⑤ 韩起澜虽未把上海工人运动作为研

---

① 陈櫓:《民国时期上海苏北人问题研究》,文史资料出版社2005年版;赵亮:《近代闸北的苏北人(1900—1949)》,2006年硕士学位论文。
② 胡银平:《沪西小沙渡研究(1899—1949)》,上海师范大学2008年硕士学位论文。
③ 马俊超:《中国劳工运动史》,商务印书馆1942年发行。
④ [日]中村三登志著,王玉平译:《中国工人运动史》,工人出版社1989年版;Jesn Chesneux, *The Labor Movement*, 1919-1927(Stanford University Press,1968)。
⑤ [美]韩起澜著,卢明华译:《苏北人在上海,1850—1980》,上海古籍出版社2004年版;Emily Honig, Sisters and Strangers: Women in the Shanghai Cotton Mills, 1911-1949 (Stanford, Calif., 1986)。

究重点,但其研究历史的思维方式和方法值得借鉴。

美国学者裴宜理(Elizabeth J.Perry)在研究上海工人运动的方法上开创了"新工运史"范式,她的《上海罢工:中国工人政治研究》一书,从地缘政治和产业政治角度把工人分为三类,即江南和浙江籍为主的技术工人,半技术工人和以码头工人、人力车夫为主的非技术工人;她认为技术工人罢工有效,是中共倚重的力量,在上海罢工中发挥了特殊作用;半技术工人与帮会关系密切;非技术工人(主要是苏北人)无组织纪律性,似一盘散沙,罢工中一有风吹草动便一哄而散。但是这个结论无法解释在20世纪20—30年代,尤其是1925年的二月罢工、五卅运动、上海第三次工人武装起义中,30年代的"共舞台事件"和解放战争时期纱厂、电车企业工人运动中,苏北籍工人是骨干的史实。①

Kerr 和 Siegel 通过统计罢工次数则认为,中国的采矿业、海员和码头工人最具革命性②。裴宜理与 Kerr 和 Siegel 同样用统计方法研究工人罢工,但双方的某些研究结论却无法达成一致,甚至互相"打架"。此外,她们对上海工人运动还缺少地域文化的深度研究。

澳大利亚学者布莱恩·G.马丁(Brian G.Martin)对青帮的源流、组织结构、上海青帮的派作了详细研究,他虽然提到20年代苏北青帮与共产党的合作,但其研究重点是租界尤其是法租界青帮与上海政界错综复杂的关系。③ 裴宜里及韩起澜对上海青帮与国民党政权的关系也进行过研究,但对苏北青帮涉及甚少。

以往的研究成果为本书提供了有益的方法和视角。但相比较而言,在上海革命史研究领域,对工厂工人运动的研究成果较多,而对中国共产党如何在城市边缘群体(上海苏北人为主)开展政治动员的研究成果较少;从宏观政治史角度的研究较多,从工人籍贯、地域文化和性格特质等微观研究较少。

本书以近代上海苏北人为考察对象,以1921—1949年为研究时限。通过对上海苏北人的剖析,从微观层面展示中国共产党在民主革命时期对不同行业苏北人的政治动员,立体再现中国共产党在城市动员中的曲折历程,力图突破以往中国革命史(中共党史)研究中宏观叙述的研究范式,拓展中共党史研究新领域。

---

① [美]裴宜理著,刘平译:《上海罢工:中国工人政治研究》,江苏人民出版社2001年版。
② 《上海研究论丛》(4),上海社会科学院出版社1990年版,第85页。
③ [澳]布赖恩·G.马丁,周育民等译:《上海青帮》,上海三联书店2002年版。

四、研究思路、方法与资料

思路:本书以马克思主义唯物史观为指导,以中国共产党(含共产国际和联共(布))在新民主主义革命时期的革命政策为经,以旅沪苏北移民地域文化和性格特质为纬,全面梳理和总结中国共产党对不同行业上海苏北人的教育、团结、动员及组织模式,立体再现苏北人在上海历次革命运动中的作用,并对马克思大众化及中国共产党的群众观的经验进行总结,为进一步推进当代中国共产党群众路线实践活动提供历史启示。如下图所示:

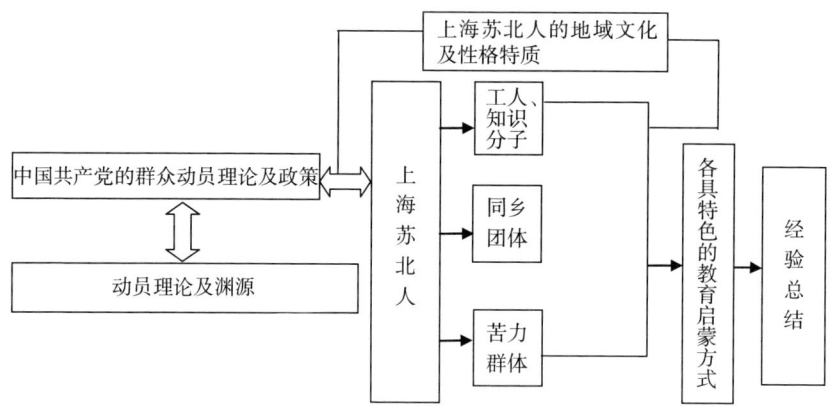

研究方法与资料:一是微观和宏观相结合的研究方法。本书把政治史和社会史结合起来,把苏北人的社会、经济状况、地域文化与上海革命运动融为一体,立体展示近代上海苏北人参与革命的动机及他们对近代上海工人运动的影响。

二是典型人物"深描"法。本书在民主革命时期的不同历史阶段选择典型的苏北人为深入剖析对象,分析其社会经历、经济地位及政治动机,展示中国共产党与苏北人的互动及对苏北人独特的教育动员模式;从地域文化视角比较苏北人与江浙人性格和行为方式的差异,揭示上海苏北人的性格特质对上海革命运动的影响。

三是分类研究和重点研究相结合的方法。本书不按照传统的以时间顺序进行叙事的惯例,而是把近代上海苏北人分成工厂工人、码头工人、人力车夫、同乡团体等,进行分类研究;中国共产党是先进生产力代表,现代化工厂、企业中的苏北工人是研究的重点。

四是以历史文献资料为抓手,做到论从史出。以第一手资料为基础,全面、真实、深度地还原近代上海苏北人在上海革命运动中的地位和作用,丰富上海革命史的研究。以上海革命文件(包括各区部委文件及群众团体文件)和江苏省革命文件为基础,参考上海市档案馆编写的五卅运动史、上海工人三次武装起义史,上海市地方志编写的上海工运志,上海社会科学院历史研究所所作工人运动口述史及相关研究,上海革命史、上海工厂史的系列研究,及普陀、闸北、杨浦、黄浦、长宁等各区志中民主革命时期的内容;借助扬州、盐城、淮阴、徐州、南通等府志或县志,展示苏北地域文化及苏北人的性格特质,并参考国内、海外学者对上海工人运动的相关研究成果,力求客观地反映镪近代上海苏北人的社会生态和政治动机、中国共产党对苏北人的启蒙教育和组织动员,及苏北人在上海革命运动中的地位和作用。

第二节　群众动员及理论渊源

中国民主革命时期的经验表明,革命若要成功,充分而有效的群众动员是关键。近代上海苏北人在上海革命运动中扮演了重要角色,是中国共产党对其宣传、启发、教育、动员和组织的结果。那么,中国共产党在新民主主义革命时期如何探索并走出一条适合中国国情的群众动员之路?

有效地动员人民群众,必须做到:了解中国社会及群众的需求,通过适当方式让人民群众接触、掌握马克思主义理论;民众在掌握其精神实质的前提下,能够自觉把理论知识转化为实际行动,与争取经济权益和政治诉求的现实斗争相结合。

马克思主义作为揭示人类社会发展规律的科学理论,它来源于实践,运用和发展于实践,并最终由实践来检验,其生命力和价值只有在指导实践中才能充分实现。而社会实践是具体的、历史的,各个国家的具体情况千差万别,这就要求把马克思主义基本原理同各国具体实际相结合,赋予它鲜明的民族特色,被本国民众所接受。马克思的理论提供的只是总的指导原理,而这些原理的应用在不同国家和民族又有不同的具体形式。把马克思主义运用于中国,就是要用马克思主义的立场、观点、方法研究和解决中国革命的实际问题,运用中国老百姓喜闻乐见的文化形式、思维习惯和表达方式来阐述马克思主义,使之成为具有中国风格、中国气派的马克思主义。

苏北人与上海革命运动(1921—1949)

人民群众始终是创造历史的根本动力,是推动社会发展进步的创造性实践的主体。但群众仅靠分散的、盲目的自发探索是困难的,必须有科学的理论指导。马克思主义始终把服务工人阶级和广大民众作为自己的最高价值准则,马克思主义只有为广大民众掌握,才能变成认识世界和改造世界的强大物质力量,掌握的群众越多,就越能显现出强大的生命力和影响力。这就要求把马克思主义基本原理同人民群众的生动实践结合起来,回答群众普遍关心的重大理论和实践问题、热点难点问题,普及和推广马克思主义,使之成为得到普遍认同、受到真诚信仰、拥有广泛群众的马克思主义。

中国新民主主义革命时期,马克思主义大众化的工作更为艰巨,因为中国是农业大国,人口中的绝大多数是文化素质比较低下的农民,即便是组织纪律性较高的产业工人,与农民也有天然的联系,文化水平不如欧美国家的工人阶级,思想观念受小农意识之束缚。近代中国,产业工人人数较少,集中在上海、天津、广州、武汉等大城市之中,更多的则是以出卖力气为生的苦力工人。这些具体情况,加大了马克思主义大众化工作的难度。

因此,中国共产党要有效实现马克思主义大众化,必须对人民群众进行通俗易懂的宣传动员和耐心细致的理论灌输。中国共产党经过20多年艰辛探索,在抗日战争时期对该问题的认识日臻成熟。中共"七大"期间,毛泽东曾将第一次土地革命战争时期党内的主要分歧归结为三个方面,即:中国共产党要分清"什么是敌人?什么是朋友"、"如何组织队伍"以及"如何打法?"①实际上,在这三个问题上所形成的共识和相关理论总结,既是我们理解中国革命的重要切入点,也是共产党在启发动员人民群众方面所积累的主要经验。

当然,动员人民群众并非只着眼于以阶级斗争为中心的单向度的革命活动,动员活动不能孤立进行,它是集政治、经济、社会于一体的系统工程。

一、马克思、列宁的群众动员理论

根据前文对于"动员"的定义可知,动员关涉到以下三个关键因素,即动员的主体、动员的对象以及动员的手段。动员的主体,毫无疑问是无产阶级政党。

---

① 毛泽东:《"七大"工作方式》(1945年4月21日),《中共党史教学参考资料》(第十七册),国防大学出版社1985年版,第374页。

绪　论

那么,动员的对象和手段如何? 马克思主义经典作家们曾对此作过明确的论述。

1847年11月,国际工人组织在英国伦敦召开代表大会,马克思和恩格斯受大会的委托,为该组织起草指导性的党纲;次年2月,马克思、恩格斯共同起草了《共产党宣言》,成为指导世界共产主义运动的重要理论依据。

列宁曾经指出:"没有革命的理论,就不会有革命的运动。"[①]以毛泽东为代表的中国共产党人正是在学习、继承并发展了马列主义基础之上走出了一条有中国特色的群众动员道路。

(一)动员群众的基础——阶级分析

无产阶级政党进行革命活动,须首先分清敌友,只有进行正确的阶级分析,才能做到"团结真正的朋友,以攻击真正的敌人"。[②] 阶级分析的本意就是让无产阶级政党及其成员明了在现实革命实践中,要团结哪些人,打击哪些人,以及如何动员最广泛的力量加入革命洪流之中。

马克思认为,至今一切有文字记载的全部历史,都是阶级斗争的历史。"自由民和奴隶、贵族和平民、领主和农奴、行会师傅和帮工,一句话,压迫者和被压迫者,始终处于相互对立的地位,进行不断的、有时隐蔽有时公开的斗争。"[③]在任何社会阶段都存在着阶级差别。这种差别,是由个人的生存状况与物质条件不同而决定。这种客观决定使得每个人都必须依附于一定的阶级,发生阶级关系。

马克思生活的年代,资本主义阶段是阶级关系最为明朗的社会阶段,整个社会分裂为两大敌对的阵营,即资产阶级和无产阶级。所谓资产阶级,即指占有社会生产资料并使用雇佣劳动的现代资本家阶级,而无产阶级,则是指那些没有自己的生产资料、不得不靠出卖劳动力来维持生活的现代雇佣工人阶级。马克思还认为,在资本主义两大对立阶级中间存在着中间等级,"即小工业家、小商人、手工业者、农民,他们同资产阶级作斗争,都是为了维护他们这种中间等级的生存,以免于灭亡。所以,他们不是革命的,而是保守的。不仅如此,他们甚至是反

---

① 列宁:《怎么办? 我们运动中的迫切问题(1901—1902)》,《列宁选集》第2卷,人民出版社1995年版,第23页。
② 毛泽东:《中国社会各阶级的分析(1925年12月1日)》,《毛泽东选集》第一卷,人民出版社1991年版,第3页。
③ 马克思、恩格斯:《共产党宣言》,《马克思恩格斯文集》第2卷,人民出版社2009年版,第31页。

动的"。马克思断言,在同资产阶级对立的一切阶级中,"只有无产阶级是真正革命的阶级。其余的阶级都随着大工业的发展而日趋没落和灭亡,无产阶级却是大工业本身的产物"。[1] 中间阶级需要无产阶级的团结、动员,使之加入革命队伍中来,站到无产阶级立场上来,才能是革命的。无产阶级拥有大公无私、革命最彻底、目标最远大的特点,因此是革命的领导者。

列宁对于阶级分析的方法,同样运用娴熟。他认为,当时俄国除了上述较为明朗的阶级对立外,在广大农村中也开始出现了阶级分化。一部分农民开始转化为半无产阶级。所谓半无产阶级,即指那些需要依靠部分出卖劳动力来获得生活资料的人,如雇农、雇佣工人和贫苦农民等。根据俄国的这一国情,列宁进一步提出了工农联盟的号召。他强调指出:"必须有步骤有计划地在农村中进行鼓动工作。如果工人阶级不能得到哪怕是一部分雇农和贫苦农民的拥护,不能用自己的政策使一部分其他农村居民保持中立,那就不能巩固自己的胜利。……放弃这项工作,或者把它交给不可靠的半改良主义者,就等于放弃无产阶级革命。"[2]由于马克思、恩格斯与列宁面对的对象不同,其结论自然有所差别了,但阶级分析的方法却是一致的。他们都强调无产阶级的先进性,是社会前进的推动力量;在社会发展进程中,工人阶级必须团结一切可以团结的力量,动员一切可能争取的对象,推动社会变革。

上述理论对农民占绝大多数的近代中国,具有重大的指导意义。中国工人阶级人数相对较少,仅仅依靠工人阶级尤其是产业工人阶级,很难达到政治目的,无产阶级政党只有广泛团结中间阶级、壮大变革社会动力,才能始终保持旺盛的生命力。

(二)动员群众的手段——阶级斗争

由于不同利益的阶级存在,导致文明社会中充满了阶级间的斗争。对此,马克思指出:在阶级社会里,对立阶级"每一次斗争的结局都是整个社会受到革命改造或者斗争的各阶级同归于尽"。[3] 他认为,阶级斗争是人类社会进步的主要

---

[1] 马克思、恩格斯:《共产党宣言》,《马克思恩格斯文集》第2卷,人民出版社2009年版,第41—42页。
[2] 列宁:《加入共产国际的条件》,《列宁全集》第39卷,人民出版社1986年版,第200页。
[3] 马克思、恩格斯:《共产党宣言》,《马克思恩格斯文集》第2卷,人民出版社2009年版,第31页。

推动力。

那么,什么是阶级斗争?列宁将其定义为:"一部分人反对另一部分人的斗争,无权的、被压迫的和劳动的群众反对特权的压迫者和寄生虫的斗争,雇佣工人或无产者反对私有主或资产阶级的斗争。"①在他看来,是否赞成阶级斗争与无产阶级专政还是衡量一个真正的马克思主义者的主要标准。②

毛泽东一语中的地指出马克思主义的真谛:1939年12月21日,他在延安各界庆祝斯大林六十寿辰大会上的讲话中指出:"马克思主义的道理千条万绪,归根结底,就是一句话:'造反有理'。"③当然,这里指的是被压迫阶级的"造反有理",其精神实质是无产阶级对资产阶级的反抗斗争,是马克思主义阶级斗争理论的中国化表述。由此可见,他们在阶级斗争的思想上存在着明显的承续性。

阶级斗争的形式,则多种多样。其中,以政治斗争与经济斗争最为主要。在资本主义社会,政治斗争主要表现为反对政府、扩大民权(即争取民主和扩大无产阶级的政治权力)等斗争。这期间,往往伴有暴力和战争等现象;至于经济斗争,则是反对个别资本家或资本家集团以改善工人的生活状况为目标的斗争。

在阶级斗争的各种形式之中,马克思、恩格斯对暴力革命最为推崇。在马克思看来,暴力革命不仅是"孕育着新社会的旧社会的助产婆",而且"本身就是一种经济力"④。更重要的是,它还是实现共产主义理想的唯一手段。为此,他在《共产党宣言》中公开宣布要以暴力来推翻全部现存的社会制度。恩格斯完全赞同。他指出:"正是旧的复杂的社会机构中的这种迅速而剧烈的阶级对抗的发展,使革命成为社会进步和政治进步的强大发动机;正是新的党派的这种不断的产生和迅速的成长,它们一个接替一个掌握政权,使一个民族在这种剧烈的震动时期五年就走完在普通环境下一百年还走不完的途程。"⑤对于暴力革命的理

---

① 列宁:《给农村贫民——向农民讲解社会民主党人要求什么》,《列宁选集》第1卷,人民出版社1998年版,第443页。
② 列宁:《国家与革命——马克思主义关于国家的学说与无产阶级在革命中的任务》,《列宁全集》第31卷,人民出版社1985年版,第32页。
③ 毛泽东:《毛泽东同志讲话》(1939年12月21日在延安各界庆祝斯大林六十寿辰上的讲话),《新中华报》1939年12月30日第四版。
④ 马克思:《资本论——政治经济学批判》,《马克思恩格斯文集》第1卷,人民出版社2009年版,第219页。
⑤ 恩格斯:《德国的革命与反革命》,《马克思恩格斯文集》第1卷,人民出版社2009年版,第130页。

论,列宁誉之为"马克思和恩格斯全部学说的基础"①,也是社会主义革命的一项基本原则。

马克思、列宁的阶级分析方法与阶级斗争理论,使人们分清了那些纷繁复杂而诡辩的学说与科学社会主义之间的本质区别,看到了形形色色的有产阶级同广大贫苦人民之间的根本矛盾。虽然,无产阶级不是从来就有的,但是,"穷人和劳动阶级一向就有,并且劳动阶级通常都是贫穷的。"②由此,阶级分析的方法与阶级斗争的学说成为动员群众的理论武器。阶级斗争学说在当时为各国家工人阶级政党分析本国国情,厘清国内阶级关系,制定正确的统一战线政策提供了理论指针。

(三)落后国家动员群众的策略——"不断革命论"

马克思、恩格斯起草《共产党宣言》时,他们所面对是一个政治、经济发展严重不平衡的欧洲。其中,既有像英国、法国的老牌资本主义国家,也有像德国那样相对落后的军事封建主义国家。这一状况提出了一个新课题:在落后国家中,如何进行社会主义革命?

据马克思主义理论,历史上一切社会制度的变更归根到底都要围绕着经济关系进行,而社会主义革命更需要具备必要的历史前提与实践基础。早在1844年,马克思就曾经指出:"决不是国家制约和决定市民社会,而是市民社会制约和决定国家,因而应该从经济关系及其发展中来解释政治及其历史,而不是相反。"③

恩格斯在《流亡者文献——论俄国的社会问题》强调:"只有在社会生产力发展到一定阶段,发展到甚至对我们现代条件来说也是很高的阶段,才有可能把生产提高到这样的水平,以致使得阶级差别的消除成为真正的进步。……但是生产力只有在资产阶级手中才达到了这样的发展水平,可见,就是从这一方面说来,资产阶级正如无产阶级本身一样,也是社会主义革命的一个必要的先决条件。"④

---

① 列宁:《国家与革命——马克思主义关于国家的学说与无产阶级在革命中的任务》,《列宁全集》第31卷,人民出版社1985年版,第20页。
② 恩格斯:《共产主义原理·马克思恩格斯文集》第1卷,人民出版社2009年版,第58页。
③ 恩格斯:《关于共产主义者同盟的历史》,《马克思恩格斯选集》第4卷,人民出版社1995年版,第192页。
④ 恩格斯:《流亡者文献——论俄国的社会主义问题》,《马克思恩格斯选集》第2卷,人民出版社1995年版,第616页。

绪　论

马克思、恩格斯的真实想法是：社会主义是一个诞生于资本主义但又高于资本主义的历史形态，因此，资本主义的高度发展亦可以为社会主义运动提供必要的政治经济基础，如增加社会生产力、扩大公民的政治权利、培育民主的传统等，而这些也是社会主义社会中所不可或缺的内容。

但是，当时具备上述历史前提和实践基础的国家并不多。那么如何跨越所谓的"卡夫丁峡谷"呢？马克思、恩格斯提出了"不断革命理论"（亦称"二次革命理论"）。根据德国的政治、经济状况，马克思在《共产党宣言》中明确指出：

> 在德国，只要资产阶级采取革命的行动，共产党就同它一起去反对君主专制、封建土地所有制和小市民的反动性。但是，共产党一分钟也不忽略教育工人尽可能明确地意识到资产阶级和无产阶级敌对的对立，以便德国工人能够立刻利用资产阶级统治所必然带来的社会的和政治的条件作为反对资产阶级的武器，以便在推翻德国的反动阶级之后立即开始反对资产阶级本身的斗争。……因而德国的资产阶级革命只能是无产阶级革命的直接序幕。[①]

实际上，这是一种迂回的革命策略，即在资产阶级革命胜利之后，无产阶级必然会随着资本主义的发展而不断壮大，而与之相适应的政治、经济关系也会得到进步，从而可以为将来的社会主义革命奠定必要的基础。

（四）扩大动员对象——与资产阶级结成暂时联盟

列宁结合世界革命新形势和俄国具体状况，对"二次革命理论"进一步阐释和发展，在第一次世界大战期间初步形成理论体系。他在《无产阶级革命和叛徒考茨基》指出："起初同'全体'农民一起，反对君主制、反对地主、反对中世纪制度（因此，革命还是资产阶级革命，是资产阶级民主革命），然后同贫苦农民一起，同半无产阶级一起，同一切被剥削者一起，反对资本主义，包括反对农村的富人、富农和投机者，因此，革命变成社会主义革命。"[②]另外，他还强调指出："从无

---

① 马克思、恩格斯：《共产党宣言》，《马克思恩格斯文集》第1卷，人民出版社2009年版，第42页。

② 列宁：《无产阶级革命和叛徒考茨基》，《列宁选集》第3卷，人民出版社1995年版，第684页。

产阶级的利益着想,资产阶级革命是绝对必要的。资产阶级革命进行得愈充分、愈坚决、愈彻底,无产阶级为争取社会主义而反对资产阶级的斗争就愈有保证。"①"二次革命理论"的提出,使得落后国家也有可能开展社会主义运动。

列宁与马克思、恩格斯在这一问题上有一定的分歧。马克思认为,无产阶级在资产阶级革命阶段的主要任务是:一要尽力地帮助资产阶级夺取政权;二要"迫使民主派尽可能多方面地触动现存的社会制度,破坏现存社会制度的正常发展,使他们丧失威信,并尽可能把生产力、交通工具、工厂、铁路等等由国家集中经营"②,从而为无产阶级将来的革命扫清障碍。而列宁认为,由于资产阶级本身的自私与软弱,它不可能会将革命进行到底,相反,它会在革命不彻底时就离开革命阵营并走向反动,并破坏无产阶级的既得利益。有鉴于此,他进一步提出了无产阶级必须争夺革命领导权的设想,他指出:

> 马克思主义教导无产者不要避开无产阶级革命,不要不关心资产阶级革命,不要把革命中的领导权让给资产阶级,相反地,要尽最大的努力参加革命,最坚决地为彻底的无产阶级民主主义、为把革命进行到底而奋斗,我们不能跳出俄国革命的资产阶级民主的范围,但是我们能够大大扩展这个范围,我们能够而且应当在这个范围内为无产阶级的利益而奋斗、为无产阶级当前的需求、为争取条件积蓄无产阶级的力量以便在将来取得完全胜利而奋斗。③

这即是"革命转变理论"。虽然,列宁在理论上突破了马克思、恩格斯的"二次革命理论",但俄国革命却是实践了马克思、恩格斯的"二次革命理论",而"革命转变理论"却在中国革命中得到了实践。实际上,除革命的领导者之外,"二次革命理论"与"革命转变理论"之间并不存在天然的鸿沟。两者的关系是,后者对前者的继承和进一步发展。

---

① 列宁:《社会民主党在民主革命中的两个策略》,《列宁选集》第1卷,人民出版社1998年版,第541页。
② 马克思、恩格斯:《中央委员会告共产主义同盟书》,《马克思恩格斯选集》第1卷,人民出版社1995年版,第543页。
③ 列宁:《社会民主党在民主革命中的两个策略》,《列宁选集》第1卷,人民出版社1998年版,第543页。

绪　论

　　在此期间,列宁关于世界革命理论逐渐形成,他把马克思、恩格斯的"二次革命理论"贯穿其中,并加以发展。他把世界革命概括为三种类型,即先进资本主义国家的直接的社会主义革命;俄国的资产阶级民主革命,这种革命发生在无产阶级比较众多和集中的地方,如能得到西欧胜利的无产阶级的援助,将能不间断地发展为社会主义革命;东方革命,由于缺少无产阶级,特殊的长期的资本主义阶段是必不可少的。对于三种革命的关系,列宁认为,世界革命的根本动力仍然是先进资本主义国家的无产阶级,俄国革命是否能彻底进行到底,东方革命一旦出现无产阶级能否转入社会主义,都取决于经验丰富的西欧无产阶级的指导。

　　但在1917年4月撰写《论无产阶级在这次革命中的任务》即《四月提纲》前后,思想发生了转化。他根据俄国革命形势,认为俄国工人阶级有可能在西方工人阶级之前夺取政权,得出"帝国主义是社会主义革命的前夜"、是"垂死的资本主义"的论断。[①] 他进而根据俄国社会矛盾日益激化和欧美资本主义国家统治力量相对稳定的特点,提出了社会主义首先在帝国主义链条的薄弱环节胜利的论点。

　　第一次世界大战后,中欧革命局势并没有出现列宁预想的凯歌猛进景象,反而逐渐平息,他进而把目光放到东方,关注殖民地、半殖民地国家无产阶级与资产阶级的关系。

　　第一次世界大战的爆发使列宁深信,马克思预言的资本主义总危机开始了,世界革命拉开序幕,于是在资本主义最薄弱环节成功地实现了十月革命。列宁为实现世界革命,1919年3月成立了世界共产党组织——共产国际(亦称第三国际)。现在看来,列宁在预言世界革命前景时,显然忽视了这一革命进程的长期性和复杂性,显得过于乐观。因世界大战而引起的革命高潮,自1921—1923年随着斯洛伐克、巴伐利亚、匈牙利苏维埃共和国和芬兰工人共和国等中欧四国的相继失败而逐渐平息,西欧强大的罢工运动也明显减弱,新生的苏俄处于资本主义国家四面包围之中。于是,共产国际自三大开始实现策略转变,即由世界革命转为统一战线政策,列宁和共产国际视线东移,关注东方殖民地和半殖民地国家的革命斗争,期望把这些国家纳入反对世界资本主义阵线中,声援欧洲革命。

---

　　① 列宁:《帝国主义是资本主义的最高阶段》,《列宁全集》第22卷,人民出版社1985年版,第295页。

列宁最早研究东方问题并阐述东方民族解放运动。他为共产国际二大起草《民族和殖民地问题提纲初稿》全面阐述了共产国际与殖民地、半殖民地国家无产阶级同资产阶级结成暂时联盟的必要性和可能性。他指出,落后国家进行革命的第一要务,不是实现共产主义革命,而是争取民族解放和争取民主自由。共产国际的任务,帮助并促进这一资产阶级民族解放运动革命化,引导他们实行彻底反帝的政策,并设法实现"劳动者苏维埃",最终在西方无产阶级的领导和帮助下,直接过渡到社会主义。据此,他指出共产国际在东方国家的首要任务是:"应当同殖民地和落后国家的资产阶级民主派达成临时协议,甚至结成联盟",以实际行动帮助这些国家的革命解放运动①;东方落后国家的任何一种革命运动和解放运动,都应该也必须在国际无产阶级政党即共产国际的领导下,并作为世界革命的一部分而服从于国际无产阶级的根本利益。②

列宁起草的《民族和殖民地问题提纲初稿》提出的共产国际与东方国家资产阶级结成暂时联盟思想,后来被共产国际继任者斯大林和中国共产党运用到中国革命的具体实践中。其中既有照搬照抄带来的教训,也有结合中国国情的成功经验。这个提纲对翌年成立的中国共产党影响十分深远,它为中国共产党走出狭小圈子、动员更多民众投入革命洪流、形成统一战线策略和理论,提供了指导性纲领。

马列主义的理论博大精深,远非寥寥数语可以完全阐释。这里笔者仅仅是作了与本书相关的理论介绍。值得强调的是,马列的理论并非教义,而是一种方法,是进一步研究的出发点和供这种研究使用的方法。他们所做的,是要使后继者知道"这条道路的方向"以及"引导走这条道路的是什么样的阶级力量"③。

二、中国共产党对动员群众的探索

中国共产党是中国社会政治、经济和工人阶级发展的必然产物。不可否认,中国共产党的诞生得到共产国际和联共(布)的支持和帮助;建党初期,中国共

---

① 《共产国际、联共(布)与中国革命文献资料选辑》(2),北京图书馆出版社1997年版,第115页。
② 《共产国际、联共(布)与中国革命文献资料选辑》(2),北京图书馆出版社1997年版,第141页。
③ 列宁:《政论家札记》,《列宁全集》第32卷,人民出版社1985年版,第111页。

绪　论

产党开展的各项工作也离不开来自莫斯科的指示和驻华代表的指导。马列主义对群众动员理论对中国共产党的影响是深远的,中国共产党走向成熟后,把马列主义原理同中国实际情况结合起来,广泛动员民众,改变了近代中国的历史走向。

五四运动以后,北洋军阀的统治日趋腐朽,爱国之志士仁人继续向西方寻求救亡之道,西方社会的各种思潮亦如潮水般涌入国门。俄国十月革命爆发后,马克思主义通过俄国这个中转站迅速传入中国。共产国际和苏俄根据列宁的民族、殖民地理论,不断派代表到中国寻找并培育革命力量。共产国际二大闭幕后,即指派马林到上海考察远东各国革命运动情况,并调查有否可能在上海建立共产国际远东局。与此同时,1920年上半年,苏俄派往中国的联络人员就与中国革命运动的所有领袖都建立了关系。①

十月革命的胜利,使中国先进知识分子得到极大的鼓舞和启示,事实证明,经济文化落后的国家也可以用社会主义思想指引,走向解放之路。因此,社会主义成为当时知识分子讨论的热点,以各种集会演讲、办刊办报、组织团体等方式在全国范围内开展起来,马克思主义即科学社会主义逐渐成为众多国外社会思潮中最具吸引力的理论。

张国焘曾回忆:"当时从南到北,不少人都在摸索俄国革命成功的途径。研究系主办的北京晨报,上海时事新报,国民党主办的上海民国日报、建设月刊、星期评论及无数青年们主办的报刊都或多或少地同情甚至宣扬社会主义,并热心地介绍俄国革命的实况。"②在宣传社会主义大潮中,各地相继成立研究、宣传马克思主义的研究小组,后来演变为共产主义小组。1920年8月和10月,在陈独秀和李大钊的领导下,上海和北京成立共产主义小组;从1920年秋至1921年春,继上海、北京之后,武汉、长沙、济南、广州等城市先后建立了早期共产党组织。与此同时,旅日、旅法共产党的早期组织也相继成立。建立全国性统一的党组织的条件日趋成熟。1921年7月,在共产国际和俄共(布)的帮助和支持下,各地共产主义小组代表在上海召开大会,宣告中国共产党正式成立,这标志着群众动员理论和实践探索在中国正式开启。

---

① 《魏经斯基给某人的信》(1920年6月于上海),《共产国际、联共(布)与中国革命文献资料选辑》(1),北京图书馆出版社1997年版,第28页。
② 张国焘:《我的回忆》(第一册),东方出版社1998年版,第84页。

（一）中国共产党动员群众的早期实践

中国共产党是按照马克思主义原则建立起来的无产阶级政党,在创建全国性政党之前,信仰马克思主义的先进知识分子把动员和组织工人作为重要任务,在工人群众中创办工人学校进行启发教育。如1920年10月北京共产主义小组成立后,为组织工人运动,邓中夏等深入长辛店铁路工厂发动工人斗争,并于1921年1月1日成立工人劳动补习学校,传播共产主义思想以唤醒工人大众,同资本家进行斗争。

中共一大决议提出:"党的基本任务是成立产业工会。……党在工会里要灌输阶级斗争的精神。"怎样启发工人的阶级觉悟、灌输阶级斗争的精神？"工人学校是组织产业工会过程中的一个阶段",其基本方针是"提高工人的觉悟,使他们认识到成立工会的必要",逐步变成"工人正当的中心机构"。①

中国共产党第三届第一次中央委员会会议上,对劳动群众的宣传手段作了指示,制定的《教育宣传问题决议案》提出,中国共产党除了领导经济、政治、外交斗争,普及自然、社会科学常识和"共产主义之浅释(当予工人以整个的科学的奋斗的人生观)",及报刊宣传报道、编写通俗易懂的小册子外,还要在"可能的地方设贫民学校"。②

1925年1月,中国共产党召开第四次全国代表大会,确定了理论和实践相结合的教育方法。会议通过的《对于职工运动之决议案》强调,中国共产党对工人群众进行政治教育,要力戒抽象的理论而"最好取浅近的事实作比喻"③。同年10月,中共中央在扩大的执行委员会上提出,共产党欲行有效之动员,除了宣传内容通俗、形式易于工人接受外,还要利用和组织"工人俱乐部"宣传党的宗旨和政策,组织俱乐部的"自修研究会",共同读报,"解释时局及阶级斗争的略史等。"④

由此可见,初创时期的中国共产党非常重视在产业部门成立"工人学校",使之成为在工人中传播马克思主义的重要阵地,或利用工人俱乐部进行宣传动员。工人学校是中国共产党进行政治动员的重要形式。1924—1927年间,工人

---

① 《中共中央文件选集》(第一册),中共中央党校出版社1982年版,第7—8页。
② 《中共中央文件选集》(第一册),中共中央党校出版社1982年版,第150页。
③ 《中共中央文件选集》(第一册),中共中央党校出版社1982年版,第289页。
④ 《中共中央文件选集》(第一册),中共中央党校出版社1982年版,第411—412页。

绪 论

学校是点燃上海革命运动的火种,为后来中国共产党在白色恐怖时期避免更大的损失、积累和发展革命力量,提供了掩护场所。毛泽东曾高度评价:"一个工厂办一所学校,组织几百工人读书学文化求进步,就等于办了一个工会。夜校工作值得提倡和推广。"①

中共"一大"召开之后,各地代表即返回原籍从事革命活动。这一时期的主要工作有三项:

一是进行理论宣传。以上海党组织为例,在"一大"召开期间,上海党组织秘密出版了《共产党》月刊,之后又将《新青年》作为公开宣传的机关刊物。1921年秋,它又成立了"人民出版社",并拟出版马克思全书十五种,列宁全书十四种,共产主义者丛书十一种以及其他书籍九种。但此后实际总共出版了如《共产党宣言》《国家与革命》《哥达纲领批判》等十五种书籍。② 后因经费不足,其中的多种刊物最终停刊。

二是组织工会、开办劳动补习学校,积极开展工人运动。例如,在湖南,毛泽东返湘后,将工运的重心置于长沙和安源(今属江西萍乡)。经艰苦的初创发展,至1922年5月已组织起20多个工会。③

在广东,陈公博等人则先后领导了粤汉铁路工人、广九铁路工人的罢工运动,由此建立起了32个工会。④

在北方,邓中夏等人深入铁路、工厂,通过创办劳动补习学校及工人俱乐部的方式深入到工人群众中,了解他们的疾苦,有针对性地进行宣传鼓动,取得了一定成绩。

三是发展壮大党的组织。事实上,中国共产党成立初期党组织的发展进度相对缓慢。究其原因,主要是中共未能取得合法之地位。毛泽东曾指出:"共产党在中国还算是一个秘密组织,与俄国共产党执政可以活动的情形不同。在中国共产党一日未能取得法律地位,是不能不秘密的。如在上海等地,一要声明,

---

① 王知津等主编:《巾帼摇篮——上海女青年会女工夜校师生回忆》,上海人民出版社2001年版,第14页。
② 李达:《中国共产党的发起和第一次、第二次代表大会经过的回忆》,《"一大"前后——中国共产党第一次代表大会前后资料选编》(二),人民出版社1980年版,第14页。
③ 埃德加·斯诺:《红星照耀中国》,新华出版社1984年版,第138页。
④ 陈公博:《广州一年来之劳工运动》,《"一大"前后——中国共产党第一次代表大会前后资料选编》(三),人民出版社1984年版,第40页。

苏北人与上海革命运动(1921—1949)

便马上要受枪毙了。"①

此外，中国共产党过于强调组织的纯洁性②也在一定程度上限制了党组织的发展壮大。据张国焘回忆，中共成立之初经费十分拮据，当时曾有一名曰梁善济(研究系首领)的人表示愿意资助经费3000元，本是梁之善意，但中共出于组织纯洁之原则而加以婉拒③。据悉，中共"二大"时，党员人数为80余人④，比之"一大"时仅仅增加了约30人，凭此一例可以想见，当时中国共产党对中国政治的影响力并不大。

由上可知，中国共产党自成立以来便着手进行动员工作，但由于对中国国情缺乏深刻认识，对社会主义的理解仍停留在课本式的理论阶段，"仅仅是由陈独秀等几个少数文人的研究集团，至多不过是对共产主义的理论加以宣传"⑤，因而既"不能实际领导群众日常切身的要求"，亦"不能成为群众政治行动的主脑"。⑥

这种状况不久得以改观。1924年1月，中国国民党第一次全国代表大会召开，标志国民党改组的完成和第一次国共合作的正式建立。改组后的国民党成为由工人、农民、小资产阶级和民族资产阶级组成的革命联盟。共产国际为中共物色了一个革命的资产阶级政党，并确立了其国民革命领袖之地位。尽管这次合作最终以国民党叛变革命、共产党蒙受损失而告终，但革命道路无不艰难曲折，从失败中汲取教训历练成长，是革命最终成功的必由之路。

由于国民党向共产党举起了屠刀，中国革命被迫从城市转入农村，进而开辟了农村革命根据地，开创了一条有别于十月革命的中国革命新道路。而在此前

---

① 《毛泽东同志在国民党第二次全国代表大会上的发言》，《中共党史参考资料》(第三册)，中国人民解放军政治学院党史教研室编，1979年版，第434页。
② 中共一大党纲规定，凡承认党纲和政策，并愿成为忠实的党员者，经党员一人介绍，不分性别，不分国籍，均可接受为党员。但是在加入我们的队伍之前，必须与那些与我党纲领背道而驰的党派和集团断绝一切联系。候补党员必须接受其所在地的委员会的考察，考察期至少为两个月。考察期满后，经多数党员同意，始得为正式党员，《中共中央文件选集》(第一册)，中共中央党校出版社1982年版，第5—6页。
③ 张国焘:《我的回忆》(第一册)，东方出版社1998年版，第113页。
④ 李立三:《党史报告》，《"一大"前后——中国共产党第一次代表大会前后资料选编》(三)，人民出版社1984年版，第99页。
⑤ 贺岳僧:《二十年来的中国》，独立出版社1943年版，第79—80页。
⑥ 《中央通告第一百零一号——最近政局观察及我们今后工作原则》，《中共中央文件选集》第二册，中共中央党校出版社1983年版，第81页。

绪 论

的大革命时期,共产党人在城市工人阶级中所进行的卓有成效的动员实践,掀起了席卷全国的反帝爱国运动,使共产党人不仅完成了从"书生"到革命者的角色转变,更是在动员群众方面积累了宝贵的经验,扩大了党的群众基础。

毛泽东把党的"动员"范围扩大了。他曾指出:"(战争)准备阶段中的主要问题,是红军的准备退却,政治动员,征集新兵,财政和粮食的准备,政治异己分子的处置等。"①这实际涵盖了这一时期动员工作的主要方面,即政治、军事、经济和组织等方面的动员。

由此可见,动员群众并非简单等同于政治动员,这是一项系统的关涉群众切身利益和具体生活的综合性活动,政治、经济、组织、宣传、军事等因素的交互作用。在这一过程中,如何将各种纷杂散乱的势力、目标期冀不同的力量聚合起来,是动员群众要解决的问题。

毛泽东主张以阶级分析为主要手段。他在《中国社会各阶级的分析》一文中,创造性地运用马列主义阶级分析的理论和方法,具体分析了当时中国社会的各个阶层:第一类是地主阶级和买办阶级,是帝国主义的附庸,代表中国最落后和最反动的生产关系,与革命目标全不相容,因此是主要敌人;第二类是中产阶级,主要指民族资产阶级,他们对革命具有矛盾的态度,既需要革命,又怀疑革命,其右翼可能是我们的敌人,左翼则可能是我们的朋友;第三类是小资产阶级,如中农、手工业主和小知识阶层,他们当中又可分为小资产阶级的左翼、右翼和中间派,其特点是会随革命潮流的起伏而摇摆,若可以看到胜利希望时,其左派和中间派都可能参加革命;第四类是半无产阶级,包括绝大部分半自耕农、贫农、小手工业者、店员、小贩等五种,多易于接受革命宣传,而所谓农民问题,主要是指他们的问题;第五类是无产阶级,虽然人数不多,却是新的生产力的代表,是近代中国最进步的阶级。

由此,他得出了"一切勾结帝国主义的军阀、官僚、买办阶级、大地主阶级以及附属于他们的一部分反动知识界,是我们的敌人。工业无产阶级是我们革命的领导力量。一切半无产阶级、小资产阶级,是我们最接近的朋友。那动摇不定的中产阶级,其右翼可能是我们的敌人,其左翼可能是我们的朋友——但我们要

---

① 《毛泽东选集》第一卷,人民出版社1991年版,第201页。

时常提防他们"。①

中国共产党明晰敌我界限之后,便不断推进党、团组织建设,不断扩大对工人等贫苦大众的影响,通过深入工厂、铁路、矿山、码头等地做宣传,组织产业工会为工人群体保权益、谋利益,创办工人子弟学校、夜校及职工俱乐部、合作社等举措来施加政治影响、启发其觉悟。据统计,至1927年3月,中国南部各省的主要城市均建立了综合性的工会,全国工会会员人数高达290余万人。② 工人运动的广泛开展极大地推动了国民革命的进程。如上海工人三次武装起义,不但为北伐军挺进上海扫清了障碍,更打击了帝国主义和军阀的反动气焰,彰显了中国工人阶级的顽强战斗精神和强大的组织力量。

纵观这一时期中国共产党动员群众的实践和探索,逐步形成了以阶级分析为根本指导思想,以工人运动(主要通过创办工人学校启发教育工人,参与政治斗争)和土地革命为手段,围绕政治动员、军事动员(征集新兵)、经济动员(筹款)和组织动员为内容的动员思路。

近代中国革命呈两条发展路径,即国民党统治较稳固的城市和脱离城市而相对独立的农村地区。中共中央自20世纪30年代初撤离上海赴农村地区后,上海革命运动继续向前推进。

(二)中共上海地下党动员群众的政策及演变

中共上海地方党组织在动员群众工作中,既有丰富的经验也有惨痛的教训。在民主革命时期的不同历史阶段,上海党组织根据形势的发展变化,不断探索教育、动员民众的方式和方法,逐步扩大党的群众基础,制定了符合实际情况的群众动员政策。

大革命时期,中共上海党组织探索和实施了民族反帝爱国阵线,不但启发教育工人、组织工厂工人,也教育其他各阶层民众如以苏北人为主体的人力车夫、码头工人等苦力工人,领导了形式多样的罢工运动。

1925年震惊中外的五卅运动中,中国共产党领导这场规模宏大的反帝爱国运动,得到了前所未有的锻炼,受到中国共产党工人学校(夜校)启发、动员的苏

---

① 《毛泽东选集》第一卷,人民出版社1991年版,第9页。
② 罗章龙:《第一次国共合作的风雨历程》(上),《中共党史资料》(第六十六辑),中共党史出版社1998年版,第38页。

北工人成为运动的重要力量;中国共产党也团结和影响了社会各阶级和阶层群众,并一度与民族资本家为主体的总商会,结成了暂时的统一战线。

1927年3月21日,在中共中央领导人周恩来、罗亦农、赵世炎等领导下,经过缜密谋划和宣传鼓动,广泛发动上海工人群众,举行了上海工人第三次武装起义,成功推翻了北洋军阀在上海的统治,建立了有统一战线性质的上海市民政府。

由于共产国际执委会和联共(布)中央政治局遥控指挥带来的消极影响,及中共中央领导人陈独秀在统一战线中与国民党争夺领导权斗争中犯了妥协退让等错误,致使大革命失败,中共上海党组织、工会组织、工人纠察队被武装镇压,大批中共党员、工人、学生和进步人士惨遭国民党逮捕、枪杀,党组织遭受重大损失,党的群众基础遭到削弱。

土地革命战争时期,中共上海党组织在动员群众的实践中也犯了关门主义、激进主义等错误,走过曲折道路。这一时期,中国共产党的主要力量转到农村地区,建立革命武装和农村根据地。

在上海,国民党实行白色恐怖统治,疯狂镇压革命运动,政治环境异常尖锐复杂。中国共产党继续探索秘密状态下启发动员工人的新方式,即创办各类女工夜校、职业学校和各类刊物等,继续坚持长期的艰苦斗争。这时期党内连续出现瞿秋白、李立三和王明为代表的冒险激进主义错误,尤其是王明为代表的冒险主义,无视中日矛盾上升为主要矛盾,仍错误地坚持"城市中心论",强调红军夺取中心城市,视中间势力为最危险的敌人。在白区工作中,他们不顾主客观条件,坚持共产国际的"第三时期"理论,不断自杀式地向国民党进攻:在日常工作中经常举行政治性罢工和游行示威;搞不成大规模活动,就搞"飞行集会",使党的各级领导机关多次受到严重破坏,白区党组织几乎全被破坏,1933年初中央机关不得不撤到苏区中央根据地。

在中共中央冒险主义政策指导下,农村根据地也受到重大损失,红军被迫长征。据不完全统计,抗战前夕,中共上海党连续遭到破坏后,只留下了少数党组织,党员约一两百人。[①] 党的群众动员工作遭受巨大挫折,革命阵营里只剩下工

[①] 张承宗:《解放前上海地下党的斗争》,《上海文史资料选辑》第四十三辑,上海人民出版社1983年版,第4—5页。

人阶级、农民和小资产阶级,激进政策使得许多中坚力量远离中国共产党组织。该时期,受过党的教育启蒙,性格耿直、爱拼爱冲的上海苏北人发挥了骨干作用,他们的性格特质与中共中央领导人的激进政策要求相契合。

抗日战争时期,中共上海党组织形成抗日民族统一战线政策,这是积极有效的动员民众政策。1935年,随着日本侵华的步步进逼,上海掀起抗日救亡运动,成立了各界救国会,发生了"七君子事件"。抗战全面爆发后,党中央派遣刘晓、刘长胜来沪,在推动群众性救亡运动发展的基础上,恢复了党组织,全面克服和纠正激进政策,贯彻执行白区工作"隐蔽精干,长期埋伏,积蓄力量,以待时机"的十六字方针和统一战线政策,团结一切可以团结的抗日力量,动员一切进步势力,中共上海地下工作开创了一个新局面。

上海"八一三"战争爆发,中共党组织根据敌强我弱的实际情况,全面贯彻十六字方针,采取各种方式与日寇及汉奸进行政治的、经济的、文化的、生活的、公开的、隐蔽的斗争,有效地发展和壮大了党的力量。太平洋战争爆发后,日本占领整个上海,中共上海党组织采取了分散隐蔽的方式,开展"勤学、勤业、交朋友"活动,采取更加分散的、没有组织形式的方法,深入群众,联系群众,在极端困难条件下坚持地下斗争。学生中党团员和进步分子,功课好,有威信,容易交朋友,自然而然成为班级的领袖;工厂企业的职工,技术好,占据重要职位,团结群众,发挥作用。

上海沦为"孤岛"后,日伪政权禁止任何组织和集会。中共上海党组织相继组建中间性、看似无政治色彩的文化、娱乐、学术或综合性的群众团体。如1935年、1936年组织的蚁社、银钱业联谊会、洋行华员俱乐部等。1938年后这类组织继续发展,益友社和绸布、木业、五金、保险业等各行各业的联谊性团体纷纷成立,最大的团体有上万会员,培养积极分子,加强教育,提高民族和阶级觉悟。在条件比较艰苦、党组织力量比较薄弱的地方,中共党员组织一些分散的、没有公开名称的生活上的小团体,如纱厂女工为了抵御日本浪人侮辱,上、下班一起走共同对抗等。中共党团组织通过这些群众组织,逐步动员了不少群众参加进步活动。

至抗战结束,上海党组织在工人、职员、学生、教员、文化界等广大群众中,有了初步基础,党员数量除陆续去根据地工作外,发展到2,000多人。

解放战争时期,中共上海党组织逐步确立了反美反蒋爱国民主统一战线政策,成为中国工人运动、文化运动和各民主阶层爱国民主运动的重要堡垒。在中

绪 论

共中央的正确方针指引下,周恩来通过中共中央上海办事处和南京办事处直接领导,上海地下党组织日臻完善、工作更趋成熟,群众动员工作驾轻就熟。

抗战胜利后,中国共产党在动员群众工作中,秉承抗日战争时期的做法,把合法、半合法斗争和秘密斗争相结合,一点一滴做群众工作。在中共上海局和上海市委领导下,地下党组织了职工会、学生会、教师团体等大规模的群众团体,公开进行合法活动,最大限度把基本群众组织起来。首先组织工会筹委会,领导了纺织工会、机器工会、百货职工会和电力、自来水、电车、市政交通等六大公用事业工会等重点产业工会。这些民主工会多次遭到国民党政府镇压、多次被勒令解散重选,但中国共产党的力量仍占优势。

该时期,由于苏北地区成为战争主战场之一,加上自然灾害,大批难民、灾民涌入上海,他们文化素质低下,难求温饱,政治诉求低,只有少数人有提升文化层次的需求,进入上海地下党创办或影响的工人学校(或职工学校)接受教育。上海纱厂、法商电车和英商电车中的苏北人及其骨干,对上海革命贡献巨大。

中国共产党还影响和渗透国民党控制的工会组织,即黄色工会。中共党组织利用上层工会的合法身份和特殊地位,在群众中进行工作,为群众谋利益,组织群众斗争。在此组织中,孤立、打击少数最坏分子,争取与中立的或正直的及有正义感分子合作。

学生运动是解放战争时期群众运动的主力军,影响较大,英勇善战,上海大部分学生会组织在中国共产党的领导之下,上海交通大学被国民党政府视为"小莫斯科"、"红色堡垒",苏北籍(江苏扬州)学生江泽民(1943年参加地下党领导的学生运动,1946年4月加入中国共产党)等人是著名的学生运动领袖。学生运动与职工运动相结合,是国民党最惧怕的革命力量。

中共上海地下党还组织半公开的进步团体,利用合法身份公开提出号召,同国民党当局进行交涉和斗争。1946年"六二三"运动中,中国共产党影响下组织"人民团体联合会",其属下有各界和平民主促进会、学生联合会等组织。它们是半公开组织,在与国民党斗争中亮旗帜、发宣言、登报、派代表,但无地址,成员名单和负责人不公开;推出的代表,有民主党派负责人,有工商界、文化界、宗教界的知名人士,也有国民党内的爱国人士;运动一来,出面活动,运动一过,停止活动或转入不公开活动。

解放战争期间,中国共产党动员群众的成果非常显著。1946年6月23

日,中共上海地下党组织近10万人的游行示威,欢送赴南京请愿的代表团,开展反对国民党内战,要求和平,反对独裁,要求民主的斗争。1947年5月,又以学生为主体,结合工人、职员、教员、文化界和上层统战人士,开展反饥饿、反内战、反对美国干涉中国内政、反对国民党迫害中国人民运动,规模巨大,波澜壮阔,形成了配合人民解放军正面战场作战的第二条战线,蒋介石政府处于全民包围之中。

1949年初,中共上海党组织开始调整组织,积极发动群众,反对国民党破坏、屠杀、搬迁,进行护厂、护校、保护国家财产的斗争,迎接上海解放。工厂企业组织了近10人的人民保安队即护厂队和纠察队;学校和文化机关中,组织了近万人的宣传队。

上海地下党组织,按照工人、职员、学生、教员等分成不同系统,有数十个党委、数百个支部,除先后输送去解放区的党员数千人外,解放时留在上海的约9,000余人。[①]

中共党组织还在贫民窟进行广泛的教育动员工作,处于社会底层苏北人的积极性被调动起来,除恶霸、搜集和传递信息、护厂护校,为上海解放作出了很大贡献。

上海党组织还利用社会上已有影响的、灰色的团体,如同乡会、宗教性社团、慈善团体、互助会等,开展统战工作。这些团体一般办有夜校、图书馆等,有的同乡会馆,提供同乡住宿之所。通过对这些团体的上层人士施加影响,推动群众运动,也收到一定的成效。苏北青帮头子顾竹轩为理事长的江淮旅沪同乡会是典型代表。

纵观近代上海革命运动,中国共产党通过艰苦卓绝的探索,逐步把马列主义的群众动员理论,与上海革命的具体实践有机结合起来,开创一条适合城市环境动员群众的方法和模式。上海苏北人是近代上海最大的移民群体,中国共产党对苏北人进行启发、教育、动员,是成效显著的实践活动,苏北人在近代上海革命运动中切实作出了巨大贡献。

---

① 张承宗:《解放前上海地下党的斗争》,《上海文史资料选辑》第四十三辑,上海人民出版社1983年版,第10—13页。

第一章 近代上海苏北人的构成及特点

近代上海苏北人是上海移民的重要组成部分,其成分复杂多样。随来沪时间不同、社会变迁及上海行业的升级变化,其身份和社会地位差别很大。不能简单、笼统地把他们统一划归为社会底层群体;只是在20世纪前后,上海苏北人才逐步成为社会边缘群体而遭到歧视。他们身上带有浓厚的地域文化特质和行业行为特征,成为上海多元文化和移民群体的重要一极。他们的性格性质,对近代上海革命运动,既有积极方面,也有消极因素,可塑性很强。

第一节 近代上海苏北人及行业分布

一、早期苏北旅沪移民及身份演变

近代以来,苏北旅沪移民常与贫穷、落后联系在一起,长期遭到上海主流社会的歧视。在研究中,笔者通过对上海市档案资料及相关史料的系统梳理,发现早期苏北旅沪移民不仅富有,而且结成社团,与其他地区的移民一道,构成上海移民重要的组成部分,亦即构成上海主流社会的重要组成部分。那么,他们后来为什么从富人变成穷人?由于苏北人人数庞大,无法进行实证研究,笔者借助上海市档案局馆藏的同乡社团资料及相关史料,以早期旅沪移民同乡社团为研究对象,揭示早期苏北移民的社会身份及其演变。

(一)商业移民为主体,创建众多同乡社团

早期苏北来沪移民来自三个源头:清政府解除海禁,大批苏北沿海沙船主来沪贸易;南通地区来沪经营花、纱的商人;运河沿岸来沪经商的苏北船商及漕运衰落后涌入上海的水手。他们或为了行业竞争、或为了互助和感情归依的需要,相继组建了众多的同乡社团。

第一个苏北旅沪移民社团是由崇明沙船主为主创建的商船会馆。商船会馆的成立是康熙二十三年(1684)清政府解除海禁的结果。翌年,上海县城小东门内设置江海大关,凡远货贸易,皆由吴淞口进泊黄浦江,上海成为全国南北贸易的枢纽。

解除海禁直接促进了上海沙船业(木帆船)繁荣,"凡百贸易,萃于南市,南市之商家,推沙船为巨擘,最盛时多至二三千艘,帆樯所至,货物流通,若油豆饼诸项,由此进口。"①"南市以沙船号家为第一大生意,而花布糖米、以类从焉。"② 由此可见,在鸦片战争前,上海以运输业为最大的生意。当时,沙船主要承担海上货物运输,将北方的大豆、食油、豆饼等运进上海,以上海、崇明、南通的本帮沙船占主导。为调解同业纠纷、平均利润,康熙五十四年(1715),崇明商船主联合上海、通州、松江等地船商组织了上海商船会馆,并购"董家渡马家厂"地建造会馆。清朝中期,京杭运河淤塞,清政府把漕运改为沙船海运,商船会馆实力居于上海各会馆、公所之首。③

在此社会经济背景下,江苏海州赣榆县青口镇客商自康熙年间奉旨获准在青口至刘(浏)河航线贸易;嘉庆十八九年(1815)前后,浏河淤塞,又获准至上海通商,逐渐形成颇具实力的地方船商势力。

青口镇,位于赣榆县东南的海州湾内,交通便利,明清以来是苏北鲁南的商品集散重镇。《赣榆县续志》载:"道光以来……吴、越、燕、齐之海舶,麇集于青口";清末,青口有号商二百四十多家,有大小渔船三百多艘。青口港年出口豆饼十八万担、豆油二十万篓(每篓约二百斤)、生猪五万头,出口豆油量仅次于牛庄(今营口市),居全国各港口第二位。④ 道光二年(1822),以青口籍为主的船商在上海大东门外创建会所,门额刊石"祝其会所"⑤,这是第二个苏北旅沪移民社团。

南通、海门、崇明、通州位于长江北岸,土壤皆长江冲积而成的沙质,适宜

---

① 松浦章:《清代帆船东亚航运与中国海商海盗研究》,上海辞书出版社2009年版,第129页。
② 《上海市面总论》,《申报》,光绪十年十二月二十八日。
③ 《南市区志》,上海社会科学院出版社1996年版,第102页。
④ 《青口得名考》,《连云港市情》2004年第1期。
⑤ 《上海碑刻资料选辑》,上海人民出版社1980年版,第305页。

植棉，所出棉花被称为沙花，所产布匹亦称沙布，品质上佳，四地布商在上海南市一带设立商号经商。上海开埠后，花、布市场拓展到海外。为了统一市场、增强与外商抗衡的能力，南通、海门、崇明等县商人在沪建立了纱布公所和售花公所。

扬州和江淮地区处于长江和京杭大运河交汇处，明清时是两淮盐业和漕运的枢纽，航运业发达，清末、民初，淮扬船商来沪经商，主要从事船运业。两淮盐商依托清政府赋予的食盐专卖特权，独占江苏、安徽、河南、江西、湖北、湖南6省二百五十余州的食盐消费市场，乾隆时期两淮盐商成为富甲天下的群体①，其中运商中的总商最富，引商、场商次之。运商除了装载食盐到引地外，还在两湖地区购买粮食在长江下游贩卖。②

京杭大运河贯通南北，成为南北物资交流的大动脉。清中叶及之前，运河的商品流通量远远超过漕粮运输量的三至五倍；淮安、扬州"俱系客商川集辐辏之处"；商船运载的货物以北方的粮食为主，南下北方的商品如豆石、梨枣等物远远超过北上的南方商品如绸布、茶、竹等。③ 洋务运动兴起后，商船运输的商品增加了煤炭等矿产品。如地处长江、大运河交汇口的江都瓜洲，运转、经销的煤类，有山东的中兴煤、大同煤，河北的开滦煤，安徽的池州煤，河南的焦作煤，湖北的炭山湾煤、富源煤、富华煤、利华煤，湖南的宝庆煤等，大运河里装煤、卸煤大驳船桅杆如林。④

江苏淮扬商帮在沪相继建有淮扬公所、江淮公所、扬州公所、淮安六邑会馆等。光绪二十六年(1900)，淮扬公所同人联名控告船牙管帮私收埠规，具名者有44人。⑤

淮扬地区另一支早期旅沪移民系因漕运衰落涌入上海的水手。这些在上海码头和轮船上工作的苏北工人，建立了淮扬工业义园公所。

---

① 宋良曦：《清代中国盐商的社会定位》，《盐业史研究》1998年第4期；汪崇：《乾隆朝徽商在淮盐业经营中的火力估算》，《盐业史研究》2000年第1期；何炳棣：《扬州盐商：十八世纪中国商业资本的研究》，《中国社会经济史研究》1999年第2期。
② (嘉庆)《两淮盐法志》，重刊本，扬州书局1870年印制，卷首一：《制诏》。
③ 许檀：《明清时期运河的商品流通》，《历史档案》1992年第1期。
④ 《清代瓜洲坍江后的市面》，《扬州晚报》2007年9月2日。
⑤ 《上海碑刻资料选辑》，上海人民出版社1980年版，第73—75页。

(二)移民社团概览

逐一叙述苏北地区早期主要旅沪社团是不可能的,笔者将所见档案资料中所涉社团之名列如表1-1所示。

表1-1 苏北早期主要旅沪社团

名　称	建立时间	地　址	创　办　商
商船会馆	康熙五十四年(1715)之前	东门外会馆街(马家厂)	崇明等沙船主建立,1715年建大戏台
祝其会所	道光二年(1822)	南市里郎永桥	江苏海州赣榆县青口镇船商公捐购屋建立
沙布公所	光绪十七年(1891)	南市毛家弄	南通、海门两邑同业商人建
售花公所	光绪二十三年(1897)	圣贤桥东梅家弄	江苏通州、崇明、海门三邑筹提公费,公议条规
淮扬公所	光绪二十六年(1900)	大东门外	淮安、扬州旅沪船商建立
江淮公所	光绪三十年(1904)	闸北新民路	江淮旅沪工商业界人士王保相等创立
通如崇海启会馆	光绪三十四年(1908)	原东门外大码头,后迁至上海斜土路646号	南通、如皋、崇明、海门、启东五县旅沪商帮联合创办
淮扬工业义园公所	宣统元年(1909)	大东门外大码头,后迁至四平路大圣庙2号	江苏淮安、扬州籍旅沪码头工人创办
淮安六邑会馆	民国八年(1919)	黄兴路、控江路101号	江苏淮安、宝应、泗阳、涟水、泗洪、洪泽六县旅沪商帮创办
扬州公所	民国四年(1915)	闸北普善路273号	扬州府属七邑旅沪商帮创办

资料来源:上海市档案馆馆藏同乡会资料 Q117,Q6—5;《上海碑刻资料选辑》,上海人民出版社1980年版;彭泽益:《中国工商行会史料集》(上、下),中华书局1995年版;《南市区志》,上海社会科学院出版社1996年版;《上海通志》第46卷,上海人民出版社、上海社会科学院出版社2005年版等。

1. 分布及发展

表中所列苏北旅沪社团共10所,康熙年间建立的一所,道光年间一所,光绪年间五所,宣统年间一所,民国时期两所。光绪年间建所最多,其发展特点与上海其他地方社团一致。如上海同乡兼同业社团共计105所,其中康熙年间建立的有2所,雍正年间1所,乾隆年间6所,嘉庆年间4所,咸丰年间8所,同治年间18所,光绪年间48所,宣统年间13所。[①] 由此说明,苏北会馆(公所)的发展

---

① 以碑刻资料为基础,并参照上海市档案馆史料统计的,载郭绪印:《老上海的同乡团体》,文汇出版社2003年版,第30页。

与上海城市的发展是同步的。

民国以前,苏北旅沪会馆、公所的馆址选择靠近上海老城厢的黄浦江沿岸,属上海第一批会馆(公所)。① 当年,县城外靠近黄浦江边码头地带,是同乡会馆(公所)密集区。开埠后,租借当局为卫生起见禁止在租界内设殡舍,会馆(公所)被迫向城市周围的郊区及附近华界偏僻地带发展。通如崇海启会馆从大东门外大码头迁至斜土路;淮扬公所也由大码头迁到四平路等。

有些会馆重复建设(参建)。如淮安、扬州旅沪商帮在光绪二十六年创建淮扬公所,光绪三十年又参建江淮公所;1919年淮安旅沪商帮于黄兴路、控江路另建淮安六邑会馆,属于上海第二批会馆(公所),扬州公所建于闸北,亦属此列。

2. 组织及经费

早期苏北旅沪社团都定有章程,包括会馆(公所)之名称、宗旨、组织、会议、会员、职务(事业)、产业、财务等项,可经公议修订或重订,一般以号商(或个人)的捐款数额定为会员;在组织制度上一般实行董事制,董事会下设置办事机构,如通如崇海启会馆下设会馆委员会、公墓委员会、总务委员会(秘书、会计、会馆干事等)。扬州公所等社团亦设置董事会,管理会馆各项事务。②

早期苏北旅沪社团的收入主要出自会员号商的捐款。一般从货物中抽取厘金或号商自主捐助。如商船会馆在道光二十四年(1844)修造完毕后,事务由号商管理,曾长期靠南宫捐资维持会馆运行。各沙船主还捐助会馆祭祀所需贵重物品,诸如金银装饰品、铜器皿及帷幔丝织品等。③

祝其会所最初由青口本地蒋、程二家号商与徽州叶同春、长春等号商公议,抽取豆饼、豆油、山货等公积而成,"以京钱四仟千④契当上海县孙姓住宅一座",道光五年(1825),蒋、程二家携另外三家商号再出资四仟千,将会所房产买下,

---

① 郭绪印先生通过研究,总结旧上海会馆(公所)的发展轨迹:第一批会馆(公所)大都选择交通便利、人口密集、经济发达、贸易兴盛的老城区,尤其是黄浦江靠码头地带;第二批发展到卢湾区、闸北、虹口区华界;第三批建立于当时上海的远郊即沪西、江湾、浦东等处。载郭绪印:《老上海的同乡团体》,文汇出版社2003年版,第34页。
② 1929—1937年会馆(公所)大多改为委员会制(理监事制),抗日战争结束后重行董事会制,解放前后改为主任制,上海市档案局:Q117—10—11;Q117—19—1。
③ 《上海碑刻资料选辑》,上海人民出版社1980年版,第197—202页。
④ 按当时京钱与白银的比率,一千个京钱(铜钱)兑换一两白银,四仟千相当于四千两白银。顺治四年规定钱值,"每十文,准银一分,永著为令。"即规定铜钱与白银的比价为1000∶1。载《清朝文献通考》,卷十三,钱币一,考4966。

此后由"坐庄字号六七家住于宅内,轮流管积,每年三四百金,以为香火修理之资"。①

纱布公所和售花公所通过抽取货物厘金来积累公所所需资金;通如崇海启会馆,所需经费除由沙布公所拨助外,其余由各县商界旅沪同乡热心捐资②;扬州公所等由船商及同乡捐助③。可以推断,由码头工人组建的淮扬工业义园公所或靠在工人中定额募捐,或靠同乡船商之捐助,以资维持会务。

3. 社团的类型

上述10所同乡社团中,可分为两大类,即同业同乡社团和同乡社团。

商船会馆、祝其会所、沙布公所和售花公所属于同业同乡社团,都是为订制行规统一行动、保护地方商人利益的行会组织。商船会馆是为抗衡来自关外、山东的商船而设。商船会馆存续期间,崇明沙船主始终与江南沙船主保持密切合作,如乾隆二十九年(1764)会馆重新修葺,江南船商助一臂之力;嘉庆十九年(1815)(无)锡金(匮)船商为会馆铸造了钟鼎,崇明船主建造两面看楼;道光二十四年,众号商建造拜厅、钟鼓楼及后厅内台等。④

祝其会所是沿海沙船的另一股地方势力,虽勒石强调会所"与外镇无涉"⑤,但碑刻资料表明,会所最初由是青口富商与徽州同行联合建成。这可能是青口、徽州两地商船主为了与他方同行竞争而结成的暂时联盟。

沙布公所和售花公所皆为订制行规、保护南通、海门、崇明、通州商人利益而设。光绪十七年(1891)南通、海门两县布商在沪设立沙布公所,制定行规。此时,通州、海门、崇明花商因外商的介入而备受损失。

上海开埠后,外商擅自在北市设行购花,不论干湿,只图价格便宜,沙花"被杂路花所掩,泾渭不分,论价相若",三邑花行迭受巨亏,纷纷停业。南市三县花商联名具禀官府,请求整肃市规,同业商人公议简明规条十四则,对棉花的质量、丰歉年及不同成熟期棉花的价格、捎客的行为等,作了具体规定;光绪二十三年(1897)十一月设立售花公所,为每日集议行市验货成交之地,另在三县立案,各

---

① 《上海碑刻资料选辑》,上海人民出版社1980年版,第304—306页。
② 上海档案局藏:Q117—19—1,《通如崇海启五县旅沪同乡会之概况》。
③ 上海市档案局:Q117—10—11。
④ 《上海碑刻资料选辑》,上海人民出版社1980年版,第196页。
⑤ 《上海碑刻资料选辑》,上海人民出版社1980年版,第306页。

设公所①,有效地维护了三地花商的利益。

民国以后,同业同乡公所相继演变成了同业公会,冲淡了地域色彩,但并未因此中断与同乡的联系,各号商仍然是各同乡社团最雄厚的财源。如大达、大通及崇海各轮船公司经常资助通如崇海启会馆,沙庄公所在抗战胜利后还打算把南市的房产基地移交同乡会使用。②

扬州公所、通如崇海启会馆、淮扬公所、江淮公所、淮安六邑会馆、淮扬工业义园公所等皆为同乡社团。它们是为商帮和同乡服务的"后勤"机构,又是代表商帮和同乡利益的办事机构。

扬州公所由扬属七县,即江都、仪征、高邮、宝应、兴化、泰县和东台旅沪商帮于民国四年(1915)创办。扬州籍商人沈鼎臣等人在沪经商,见同乡死亡客地无寄柩之所,于是集资购地设立扬州公所,民国十四年呈奉前江苏省长核准立案③,主要"举办中小学校、贫病施诊,酌予给药,厝柩、运柩、施材,补助贫苦同乡返里川资,调解同乡争议等"。④

通如崇海启会馆,光绪三十四年(1908)成立,由南通、如皋、海门、启东和崇明五县热心富商捐款建造,由慈善招待所发展而来。五县来沪人员多乘渡船,因轮船到埠时,旅客上下船时有遗失物件,甚有不慎落水者,同乡热心人士组织了通、崇、海轮埠招待所,借大东门外大码头民房为会址,雇佣招待夫,常驻码头照应。

民国初年,五县来沪人数日多。南通商人毛凤池、许蓉芳捐助斜土路9亩余基地一方,发起建造会馆。稍后,如皋商人拆资加入。民国初年,如东县加入。1920年,斜土路新会馆落成,前后房屋70余间,定名为通如崇海会馆。启东县成立后,启东人顾南群等决定从崇明分出,遂改名为通如崇海启会馆。⑤

淮扬公所、江淮公所、淮安六邑会馆亦属同乡同业性质;淮扬工业义园公所主要由码头工人组成,既具行帮性,又具同乡性。

---

① 彭泽益主编:《中国工商行会史料集》(下),中华书局1995年版,第833—834页。
② 上海市档案局:Q117—19—13;Q117—19—27,《纱庄公所关于移交南市基地与通如崇海启同乡会的函》。
③ 上海市档案局:Q117—10—11,《扬州公所文件、收文》。
④ 上海市档案局:6—5—949。
⑤ 上海档案局藏:Q117—19—19,《同乡会会议记录》。

南京国民党政府成立后,上述的同乡会馆(公所)与各自的同乡会合并,成为同乡会的重要组成部分。

(三)移民社团事业

同乡会馆(公所)带有旧式色彩,主要举办寄柩、运柩等事业,叶落归根意识非常浓厚;但也举办教育、救济困难同乡、赈灾救灾等事业,充当同乡代言人。中华民国成立后,各地旅沪移民纷纷建立现代意义的同乡会,同业公所发展为同业公会。

1927年后,上海特别市社会局令各地移民组织同乡会,原来的同乡会馆(公所)隶属于同乡会。由于现实需要,同乡会馆实力并未削弱或消亡,即便在抗日战争时期,各同乡会陆续停止活动而各自会馆却继续办理救助同乡事务,直至建国初期才完全退出历史舞台。

1. 祭祀神灵、娱乐同乡

祭祀神灵是各同乡社团必不可少的内容。有材料可查,早期苏北旅沪移民社团都供奉神座。

因苏北地区东濒海洋、京杭大运河纵穿全境,航运业发达,早期苏北旅沪同乡社团大多由船商创建,它们多供奉天后圣母(娘娘),仰赖天后尊神显庇,确保舟顺人安。

气势恢宏的商船会馆建有富丽堂皇的双合式大殿,殿里供奉天后娘娘。乾隆二十九年会馆重新修葺,添造南北两厅,北厅祭祀福山太尉诸大神,南厅祭祀成山骠骑将军腾大神。光绪二十年(1894)众商号捐助祭器、冠袍、围幔多件,如重达48两镀金点翠全银冠两顶;包(金银)项圈联锁两件;白玉佩两件;点铜爵杯3只;古铜香炉2个;点铜雀壶2对;采花(华)铜大碗20只;点铜雀千2对;采花(华)铜大盆20只;点铜宝塔4座。①

祝其会所内除设天后圣母神像供众船商祭拜外,还祭祀关帝君。关帝君,即关羽。关羽在佛教、道教都有供奉,代表忠、义、仁、财运亨通,确保会馆(公所)商家通达义理,团结一心。

扬州公所所存资料虽然无记录祀神的细节,但同乡会常务会议记录中,有"古历5月13日(国历6月12日星期三),欣逢协天上帝诞辰吉日,本会每年循

---

① 《上海碑刻资料选辑》,上海人民出版社1980年版,第201—202页。

例举办同拜,十一时团体拾香仰叩福庥,十二时聚餐,雇客车接送同乡"①等内容,知该公所供奉的神座是关帝。"协天上帝"是道教对关羽的另一种尊称,关公圣诞为五月十三日,可知扬州公所每年举行盛大祭拜典礼和聚餐会来祭祀关公。

会馆(公所)的祀神活动,既是同乡、同业商帮的精神寄托,也是加强团体凝聚力的需要;这些远离家乡的苏北移民,既要依靠神灵的保佑,又要利用神灵的"监督"来维护同乡、同业间的伦理。

早期苏北旅沪移民社团不仅祭祀神座,还建造戏台,定期举行娱乐活动。商船会馆大殿建成后,在殿前建造戏台,上下两层,非常气派。② 扬州公所兴盛时也建有戏台,公所在解放后盘点的财产有"一些废铁、香炉一只,坏匾 20 映,短木头 6 根,戏台板 6 块,零碎砖头 4,000 块"③。同乡社团的娱乐活动,既是移民在异地寻求安全和情感依托的重要场所,也进一步加深了同乡、同业商帮间的关系,更利于形成互惠互利、和衷共济的亲密关系。

2. 救济同乡,施诊给药

寄柩和施诊给药是早期苏北旅沪同乡社团的主要功能,会馆(公所)一般都附设殡舍、义塚,使旅沪同乡生有所庇,死有所归。财力较强的通如崇海启会馆还设有施诊给药所。抗战时期,苏北各同乡会皆停止活动,只有会馆中之该业务继续。

1904 年江淮旅沪商人王保相等人捐资在闸北谈家桥创建江淮公所,有殡舍 67 间。1906 年建立江淮旅沪同乡会,在全市设立十几个分会和小学。④

通如崇海启会馆,共有房屋 70 余间,其中殡舍 28 间。举办的救济事业主要有:轮埠码头招待;施诊给药;施材;寄柩;公墓;资遣;小本贷款等。⑤ 1932 年一·二八抗战爆发,会馆在五县境内分别购置土地设立义塚,将 3 年以上无主寄柩运回安葬。八一三抗战后,会馆继续办理慈善事务。1938 年 5 月,会馆经

---

① 上海市档案局藏:Q117—10—11,《扬州公所文件、收文》。
② 《南市区志》,上海社会科学院出版社 1996 年版,第 102 页。
③ 上海市档案局藏:Q117—10—13,《扬属七县同乡会旅沪中小学校董会记事录》;Q6—5—949。
④ 上海市档案局:Q6—5—954。
⑤ 上海档案局藏:Q117—19—1,《通如崇海启五县旅沪同乡会之概况》。

费已趋枯竭,公款仅剩十几元,无力加入为救济苏北难民而组织的上海市同乡会联合会。① 会馆委员会决议将五县土货(如皋的生猪、鸡、鸭、鸡蛋等)运到上海贩卖。为降低成本,会馆利用同乡关系低价运货、减少征税。②

1942 年,通如崇海启会馆公墓主任殷芝龄捐助真江路土地 30 余亩,辟为五邑公墓,对贫寒无力者和无主棺柩,由会馆代葬,列为义墓。③ 1944 年会馆筹募近 200 万元,购进窑浪(李家木桥)约 30 亩土地作为公墓;购买外地上好木材制造攘材,低价卖给同乡,对困难者赠送。④

近代扬州既是两淮盐运中心,也是漕运的重要枢纽。扬州商人得益于大运河和长江便利的水陆交通,他们多是运输食盐、粮食、煤炭等重要物资的运商。其中,江都瓜洲人沈鼎臣是巨富,在道光、咸丰、同治年间相继开设鼎泰和煤号、沈复茂粮行、沈复茂骡马栈行,被当地人称为"沈半街";光绪末年任江都瓜洲商会第一任商董,中国民国成立后,历任国会议员和江苏省议员。⑤ 民国初年津浦铁路建成通车后瓜洲商业衰落,沈把生意移至上海。1915 年,他联合同乡商人捐资,在闸北普善路建造扬州公所,前后三排共 81 间殡舍,会馆内建有中、小学。⑥ 扬州公所先后购地 26.29 亩,建屋 207 间半为寄柩所用;又在扬州东乡樊川沙子头购地 20 余亩作为义冢,建房屋 16 间,为同乡死亡客地无家属领柩代运埋。⑦

1938 年初,扬州公所在沪西凯旋路 620 号、大西路租地建临时急救所 3 大座,太平洋战争爆发后,仅扬州公所继续办理同乡寄柩事业,抗战胜利后租地到期后,拆除殡舍移回闸北再建、再寄。⑧ 1946 年,公所寄柩达数千具,公所办理寄柩事务直至 1952 年。⑨

苏北的公所、会馆不仅对旅居上海的贫困同乡给予救济,还时时关怀桑梓,

---

① 上海市档案局藏:Q117—19—15。
② 上海市档案局藏:Q117—19—13。
③ 上海市档案局藏:Q117—19—1,《通如崇海启五县旅沪同乡会之概况》。
④ 上海市档案局藏:Q117—19—19。
⑤ 袁晓霞、曹阳:《近代扬州地区商会组织》,《扬州档案方志》2006 年第 4 期;《扬州晚报》2007 年 9 月 2 日。
⑥ 上海市档案局:Q6—5—949。
⑦ 上海市档案馆藏:Q117—10—11,《扬州公所文件、收文》。
⑧ 上海市档案馆藏:Q117—10—11,《扬州公所文件、收文》。
⑨ 上海市档案局藏:Q117—10—11;Q6—5—949。

家乡有灾,及时施以援手。

道光十二年(1832)秋,江苏赣榆遭遇自然灾害,青口歉收,祝其会所众商纷纷捐粮给家乡贫困者,并请县长出示领取公告;翌年四月底,因救济粮不足,众商公议再挪用上海公所公积金京钱四仟千添补买粮,赈济家乡父老。①

民国二十年(1931),淮、扬地区水灾,扬州公所办理赈济事务;1932年一·二八事变期间,公所不遗余力救护难民,租船运输,运送回籍。②

1936年10月,如皋县恶性疟疾蔓延,死亡人数达5,000余人,通如崇海启会馆组织救护队(医师7人)前往施救,同乡会当即拨出近千元费用。1944年2月,启东县瘟疫流行,会馆赠送奎宁丸1,500粒。③

解放后,各同乡会因经济枯竭自动解散,但属于公所、会馆部分的慈善事业仍继续。通如崇海启同乡会的会馆委员会直至1952年仍完整地保留:1950年为贫困同乡寄柩800具,义葬1,000具;1952年1—3月,仍举办寄柩、义葬、施材、资遣等慈善事业,短短3个月受益人达1,300人。④

苏北地区深受儒家"入土为安"思想的影响,各会馆(公所)积极筹款、捐款、捐地,义务办理同乡公益事业,满足同乡要求,并对贫寒同乡施以援手。它们还施诊给药,为同乡回乡提供川资,其履行的非政府组织的社会救助功能及所从事的慈善事业值得肯定。

3. 创办学校,服务社会

因苏北地区的语言、风俗及教育水平与上海本地不同,移民子弟就学成为难题。苏北同乡会馆(公所)积极举办教育事业,为同乡子弟提供教育机会。

通如崇海斜土路新会馆落成后,即举办教育事务,1929年于会馆内创办私立创制中学。1932年一·二八战事中会馆房屋遭战火焚毁,后因校教务处主任宋安在学校宣传反对现政府及主张无产阶级专政,继而引发校内混乱,1935年被迫解散。⑤

上海江淮人虽然以贫寒出名,但也不乏成功人士,热心同乡福利事业。旅沪

---

① 《上海碑刻资料选辑》,上海人民出版社1980年版,第305页。
② 上海市档案馆藏:Q117—10—11,《扬州公所文件·收文》。
③ 上海档案局藏:Q117—19—19,《同乡会会议记录》。
④ 上海档案局藏:Q117—19—1,《通如崇海启五县旅沪同乡会之概况》。
⑤ 上海档案局藏:Q117—19—19《同乡会会议记录》;Q235—1—15。

江淮精英兴学热情很高,现有档案表明,江淮旅沪人士和社会贤达筹资创办的学校有 10 多所,有案可查的有私立江淮小学、江淮初级小学、江淮人力车业培养小学、江淮旅沪公学。此外,还有设于徐家汇路 373 号的江淮小学,和设于闸北区新民路 1446 号的私立闸北江淮小学。①

扬州公所在民国二十三年(1934)在公所内(即普善路 273 号)创办扬属七邑同乡旅沪小学 1 所,抗战后设立扬属七县同乡会旅沪中小学校,学生最多时达 200 人,教师 6 人,杂役 2 人,所有经费皆由校董认领。②

苏北各同乡会馆(公所)举办的教育事业,提高了移民后代的文化水平,也减轻了当地政府的教育投入。

早期苏北旅沪移民社团的活动带有浓厚的封建性,亦有狭隘的地域意识,如祝其会所的头进院落只为本地来沪散客提供临时住处,其他苏北人则无缘享受。③ 但这些移民社团的积极作用不容忽视:它们为同乡创造了在沪生存和发展的良好条件,在一定程度上缓解了同乡生老病死的后顾之忧;它们承担了社会第三组织(慈善组织)的角色,作为非政府组织,事实上是一个个自我管理的市民自治团体,丰富了近代上海城市管理的内容;作为具有浓厚地方特色的同乡团体,其移民职业、地方文化、风俗习惯及行为和思维方式给上海社会带来了新鲜血液,客观上丰富了上海城市文化,使海派文化多元纷呈。

(四)移民社团由盛转衰

清朝开海禁后至民国初年,苏北早期来沪移民以地缘为纽带组织了众多的移民社团,这些社团中既有同乡组织,也有同业同乡组织。这时期苏北地区的社团数量与苏南地区相当,如上海开埠后江苏各旅沪商帮建立的会馆(公所)17 所④,苏北地区 8 所。这表明早期苏北移民与苏南移民的实力相当。

早期苏北旅沪移民社团往往集资购置地产,建筑成集会、议事、祀神、寄柩及同乡临时居住之所。如商船会馆是上海当年 200 多座会馆(公所)中规模最大的会馆建筑,占地近 20 亩,大殿约 200 平方米,殿后有集合议事的南北两厅,殿

---

① 上海市档案局藏:B105—5—279—47 和 B105—5—279—64。
② 上海市档案局藏:Q117—10—19。
③ 《上海碑刻资料选辑》,上海人民出版社 1980 年版,第 306 页。
④ 郭绪印:《老上海的同乡团体》,文汇出版社 2003 年版,第 33 页。

后有会务楼,被誉为"极馆造之巨观"。① 光绪八年(1882)至十八年(1892),沙船商连续4次修复会馆,总计用时8个多月、用白银近4,000两。② 祝其会所是两进院落,二门道以内轮流分住坐庄字号六七家管理会所。③ 通如崇海启会馆、扬州公所、淮扬公所等均建有几十间房舍。

以上事实证明,早期旅沪苏北人多是富人,依靠雄厚的财力与他方同行进行实力大比拼,曾一度占了上风,成为上海主流社会的一员。

但仔细考察便可发现,到20世纪初,苏北旅沪同业同乡社团的发展停滞不前,同乡组织多于同业同乡组织。而同时期在沪的苏南和其他省的社团,同业社团总数远远多于同乡社团,上海同乡同业会馆(公所)51所,而同业性会馆(公所)多达105所,是前者两倍。④ 这些非苏北的同乡社团中又有许多同业性团体。如四明公所,下属有众多同业性团体。又如潮州会馆下属有潮糖杂货业同业公会,等等。⑤

为什么苏北旅沪商人随着上海城市化进程的快速发展却走向衰落了呢?这主要源于苏北旅沪船商的社会生存条件逐步恶化所致。

第一次鸦片战争后,上海成为最早被迫开放的五个港口之一。道光二十三年九月二十六日(1843年11月17日)上海港对外开放。清同治元年(1862)美商在上海设立旗昌轮船公司。同治六年以后,英国的太古洋行和怡和洋行先后在上海经营轮船运输业务,1872年和1882年相继成立太古轮船公司和怡和轮船公司。中国的远洋、沿海及内河运输业逐步由英、美等国航运势力把持,它们在黄浦江两岸拥有码头、仓库和驳船队等各种资产。

中国传统的沙船业遭遇巨大的竞争对手,苏北船商受到严重冲击。尤其是外国商船由夹板船发展为以蒸汽机为动力轮船及清末重臣洋务派实力人物李鸿章创办了轮船招商局,苏北沙船业更遭致命一击。

1872年底招商局成立后,即与在华的英国太古、怡和、美国旗昌等轮船公司

---

① 《上海碑刻资料选辑》,上海人民出版社1980年版,第196页;《南市区志》,上海社会科学院出版社1996年版,第102页。
② 《上海碑刻资料选辑》,上海人民出版社1980年版,第197页。
③ 《上海碑刻资料选辑》,上海人民出版社1980年版,第306页。
④ 郭绪印:《老上海的同乡团体》,文汇出版社2003年版,第25、42—46页。
⑤ 郭绪印:《老上海的同乡团体》,文汇出版社2003年版,第29、515页。

展开了激烈的竞争。李鸿章采取筹借官款、增拨漕粮及承运官物等措施,使招商局转亏为盈。轮船招商局也逐步将漕运改由载量大、速度快、运价低、保险系数大的火轮运输,大批沙船因无雄厚资金实现技术更新,业务严重不足而被迫停驶。上海的沙船业迅速衰落,商船会馆也随之颓废。①

来自赣榆的船商主也纷纷破产,祝其会所日趋衰落,赣榆人的聚居地由大东门外转移到虹口码头林立的东大名路附近。虹口的中外资码头,如公和祥码头、招商局各码头等码头工头和工人中,江苏赣榆人"一统天下",也形成了独具特色的赣榆县小的社会生态。② 因多数同乡集居虹口码头附近,20世纪20年代赣榆人在虹口创立同乡会,并陆续在江湾购置墓地,为旅沪同乡丧葬之用。③ 但实力远不如前。

扬州和江淮地区的船商也因外国轮船公司的侵略和官僚资本的挤压而破产,无力继续资助同乡会馆(公所),只能从多数沦为工人的会员中募捐。因此,民国成立前后,苏北旅沪会馆(公所)的数量不仅没有随着上海城市的快速发展而繁荣、壮大,反而止步不前了。

只有从事纱、布等纺织业的南通地区商人未受大的影响,能为同乡社团提供源源不断的财力支援。④

(五)近代上海的社会分化

综上所述,不同时期苏北移民的身份和社会地位各不相同:在中外现代化轮船公司进驻上海之前,苏北移民大多是商业移民,与苏南、浙江、广东移民并无二致,是上海主流社会之一部分,并建造了诸多规模宏大、功能齐全的同乡社团;19世纪后半期,产业结构简单、势单力薄的苏北船商无法与技术先进、实力雄厚的中外轮船公司抗衡,纷纷被挤垮,只能改从各式各样的苦力行业。

19世纪中期以来,苏北地区自然灾害及战争接踵而至。其中水涝灾害是祸首。当时,上海作为近现代大都市崛起于东方,隶属于江苏省,因此,数以万计、十几万计的苏北破产农民被迫远离故土,南移来沪。这些来自苏北农村的难民只有依靠同乡组织,或亲戚、朋友的帮助才能在国际化大都市谋得职业生存下

---

① 《南市区志》,上海社会科学院出版社1996年版,第102页。
② 上海市档案局:Q6—5—982。
③ 上海市档案局 Q6—5—982。
④ 上海市档案局:Q117—19—1;Q117—19—15。

去,近代上海城市移民的职业与其籍贯密切相关。

因早期苏北旅沪移民经济状况逐步恶化,随着各地高素质来沪移民的增多,其生存空间进一步受到挤压,大部分苏北人只能从事报酬低、出力多的黄包车业、澡堂业、理发业、码头搬运、拉粪车、扫垃圾等行业,进缫丝厂、烟厂、纺织厂做工等,所以,先期来上海谋生的苏北人也只能介绍同乡从事同样的行业,苏北人逐步成为上海劳工阶级的主体,沦为上海城市的边缘群体。

反观浙江省宁波地区移民则是另外景象:清初海禁解除后宁波商人亦非常活跃,至乾嘉时在沪经营的范围涉及沙船运输、南北货贩运、钱庄、银楼、糖业、绸缎业、棉布业、药材、海鲜等诸多行业①;太平军占领宁波后,当地大批地主和商人纷纷入沪寻求避难,有的投资新式企业,有的从事买办,形成著名的甬帮,操纵上海金融界达数十年。②

在上海现代化变迁中,由于宁波商人产业结构多样,认清了新兴产业发展前景,在短时期内实现了现代资本的原始积累,迅速适应了经济发展格局转变的大势,不仅未受到冲击,反而借势而上。受地缘籍贯影响,来自浙江省宁波地区的移民得到财力雄厚同乡的介绍,往往从事金融业、制造业、织造业,进入政界、军界、警界等。当然,宁波移民中也有数量众多的劳工群体,但因能受到上层同乡的庇护,并未受到上海社会的歧视。因此,浙江宁波人成为上海上流社会的主体。

从早期苏北旅沪移民社团由盛转衰一个视角,可管窥苏北移民社会身份的历史演变,上海阶级分层的逐步形成。

二、近代苏北人之职业构成

20世纪前后,苏北自然灾害仍频,生存条件恶化,大批苏北人移居上海,他们通过亲友和同乡社团的介绍,逐步形成各具地方特色的行业,在近代上海城市建设中扮演了不可或缺的角色。

(一)苏北人之职业与同乡会

近代上海苏北人的职业与同乡社团有互相促进的关系,同乡社团成了准介

---

① 郭绪印:《老上海的同乡团体》,文汇出版社2003年版,第481页。
② [美]裴宜理:《上海罢工——中国工人政治研究》,江苏人民出版社2001年版,第24页。

绍职业机构。先行到沪的苏北人为了互助和心理需求建立同乡社团;同乡社团密切同乡关系,吸纳更多的同乡加入。

1. 介绍职业是同乡会的重要事务

早在同乡会馆(公所)时期,其章程就明确规定"对无辜失业者得以各就其能力以介绍之"①。20世纪前后发展起来的苏北旅沪同乡会,都把"发展生产事业,为同乡介绍职业"列入同乡会章程,作为重要会务。笔者查阅苏北22个旅沪同乡会档案资料发现,18个同乡会都制定了内容几乎雷同的章程,把发展生产事业,介绍职业作为第三项福利事业。

苏北旅沪同乡会档案中,却鲜有把为同乡找工作的事情详细纪录下来,江淮旅沪同乡会却是例外。1946年,它两次代表同乡难民同上海市社会局和上海市政府交涉,请求政府为因战争而逃难至沪的苏北人提供生存机会,如在废弃煤堆捡拾煤核,在建筑工地做工,"以工代赈"。②

其他同乡会记录在案的多是诸如创办学校、资助贫寒学生、救济赈灾、调解纠纷、为同乡伸张正义等花钱费力的"大事"。是不是同乡会不给同乡介绍工作?这几乎不可能,果真如此,就不会在章程中列为第三项福利事业。可以推断,在地缘社会的上海,为同乡介绍职业是最平常的事情,不值得大书特书。江淮旅沪同乡会也只有这两份为同乡介绍职业的档案,因为涉及同乡会与政府及职能部门打交道有正式的文书往来,文件才得以保存。

2. 举办职业培训班,扩大同乡就业

扬州七县旅沪同乡会和通如崇海启旅沪同乡会最为典型。

从1946年会员名册看,扬州七县旅沪同乡会会员多从事餐饮、浴室、理发、裁缝等服务业及制鞋业。扬州人从事服务行业,与扬州盐商曾经的奢靡生活有关。清康乾时期,扬州盐商的财富达到鼎盛,生活极度奢侈,"婚嫁丧葬,堂室饮食,衣服与马,动辄费数十万"③,由此带动了扬州的餐饮、沐浴、理发、修脚、园林等服务业的高度发展。但到道光年间,由于过度挥霍和向官府捐输、受传统"轻商"思想影响、战争及食盐走私严重等诸多因素,大批盐商破产,由几百家锐减至几十家,大量服务业人员失去生活来源,纷纷迁至大江南北各大城市。第一次

---

① 上海市档案局:Q117—19—1。
② 上海市档案局:Q6—5—954。
③ 李斗:《扬州画舫录》,卷六,《城北录》,中华书局1960年版。

鸦片战争后,上海成为最大的通商口岸,扬州服务业人员进驻租界,为洋人和富人服务。① 抗战胜利后,扬州同乡会利用同乡主业的制鞋、缝纫、理发、园艺及文具制作等特色行业,为同乡青年举办职业培训。②

南通地区移民以纺织业为主。通如崇海启同乡会也把会馆停放棺柩的殡舍全部清理,辟为生产场所,创办针织生产合作社和毛巾生产合作社。在法华及原籍地开辟生产基地,扩大同乡就业。③

从上可知,苏北不同地域的旅沪移民在沪从事的行业烙上了原居住地的印记,在旅沪同乡会的推动下,强化了各区域移民的职业构成。

3. 理事会成为"准职业介绍机构"

同乡会理事会成员的职业与会员的职业直接相关,理事会成为同乡的准职业介绍机构。

以江淮旅沪同乡会为例。该会是苏北地区规模最大、会员地域最广、社会影响最大的同乡组织,亦是人力车夫的大本营。同乡会理事长顾竹轩和常务理事金九龄早年在沪皆以拉黄包车为生。④ 20世纪30年代,黄包车夫的人数飙升至80万,这几十万车夫都在顾竹轩及江淮旅沪同乡会掌控之中。⑤

赣榆旅沪同乡会是码头工人的大本营。同乡会27个理事会成员,2名从事海上运输业,20名为码头领工,占总数的76%。会员以码头工人居多,分布在虹口公和祥码头、招商局各码头、华顺码头、黄浦码头、外滩码头等黄浦江沿岸诸码头。⑥

其他如泰兴、阜宁旅沪同乡会亦如此,是小商贩、人力车夫的大军,不再赘述。同乡会成员的职业与同乡会重要理事所控制的职业种类一致。

最后,会员之间互相介绍职业。

同乡会理事会成员的职业与会员的职业虽没有直接关系,但会员之间关系密切,职业分布相对集中,会员之间(包括亲友)互相介绍职业。

---

① 叶尚鼎:《扬州沐浴文化简史》(中),《扬州档案方志》2006年第4期。
② 上海市档案局:Q117—10—19。
③ 上海市档案局:Q117—10—20。
④ 《旧上海的帮会》,上海人民出版社1986年版,第95—96页。
⑤ 上海市社会局:《上海市人力车夫生活状况调查报告书》,《社会半月刊》第一卷第一期(1934年9月10日)。
⑥ 上海市档案局:Q6—5—982。

有些同乡会负责人的职业与其会员的职业大相径庭,负责人属社会上层,而会员大都是苦力阶层。如会址设于老城厢中华路坝基桥街31号的宝应同乡会,其理事长成静生曾任淮阴知县和江苏建设厅厅长。常务理事皆国内外名牌大学毕业,在党政军中担任要职,不一而足。而同乡会成员90%以上是工厂工人、码头工人、人力车夫、理发、小商贩,集中居住在苏州河两岸的工厂区,及黄浦江沿岸的棚户区。①

其实,同乡会理事成员与会员的职业呈割裂的"二元世界"现象,在苏北每个同乡会中都程度不同地存在。因为同乡会理事是同乡会的形象代表,有权、有钱、有势并热心同乡事业,而绝大多数处于社会底层的苏北移民,迫切需要这样的代言人。

同乡会能够促进同乡就业吗?答案仍是肯定的。因为各旅沪同乡会会员居住地和从事的职业非常集中,会员充当了职业介绍的角色。如靖江同乡会职能多样,设有经济、清寒优秀学生救济、施材、出版、同乡争议调解、征求会员6个委员会,聘请33名同乡商人为名誉理事,购买了位于南市中石皮弄11号的会所②,这些举措提升了同乡会的吸引力:会员为亲友、同乡介绍工作并引入同乡会,同乡会如滚雪球般不断壮大;同乡会也为同乡适应城市生活提供多种社会资源,双方形成良性互动。并非韩起澜所认为的,只有宁波同乡会等有钱有权同乡社团有能力为同乡介绍职业。

当然,苏北各旅沪同乡会对同乡就业虽发挥了重要的中介作用,但也不能高估。其影响力究竟有多大?按抗战后苏北旅沪同乡会的会员数估计,总数不超过20万,而上海苏北人总数约150万—250万,入会的苏北人只占十分之一左右。但同乡会的职业介绍职能是不容置疑的。

(二)近代上海苏北人的职业分布

1. 码头搬运大军

近代上海不仅是全国最大的工商业城市,亦是世界最繁荣的十大都市之一;它不仅是沟通南北洋贸易的枢纽和全国货物的集散地,还是国内与外洋贸易的中心。一切进口的舶来品大多要由上海分散内地,一切出口的土货也大多集中

---

① 上海市档案局:Q6—5—985。
② 上海市档案局:Q117—34—4。

上海装运出口。由此,上海的商业运输特别发达,码头工人随之发展壮大起来。

上海众多码头工人,按地缘籍贯分成苏北帮、宁波帮、广州帮,宁波帮主要负责堆栈工作,广州帮整理船货,而苏北工人则从事肩挑人抬的运货工作。这项工作无需技术,只需力气,苦累交加,最为繁重,生命没有保证,人员流动性比较大。他们多居住在苏州河、黄浦江两岸的棚户区。

据20世纪30年代末中共上海地下组织调查,码头工人约14,000名,其中较大的码头有罗斯福码头(3,200人),太古码头(2,400人),新关码头(2,400人),苏北人在各码头所占的比例各不相同:"罗斯福码头和太古码头的工人,大多数是苏北人,至少占总数十分之八,其余多是上海本地人,南京、无锡、常州、宁波一带的工人,栈房的职员多是宁波人,船上看舱的多是广东人。新关码头苏北人也占半数以上,青口人也占十之三四,其余各地人都有。码头上通用的语言,苏北话为主,上海话为次。"①《上海港史话》研究资料也显示,20世纪30年代,码头工人中大约有50,000名苏北人,苏北方言成为这个行业的语言。② 解放前,苏州河和黄浦江沿岸,有200多个大小码头,苏北人占绝对优势,平均60%以上。③

综合以上数据可知,上海码头业的劳动大军是苏北人。

2. 人力车夫的大本营

在旧上海的苦力行业中,黄包车夫数量庞大,苏北人占多数。早在黄包车出现之前,独轮推车通常载物驮人,被称为"江北马车"。④ 1875年黄包车开始在上海使用时,苏北人又接手拉黄包车。黄包车夫中,两淮地区移民是主体。1934年,上海市社会局对304名人力车夫的籍贯抽样调查,统计数据显示,盐城124名,东台91名,阜宁46名,泰县14名,江都4名,高邮3名,宝应2名,泗阳1名,淮安1名,江浦2名,⑤两淮地区共288名,占95%;其中盐城和阜宁人共170

---

① 胡林阁、朱邦兴、徐生合编:《上海产业与上海职工》,上海人民出版社1984年版,第647页。
② 《上海港史话》,上海人民出版社1979年版,第276—279页。
③ 笔者访问原杨浦区公平路码头工人——淮阴人杨老先生(已90岁),他说,他们兄弟三人在1931年因家乡水灾到上海谋生,由同乡介绍到公平路码头做搬运工。据他所言,当年上海的许多码头,苏北人占80%以上。
④ 《上海出租车业和人力车夫业工人运动史》,中共党史出版社1991年版,第17页。
⑤ 上海市社会局:《上海市人力车夫生活状况调查报告书》,《社会半月刊》第一卷第一期,第103—104页。

名,占56%。1934年上海的人力车夫约78,630人。①

胡林阁等人调查,20世纪30年代末,上海"黄包车夫占着很大的数量(共约10万人),同时在交通上亦占重要的地位。他们都来自苏北的穷乡僻壤,故文化落后、知识浅陋,本身漫无组织,以致受尽车主的剥削、乘客的欺侮、捕房的虐待。他们日夜替社会劳役,但还不能解决他们草棚内简陋凄惨的生活。于是,他们对于生活不满,遂愤怒彷徨,悲观消极,往往以赌博、饮酒来麻醉现实的痛苦,遂使生活更加沉闷"。②

车夫们几乎没有娱乐"除睡眠外,多数以赌博为唯一消遣(纸牌、挖花、牌九、麻将),此外,则到茶馆去吃茶、听书,再也有的去看看江北戏。"③

由上可知,上海人力车夫文化水平低下,素质不高,不知道受剥削、压迫的根源,日常生活粗陋,染有赌博、酗酒等不良习惯。

3. 服务业的主力军

扬州地区移民是上海服务业的大军,多操持"四把刀"(菜刀、剃头刀、修脚刀及裁衣服的剪刀)为生,集中在公共租界和法租界,为外国人和富有的中国人服务。美国学者韩起澜认为扬州服务业人员由盐商转变而来,对于他们为何从事社会底层行业,她归结为以下几个因素:扬州盐商本身的挥霍;部分江南和浙江人因太平军占领所迫先到上海,抢占先机控制了有利可图的行业;清代官员的"回避规则",使苏北人没有资格供职于上海道台府,而广东人和宁波人则能受到同乡官员的庇护,垄断有限的社会资源。④ 这与史实有偏差。前有所述,两淮盐商早在道光十年已经衰落,加之盐商生活奢华及本身的变质,即受传统"士农工商"价值观的影响,一般富裕盐商家庭经过二代或三代,其成员变成了官员、文人、艺术家、一品鉴定家,家庭的商人成分越来越少。⑤ 大量来沪从事服务业的是曾为盐商服务的人员,因太平天国战乱等因素来沪的盐商不乏其人,但为数甚少,相关资料更少。

---

① 《上海出租汽车、人力车工人运动史》,中共党史出版社1991年版,第75页。
② 胡林阁、朱邦兴、徐生合编:《上海产业与上海职工》,上海人民出版社1984年版,第673页。
③ 胡林阁、朱邦兴、徐生合编:《上海产业与上海职工》,上海人民出版社1984年版,第677页。
④ [美]韩起澜:《苏北人在上海(1850—1980)》,东方出版中心2004年版,第65—66页。
⑤ 《五四运动在上海史料选辑》,上海人民出版社1980年版,第12页。

扬州人的菜馆遍布公共租界和法租界,如广西路一条街、南京西路、北京西路、中正路三马路、四马路、九江路、西藏南路、四川路、浙江路、武昌路等富人区。浴室分布在进贤路、云南南路、普安路、大沽路一条街。鞋业、理发业主要设于新闸路、万航渡路、杨树浦路、平凉路、长寿路等工人区。①

靖江旅沪同乡会成员多从事成衣业和鞋帽业。成衣业集中在福佑路,观音街,福熙路,二马路石路,福建路,老西门,五马路怡园茶社,黄河路,广西路,马当路,北京西路,中正北二路,打浦桥,杨树浦路大康工房,周家牌路,虹口唐山路,天潼路,永寿路,长寿路,苏家角七浦路,复兴中路,山海关路,海宁路,天津路利源坊,斐仁路宁庆里,新闸路。制伞、帽业集中在福建南路,英士路同益坊,新闸路456弄,新桥路,梵皇渡路284弄,南市旧仓址街裕德里。②

上海社会对苏北扬州人形成了"三把刀"的服务业典型印象。上海的理发业、澡堂集中在扬州移民中;压倒多数的理发师是扬州人,1920年大约有2.4万从业人员。③

4. 工厂中的苦力

苏北旅沪同乡会成员中,几乎全是男性,从事服务业、人力车业、码头运输业居多,工厂工人较少,多集中在纱厂、电车和电力公用事业企业。工厂工人在上海苏北人中占多大比重?虽无法确切地统计,但从同乡会成员的职业构成看,工厂工人不足三分之一,更多的苏北人则无机会入厂,从事淘粪、环卫、小商小贩等行业。④

1938年,中共地下组织对全市22种产业部门进行调查,该项调查对于了解30年代苏北人在上海各产业部门的分布有重要参考价值。被调查的22个产业部门中,苏北人的分布各不相同。苏北工人在棉纺织业、英商公共电车、法商电车电灯公司、卷烟厂、造船厂及邮局中,从事非技术苦力工种,如纺织厂

---

① 上海市档案局:Q6—5—949。
② 上海市档案局:Q6—5—989。
③ 参见何炳棣:《扬州盐商:十八世纪中国商业资本的研究》,《中国社会经济史研究》1999年第2期;朱宗宙:《略论清代两淮盐商江春》,《盐业史研究》1991年第3期;王思治、金城基:《清代前期两淮盐商的盛衰》,《中国史研究》1981年第2期;《扬州盐商》(4),CCTV9纪实频道,2011年4月21日等。
④ 江淮旅沪同乡会,高邮旅沪同乡会,宿迁旅沪同乡会,上海市档案局Q6—5—954,Q6—5—1001,Q6—5—997。

的粗纱车间、卷烟厂的烟叶部、电车公司的车务部、造船厂的铆钉工等。苏北籍工厂工人多集中于日商纺织厂、缫丝厂,比重高达60%以上,但女工和童工居多。① 另据老工人回忆,苏北人集中在上海的大型工厂,尤其是原日商纱厂和纺织厂,女工约占3/4,男工约占1/4。②

苏北工人工资水平在同业中最低,很多人过着"做一天吃一天"的生活。1938年的调查显示,纱厂工人工资很低,工人所挣薪水只够一人开销;如果结婚,对方必须工作才能维持全家生计。所以,在苏北人家庭,双职工是普遍现象。

由上分析可知:苏北移民中,进入工厂做工的多系女性,在纱厂、烟厂做无技术的苦力行业,产业工人只是极少数,不足四分之一;通过各种途径进入工厂的苏北男工也多集中在日商纱厂,多居住于沪东、沪西的工厂区,如长寿路的梅芳里和樱华里,药水弄、小沙渡、澳门路、曹家渡、梵皇渡路、虬江路,沪东的杨树浦路、榆林路、通北路、扬州路等纱厂工人区。③

南通地区移民多从事棉纺织行业,但其成员苦力工人少。南通旅沪同乡会会员多为商人,也有从事车行、印刷业、运输业的企业主和职员,及少量工人,主要分布于大连路、浙江路、江西路、武昌路、虬江路、杨树浦路、扬州路、梧州路、爱而近路、太古公司(兴圣街)。④

综上所述,苏北各旅沪同乡会对苏北同乡的就业及职业分布有重要影响,这取决于加入同乡会的人数;同乡同业者居住比较集中。

对于绝大多数上海苏北人来说,无法迈入同乡会的门槛。除了江淮旅沪同乡会和泰兴旅沪同乡会有明文规定贫苦同乡可免缴入会费外,其他苏北同乡会都规定要交纳100—50万(法币)不等的入会费,这对于大多数在生存线上挣扎的苏北移民来说是笔不小的开支,所以有人说同乡会是"富人俱乐部",也是可以理解的。因为很多上海苏北人处于社会边缘,从事清扫、小贩、拉粪等业,相当数量的移民无业或失业,加入拾荒、乞丐等行列。据邹依仁先

---

① 《上海纺织工人运动史》,中共党史出版社1991年版,第39—40页。
② 笔者2009年4月13日在华东医院采访原寅丰毛纺厂党支部书记陈祥珍,她粗略估算了上海苏北人在工厂中的比例。
③ 上海市档案局:Q6—5—985。
④ 上海市档案局:Q6—5—978。

生统计,在苏北人重要聚居地闸北区,失业和无业的人口最多,达18%,远远高出全市5.17%的平均水平。①

通过同乡社团的介绍和培训,上海苏北人逐步形成各具地方特色的职业分布:两淮地区和海属地区(连云市、赣榆、东海、灌云、沭阳)移民多是黄包车夫和码头工人;扬州地区移民多操持"四把刀"为生,集中在公共租界和法租界,为外国人和富有的中国人服务;南通地区移民多从事棉纺织行业。更多的苏北难民和灾民处于半失业和失业状态,为了生存而苦苦挣扎,沦为社会边缘群体。由此,近代上海社会对苏北"族群"的印象就此形成,上海苏北人成为贫穷、落后的代名词。

当然,浙江和江南人中也不乏劳工阶级。1949年上海解放后市政府开始游民收容改造工作,到1951年9月,共收容游民24,119人,除安置、释放以外,各教养所尚留7281人,其中苏北人1,907人,高居榜首,占总数的26.19%,浙江1,622人,22.28%;苏南1,368人,占18.79%;上海本地505人,占6.94%,第四至第十位分别是皖北、山东、广东、皖南、湖北、南京。向来被认为上海"高等移民"的江浙人②,在游民中所占比例相当高。

有些游民,或因家乡贫困,或是地主恶霸还乡团分子、国民党军政警人员、被打击的会道门成员等因素而改籍贯,这些人占总数近10%。游民来自全国各地,改籍贯的并不全是苏北人。③这样算来,上海的劳工阶级并非苏北人"独揽",苏北人之所以与贫穷落后联系在一起,社会偏见是不容忽视的因素。

第二节 近代上海苏北人之生活及性格特点

近代上海苏北人虽然来自一个个相对隔离的更小区域,且不同地区的苏北

---

① 邹依仁:《旧上海人口变迁的研究》,上海人民出版社1980年版,第108页。
② [美]顾德曼著,宋钻友译:《家乡、城市和国家——上海的地缘网络与认同(1853—1937)》,上海古籍出版社2004年版,第8、1—12页。
③ 上海市档案局:B168—1—954,载阮清华:《上海游民改造研究1949—1958》,上海辞书出版社2009年版,第157—163页。

人之间,来往并不密切,也无多少认同感,但相较于江浙人,苏北在生活习惯、社会风俗、性格特点等方面有许多相似甚至共同之处。无论上海苏北人是否认同"苏北人"这个称号,因他们同属于这个国际化大都市中的边缘群体,所以才被统称为"江北人"(苏北人)。

一、居住区域及生存状况

近代上海苏北人与其他地方移民一样,居住具有集群性,更小范围的同乡人居住在一起;生活习惯家乡化,饮食、着装、婚嫁形式等生活方式和审美情趣,带有浓厚的地方特色。

早期苏北人多是来沪经商的富人,大都选择交通便利、人口密集、经济发达、贸易兴盛的老城区居住,尤其是黄浦江沿岸靠码头地带。后期来沪的苏北难民在上海沪西、杨树浦、虹口、江湾、浦东等工厂区及交通便捷、火车站所在地闸北栖身。上述地区是苏北人的集中居住区,基本上与上海棚户区分布吻合。如下图所示:

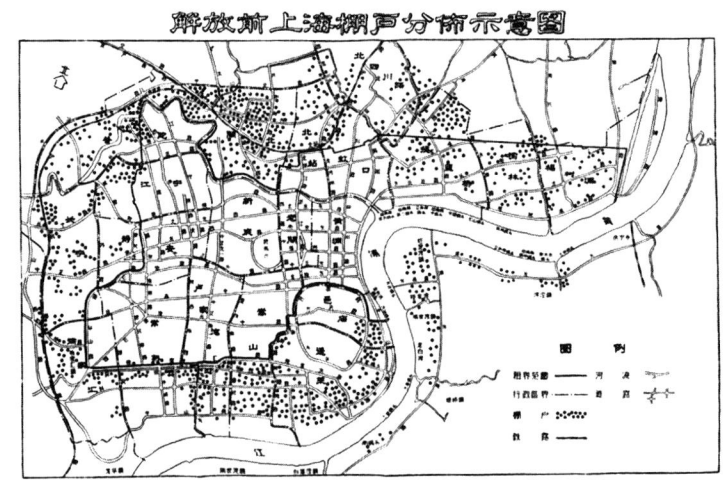

资料来源:《上海棚户区的变化》,上海人民出版社1965年版,第7页。上图加点的地方是近代上海逐步形成的棚户区,棚户区的分布与苏北人在上海居住区基本吻合。

近代上海苏北人居住的棚户区形成于19世纪40年代,几乎与上海开埠同步。第一次鸦片战争后,根据《中英南京条约》,上海成为五口通商口岸。在不到 50 年时间,上海由一个沿海小渔村一跃发展为国际化大都市,吸引着连年遭受自然灾害的苏北人前来谋生,逐步形成了为数众多的棚户区。

自上海开埠到中日甲午战争前的数十年间,英、法、美等列强通过一系列不平等条约不仅对我国进行输入商品等经济侵略,还侵占了我国行政、司法诸权,并相继在上海建立了租界,上海近代工业由此诞生。最早出现的近代工业是由外国资本经营的船舶修造厂和便于掠夺原料、推销商品的加工工业,如缫丝厂、轧花厂、打包厂等。接着,清政府的洋务派官僚创办了近代工厂,如江南造船厂、上海机器织布局等。

随着贸易开展,黄浦江边兴建了众多码头、仓库,较早的有公和祥、太古等英商码头,美商金利源码头及招商局码头等,吸引了来自苏北、湖北、安徽等地破产农民做搬运工。他们没有住房,只好在浦东码头附近的荒地上和浦西江边——上海旧城的外围,搭盖了低矮的芦席草棚,这是上海最早的棚户区。其中比较集中的有十八间、烂泥渡、洋泾港和老白渡等。① 随着上海工商业不断发展,港口吞吐量攀升,码头工人激增,黄浦江两岸的棚户数量迅速增加,更多的棚户区出现了。

1895 年《马关条约》为外资来华投资设厂打开了大门,外商纱厂纷纷落户上海。第一次世界大战前后,上海工业发展迅速,日本乘欧美各国无暇东顾之际,在交通运输便捷的黄浦江和苏州河沿岸建立了一大批棉纺织厂,如内外棉、日华、公大、同兴等,工厂数量和资本额皆远超英、美。

与此同时,我国民族资本也有所发展,先后建立了一批轻工业工厂和纺织厂,如福新面粉厂,申新、溥益等棉纺织厂。在工厂扩展过程中,沪东、沪西两个工业区逐渐形成,上海的棚户区也不断增加,1920 年前后增速尤快。

20 世纪 20 年代前后,苏北地区连续遭遇洪涝灾害,大批穷苦的苏北破产农民纷纷来沪谋生,沪西、沪东两工业区棚户区居民主要是苏北人。笔者虽没有当时棚户区居民籍贯的调查资料,但从档案资料的零星记载及访问本地居民②可以得到证实。

---

① 《上海棚户区的变迁》,上海人民出版社 1962 年版,第 3 页。
② 笔者曾 2003 年 7 月访问现居住在闵行区园艺新村的十几位居民,他们皆由沪西小辛庄搬迁而来,共 600 人左右,80%居民的籍贯是盐城人,此外是泰州、泰兴等扬州地区移民。闵行区的静安新城居民构成大体相似。

药水弄(该棚户区因围绕着江苏药水厂建造起来而得名;早期,苏州河渡口附近有几口石灰窑,亦称石灰窑)①是在20世纪初期随着沪西工业区迅速发展而形成的。该弄占地面积共约13万平方米,解放时人口约16,000人,草棚4,000余间。这里原是紧靠苏州河南岸的一块空地,仅有十来户本地居民。

第一次世界大战前后,日本纱厂在沪西大批建立,仅内外棉株式会社从1911年开始的十几年间,在药水弄附近建造了九个棉纺织厂。这些工厂在建造过程和开工以后,都需要大量劳动力,主要是建筑材料、原材料的搬运装卸工人和场内的运转工人。大量苏北农村破产农民被吸引来此谋生。于是,药水弄地区草棚逐步扩大,到1930年左右,居民已达1,000户左右。

沪西的潭子湾、朱家湾,也是这时期形成的著名棚户区。日本发动"一·二八"和"八一三"两次侵略战争中,由于药水弄紧靠租界,少受战火洗劫,从苏州河北岸及虹口、杨树浦迁来大批难民,把原来剩下的空地占满,这里的人口增至10,000人以上。

沪东工业区与沪西工业区一样,棚户区亦迅速增加。1926年底的统计数字表明,公共租界东区共有草棚1,199间,密集地分布在杨树浦路、平凉路一带,至1931年,已增至1,780间。沪东棚户区居民主体亦是苏北人。1926年沪东棚户区居民的请愿书中说,他们数千人是"由江北一带因逃荒避难而来沪"。徐汇区北平民村棚户居民中有60%是从苏北等地农村而来。②

近代上海闸北一著名棚户区——番瓜弄,居民主体也是苏北人。番瓜弄处在上海火车北站与东站之间,东起南北高架,西邻大统路,紧靠铁路上海站,南沿天目中路,北靠沪宁、沪杭铁路沿线,占地6.06公顷。据说上海沦陷时期,居民曾在该地废墟上大量种植番瓜(南瓜)食用。某年秋收时曾长出一个特大番瓜,"茎蔓卷曲似龙须,果面瘤状像龙眼",人称番瓜龙,因视其为吉祥物,1947年遂以谐音称该地为"番瓜弄"。

1940年第一批5户难民在此栖身,此后一发不可收拾,至1947年番瓜弄已有4条总弄,25条支弄,棚户3800多间,居民约2万,苏北人占总数的81.83%,③其中以扬州、盐城两地移民最多,他们大都在抗战时期和抗战胜利后

---

① 《普陀区志》,上海社会科学院出版社1994年版,第400页。
② 《上海棚户区的变迁》,上海人民出版社1962年版,第4—5页。
③ 《闸北区志》,上海社会科学院出版社1996年版,第1290页。

流亡来沪的农民,分别占 19.78% 和 18.06%,其人口密度之大在整个上海的棚户区中无出其右。

此外,近代上海规模较大的棚户区有徐汇区南部的肇家浜林荫路,被称为上海的"龙须沟",有近 2,000 户棚户。徐汇的南北平民村、市民村,虹口的虹镇老街等地,也分布着大量苏北贫民。

沪南、浦东、杨树浦沿黄浦江一带棚户区,也是苏北人集中居住区。上海棚户区中究竟有多少贫民,虽无法统计其具体人数,但可以估算出大体数目,上海苏北人总数为 150 万左右,贫民至少 100 万。

近代上海苏北贫民集文化低、收入少、居住恶劣、劳动强度大、失业率高等消极因素于一体。他们生活悲惨,处于社会最底层。根据 1926 年上海公共租界当局的调查资料,当时在该租界范围内及其境外毗连的边沿地带(主要是东、西两个工业区),棚户居民总数 14,000 余人(不包括相似数量船民),成年人的职业状况:工厂工人——36%,交通运输、市政工人——20%,小本经营者——5%,菜农、园丁——16%,就业者合计 77%。失业者和无业者 23%。① 1926 年公共租界的就业状况尚算良好,很多人是日商纱厂的工人和码头工人。如果算上住在密布于苏州河䑩䑩船上的苏北人,就业率就没这么高。

苏北人压倒多数的闸北区就业情况更不乐观。1964 年上海市劳动局对番瓜弄 503 位居民关于解放前就业状况调查表明,固定职业者 109 人,码头小工、清洁工 54 人,三轮车夫 62 人,失业半失业者 278 人,占 55.5%。② 大统路 425 弄一支弄 202 户居民的就业状况更糟糕,完全失业的达 91 户,占 45.05%,全支弄 16—45 岁年龄段居民共 404 人,有职业者只有 76 人,占 18.81%。弄内居民为了生存,有部分人借些本钱做流动小贩,提个篮卖葱姜、花生、油条大饼之类糊口,经常遭到警察的驱赶;有的靠卖血、讨饭、拾垃圾度日。③ 有的被迫卖儿鬻女。有一尤姓妇女,丈夫失业,2 个孩子病死,剩下 2 个女儿养不活,只得忍痛将大女儿送人,二女儿卖掉,只拿到两斗米。有些青年妇女为生活所迫沦为娼妓。④

---

① 《上海棚户区的变迁》,上海人民出版社 1962 年版,第 34 页。
② 上海市档案局:B3—2—199—18。
③ 《闸北区志》,上海社会科学院出版社 1996 年版,第 1291 页。
④ 《上海棚户区的变迁》,上海人民出版社 1962 年版,第 15 页。

他们终年以六谷粉(苞米粉)、山芋、菜皮为主食,常用豆渣、麸皮、米糠充饥,汲取苏州河水煮食饮用,提取土井、臭水沟之水洗涤衣物。衣着蓝、黑色"千补百衲衣",冬季合家盖一条破棉被。冬季是苏北贫民最难熬的季节,由于缺衣少食,因饥寒疾病致死的尸体随处乱丢,夜晚行路人经常被尸首绊倒。解放前夕一冬季,36 户居民在 3 个月内饿死、冻死 23 人。①

近代上海苏北人大多居住在千百间简陋、破烂的棚屋和"滚地龙"里,这些陋屋密密麻麻、杂乱无章地拥挤在一起。"滚地龙"是最简陋的居住设施,几根毛竹弯成半圆作为房屋基本构架,铺上稻草、竹木或油毛毡等易燃之物,十分低矮,人须爬着才能进去,不见阳光,空气混浊。居民没有电灯,用油灯照明,用柴火炊饭,所以棚户区极易发生火灾。

棚户区没有一条人工铺砌的道路,只有许多弯弯曲曲、坑坑洼洼的烂泥小道。没有下水道,亦没有路灯。雨天满地泥泞,晴天尘灰飞扬,入夜漆黑难行。棚户区大多没有自来水,居民只能就便从苏州河或附近臭河浜等不洁水源处取水,健康和生命随时受到威胁;即便有几个自来水龙头,亦被地方恶霸霸占,随意收取高额税费,居民缴纳不起。

棚户区内土路狭窄曲折似网,臭水沟遍布,无厕所、无垃圾箱,粪便垃圾遍布,春、夏天臭气冲天,伤寒、霍乱、天花、痢疾、麻疹肆虐。居民无钱治病,只能祈求神灵保佑,以香灰作药,夺走无数生命。民国三十四年(1945),番瓜弄一个 23 户居民点,数天内即有 26 人死亡,路旁死婴,屡见不鲜,野狗争食,惨不忍睹。居民游阿丽半月内死去 2 孩子;姜大喜 5 个子女,仅存 1 个。②

当时有人形容棚户区是"走路不平,吃水不清,灯火不明,出门不太平"的凄惨景象。近代上海棚户区的苏北贫民在穷困中、劳累中、脏乱差环境中痛苦地挣扎着,如何维持生存、在上海站稳脚跟成为生活中压倒一切的要务。如何变革境遇甚至当家做主,是大多数人不敢想的事情。

二、生活习俗

近代的苏北地区与江南社会本身就存在明显差异,"广谷大川异制,民生其

---

① 《闸北区志》,上海社会科学院出版社 1996 年版,第 1291 页。
② 《闸北区志》,上海社会科学院出版社 1996 年版,第 1291 页。

间者异俗"。民国时期的王培棠把苏北人划分为江北和淮北地区。淮北和江南属于不同类型的文化圈,无论雅文化,还是俗文化,都大相异趣。以民情而言,江南柔而淮北刚,淮南江北则介于刚柔之间;以言语看,江南多吴语,江北多扬州话,淮北多齐、鲁语;以言风俗习惯,则江南奢侈纤巧,淮北则朴实无文,而淮南江北亦介于两者之间,如扬州已近于江南,而淮阴、淮安有相同于徐海。以言宗教迷信,江南民智较开,宗教迷信观较淡薄,淮北则迟钝保守,宗教迷信观较浓厚。①

上海苏北人往往以家族或与来自苏北相同地区的人群居,从而构成一个一个各具地方生活习性的小社区。在一个个小社区里,苏北人仍然保有家乡的语言、生活习惯和文化习俗。笔者在闸北区政府搜集资料时,访问一名长期在苏北小社区生活的浙江籍工作人员,他能说一口流利的盐城话。据他介绍,在老上海苏北人聚居区,苏北话为通用语言,而上海话被视为外来语,受到排斥。孩子们在玩耍中,一旦有人讲上海话,其他孩子马上群起而攻之。该工作人员长大后还娶了一位苏北姑娘为妻。

在苏北小社区内部,文化的异质性也很强,并不存在被苏北人普遍认同"苏北人"。苏北由不同地区构成,每个地区人往往很难和平共处,人多势众的苏北人一般会欺侮势单力薄的其他地方的苏北人。扬州人欺负徐海人,势力更大的盐城人欺侮扬州人。

在研究近代苏北人课题期间,笔者对所遇之人的籍贯异常关注,在办公场所甚至坐校车,都会主动引导同事把话题扯到籍贯上;坐出租车,会询问司机的原籍在哪里;甚至连孩子同学的家长也不放过,每每会有所获,有时会获得意想不到的知识。一次,笔者与校车上的同座攀谈起来,这位老师和笔者同乡,即江苏徐州地区,老乡见老乡,分外亲热。据她介绍,她幼年时即来沪,原住在徐家汇附近的市民村(今乐山新村一带),她的父亲1937年因战乱来沪,之后其伯父、叔叔、舅舅等亲人、亲戚相继到沪谋生,筑草屋相邻而居,形成一个小弄堂。

我们聊天时,后座一老师插话,他原籍江苏高邮,属扬州地区,其父辈亦是20世纪30年代来沪,他居住的区域扬州人居多,约几千人之巨。他们谈及幼时生活的贫苦。男教师话锋一转,自豪地说,我们虽穷,但无人敢欺侮。笔者惊问:

---

① 王培棠:《江苏省乡土志》,商务印书馆1938年版,第369页。

为什么？女教师一脸鄙夷：他们厉害，手拿菜刀、棍棒一窝蜂而上。男教师受不了女教师说话的口气，两人竟争执起来。原来，女同事父辈多次受到来自盐城、扬州苏北同乡的欺凌。提及往事，她仍愤愤不平。

这个事例再次印证：上海苏北人并不是一个有相当凝聚力的共同体，他们因所属地区及语言、风俗习惯的不同，相互间经常"以邻为壑"，人多势众的苏北人一般会欺负人数较少的苏北其他地区的"同乡"。

近代上海苏北人的聚居地带有浓厚的血缘和地缘特色，生活仍固守家乡的习俗；来自不同地区的上海苏北人，生活习惯各有地方特色。淮河以南地区，多种植稻米，主食以大米为主食，只有稻米歉收时，辅之以红薯、玉米等粗粮。食物的花样品种及精致程度要好于淮河以北地区。淮河以北地区多以面食为主，徐州、海州、宿迁等地区人的饮食习惯接近山东，多喜食煎饼、盐豆。

上海虹口区有两处苏北移民聚居地，在饮食和风俗习惯有明显的南北差异。以下资料系虹口区政府相关部门1993年进行的社会调查：

畚箕浜，乃江苏高邮人的小群落。早在19世纪末，有高邮籍郭、吴两姓竹工逃荒，摇小船沿水道到俞泾浦河岸王家宅（中兴路14号）搭草棚居住，以编竹畚箕出售为生；至20世纪20年代，又有20多户通过亲戚和同乡关系前来落脚，后因战乱外逃；抗战胜利后他们从原籍再次来沪，人数大增。1950年弄内共有居民427户2,226人，其中高邮籍206户1,090人，其他苏北籍116户621人。

居民文化程度低，文盲占绝大多数。1950年在应受教育的905人中，文盲有774人，占85.5%；小学122人，占13.5%；中学仅有9人，占1%。居住方面，先在荒地上搭"滚地龙"，后盖草棚的占总户数95.65%。

居民多与同乡亲戚中熟人通婚。1950年统计212人，与同乡结婚有199人占93.9%，与非高邮籍结婚13人，占6.1%。而这13人配偶多数还是苏北籍人。结婚日子多选在农历腊月二十四日（传说为财神日）。

这些居民来沪几十年不改家乡习俗，说家乡话，重视春节、端午节和中秋节，尤其是春节，再穷也要买猪头肉和花鲢鱼改善伙食，平日则以青菜、萝卜和豆腐等菜为主。春节初一到初五各户门口挂灯笼、烧大香，有跳财神者上门手执纸麒麟，又跳又唱，敲敲打打向各户讨钱。端午节时兴吃粽子，请戏班子唱扬剧。弄内有"太平会"，派人到付钱人家门口，用石灰刷"太平"两字在墙上。如果家中死了人，一段时间家中成员不可去别家走动，否则被视为扰乱人家3年"太平"，还要送去猪头1只,猪尾巴1条,猪脚1只(表示全猪),公鸡1只,表示赔礼。此习俗至今犹存。他们还有在清晨5—7时上老虎灶式茶馆喝茶的习俗。①

高邮人重大节日食鲢鱼、听扬剧、爱泡茶馆等习俗,带有扬州地方特色,其生活习俗与苏北连云港赣榆县青口人大有区别。

青口镇地处江苏东北部,与山东相邻,饮食和风俗习惯具有浓郁的北方风情。

青口人聚居在上海虹口的保民村。保定路保民村(520弄),1932年前是石库门住宅区,一·二八事变后被日机炸成废墟。抗战胜利后,大批江苏赣榆县青口镇人,通过同乡或亲友介绍,陆续聚居于此。

但青口人获得此居住地并不容易,是团结一致、拼死相争的结果:

抗战胜利后,有一伤兵连长仗势在保民村荒地上建房出售,每间卖一两黄金。青口人白天搭了"滚地龙",晚上就被警察拆掉。如此反复多次,青口人便齐心合力也拆掉连长所造房屋。双方斗争激化,连长纠集伤兵持枪威胁。青口人中年轻的避开,留下年老妇女同他们纠缠。最后双方代表谈判,同意给伤兵划出一片地方建房,也留出一片土地让青口人建草棚。

1948年,村内居民257户1,155人,其中青口人215户990人,分别占总户数的83.6%和总人数的85.7%。余下苏北籍还有35户、131人。由于该村临近黄浦江,每天清晨前去排队领牌,即可到码头上扛包,不必有人介绍。以此为生计260人,占有职业291人的89.3%。居民文化程度低,应受教育的879人中,文盲763人,占86.8%;小学114人,占12.9%;中学程度仅2人。与本乡人结婚计213户,占总户数99%,而与非本乡人通婚仅2户。其原因为与外籍人结婚生活习惯不适应,加上贫富差距形成鸿沟。

前文已述,青口人从业的职业与早期青口商人往来家乡从事商船贸易有关,20世纪初由于沙船业衰落,诸多沙船主破产,众多青口人沦为码头工头和工人,通过同乡介绍,码头工成为近代上海青口人的职业身份。对保民村青口人的个案调查再次印证这个史实。

1993年的调查显示,青口人初来上海时居住在"滚地龙"或草棚内。初期,在语言和风俗等方面仍保留家乡习惯。喜面食,一日三餐主食是煎饼或杂粮

---

① 《虹口区志》,上海社会科学院出版社1999年版,第151—152页。

（玉米高粱），以大蒜大葱辣味小菜佐餐。爱好听京戏，每户家中都供财神像。

煎饼是面食，把谷物或者山芋等用水磨成糊状，再用特制工具——鏊子（圆形的铁制品居多、有三条矮腿支撑、中间微凸，以干草作燃料）把糊糊摊成薄片。盐豆的原料是黄豆，现把黄豆煮熟至酥烂，放到蒲包（用菖蒲叶编制而成）扎紧袋口，放到温热的环境发酵7—10天，然后拌入食盐、鲜红的辣椒酱、姜末和食用水。辣、咸是盐豆的特点，可以以极少的量满足味蕾的需求。这两种食品搭配可谓"相得益彰"：煎饼多以红薯为主，难以下咽，非常耐饿，但佐以又咸又辣的盐豆，能够激起食欲。

青口人大多性情豪爽而脾气急躁，为了防止外籍人欺侮，相互之间比较齐心团结，一人有事一致对外。一人有难、同乡同族联手相帮，是上海苏北人的生活方式，更是弱势群体的生存方式。经调查，有该时期生活经历的上海苏北人，对此皆有深刻的体验。

1993年的调查还涉及青口人和同乡会之间的关系：

（青口人）成立了祝其同乡会，会址在惠民路晋阳里内，在江湾一带有一个山庄，专埋去世的同乡人。同乡会经费每年募捐一次，因该会无力举办医院学校等事业，故青口人与同乡会关系并不密切。①

由此说明，实力雄厚、为同乡提供福利的同乡组织有凝聚力，比如浙江省诸多同乡会和会馆；反之，难以获得众同乡的高度认同。

虽然淮河南北经济发展水平及风俗习惯略有差别，但他们移居上海后，多数人从事社会地位低下的行业，同属社会边缘群体，所以，苏北人之间的差异全然被掩盖，他们与本地人的界限却凸显了。

基于地域文化差异等原因，近代上海苏北人对服饰、颜色的审美情趣也异于江南人。苏北女性一般喜大红、大绿等鲜艳色彩；而江浙人则喜欢素色，如灰色、蓝色、黑色、白色等比较淡雅颜色。近代苏北人的衣着也一直遭到上海本地人的鄙薄。其实，这是苏北人受传统文化影响所致。

上海开埠较早，上海人对服饰式样、色彩的审美深受近代西方文化的影响，倾向黑色、白色、灰色等素色。

西方视白色为圣洁，"洁白无瑕"，西方婚礼的颜色以白色为主，新娘身着白

---

① 《虹口区志》，上海社会科学院出版社1999年版，第153—154页。

色婚纱,头戴白色面纱。在西方人眼里,白色象征着圣洁、庄重、高雅。而中国传统文化认为,白衣只有在办丧事才穿,是不吉利的颜色,丧家人身穿白衣,头戴白帽,胸配白花以表哀悼,这是中国几千年流传下来的民俗民风。

黑色。黑色服饰在西方文化中象征着庄重、威严和尊贵。Black suit(黑色西装)和 Black dress(黑色礼服)是西方人最尊崇的传统服装,在庄重的正式场合,达官贵人、社会名流等都喜着黑色的服装。传统中国人则视黑色为不吉祥。

上海开埠后,西方人赋予服饰白、黑颜色的特定含义被中国人接受,开始流行,从沿海大城市向小城市和内地呈辐射状扩展。

再如红色。红色是最能激发人情绪的颜色,它热情、兴奋、充满活力。西方人在不同情境中对红色理解不同。在宗教上,红色是神的色彩,耶和华的衣服是红色的,红色使人联想到火、血、酒、财富和邪恶。在政治方面,红色则意味着战争和血腥冲突,它是革命的颜色。在安全用色中,红色则是警告、危险、禁止、防火的指定色。① 西方通常把流血、危险与红色联系起来。而中国传统文化赋予红色以"吉祥喜庆"之含义,是传统婚礼庆祝传统佳节——春节的主色调:新娘身穿红色服装,头上盖着红头巾,连家庭用具都染上红色,同宗、同族的大门上也要贴上红"喜"字,;窗上、门上、墙上都要贴上写着吉祥祝福的红纸。

近代上海苏北人大多是难民和灾民,来自农村,其生活习俗和行为方式带有浓厚的农村色彩,是中国传统文化的忠实信守者。移民上海后,苏北人仍然保留着原有的生活方式和审美旨趣,女性穿着大红大绿,不讲究色彩和整体搭配,在本地人眼里,既土又俗。

三、性格特点

(一)成分复杂、逞凶好斗

近代移居上海的苏北人,绝大多数从事又苦、又累、又脏的苦力行业,生活境况更加窘迫,身上的俗文化更加凸显;只有为数较少的苏北人在沪求学、经商和发展事业,其中年轻人居多,苏北各旅沪同乡团体会员名册显示,南通地区大学生最多,占 10% 左右,扬州地区次之,苏北其他各地更少,不足 5%,而江南地区和宁波地区的比例较高。

---

① 袁满:《论中西方颜色词的文化意义的对比研究》,《青年文学家》2009 年第 9 期。

苏北人与上海革命运动(1921—1949)

大多数苏北人为逃命来沪,不但必须在上海生存下去,而且要平安地活下去,但权力资源和社会资源均匮乏,须团结一致,必要时不惜使用暴力。苏北人经常在居住地或工作地点习武,用以健体,更多的因素为自卫,维护自身权益和人格尊严。这种做法常常留下粗暴、不文明的印象,而苏北人小群体比较抱团、讲义气。

整体而言,苏北地区的经济水平、语言文化、风俗习惯等,与江浙等地相比差异显著,苏北地区民风彪悍,性格直爽,脾气暴躁,话不投机,往往拳脚相加。其语言也从一个侧面体现该地民风:"闻其声,率刚厉,少蝉缓,质直不文,得古强毅果敢之气,而民之好勇斗狠亦由是行焉。"①

淮北盛行小刀会等秘密会社,民国以后小刀会遍及全地区。蓝渭滨对此做过分析:"迷信鬼神,好勇斗狠,动辄对簿公庭,以致破家荡产,男子尚有蓄发留辫,女子缠足之风犹长,风气不开,头脑腐旧,新思想不易输入;阻碍社会进化,而封建观念,尚深植于农民脑袋之间,故秘密机会、结社之事甚多,如电光会、吃了自来会、大刀会、小刀会、青洪帮会等,到处流行,乃是徐海农村中有力量之组织,有时贻害地方不浅,徐海农民风俗习惯,大概如此。"②

受此影响,近代上海苏北人大多文化程度偏低,多从事苦力工作;他们逞凶好斗,是社会不稳定的因素。苏北各旅沪同乡团体的资料显示,近代苏北移民所受的教育多为旧式私塾,无法与上海这个现代化都市合拍。以人数最多的江淮旅沪同乡会为例,1947年3,847名会员中,受私塾2—5年教育的有2,457人,而高中以上学历不足3%,③只有南通地区移民的文化素质较高,329名会员中,初中、高中文化程度的占77%。④ 苏北移民整体文化水平不高,知识结构不合理,只能从事码头工人、人力车夫等苦力行业,理发师、厨师、裁缝、修脚工等服务行业,工厂中的半技术、非技术工人,更多的苏北人从事清扫、小贩、拉粪等业,相当数量的移民无业或失业,江淮同乡会会员失业和无业者近三分之一。

苏北移民的生存状态给上海社会治安带来巨大隐患。身为都市边缘群体,

---

① 刘庠:《同治徐州府志》第10卷,江苏古籍出版社1991年版,第12页。
② 蓝渭滨:《江苏徐海之农业及农民生活》,《农村经济》第1卷第10期,第18页,载池子华:《文化背景·土客冲突·秘密结社》,《中国秘密社会史论》,上海古籍出版社2013年版,第127页。
③ 上海市档案局:Q6—5—954。
④ 上海市档案局:Q6—5—978。

他们缺少现代都市所需的专业技术。为了获得职业和安全保证,许多苏北人加入帮会或同乡会。

苏北地区是青帮的发源地,20世纪初,运河沿岸的青帮势力进驻上海,20世纪20年代,上海青帮形成三四个大集团,素有"旧上海最大的人力车霸主"之称的顾竹轩为首的苏北帮,便是其中一支。"大部分工厂劳动者、全部搬运夫,大部分巡捕,全部包打听,都在青帮的支配之下。"① 帮会是社会底层人为了保护自己、反对仇敌的组织形式,这种组织往往用武力斗争的办法,打架、斗殴,"他们所做的罪恶实在不少,上海底秩序安宁可以说操在他们的手里"②,其消极影响显而易见。

近代上海移民职业与其籍贯密切相关,工人几乎都归属于某个地域性的帮口,受帮口工头的严格控制。为争夺生意,苏北苦力工人同其他帮口工人之间经常发生"火拼"。1946年8月,赣榆籍码头工人在长期服务的招商局第二码头连续两天装卸货物,未及休息,"突有臂缠红布手持铁尺及扁担操各地语音之人数百名汹汹闯至码头,群向工人等包围痛殴",经警察弹压才平息群殴,赣榆人被打伤8名,重伤2名。③ 事情的起因为争夺码头搬运生意。这种群架斗殴事件在工厂中也屡屡发生,不一一赘述。

苏北人生活的贫民窟,成了罪恶的渊薮,赌博、吸毒、嫖娼盛行,地痞流氓横行,犯罪率高。在沪西、沪东苏北人居住区,都有无恶不作的地头蛇欺压百姓,有"三十六股党"等流氓黑帮组织。他们放印子钱(高利贷),逢年过节及婚、丧、喜、庆时,地痞伺机"打秋风",名目繁多:活人做"阳寿",死人做"阴寿";过逢十大生日的,要分"预祝"、"正寿"、"阴历岁数"三次;生孩子有"三朝"、"满月"等。④ 稍有迟缓,流氓便伺机打击报复,轻则打骂,或在夜里把死狗、死猫甚至死婴挂在门上,重则砸门窗家具、毁屋。有的地痞霸占穷人妻子、房屋,甚至草菅人命。

苏北移民之间恃强凌弱现象也很普遍。1947年7月3日,扬州旅沪同乡会接到居于梧州路同乡陈曹氏的申诉书:其夫陈庭朝,70岁,年老体弱,被同弄堂

---

① 陈独秀:《四论上海》,《独秀文存(卷二)·随感录》,亚东出版社1934年版,第104页。
② 上海《民国日报》1926年8月13日。
③ 上海市档案局:Q6—5—982。
④ 《上海港史话》,上海人民出版社1979年版,第287页。

盐城人吴老八(卖鸡为生)故意殴打残伤,双腿筋骨损坏。曹妻向吴老八交涉,请求医治,吴氏依仗财势两力,不予理睬,还讥笑说:"你们扬州人不及吾们盐城人有价值,死个把人算什么?"时常向全弄内各户炫耀:全沪十数班巡捕房(警局)与之均有密切关系,任何大小事只需打声招呼。扬州同乡会派员前去调查,情况属实,陈某住在灶披间,双足浮肿,一贫如洗。该弄内住户数百人,百分之九十是扬州移民,但见盐城人之恶势,敢怒不敢言,无人愿意为陈氏作证。同乡会也无可奈何,事情最后不了了之。①

近现代上海底层民众的主体——苏北移民,他们的悲惨境地及遭受的社会冷遇令人同情,同时,他们各种不文明举止成为社会隐患,尤其是苏北人集中的沪西的"三湾一弄"、石灰窑和闸北的大洋桥、大统路、广肇路、川弓路等棚户区,不仅居住环境、生活条件最恶劣,也是旧上海藏污纳垢之所在,对社会治安形成了巨大挑战。

(二)忠诚、有正义感,具备革命特质

近代上海苏北人大多是农村破产的难民、灾民,文化层次较低,但是比较直爽、思维简单,待人真诚。尤其是运河沿岸的江淮移民,深受青帮文化浸润,江湖义气较重,富正义感、蕴含革命性,后来成为近代上海革命力量之一极。这些都是中国共产党进行动员的有利因素。

近代上海苏北苦力工人,无论是码头工人、人力车夫还是工厂工人,劳动强度最大,受剥削最重,在生存边缘艰难度日,他们有反抗剥削、求得改善和改变现存状态的潜在需求,蕴含着革命因子。他们来自农村,贫穷、落后,其性格特质中,既有因生存困苦、劳动辛劳、生活方式粗陋而形成的粗暴爱冲动、思想保守"只问面包,不问政治"等消极因素,也有农民固有的淳朴耿直、为免受外人欺凌比较团结及受青帮文化影响而讲义气的积极因素。青帮也用儒家道德规范中的"仁"、"义"、"礼"、"智"、"信",及大量附加规范和禁令来约束其成员,这些规则增强了苏北人的义气。

当中华民族面临外国列强侵略之时,他们有强烈的爱国情感和民族气节。如五四运动、五卅运动、抗日战争时期,苏北人力车夫、江淮旅沪同乡会和码头工人都主动加入反帝爱国运动中。本书第四章、第五章将分别论述。

---

① 上海市档案局:Q117—10—10。

苏北人身上的积极因素为中国共产党对其教育启蒙提供了有利条件。1920年8月始,中国共产党在沪西、沪东工厂区,亦是苏北人集中居住区,先后开办20多所工人学校,把文化学习与争取经济利益和政治斗争相结合,有效地提高他们的文化水平和阶级觉悟。

1924—1927年,中共工人学校培育出戴器吉、姜维新、顾正红、朱英如等苏北籍职工骨干;在地缘、亲缘、业缘关系和地域文化影响下,更多的苏北人进入工人学校学习。1925年的五卅运动,因日商内外棉七厂大班枪杀江苏盐城籍工人顾正红而起。在地缘因素作用下,向来胆小怕事的苏北女工和养成工也加入到罢工和游行示威队伍中;以苏北人为主体的码头工人、人力车夫、小商贩参与到运动中,江淮旅沪同乡会及其影响的帮会力量亦成为反帝行列的一支力量。上海工人第三次武装起义,带着五卅运动中对外国列强及北洋军阀腐败无能的余恨,更多的苏北人被动员起来。本书第二章将详细解读。

在20年代革命洪流中,上海苏北人起了至关重要的作用,为中国革命事业做出了重大贡献。当然,苏北苦力在上海工人运动中还存在着不理性和斗争不彻底的缺陷,码头工人表现明显。第五章将详述。

大革命失败后,中国共产党领导的工人运动遭受严重挫折。随着白色恐怖时期到来,中国共产党公开工作时期宣告结束,开始了艰苦卓绝的秘密工作时期。20世纪30—40年代中期,大批苏北灾民、难民涌入上海,其生存条件愈加艰难,鲜有苦力去中国共产党影响下的夜校读书,苏北人在上海革命运动中的影响有所减弱,但抗战胜利后,在现代化的工厂和公用事业企业中,苏北人又成为上海工人运动的主力。

小结:

早期苏北旅沪移民多是从事沙船贸易的沙船主,经营盐、煤炭、粮食等物资运输和销售,及从事棉、纱贸易的富商。民国后,多数苏北商人从富商渐变为穷人,主要源于两个因素:一是上海城市现代化变迁优胜劣汰的自然结果。在上海城市现代产业转型中,除了南通地区从事与人民生活密切相关的棉、纱贸易的商人能继续经营,及像张謇这样有权有势多种经营的企业家从容地实现沙船业向现代运输业转型外,绝大多数商人未能实现行业的现代转轨而破产;二是近代以来苏北地区生存环境日趋恶化,大量缺少技术和资金的灾民、难民涌入上海,沦

苏北人与上海革命运动(1921—1949)

为社会底层群体;通过地缘和业缘相融合的苏北各旅沪同乡会的中介作用,苏北移民的半技术和非技术苦力行业角色逐步定型,成为贫穷落后的代名词。他们生活粗陋、性格粗暴好斗,且与青帮联系密切,是社会不稳定的因素,但又比较直爽、讲义气,蕴含着革命性,在近代上海工人运动中曾发挥过积极作用。系统研究这一复杂群体,有助于进一步了解近代上海城市和移民的发展史及苏北人在上海社会和工人运动中的作用。

第二章　工人运动之先锋：大革命时期的上海苏北人

在工农运动风起云涌的大革命时期,长期被冠之于"贫穷"、"落后"之名的上海日商纱厂的苏北工人,在20世纪20年代汹涌澎湃的上海工人运动中发挥了急先锋作用。是不是越穷越革命？近代上海苏北人参与工人运动的动机是什么？为什么近代上海日商纱厂的工人主体是苏北人？他们在怎样的历史时空与中国共产党相遇？两者之间发生怎样的互动？笔者通过解读历史文献资料,还原20世纪20年代日商纱厂苏北人尤其是男工,在上海工人运动中的重要作用。

第一节　20世纪20年代上海日商纱厂中的苏北人

一、近代上海工业中心形成及纺织业的发展

近代上海自开埠以来逐步由滨海小县城发展为全国的工业中心。开埠之初,仅有外商船舶修造等为数不多的外资企业,官营资本发展缓慢；甲午战后,上海近代工业发展迅猛。日本、欧美资本借助不平等条约纷纷到上海投资办厂。1895—1911年间,上海迅速发展为中国最大的工业中心,中国全部工厂的四分之一落户上海,1933年,上海占据"半壁江山",上海解放时,大约60%的工厂集中于上海。[①]

上海的近代工业发端于租界。近代中国建立最早、规模最大、公共设施最先

[①] 刘惠吾等:《近代上海史》,上海人民出版社1985年版,第1页。

进、体制最完善的上海租界,为外资提供了"安全"保障、廉价而充足的土地资源及相对稳定的税收负担。① 19 世纪末,随着工厂数量增多、土地价值的增值、产业升级及租界空间有限,工厂逐渐以租界为中心向华界扩张。到辛亥革命之前,形成了杨树浦、沪西、闸北、沪南等四个工业区。杨树浦(沪东)和沪西工业区的主体位于公共租界及越界筑路地区,是甲午战争后最早形成的两个工业区。

杨树浦工业区位于公共租界东区、北区及华界引翔乡沿杨树浦的狭长地带。它紧邻黄浦江,交通便捷,租界市政建设提供了道路、水电之便,是近代工业的摇篮。杨树浦工业始于 19 世纪 80 年代的洋务企业。1902—1937 年,外商相继在此设厂:日商七大纺织财团开办 17 家纺织厂,4 家冶金厂;英商开办 3 家造船厂、怡和等纺织厂 6 家,其他民用工业 18 家;美德等国商人开办 10 家工厂。至 1937 年,外商共开办 57 家工厂。中国的民族资本家也开设了灯泡厂、发电厂、橡胶厂、造船厂、毛绒厂等 301 家。② 20 世纪 20 年代,杨树浦沿江一带的工厂、码头密集,有产业工人 10 万,占全市工人总数三分之一。③

沪西工业区分为两个部分,一是公共租界西区苏州河沿岸的叉袋角、小沙渡,一是租界以西越界筑路地带的曹家渡。叉袋角一带濒临苏州河,交通便利,中外资本家较早在此投资办厂,以纺织厂和面粉厂居多,日资纱厂尤为集中。至 1937 年,已有大小工厂 777 家,职工 14 万人,其中民族资本家企业 750 家,职工 5.47 万人;外资企业 26 家,职工 2.67 万人;官僚资本企业 1 家,职工 100 余人,形成以纺织工业为主体的工业区,纺织业职工的人数占工业职工数的 75%。④

曹家渡地区自 19 世纪 90 年代开始,很多大型工厂在此相继创办。抗战爆发后,随着闸北、沪南工业区的破坏,大量工厂迁入沪西,曹家渡迎来鼎盛时期,逐渐和市区连成一片。

闸北 1900 年自辟商埠,1908 年沪宁铁路通车和北站建立后,交通便捷,逐步形成了以民族资本中小工厂为主的工业群落。1916 年已有各种工厂 60 余

---

① 陈正书:《上海近代工业中心的形成》,《史林》1987 年第 4 期。
② 《杨浦区志》,上海社会科学院出版社 1995 年版,第 70 页。
③ 《杨浦区志》,上海社会科学院出版社 1995 年版,第 6 页。
④ 《普陀区志》,上海社会科学院出版社 1994 年版,第 406、410 页。

第二章 工人运动之先锋:大革命时期的上海苏北人

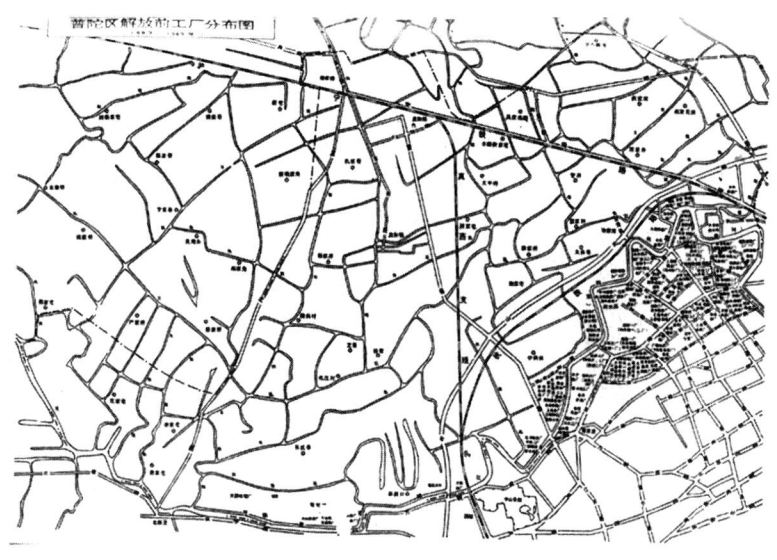

资料来源:《普陀区志》,上海社会科学院出版社1994年版,第401页。

家,包括缫丝、轧花、纺织、印刷、面粉、碾米、油脂、机器、烟草、火柴、造纸、玻璃等20多个行业。至1927年,闸北工厂骤增至205家,其中丝厂38家、茶厂36家、印刷厂24家、机器制造厂23家,还有化工、染织、五金、文教用品、电池等20多个行业的工厂。[①] 1930年前后,闸北工业区达到了鼎盛时期,成为上海最重要工业区之一,仅次于沪东、沪西工业区。

沪南工业区位于华界,以民族资本为主,工厂规模较小。浦东也是工业集中区之一,黄浦江东岸沿江地带,拥有大型造船厂和仓库、堆栈。但1937年之前,浦东工厂数量和工人比重偏低。

近代上海产业结构中,棉纺织业发展较早,在工业部门中占据重要地位。上海纱厂集中分布在沪东杨树浦、沪西小沙渡和浦东沿江一带,这里水路运输便利,又能满足工厂用水量大的需要。从苏州河上游周家桥的申新一厂开始,沿苏州河到黄浦江,分布了日商内外棉纺织厂、上海纱厂、丰田纱厂、喜和纱厂、日华纱厂、同兴纱厂、大康纱厂、公大纱厂、东华纱厂,英商伦昌、怡和纱厂,华商溥益、宝成、华丰、大中华、鸿章、三新、华新、大丰等几十家纱厂。[②]

[①] 《上海市闸北区地名志》,百家出版社1989年版,第215—216页。
[②] 《上海纺织工人运动史》,中共党史出版社1991年版,第42页。

中国共产党成立前,上海拥有产业工人18.14万,纺织工人9万多人;抗战前,上海棉纺厂升至107家,棉纺织工人近20万。① 上海棉纺织厂成为孕育上海产业工人的摇篮。

20世纪20年代,上海的棉纺织业中,日商纱厂增速最快,实力最强,总资产和拥有的纱锭、纺织机、工人数量占一半以上比重。②（见表2-1）

表2-1　20世纪20年代上海棉纺织厂的规模和劳动力③

年份	工厂数	纱锭数	织机数	工人数
1921				
中国	23	499346	3940	
英国	5	259286	2153	
日本	24	352180	1986	
总数	52	11110812	8079	33174
1922				
中国	24	624142	4240	40739
英国	5	257866	2800	13000
日本	22	586828	2968	13370
总数	51	1468836	10008	67109
1925				
中国	22	677238	5090	44934
英国	4	205320	2348	16500
日本	32	939428	5836	59262
总数	58	1821986	13274	120696
1927				
中国	24	711756	5116	49908
英国	4	205320	2348	16500
日本	30	947540	7710	58113
总数	58	1864616	15174	124521

① 《上海纺织工人运动史》,中共党史出版社1991年版,第39页。
② 《上海纺织工人运动史》,中共党史出版社1991年版,第11—14页。
③ 摘自《中国棉纺统计史料》,上海市棉纺工业同业公会筹备会,1950年。

第二章 工人运动之先锋：大革命时期的上海苏北人

续表

年份	工厂数	纱锭数	织机数	工人数
1929				
中国	28	818088	6338	56376
英国	3	153320	1900	13000
日本	30	1054344	8820	58029
总数	61	2025752	17058	127405

20世纪初期，日商凭借不平等条约染指中国纺织业，挤压难以生存的中国纱厂：1903年三井洋行收买了兴泰纱厂；1905年租办大纯纱厂，翌年买下，更名为三泰纱厂；1908年将两厂合并，组织上海纺织株式会社。

1911年日商内外棉株式会社在小沙渡建成第三厂，1913年至1924年又先后创办第四、五（东、西厂）、七、八、十二、十五厂及十三、十四工场。①

第一次世界大战期间，中国的纺织工业迅猛发展，全国新成立的纱厂共46家。1918年，中国提高进口纺织品关税后，日商为获取暴利，纷纷在中国建厂：1918年日商收买美商鸿源纱厂，改为日华第一、二厂。1921年至1923年，创办公大纱厂，日华第三、四厂，东洋纺织株式会社设立第一、二、三厂，同兴株式会设第一、二厂，丰田设第一、二厂，东洋株式会社设裕丰纱厂。

从1919到1925年，日商在中国纱厂数量从11个至32个。而同期，中国纱厂从11个只增加到22个。中日纺织厂除了数量悬殊外，中国纱厂的规模和实力远远小于日商：日本32个纱厂分属于11家纺织公司，每个公司平均拥有3,000万元以上的资产；而中国的22个纱厂分属于18家公司，只有申新、永安、溥益拥有分厂，厂家平均资产只有200多万元。②

日商棉纱厂中规模较大、资金1,000万元以上的有内外棉株式会社、上海纱厂、大康纱厂、日华纺织株式会社、同兴株式会社、公大纱厂、丰田纺织厂等。内外棉株式会社在沪共设11厂，至1925年，已拥有资金1,050万日元，纱锭291,428枚，织机16,000台，工人17,189人，成为外国在上海开设的最大的纺织

---

① 《普陀区志》，上海社会科学院出版社1994年版，第13页。
② 《上海纺织工人运动史》，中共党史出版社1991年版，第11—14页。

财团。① 上海纱厂工人 9,048 人。大康纱厂位于杨树浦腾越路,工人 4,000 人。日华纺织株式会社人数 13,234 人。同兴株式会社工人 4,000 人。公大纱厂工人 4,000 人。丰田纺织厂工人 3,450。②

从表 2-1 可以看到,外商在华开办纺织厂的数量与中国纱厂相当,但外商实力雄厚,无论资金、纱锭和线锭数量,都远超华商。外国列强尤其是日本资本的注入,对中国的民族资本和国民经济造成了极大威胁。

有鉴于此,中国共产党召开第一次全国代表大会前后,率先在沪西劳勃生路的工厂和工人集聚区创办工人学校,普及文化知识,提高工人的政治觉悟。20 世纪 20 年代上海工人运动的火种在此点燃。众多的苏北人在 20 年代在中国共产党创办的工人学校接受教育,在 20 年代的工人运动中,成为中国共产党依靠的重要力量。

第一次国共合作实现后,中国共产党并未放弃工人运动,1924 年 5 月,中共中央在上海召开的第一次中央执行委员会扩大会议上强调:"劳工运动尤其是近代产业工人运动是我们的党之根本工作,我们在国民革命运动中若忽视了这种工作,便无异于解散了我们的党。"③

中国共产党创办和领导的工人学校中,上海苏北籍工人如戴器吉、朱英如等进步很快,成为积极分子,并介绍其同乡入校学习,他们在共产党的教育、动员、组织下,成为上海 20 年代工人运动的骨干力量。

二、日商纱厂中的苏北人缘何最多

20 世纪 20 年代上海纱厂,尤其是日商纱厂中,苏北人较多,约占工人总数 60% 左右④,原因有二:

第一,近代以来,大量苏北灾民逃难来沪,为日商纱厂提供了充足的劳动力。

苏北人移民上海,是天灾人祸相交织的结果。自然灾害中水灾肆虐为甚,或为黄河泛滥夺淮入海、或为暴雨引起山洪暴发、或为飓风海啸致灾,不一而足。

苏北地处中纬度,是南北冷暖气流交汇地区,夏秋季节形成"连阴雨"天气,

---

① 《五卅运动史料》第一卷,上海人民出版社 1981 年版,第 208 页。
② 《五卅运动史料》第一卷,上海人民出版社 1981 年版,第 209—210 页。
③ 《中共中央文件选集》(第一册),中共中央党校出版社 1982 年版,第 185 页。
④ 笔者根据《上海纺织工人运动史》(中共党史出版社 1991 年版)提供的资料作出的估计数。

第二章 工人运动之先锋:大革命时期的上海苏北人

气候无常,易造成暴雨天气,多发生在6—9月的汛期。苏北地区地势低洼,湖泊众多,形同釜底,淮河、运河、沂河、沭河、泗水诸河交错其间,且河水落差较小,是洪水涡旋地区,形成淮河灾区、沂河灾区(中运灾区)和沭河灾区。历史上这一地区还长期遭受黄河夺淮入海带来的灾害,苏北有千里海岸,也经常受飓风和海啸的侵袭,加上江淮上游地区涌来大量过境游水,水灾暴虐。

近代以来,苏北地区水灾发生更为频繁,由于政府治水不力,灾害更加严重。据专家统计,自1840年至1950年,扬州、泰州、如皋、东台、兴化、高邮、宝应、盐城、阜宁、淮安、淮阴、涟水等地,共出现71次大的水灾。[①] 北洋政府统治时期,各派军阀为掌控中央政权、扩大地盘和增加实力,连年发动战争,加之苏北地区地理位置重要,历来是兵家必争之地,硝烟四起,无暇治理水灾。民国以后,苏北地区发生过无数次洪涝灾害,大雨大灾、小雨小灾,可谓"无年不灾,无灾不酷"。

最严重的是1911年、1921年和1931年发生的特大洪涝灾害,每次大水过后,哀鸿遍野,死亡枕藉,其状惨不忍睹。为了活命,众多幸存者逃往南方,上海出现了三次大规模的苏北移民潮,其中,因1921年淮河流域洪涝灾害流落到上海的苏北人,恰好遇到日商纱厂在沪急剧扩张、需要大量工人的机会。

1921年6—9月,淮河流域不断出现大雨和暴雨,有四次集中降雨过程,每次降雨历时较长,大都在10天以上。7月份降雨量最大,比常年高出1.5—3.1倍。淮河干流正阳关、蚌埠、蒋坝站自6月中旬起涨,至9月初出现最高水位(蚌埠因决口除外)后,直到11月底才退尽,历时超过5个月,为本世纪历次大洪水中历时最长的一次。

地处淮河下游的苏北地区受灾最重。淮河干流长期处于高水位、大流量行洪,6月30日洪泽湖开始涨水,9月7日最高水位达16米。8月间遭风暴,大堤石工部分被冲毁,礼河口(三河)大堤被冲决,洪水由三河入江,9月19日最大泄量达14600立方米每秒。5、6、7月已先后开启运河归江草坝,仍持续上涨,又开归江的土山坝,涨水不停,于21、24、26日先后开放运河东堤上的车逻、南关和新坝3座归海坝,又遇西北风,运河东堤漫决10余处,又遭大雨,里下河地区成为

[①] 吴必虎:《历史时期苏北平原地理系统研究》,华东师范大学出版社1996年版,第99—100页。

苏北人与上海革命运动(1921—1949)

泽国。

淮河支流沂、沭、泗水大涨,加之沿海潮位又高,所有下泄之水都遭顶托,排泄不畅;沿江及太湖地区各县,亦泛滥成灾,破圩坍岸,田禾淹没。8月上旬,沂水大涨,沿中运河南下,漫决刘老涧草坝,漫入六塘河;同时冲毁盐河头钳口草坝,淮沂会流奔注双金闸,双金闸倒毁。9月上旬,泗水来量增加,微山湖水位高涨,26日韩庄水位达35.56米,直到12月底,仍有126立方米每秒水量下泄。

据《申报》载,江苏"全省60余县,被灾者有五十三四县之多,实为数十年来所未有……"淮阴"6月至8月中,迭次暴雨急风通宵达旦,高低田禾全部被淹,又长(江)淮(河)暴涨,千里下注一片汪洋,不见陆地……所有村庄,但见屋顶"。徐州"禾稼全淹,洼处村落漂淹无算"。①

1921年淮河泛滥历时长、波及范围广、危害大,淮河下游的苏北灾民流离失所,纷纷逃难,他们沿途在江南城乡落脚,部分来沪,在黄浦江、苏州河沿岸搭棚居住,或住在把自己载来的舢舨船上,形成了大规模的棚户区,纷纷到刚建立的日商纱厂及其他行业谋生。

有些日商纱厂包工头利用同乡关系,到农村灾区招募包身工。20年代沪东、沪西许多纱厂女工是来自苏北的包身工。因为灾荒,破产农民无法养活儿女,听任来自上海的同乡包工头用二三十块大洋,把女儿卖作包身工。夏衍的《包身工》真实地再现了日商血汗纱厂包身工遭受的苦难。

每年特别是水灾、旱灾的时候,这些在东洋厂里有"脚路"的带工,就亲自或者派人到他们家乡或者灾荒区域,用他们多年熟练了的可以将一根稻草讲成金条的嘴巴,去游说不忍让他们的儿女饿死的同乡。

"还用说?住的是洋式的公司房子。吃的是鱼肉荤腥。一个月休息两天,咱们带着到马路上去玩耍。嘿,几十层楼的高房子,两层楼的汽车,各种各样好看好用的外国东西。老乡!人生一世,你也得去见识一下啊!——做满三年,以后赚的钱就归你啦。块把钱一天的工钱,嘿,别人给我叩了头也不替她写进去!咱们是同乡,有交情。——交给我带去,有什么三差二错,我还能回家乡吗?"

---

① 范成泰、朱兴华:《江淮下游的几次大洪水》,《江苏水利》1999年第7期,第47—48页。

第二章 工人运动之先锋:大革命时期的上海苏北人

这样说着,咬着草根树皮的女孩子可不必说,就是她们的父母,也会怨恨自己没有跟去享福的福分了。于是,在预备好了的"包身契"上画一个十字,包身费大洋二十元,期限三年,三年之内,由带工的供给住食,介绍工作,赚钱归带工者收用,生死疾病一听天命,先付包洋十元,人银两交,"恐后无凭,立此包身契据是实!"

福临路工房的二千左右的包身工人,隶属在五十个以上的"带工"头手下,她们是顺从地替带工赚钱的"机器"。所以,每个"带工"所带包身工的人数也就表示了他们的手面和财产。少一点的,三十五十,多一点的带着一百五十个以上。手面宽一点的"带工",不仅可以放债、买田、起屋,还能兼营茶楼、浴室、理发铺一类的买卖。(夏衍《包身工》)

《包身工》描述的纱厂是坐落于沪东杨树浦路的上海纺织株式会社,简称"上海纱厂",成立于1908年,是日本资本家在华投资的最大纺织厂之一。夏衍文中提到的包工头及其包身工同乡,多来自扬州一带,因"茶楼、浴室、理发铺"等行业带有鲜明的扬州地域色彩。1925年五卅运动顾正红事件后,日本资本家大量招收反抗意识和反抗能力较差的包身工,抗战爆发前,上海纺织厂的包身工占1/3。

沪西的劳勃生路(长寿路)、英华里、梅芳里、石灰窑(药水弄)、滚地弄、小沙渡(西康路)一带棚户区,正是日商众多棉纱厂的所在地,这里聚集着大量的苏北难民,他们千方百计想进厂做工以养家糊口;日本资本家亦趁机招工,取得廉价劳动力。据史料记载,上海第二棉纺织厂前身——内外棉株式会社七、八、十二厂和第一加工厂漂染部,20年代的工人,来自苏北、安徽的逃荒农民占85%以上。[①] 另据1946年中纺一厂(原内外棉株式会社十三、十四工场)资料统计(1946年中纺一厂工人几乎全部由内外棉一、二厂失业工人复业组成),"当时厂里3,151名职工中,江苏籍有2,628人,占总数的83.4%。"[②]其他日商纱厂的情况基本如此。

日商纱厂中的苏北难民,工人年龄普遍较轻,这些人年轻力壮且少家庭拖

[①] 《上海第二棉纺织厂工人运动史》,中共党史出版社1995年版,第14页。
[②] 《上海第一棉纺织厂工人运动史》,中共党史出版社1997年版,第8—9页。

累,又能胜任纺织厂的繁重劳动。男工中16—20岁的占21.2%,21—26岁的占26.2%,26—30岁的占31%。女工中16—20岁所占比例要稍高于男工,约占女工总数的27.2%。① 纱厂中的女工人数远多于男工。以内外棉五厂为例,1914年开工时,男工328人,女工1,103人。② 男女工比例达1∶3.4。

第二,日商纱厂剥削最重,待遇低,且歧视华工,苏南人和浙江人不愿意进厂做工,这为苏北人客观上提供了工作机会。日商纱厂在沪数量最多,为多次涌入、数量庞大的苏北难民提供了谋生之所。在沪华商开设的纱厂也很多,其绝对数量超过外商,但苏北工人甚少。因华商多来自苏州、无锡、宁波、南通等地,基于地缘和业缘关系,他们往往优先雇佣自己的同乡,这些地方棉纺织业发达、有熟练的纺织工,更由于语言、风俗等地域原因,他们排斥贫穷、以文盲为主、无一技之长的苏北难民。苏北人别无选择,只能进入工人需求量很大的日商纱厂。

日商纱厂待遇较差、剥削重、劳动强度大、工作环境恶劣。再以大康纱厂为例,1922年建厂初期,男工的工资每天只有0.22—0.47元,女工每天仅有0.22—0.31元,包身工每天为0.18元。1925年经过斗争,工资略有提高,但与英商纱厂相比仍低10%—15%,比华商低5%—10%,只有日本国内纱厂工人工资的41.6%—52%。③

因成年男工比女工、童工态度强硬,厂主专养一批男女幼童,叫做"养成工",多数是包身工,平时施以奴化教育,等长成之后,便将他们调换成年男工,把"不安分"分子开除出去,资本家可以随意虐待剥削工人。④ 这是极阴险的剥削手段。包身工的悲惨生活和命运,《包身工》中做了形象的描述,他们成了包工头的奴隶——住在厂里,与世隔绝;衣衫褴褛,与同厂的外头工人没有交集;因无钱亦无权贿赂那摩温(工头),他们成了被打骂的对象,干所有重活:

> 两粥一饭,十二小时工作,劳动强化,工房和老板家庭的义务服役,猪一般的生活,泥土一般地被践踏的血肉造成的"机器",终究和钢铁造成的不同;包身契上写明三年期间,能够做满的大概不到三分之二。工作,工作,衰

---

① 《上海第一棉纺织厂工人运动史》,中共党史出版社1997年版,第9页。
② 《上海第二棉纺织厂工人运动史》,中共党史出版社1995年版,第5页。
③ 《上海纺织工人运动史》,中共党史出版社1991年版,第48页。
④ 《向导周报》第102期,1925年2月14日。

第二章 工人运动之先锋：大革命时期的上海苏北人

弱到不能走路还是工作，手脚像芦柴棒一般的瘦，身体像弓一般的弯，面色像死人一般的惨，咳着，喘着，淌着冷汗，还是被压迫着做工。……

在做夜班的时候，打瞌睡是不会有的。因为野兽一般的铁的暴君监视着你，只要断了线不接，锭壳轧坏，皮辊摆错方向，乃至车板上有什么堆积，就会有遭到"拿莫温"和"小荡管"毒骂和殴打的危险。这几年来，一般地讲，殴打的事情已经渐渐地少了，可是这种"幸福"只局限在外头工人身上。拿莫温和小荡管打人，很容易引起同车间工人的反对，即使当场不致发作，散工之后往往会有"喊朋友评理"和"打相打"的危险。但是，包身工是没有"朋友"和帮手的！什么人都可以欺侮，什么人都看不起她们，她们是最下层的一类人，她们是拿莫温和小荡管们发脾气和使威风的对象。

由上可知，日商工厂里，包身工待遇最低、最无社会地位。而其他工人也并不比他们好多少。平日里，东洋资本家，待"中国工友如同'亡国奴'一般，随时任意打骂，无故克扣工资，开除工友"①，工人每天做工12个小时，俗称"六进六出"，就连两个星期休息的一天，也是靠做礼拜工加班补出来，即休息前最后一个夜班必须做足18个小时，或提前6小时上班或延长6小时关车，前后相加12小时。同样是礼拜工，英商纱厂要少做工4小时，而华商纱厂一般做9天休息一天，1个月休息3天。

日本资本家为延长劳动时间，屡次缩短工人的吃饭时间，由半小时缩为一刻钟，工人往往边做边吃。"有些厂里，工人的大小便都要受资本里（家）限制：大小便必领取'厕牌'，工人共有三四千，而厕牌有两块。"②劳动强度也不断加强，由一人管一部车，加到一人管两部、三部，"工钱还是一点没有加"。工钱由两周发放一次拖延到三周才发；由一个礼拜赏一工改为每月赏一工。③

《时事新报》1925年2月19日报道丰田纱厂罢工时不无同情地说："兹据调查所得，该厂待遇工人本来苛虐，打骂为平常事。"可见，日商对中国工人的歧视和盘剥十分严重。

20世纪20年代上海的日商纱厂到底有多少苏北人？他们从事什么工种？

---

① 《民国日报》1925年2月14日。
② 《向导周报》第103期，1925年2月21日。
③ 《五卅运动史料》第一卷，上海人民出版社1981年版，第305—318页。

据中共上海地下党组织20世纪30年代对上海产业及工人的调查表明,日商纱厂、缫丝厂的苏北工人,比重高达60%以上,纱厂工人多在粗纱车间,从事最苦、最累的无技术或半技术的苦力工种。而苏南、浙江籍工人多在待遇好、技术要求高的细纱车间工作。① 当时上海日商纱厂工人共58,108人,②按照该比例计算,苏北人至少有34,865人。

大体算来,20世纪20年代苏北纱厂工人加上码头工人、人力车工人,苏北工人大约15万左右,纱厂工人约占五分之一,他们在20世纪20年代的工人运动中发挥着重要作用。

第二节 上海苏北人与中共工人学校

一、近代知识分子对工人阶级的早期启蒙

启蒙,《辞海》解释为:①开发蒙昧,使明白事理。特指教育童蒙,使初学者获得基本的、入门的知识。②指普及新知,使社会接受新事物,摆脱愚昧和迷信。本书采用第二个解释。所谓文化启蒙,就是中国共产党通过工人学校,用马克思主义理论启发、教育工人,使之从落后狭隘的小农意识、自然主义意识等消极因素中摆脱出来,自觉运用马克思主义理论指导自己的思想和行为,促进中国现代化的发展。

中国工人阶级早在20世纪初期就被知识分子关注。资产阶级民主主义分子受西方资产阶级政党的影响,从维护自身利益及反对清朝统治立场出发,鼓动工人团结起来,建立工人组织:"你看外国工人,他无论哪一项做工,都有结成一个工党。这工党的势力,说起来也很可怕的。他做了工,那工价都是大家议定的,若是那工价太薄,不够花销,就要把工停起来,大家再议一个价目,总归自己做主。那些有钱的财主,开铺子的老板,都不能够硬压制他们。"③

辛亥革命后,借"临时约法"的有利条件,各政党团体如雨后春笋般涌现,如中国社会党、中华民国工党、劳动党、中国无政府党等。成立于1912年1月中华

---

① 胡林阁、朱邦兴等:《上海产业与上海职工》,上海人民出版社1984年版,第22页。
② 《五卅运动史料》第一卷,上海人民出版社1981年版,第208—209页。
③ 《中国白话报》第五期,1904年2月16日。

民国工党,强调劳资合作。① 五四运动后,全国各地出现一批工界团体,成分复杂,有的劳资不分、工商混合,有的名称很大、活动很少,被称为"招牌工会",到1922年全国共有30多个招牌工会。与工人联系较多的是中华工会和上海船务栈房工界联合会。

中华工会成立于1919年5月下旬,是一个劳资混合组织,宣扬劳动神圣,声称"联络全国工界同人之感情,谋工人一切福利,求达工业自给之目的",但它完全被资产阶级把持。上海船务栈房工界联合会于1920年4月2日成立,会员限于广东籍的轮船乘务员、机工和栈房工头和装卸工,是工头控制的新式同乡帮口组织。1920年5月1日参与联合发起上海工人首次纪念五一国际劳动节,1922年响应共产党劳动组合书记部号召,参加第一次全国劳动大会。但后来该会态度发生变化,1924年3月参加上海工团联合会,与劳动组合书记部争夺工人运动领导权。②

五四运动后,先进知识分子掀起了"到民间去"的热潮,他们兴办义务学校,开展平民教育。此后,一些社会团体、宗教团体、教育行政部门以及较开明的企业主,也先后开办职工夜校、补习学校、厂校,各式各样的工人学校纷纷涌现。

19世纪末20世纪初西学东渐,中国最早开眼看世界的资产阶级知识分子关注劳工问题,通过办报纸刊物提高工人的见识和文化水平,并组织各式各样的工会团体,影响工人群体。

当然,上述的资产阶级政党,强调劳资合作;由于工人文化水平和收入不高,只有为数甚少之人能阅读报刊,这些工人团体和报刊对工人的启蒙作用并不显著。不过,这些实践,无疑给后来成立的中国共产党提供了历史经验。

早在中国共产党成立之前,上海和北京共产主义小组于1920年8月和10月,相继在工厂区创办免费学校,提高工人的文化水平,启发工人的阶级意识和政治素质。

中国共产党成立后,把举办学校进行文化启蒙、培育工会积极分子、建立工会和党组织作为重要工作。中共一大决议提出:"党的基本任务是成立产业工

---

① 梁玉魁:《早期中国工人运动史》,吉林科学技术出版社2000年版,第194页。
② 刘秋阳:《近代中国都市苦力工人运动》,湖北人民出版社2008年版,第197页。

会。……灌输阶级斗争的精神";在产业部门成立"工人学校","提高工人的觉悟,使他们认识到成立工会的必要"。①

中共三届一中全会提出了文化启蒙的具体方式,即普及自然、社会科学常识和"共产主义之浅释(当予工人以整个的科学的奋斗的人生观)"。② 中共四大再次强调,政治宣传要做到内容通俗、形式易于工人接受,组织"工人俱乐部"及其"自修研究会",宣传党的宗旨和政策,共同读报,"解释时局及阶级斗争的略史等"。③

自1920年8月始,中国共产党陆续在纺织厂比较集中的沪西、沪东,创建多所工人学校,把它作为对工人及城市贫民进行文化教育和政治启蒙的重要途径。因而,苏北人的边缘群体身份、底层民众地位与共产党早期开展动员的意图得到了有力的契合,一为发挥工人学校职能作用——政治动员,提供了便利。二为苏北工人提高文化素养、适应城市生活创造了条件。中国共产党创办的工人学校培养了戴器吉、朱英如、姜维新、顾正红等苏北籍工人,他们成了1924—1927年上海工人运动的先锋力量。

二、中共工人学校中的苏北工人

中国共产党成立后,亟待宣传思想、扩大影响,共产党对民众文化启蒙愿望与数量庞大的上海苏北人的图变诉求相契合。因近代上海苏北人绝大多数是来自农村的灾民、难民,文盲、半文盲为主,且身无长技,长期遭受主流社会的歧视和排斥,这在一定程度上造成他们的自卑心理和极力摆脱现状的不甘心态。

但作为"体系外"半技术、非技术劳动力,想要获得社会认同,没有文化知识几乎是不可能的。如20世纪30年代上海苏北籍工人运动骨干刘顺娣(刘贞)谈及她当初进入女工学校读书动机时如是说:"不识字在社会上受人欺,被人看不起,所以一定要识字。"④但苏北人作为城市底层民众,终日为温饱奔波,哪里有钱读书? 中共创办的免费的工人学校给他们提供了受教育的机会,不仅使他们提升文化素质改善生存境况、尽快融入城市,还能得到政治文化启蒙、唤醒阶

---

① 《中共中央档选集》(第一册),中共中央党校出版社1982年版,第7—8页。
② 《中共中央档选集》(第一册),中共中央党校出版社1982年版,第150页。
③ 《中共中央档选集》(第一册),中共中央党校出版社1982年版,第411—412页。
④ 王知津等主编:《巾帼摇篮——上海女青年会女工夜校师生回忆》,上海人民出版社2000年版,第101—102页。

第二章 工人运动之先锋:大革命时期的上海苏北人

级意识。边缘群体的城市化认同需求与中共早期的政治诉求在此得到了契合。当势单力薄的边缘个体逐步汇聚成可称之为苏北劳工群体时,其政治影响力便不可同日而语了。

20世纪20年代,中共党、团和工会组织以上海大学(1923年初,时任劳动组合书记部主任邓中夏,随中国劳动组合书记部由北京迁往上海,就任上海大学校务长)为领导中心,陆续在沪西、沪东、南市、吴淞等工厂和工人集聚区,陆续创办多所平民学校:上海大学附属平民学校、沪西工人学校、杨树浦平民学校和工人进德会、吴淞平民日夜学校、南市平民促进会、闸北第二平民学校等。① 其中影响最大的是沪西工人俱乐部,它是"五卅运动的发源地"②。

沪西工友俱乐部奠基于之前几所工人学校基础之上:1920年李启汉创办的"工人半日学校"是开端。1920年8月,上海成立了全国第一个共产主义小组,是中共全国性政党的发起组织。当时党小组的领导人陈独秀认为:共产党是工人阶级的先锋队,要壮大党的力量,必须设法接近工人,在工人中灌输马克思列宁主义,组织工人参加工会。但工人缺少文化,很难接受马克思主义教育,因此决定举办工人学校。是年秋,由上海共产主义小组成员、湖南省知识青年李启汉负责,选择了上海纺织工人最集中的沪西小沙渡,创办了"工人半日学校",李兼任教师。这是全国第一所由中共早期组织开办的工人学校,早于长辛店劳动补习学校。

是年,日商内外棉九厂在锦绣里新造一批厂房,尚未出租。李启汉租下槟榔路3号(今安远路62弄178、179号)上下六间小房子,楼下三间连成一大间作为教室,放了28套课桌和凳子,可供56名学生就读。楼上一大一小两间,小间为李启汉的宿舍兼办公室,大间由两小间连通而成,作为教室之用。

学校专招附近工厂的职工,不收学费,授课分早、晚两班:做夜班的工人每天上午7—9时上课;做日班的工人则每天晚上7—9时上课,故称半日学校。课堂不设讲台,教师和学生坐在一起,学生主要学文化,教材用的是普通识字课本。有时候教师也讲些"工人为啥苦?""帝国主义怎样压迫我们?""资本家怎样剥削我们"等,启发工人的觉悟。③ 但因言语不通,事前没有做好宣传动员工作,尽管

---

① 《五卅运动史料》第一卷,上海人民出版社1981年版,第142、270—276页。
② 《五卅运动史料》第一卷,上海人民出版社1981年版,第281页。
③ 华校生等:《工人半日学校和上海第一工人补习学校》,《不灭的星》,上海人民出版社1991年版,第84页。

学校开在工人区,由于工人劳动强度太大,对学习没有多大兴趣,报名上学的寥寥无几。为改变冷清的局面,李启汉改进教育方式,特地购置留声机,播放唱片给工人听,还组织工人参与踢足球等娱乐活动,并下苦功夫学说上海话,以便与工人促膝谈心。

1920年12月,李启汉又将工人半日学校改为上海工人游艺会。工人游艺会借白克路上海公学开成立大会,到会400余人。李启汉号召工人们想着"免去苦着、饿着的困苦"的办法,"什么金钱万能,劳工无能,我们要改革,打破!"上海共产主义小组成员杨明斋、邵力子等也在会上演讲,鼓励工人强健精神,努力学习,奋发上进。①

"半日学校"虽然前后只存在几个月,但在工人中间产生了一定影响,他们知道社会上有人关心他们的疾苦,并帮助他们提高文化;也培养了一批工人运动的骨干,如戴器吉等苏北工人和南京人孙良惠,他们日后为沪西工友俱乐部的成立打下了基础。

第二,上海工人第一补习学校。这是"半日学校"的继续。1921年8月,中国劳动组合书记部成立,专门领导工人运动。当月,书记部派李震瀛来到小沙渡,在半日学校的基础上恢复办学,改名为"上海工人第一补习学校",李任校长。由于"半日学校"的影响,报名上学的工人约有200人,苏北盐城籍工人戴器吉便是其中一员;补习学校有女工20余人。学校依旧分早晚两班上课,主要目标是培养工人骨干。1922年7月,中国劳动组合书记部被租界当局封闭,学校也随之被迫停办。

第三,沪西工人补习学校。这是由社会主义青年团创办的学校。1922年秋,社会主义青年团上海市委派嵇直到小沙渡开展工作。嵇直不了解中共组织在沪西的工作情况,只得另起炉灶。他在劳勃生路一家木行租下一间房子作为住处,通过代写书信等方式结识了几个工人,开办了一个小型工人补习班。孙良惠闻讯而来,加入补习班听课,被吸收入团,随后由团员转为中共党员。他是沪西工人入团入党的第一个人。

嵇直随后发展江苏海门籍青年学生徐玮(1927年牺牲)在沪西另外一个工人

---

① 陈卫民:《中共成立初期上海工人运动评述》,《上海研究论丛》(第四辑),上海社会科学院出版社1989年版,第1—2页。

第二章 工人运动之先锋：大革命时期的上海苏北人

集中区办补习班。1924年春,中共党组织决定把两个补习班合并,成立"小沙渡沪西工人补习学校",在东京路(今昌化路)劳勃生路的转角租下一间矮楼,楼下做教室,楼上做办公室,分日夜两班授课,屋前空地用以开展习武强身活动场所。学生大多数是日本纱厂的工人,内外棉五厂的戴器吉、姜维新、陶汉和参加了学习。①

嵇直和徐玮继续授课,孙良惠担任辅导工作。中共领导人及上海大学的进步师生经常来学校讲课,找工人谈心,其中有李立三、瞿秋白、吴雷、杨之华、邓中夏等人,陈独秀和陈延年、陈乔年也常来校。陈独秀还到过苏北工人姜维新家,平易近人,毫无架子。② 孙良惠因在日本纱厂做过工,又住在同兴工房,平时待人热情,结交五湖四海的朋友,在沪西人地两熟,经他多方联络,来上课的工人越来越多。

不久,补习学校被戈登路(现江宁路)的巡捕房封闭。邓中夏稳定工人党员的情绪,鼓励工人把学校继续办下去。

1924年夏,邓中夏、李立三等借鉴安源工人运动的经验,决定在沪西工人补习学校的基础上,成立沪西工友俱乐部。8月,孙良惠等在小沙渡路(今西康路)槟榔路(今安远路)拐角租得新建平房三间,两间做教室,一间做文娱室,门前空地仍作为习武强身的场地。所需桌凳和文娱用具,采用"群众启封"的办法,把沪西工人补习学校的封条撕去,将桌椅搬到新地点,或从自己家中拿来。③ 同年8月底,俱乐部举行成立大会,会上一致通过俱乐部章程,确定"联络感情,交换知识,互相扶住,共谋幸福"的宗旨,项英为委员会主任,孙良惠为副主任,刘华、顾秀为宣传委员,李瑞清为组织委员,刘贯之为总务委员。④ 嵇直为秘书,为俱乐部募捐临时经费,到会的人都尽力捐款,戴器吉把口袋里仅有的几个角子和铜板都尽数捐出。⑤

沪西俱乐部开办补习学校、讲演会和各种游艺会。凡是工人都可入学听课,一律免费;同时不断吸收工人中的积极分子成为俱乐部成员。为避免被破坏,会

---

① 《上海第二棉纺织厂工人运动史》,中共党史出版社1995年版,第28页。
② 姜维新:《从二月罢工到五卅运动》,《文史资料选辑》(第三辑),上海人民出版社1980年版,第41页。
③ 姜维新:《从二月罢工到五卅运动》,《文史资料选辑》(第三辑),上海人民出版社1980年版,第42页。
④ 《五卅运动史料》第一卷,上海人民出版社1981年版,第281—290页。
⑤ 姜沛南:《五卅运动前后沪西工人的革命斗争》,《文史资料选辑》(第二辑),上海人民出版社1979年版,第7—9页。

员不对外公开。

沪西俱乐部成立不久,嵇直被调往外地。组织上派刘华①接替了他的工作。俱乐部四周都是日商纱厂和工人聚居的房屋。俱乐部挂牌后,在骨干分子宣传下,名声很快在工人中传开。许多工人下了班就三三两两往俱乐部跑,有的下象棋,有的看报,有的拉胡琴,门口空地上一群青年工人则打拳练武。内外棉厂五厂的季小四子、钟秀文,七厂的顾正红,八厂的周高升等苏北籍职工,都随着戴器吉到俱乐部读书识字。

补习学校开课后,要求参加识字班的工人越来越多,俱乐部将学员编成几个班,一小时上一个班。俱乐部还根据项英的建议,开办了讲演会,宣传形势和工人关心的时事。俱乐部有时还举行文艺晚会,编排一些讽刺外国列强和资本家的小剧目。

沪西工友俱乐部是沪西工人活动的中心,上海工人运动早期领导人李立三、邓中夏经常在此开会,1925年的二月罢工就在这里筹划和组织。

早在李启汉创办"半日学校"时,内外棉五厂盐城籍工人戴器吉(起甲)②、十四厂淮阴籍工人孙民臣③等就入校学习。1924年沪西工友俱乐部成立后,吸引更多的苏北籍工人。沪西工友俱乐部在近代上海工人运动史上起了极其重要的作用,"因为中国共产党的组织是从这个俱乐部而开始打进产业工人群众中的(在这以前,共产党的组织还是以学界为主要发展对象)。例如,同兴纱厂以

---

① 刘华,原名刘剑华,四川人。从小失去父母,家境贫困,经亲友介绍来上海中华书局印刷厂当学徒,后来考入上海大学附中半工半读。邓中夏等发展他成为共产党员,1925年被军阀孙传芳杀害。姜沛南:《五卅运动前后沪西工人的革命斗争》,《文史资料选辑》(第二辑),上海人民出版社1979年版,第8页。

② 戴器吉(1900—1927),江苏阜宁人。少时因家乡水灾随母逃荒至沪,进内外棉五厂粗纱间做工。1922年入沪西工人补习学校,1924年加入中国共产党。1925年二月罢工期间被警察厅关押半个月;顾正红惨案发生后,他散传单、把口子,鼓动工人坚持罢工斗争。1926年5月,他作为代表出席在广州召开的第三次全国劳动大会,参加了全国总工会主办的工人运动讲习所。回沪后他重建内外棉五厂的工会组织。1927年1月被捕牺牲,年仅27岁。《上海第二棉纺织厂工人运动史》,中共党史出版社1995年版,第179—180页。

③ 孙民臣(1899—1927),江苏淮阴人。民国十年(1921)来沪进入内外棉十四厂做工。1924年夏入沪西工人补习学校,接受文化启蒙,后参加工友俱乐部。积极参加二月罢工和五卅运动。1925年秋,参加共产主义青年团和中国共产党,被推选为共青团小沙渡支联会干部,10月被选为共青团上海地委候补委员,12月任中共小沙渡部委组织部主任。1927年大革命失败后牺牲。《杨浦区志》,上海社会科学院出版社1996年版,第993页。

第二章 工人运动之先锋:大革命时期的上海苏北人

及内外棉三厂、五厂等,都是由各该厂的工友俱乐部会员中加以选择和培养然后发展为共产党小组的"①。工人学校成为传播马克思主义理论的基地和20年代上海工人运动的指挥中心。

在中国共产党创办的众多的工人学校中,沪东的杨树浦平民学校、思恩平民义务学校和民智平民学校也培养了大批苏北工人。1924年,中共上海部委、沪东区委领导人相继在沪东建立工人学校,如在老怡和、新怡和、恒丰纱厂附近设立杨树浦平民学校;在引翔港地区的大康、公大、同兴、厚生、永安、上海纱厂等纺织厂及班达蛋厂附近,设民智平民学校等,涌现出朱英如②、吴启吉等苏北籍工人骨干。

杨树浦平民学校创办于1924年6月,是中国共产党在沪东区最早创办的一所面向工人的学校,校址在平凉路韬朋路(今通北路)惟兴里900号。1925年初,学校迁至平凉路396—398号的三开间两层楼房里。它曾培养了沪东地区工人中的第一批中国社会主义青年团员。

1924年3月,上海大学教务长邓中夏提倡创办平民学校。6月,上海大学学生杨之华(中共党员)、张琴秋(共青团员,当年转为党员)及湖南来的蔡林蒸接受党的派遣,到沪东地区筹办杨树浦平民学校,张琴秋任校长。该校分男女两部,蔡林蒸负责男工部,张琴秋监管女工部。第一批学员150多人,大部分为学校附近各纱厂的工人。为适应工人上下班时间,学校分早晚两个班上课。同沪西半日工人学校一样,早晨7—9时给夜班工人上课;晚上7—9时给日班工人上课。课程设置以国语和算术为主。

学校每两周召开一次校务会议,教师和学生干部参加,一起制定学校工作计划。杨之华、张琴秋、蔡林蒸在教学之余经常深入工厂和工人居住区,了解其生活、劳动状况,与工人学员谈心交朋友。教师们还组织学员们贴标语、发传单、参加罢工斗争。工人学员通过课堂学习和实践锻炼,文化知识、思想认识都有了明显提高。

---

① 《五卅运动史料》第一卷,上海人民出版社1981年版,第293页。
② 朱英如(1899—1964),女,扬州人,3岁丧父,7岁为地主放牛,13岁到上海,先后在三新、怡和、上海等纱厂当工人。在工人学校教育下,她积极参加民国十四年(1925)的五卅运动。同年6月加入中国共产党,担任上海总工会第二办事处女工委员。中共上海区委妇委杨之华称赞她"在工作中很有办法"、"是当时上海质量较好的工人领袖之一"。民国十五年(1926)被选为中共上海区委候补委员,并出席在广州召开的第三次全国劳动大会。回沪担任闸北丝厂工会主任。《杨浦区志》,上海社会科学院出版社1996年版,第995页。

开学3个多月后,第一批学员毕业了,举行了毕业典礼。沈泽民、杨之华等在典礼上发表了鼓舞人心的讲话。当日,学校还出了一期《平民声》纪念特刊。

党组织在第一批学员中发展了党、团员,其中恒丰纱厂的工人涂作潮入了党,女工周月林、宋三妹、薛映华、朱秀英(苏北籍)等入了团。由此,恒丰纱厂建立了团支部,这是上海工人中较早的团支部。周月林、宋三妹等在厂里还组织了工会。

1925年,民族资本家朱思恩为表达对工人的关心,主动出资扩大校舍,将杨树浦平民学校从惟兴里迁至平凉路396—398号,并添置了教具。学校改名为思恩平民义务学校,但仍然是中共党团活动的阵地。中共杨树浦支部负责人何量澄派王亚璋(1925年入党,后任中共杨树浦部委第一任妇女部主任)、黄抡先(党员)等党团员和进步知识分子担任学校教师。

思恩平民义务学校设夜校部,学员来自附近的老怡和、新怡和、恒丰纱厂的工人。教师们经常穿上工人服装跟学员们一起进场做工,了解学员疾苦,并动员青年工人上学。工人学员们一天做工12小时,放工后就到学校上课,很辛苦,但他们有强烈的改变现状的要求。教师们从实际出发,边教文化,边传播马克思主义理论。如讲到"中国"一词时,就讲中国的地理、人口、目前形势,使学员了解祖国的伟大及每个人对祖国应负的责任。教师还介绍苏联的情况。

那时不少女工受封建迷信影响,只知"生死有命,富贵在天",烧香拜佛,求菩萨保佑,对一切逆来顺受,经过夜校学习,逐步懂得了是外国列强的侵略、封建军阀的压迫才使人民受苦受难,人的命运不是天定的,是可以改变的。工人只有团结起来,齐心协力斗争,才能翻身做主人,改变自己命运。女工们渐渐从封建愚昧的思想禁锢中解放出来。

1925年5月15日,日本资本家杀害了上海日商内外棉纱厂第七厂的苏北籍工人顾正红。中共中央召开紧急会议,决定发动抗议帝国主义暴行的运动,并组织宣传队到租界宣传。王亚璋老师带领思恩平民义务学校的学员到闸北青云路参加市民大会,赴南市公共体育场开会,并多次参加示威游行。

5月30日,王亚璋带领学员到南京路演讲、散发传单。回校后,就传来了南京路上英国巡捕屠杀示威群众的消息。中共中央提出上海要举行罢工、罢课、罢市的三罢斗争。王亚璋等教师又动员工人学员回厂发动罢工。于是,恒丰、老怡

第二章 工人运动之先锋:大革命时期的上海苏北人

和、新怡和、东方等纱厂的工人相继关车停工,并组织了工人纠察队。女共青团员们每天凌晨四点多钟到杨树浦、韬朋路、榆林路等主要路口去劝阻赴工厂上班的纱厂工人,号召罢工。

五卅运动后,校董事长朱思恩发现学校中的老师和学生大都是中共党员和共青团员,决定停办工人夜校,许多工人学员转到附近夜校继续学习。

杨树浦平民学校及思恩平民义务学校在一年多时间里,为早期工人运动培养了一批骨干,还输送了一批女共青团员到中央军委等机构工作,王根英就是其中之一。①

中国共产党在沪东创办的另一所工人学校是民智平民学校,建于1924年11月,1927年4月停办。校址在普善庆堂(今周家牌路33号)。这所学校成为引翔港地区工人运动的指挥机关,培育了一批苏北工人运动骨干。

1924年秋冬之交,中共党员、上海大学学生杨之华在完成了筹建杨树浦平民学校任务后,又于是年11月创建了民智平民学校,她跑遍引翔港地区的大康、公大、同兴、厚生、永安、上海纱厂等纺织厂及班达蛋厂,广交工人朋友,并与女工结拜姐妹,动员她们参加夜校学习。

开学后,杨之华、张琴秋经常来校授课。李立三、罗亦农等都曾来学校作报告。上海纱厂的女工陆小妹、冯岳蓉、唐梅英、蒋竞英、朱秀英(苏北籍)、朱英如(苏北籍)等学员,在学校的教育培养下,1925年初先后加入了中国共产主义青年团。

随后,引翔港地区成立了上海总工会第二办事处(引翔港办事处)。学校的工人学员陆小妹、吴关仁、朱英如、洪继贤等都参与了办事处的工作。杨之华、张琴秋受党组织的委派到上总第二办事处做党建工作,但仍抽出时间到民校上课。

在民智平民学校教师的教育培养下,女工学员们工作热情高涨,在厂里积极参加工会工作,晚上坚持到夜校学习。

1926年5月,民智学校培养朱英如等人入党;同月,上海总工会派学员陆小妹、朱英如等工人到广州参加出席第三次全国劳动大会。返沪后,陆小妹被派到永安纱厂做工,并担任党支部书记;朱英如则被派往闸北组建基层工会。②

---

① 《杨浦革命史迹》,上海远东出版社2001年版,第9—13页。
② 《杨浦革命史迹》,上海远东出版社2001年版,第19—20页。

苏北人与上海革命运动(1921—1949)

限于篇幅原因,本书不对中国共产党直接创办的工人学校逐一叙述,兹将相关史料中所涉学校之名罗列如下。

表2-2 中共创办的部分工人学校(夜校)

职工学校名称	地 址	起始时间	创办组织/负责人
沪西工人半日学校	槟榔路3号	1920.8—1921.8	上海共产主义小组/李启汉
上海工人第一补习学校	槟榔路3号	1921.8—1922.7	中国劳动组合书记部/李震瀛
沪西工人补习学校	东京路、劳勃生路口	1922—1924年春	社会主义青年团/嵇直、徐玮
沪西工人俱乐部	小沙渡路、槟榔路	1924.8—1927	中共中央/刘华
杨树浦平民学校	平凉路、韬朋路惟兴里900号	1924.6—1925.6	中共沪东区委/张琴秋
沪东工人进德会	眉州路603号	1924.9—1927	中共上海地委/蔡之华
民智平民学校	普庆堂路	1924.11—1927.4	中共上海地委/杨之华、张琴秋
男工夜校	近胜路听彝里	1924—1927	中共沪东区委/不详
杨家宅(严家门)工人夜校	榆林路	1924—1927	中共沪东区委/不详
平民女校	南成都路辅德里632号A	1921.12—1922	中共中央/徐宗汉
上海大学平民学校	西摩路时应里	1924—1925.6	中共中央/邓中夏、刘华

资料来源:《五卅运动史料》(上卷),上海人民出版社1981年版;《上海工运志》,上海社会科学院出版社1997年版;华校生等:《不灭的星》,上海人民出版社1991年版;《杨浦革命史迹》,上海远东出版社2001年版等。

1925年上海总工会在五卅运动中成立后,亦创办多所平民学校。1925年6月后上海总工会与上海学生联合会联手成立了平民教育委员会,在全市各工人区开办了12所平民学校:杨树浦地区,设有4所,学生200人,其中上海英商电车工人俱乐部规模最大,影响较广;浦东地区,设有3所,学生100多人;引翔港、小沙渡、曹家渡、闸北等地区,共设5所,学生100多人。①。

从1920年至五卅运动,上海共产主义小组、中国劳动组合书记部、社会主义青年团、中共沪沪区委先后创办23所工人夜校(有资料可查证),其中20所分

---

① 《上海工运志》,上海社会科学院出版社1997年版,第308页;《上海革命历史文件》(甲)(上海各群众团体文件)(1924—1927),第33页。

布于苏北人较集中的沪西、沪东和闸北地区,学员近2000人。①

由于资料匮乏,无法具体统计工人夜校中苏北人的数量,但苏北人在沪西、沪东日商纱厂中绝对数量多,应是夜校的主力。

1925年9月,上海总工会被军阀查封后,平民学校大半转为上海总工会在各区的公开接洽处,曾多次遭到军警破坏、查封。至1927年四·一二政变后,被迫停办。

20世纪早期,还有厂办工人补习学校,都接受企业内中共地下党组织的领导和影响。此外,还有基督教女青年会创办的女工学校,在大革命失败后的白色恐怖中,为保存革命实力、充当掩护作用。

三、中共工人学校对苏北工人的教育动员

从社会学角度而言,"当越来越多没有技术的农村劳动力涌入城市时,城市中的主流经济体系常常需要花很大力气来吸纳他们"。但这些知识和技能极度匮乏的人,基本无力担任主流经济体系中的劳动力,因而他们只能"被非正式经济所接纳,从生产性和建设行业中的散工到小规模的贸易活动",于是"体系之外的经济活动为贫穷和没有技术的劳动力提供了赚钱的机会"。②

曾有人将上海劳动力市场的这种情况与欧洲作对比,认为"一个……独立的、如同欧洲情况一样的无产者阶级的形成过程尚未完成。上海的绝大多数劳动者直接来自农村……他们是农民、渔民或季节工人,要让他们适应基本的劳动纪律必须花费相当的时间"。③ 这种"适应基本的劳动纪律"的过程反映了身处"宽容并存"④大都市里的边缘群体在被逐步接受、认同的城市化道路上的艰辛与曲折。

近代苏北移民的主体始终游离于这个大城市边缘,他们渴望融入这个城市,

---

① 《上海革命历史文件》(甲)(上海各群众团体文件)(1924—1927),第33页;《五卅运动史料》(上卷),上海人民出版社1981年版;《上海工运志》,上海社会科学院出版社1997年版;华校生等:《不灭的星》,上海人民出版社1991年版;《杨浦革命史迹》,上海远东出版社2001年版等。
② [英]安东尼·吉登斯著,赵旭东等译:《社会学》(第四版),北京大学出版社2003年版,第749页。
③ [美]裴宜理著,刘平译:《上海罢工——中国工人政治研究》,江苏人民出版社2001年版,第64页。
④ 余秋雨:《上海人·文化苦旅》,知识出版社1992年版,第150页。

却又被这个城市的主流所排斥。这种排斥一定程度上酿造了他们的自卑心理和矛盾心态。但当时上海移民社会的多元化又兼容并蓄地吸收了这一城市化的蜕变过程。

工人学校的出现为苏北移民身份认同的城市化转变提供了有效的途径。作为"体系外"非技术劳动力的苏北移民,在当时想要获取认同,没有基本的文化知识几乎是不可能的。而中共早期创办的以工人补习学校为主要形式的职工学(夜)校,为他们提供了获取知识的平台,边缘群体的认同需求与中共早期的政治诉求在此处得到了契合。

再者,作为城市底层民众和边缘群体,个体作用的发挥极其有限,终日为温饱奔波,为基本生存需求而劳碌的人们,理想和信念对他们来说是闻所未闻的幻念。但夜校却能提供一个集体教育的场所,所做的不单是文化普及,更多的是政治启蒙和阶级意识的唤醒。

中国共产党从招生方式、教学手段、教学内容等方面,采用极富亲和力、寓政于乐的教育方式,在各个环节进行文化启蒙。在共同利益的驱动和情感交融的维系下,苏北籍工人较快地接受共产党人的思想引导,许多人成为学校的骨干分子;通过亲缘和地缘关系,更多的苏北人到工人学校接受启蒙教育。骨干队伍的壮大使各工厂工会和党的基层组织纷纷建立,为1925—1927年上海工人运动作了必要的准备。

具体的动员形式主要表现在以下几个方面:

1. 招生方式平易近人

中共创办的工人学校招生很有计划。每学期招生前,党组织都会尽可能地了解有哪些工厂还没发展党组织;哪些覆盖薄弱的工厂工作需要加强;有哪些工人要送到学校进一步培养等。工人夜校的招生方式主要有两种:一是通过学校的创办人或负责人动员。如杨树浦平民学校创办者杨之华、张琴秋、蔡林蒸,① 经常深入学校附近的老怡和、新怡和、恒丰纱厂和工人居住区,了解工人生活、劳动状况,与工人谈心交朋友,并动员青年工人上学,收到很好的效果。苏北籍纱厂女工朱英如、朱秀英等被动员入校,朱英如很快成为老师的得力助手,后成长为工人运动的骨干分子。

---

① 《民国日报》副刊《平民之友》,1924年6月27日。

二是通过学生中的骨干和老学生,动员同厂工人或同乡亲友入学,形成"滚雪球效应"。1922年,沪西工人补习学校成立。屋前空地上还有单杠、石锁、石担和沙袋等简陋的体育设施。内外棉五厂苏北盐城籍工人戴器吉和一些同乡经常到那里打拳练武。担任补习学校辅导工作的孙良惠劝他们:"你们来学校读书吧,我们工人光练武还不行,还要文武双全。"戴器吉一听有道理,就报名上学了。

1924年戴器吉加入了中国共产党,还把同乡好友——同厂的姜维新、季小四子、钟秀文等介绍到补习学校读书。1924年8月,沪西工人俱乐部成立后,戴器吉又介绍了内外棉七厂的顾正红、八厂的周高升等同乡到俱乐部读书识字。这些工人骨干,又介绍更多的其他亲友和同乡加入俱乐部,这种递增的几何级辐射效应很快壮大了沪西工人俱乐部的规模和声势。

2. 教学内容贴合实际

中共创办的平民学校以工人为主体,最初皆以普及和提高工人及子弟的文化水平为目的,如上海大学附设的平民学校,学生多为附近14岁以上的工人,开学不到一周,上课的学生即达360余人。学校把学生分为6个班级:"一级一班为成年不识字者,一级二班为童年不识字者,二级三班(甲、乙两组)为成年已识字者,二级四班(甲、乙两组)为童年以识字者,共分六大教室上课",学校教职员共41名,学习科目有6种,"最注重的是识字和算学","国语一科亦同时并重"。① 到同年11月初,学生人数已愈460人,分高、中、初三级,每级分甲、乙两组。②

杨树浦平民学校1924年6月1日开学后,共招收150多名学生,"多是各纱厂的工人",分男女两校。"分甲、乙、丙、丁四班教授","甲班课程,除了国语、算学外,因学生的要求,添英文、历史、地理"③。中国共产党开办的其他平民学校情况基本相似。

因学校大多设在工厂附近又免除学费,许多想摆脱现状的苏北籍工人,能够克服繁重工作带来的疲惫,坚持到校接受最基本的文化教育。这样,中国共产党普及先进文化的初衷与苏北工人的内在需求在工人学校这个平台中产生共

---

① 《民国日报》1924年4月21日。
② 《民国日报》1924年11月9日。
③ 《民国日报》副刊《平民之友》,1924年6月27日。

鸣了。

学校的党团员教师皆在传授文化知识过程中潜移默化地传播唯物主义世界观，有效地破除工人中盛行的封建迷信意识。

旧中国的工人文盲和半文盲居多，纱厂女工多，封建意识尤为浓厚。工人学校发动党团员和骨干用实际行动破除迷信，宣传马克思主义唯物主义世界观。如沪东大康纱厂的工人多是被包工头诱骗来的自苏北地区女孩，来自江苏泰州、泰兴和扬州一带。① 厂内工人有"三多"：常吃素的多、念佛的多、终身不嫁的老姑娘多。每逢阴历7月15日（"鬼节"），许多人上庙烧香，有的参加同乡会组织的"盂兰盆会"送鬼神活动。厂内女厕所，经常有流产、早产的死婴，落后女工散布里面有鬼，经常有人焚化锡箔和纸钱。夜校党员工人用实际行动向群众宣传"无神论"。工房南有大片空地，杂草丛生，每到深夜就传来"鬼叫"。一天凌晨3时左右，又听怪叫声，党员带领几个夜校工人，踏着齐腰深的野草循声寻去，一群野鸟受惊飞去，"鬼叫"的传说破灭。每当发工资，会有巫婆混到厂里装神弄鬼，说能消灾降福，骗取钱财。一次，正当她"神仙附体"之时，夜校党员冷不防在其后颈用针猛扎，巫婆痛得大叫。党员当众问她，既然神仙附体什么都知道，为何用针扎身却不知道？工人群众受到教育，迷信活动在工厂中逐步减少②，许多苏北女工到夜校上课接受文化教育。

中共工人学校把文化知识和时事结合起来，使政治文化启蒙贴近工人生活，颇具启发性。教师常常鼓励学生提问题，联系实际进行讲解。有一次，内外棉五厂盐城籍工人戴器吉在路上向一个测字先生问字，测字的说穷工人一辈子别想出头，"工"字一出头就是"土"，工人一出头就要入土（就是要死）了，读书有什么用……

第二天邓中夏到沪西工友俱乐部上课，戴器吉提出这个问题。邓中夏在黑板上写了一个大大的"工"字说：这个"工"字，上有天，下有地，中间是个顶天立地的好汉，这就是我们工人阶级的伟大形象。剥削阶级故意编造一些鬼话来糟蹋工人，其实，他们离开了做工的、种田的，一天也活不下去。我们工人阶级来到人世间，是给资产阶级和一切剥削阶级挖掘坟墓的。别看他们今天耀武扬威，明

---

① 《上海市第十二棉纺织厂工人运动史》，中共党史出版社1994年版，第26页。
② 《上海市第十二棉纺织厂工人运动史》，中共党史出版社1994年版，第87页。

天,千千万万工人、农民觉醒了,团结起来,他们的寿命就不长了,真正要入"土"了,那时的天下就是我们工农的。邓中夏的一席话,说得工人心里亮堂堂。

学校负责人刘华也站起来,在"工"字下面加了"人"字,说道,你们看,"工人"两字连起来,就是"天"字,我们工人就是要做天下的主人。只要大家团结起来,我们工人大如天!① 工友们视野大开。

通过通俗易懂的教育、深入浅出的讲解,苏北职工和在校学习的其他省籍工友,明白了什么是剥削、什么是阶级斗争,树立了"劳工神圣"的观念,明确了工人阶级的出路及组织起来的重要性。广大苏北工人在提高文化水平的同时,其政治素养也不断提高,逐步由反抗个别资本家的自在阶级,上升为从整个被压迫阶级出发、思考工人阶级整体利益的自为阶级。

3. 教学形式丰富多样

中共工人学校对广大工人进行文化启蒙,课堂是主阵地。但单一的课堂教育并非一帆风顺,广大处于社会底层的苏北人,生活窘迫,终日为温饱奔波,何来读书之兴趣?因此,纯粹的课堂教育并不总能吸引人。最早的沪西半日工人学校便遇此问题,工人初时兴致颇浓,新鲜感较强,最多时来过近百人,由于工作太过劳累,不久便逐渐减少。不得已,李启汉只好将半日学校改为上海工人游艺会。②

此后,中共工人夜校不断采用丰富多彩的教育教学方法,提高工人的学习兴趣,以达文化启蒙目的。

第一,讲课方式简单直白、通俗易懂。宣传革命道理所涉及的纯理论文本过于抽象,广大工友所不易接受和产生共鸣。因而工人学校教师上课时通常采用讲故事、作比喻的方法进行思想理论宣传。如结合讲苏联十月革命的经过,解读工人阶级的形成、发展及历史使命;用一根筷子易折,一把筷子难断的比喻,说明工人阶级团结的重要性;针对中年工人爱好下棋的特点,用"胜败乃兵家常事"及"以少胜多,以弱胜强"的辩证原理鼓舞工人。③

---

① 姜沛南:《五卅运动前后沪西工人的革命斗争——上棉二厂厂史选载》,《上海文史资料选辑》(第二辑),上海人民出版社1979年版,第6—7页。
② 陈卫民:《中共成立初期上海工人运动评述》,《上海研究论丛》(第四辑),上海社会科学院出版社1989年版,第1—2页。
③ 中共上海市杨浦区党史办公室:《杨浦革命史迹》,上海远东出版社2001年版,第15页。

第二,开展游艺活动。开展丰富多彩的课外活动,除了踢球、练武外,还教工人唱进步歌曲。

几乎每个工人学校都设有文娱室,教师除了教学生踢球、练武外,"每星期还教一点钟的唱歌",增加学生的学习兴趣。① 每至结业典礼,学生充分展示所学的才艺,"如表演唱歌、双簧、滩簧、京戏等"②。在节日举办同乐会,工人和家属免费参加,吸引了不少青年工人参加工会和党、团组织。

第二,增加演讲环节。学校经常请党的领导人和上海大学师生到校演讲,也鼓励学生演讲。

除了邓中夏、李立三(时任中共上海地委农工部主任兼工运书记)、瞿秋白、杨之华等人之外,陈独秀父子也常到沪西、沪东工人夜校演讲。他们用通俗易通的语言阐释马克思主义理论,经常引得工人大笑。几十年后,当时内外棉五厂工人、来自江苏盐城的姜维新对邓中夏演所讲"剥削"一课仍记忆犹新:"你们知道为什么资本家的肚子大?因为他赚了工人的血汗钱都装进肚子里去了!"③

课堂还增设学生演讲的环节。在教师的鼓励和指导下,工人把所学知识与自身工作、生活实际有机联系起来,在课堂上作即席演讲。这种方式既加深了工人对所学知识的理解,也活跃了课堂气氛。

第三,介绍进步书刊。1925年,瞿秋白夫人杨之华在苏北籍女工朱英如陪同下到民智学校上课,带来了《将来之妇女》一书。杨用易懂的语言鼓励女工要做新世界的主人。杨教唱国际歌,用歌词中"从来就没有什么救世主,也不靠神仙皇帝,要创造人类的幸福,全靠我们自己"启发女工的觉醒,在她们心中点燃了为建立一个"工人阶级当家做主的国家"而奋斗的愿望。④

最后,举办纪念活动,鼓励学生参与现实斗争。工人学校不失时机在各种纪念日举办活动,普及理论知识。

为配合工人运动的开展,中共工人学校的老师通过学生了解工厂斗争情况并鼓励学生积极参与,许多学生充当了骨干与积极分子的角色,他们主动把厂内

---

① 《民国日报》副刊《平民之友》1924年6月13日。
② 《民国日报》副刊《平民之友》1924年9月19日。
③ 姜维新:《从二月罢工到五卅运动》,《文史资料选辑》(第三辑),上海人民出版社1980年版,第41—42页。
④ 《杨浦革命史迹》,上海远东出版社2001年版,第19页。

情况反映给教师,要求帮助。

中共工人夜校在教学实践环节把文化启蒙、培养骨干分子和发展党、团组织融为一体。杨树浦平民学校在第一批学员中发展了党团员;党团员在厂里组织了工会。① 1926 年 5 月,民智学校培养朱英如等人入党,并把他们派到空白工厂组建工会。②

1925 年 2 月,日商内外棉八厂领班无故殴打女工并开除 50 名男工。许多工人积极分子不约而同地跑到沪西工友俱乐部找秘书刘华,请求俱乐部为工人撑腰。

这些活动生动活泼、富有教育意义,在教育感染学生的同时,也给大批苏北籍工人积极分子的涌现提供了舞台。中共党、团员耐心细致的文化启蒙工作,革命理念逐步深入到苏北工人心中。

4. 军事训练卓有成绩

工人夜校还培养工人的其他技能,如军事训练,在五卅运动和 1926—1927 年的工人武装起义中发挥了重要作用。五卅运动后,工会党团在各区都成立了部委,办了许多平民学校,这些学校都成为工人活动的场所。

以英电工人夜校为例。英电的车务部工人以苏北为主。③ 五卅运动爆发后,英电成立了以驾驶员、共产党员王有为为会长的工会组织(设于闸北共和路镇安里 7 弄 246 号),建立了第一届党支部,1927 年初创办了英电工人俱乐部,设于榆林路 157 弄延龄里的一幢石库门房内,培养工人骨干。工会同时成立第一、第二两个分会:第一分会会员 538 人,会址设于兆丰路底天德桥;第二分会"均由修筑轨路工人组成",会员达 1130 人④,他们大多来自苏北,会址设在苏北人集中居住区——大统路太阳庙。英电苏北工人在五卅运动等政治运动中作出了突出贡献。

英电工人俱乐部也是党支部活动场所。1926 年底,上海市总工会准备工人武装起义,中共杨树浦部委领导人苏爱吾经常在此向英电工人讲授军事课,教工

---

① 《杨浦革命史迹》,上海远东出版社 2001 年版,第 9—13 页。
② 《杨浦革命史迹》,上海远东出版社 2001 年版,第 19—20 页。
③ 《上海英电工人运动史》,中共党史出版社 1993 年版,第 15 页。
④ 《上海总工会所属各工会一览表》,《五卅运动史料》(第二卷),上海人民出版社 1986 年版,第 402 页。

人掌握枪支的特点及使用方法,听课的工人在工人三次武装起义中发挥了关键作用。1927年2月上旬,上海总工会又在此召开第二次武装起义筹备会议。①

民智学校也成了中共培养工人军事技能的中心。1926年5月至1927年初期间,时任上海区委书记的罗亦农和引翔港部委领导成员陈维毅、张昆弟等也常到学校活动,指挥工人运动。

1927年3月,引翔港部委组织一批党团员及工人中的积极分子到陆小妹家学习军事常识,为上海工人三次武装起义培养骨干。各工人学校的苏北工人参加了军事学习,如姜维新、朱英如等,并在上海工人三次武装起义中发挥了重要作用。②

5. 宣传活动灵活多样

近代上海是地缘社会,来自不同省份和地区的移民按照血缘、地缘、业缘等结成互助关系。为数众多、处于城市边缘的上海苏北工人更是如此,为对抗外来的歧视和欺凌,往往结拜兄弟会、姐妹团等社会组织。

沪西工人俱乐部中的积极分子顾正红、姜维新、季小四子等利用同乡、同事关系动员更多的苏北人加入俱乐部。顾正红是熟练的盘头工,肯帮助人,在工人中有一定威信,在其影响下,不少同乡、同事加入了俱乐部。俱乐部成立数月,由20多人增加到70多人,并在会员中建立了党、团基层组织。这些工人积极分子,又以结拜兄弟、姐妹等传统方式,团结了更多的工人群众,在沪西各厂组织了许多秘密小组,总人数近千人。③ 至当年年底,"有十九个纱厂建立了俱乐部的秘密组织,俱乐部会员将近两千人"。④

老怡和纱厂苏北女工朱英如,在民智平民女校培养下,逐步成长为工人运动领袖。在五卅运动期间,她组织"姐妹团"、"兄弟队",坚持罢工斗争。在担任上海总工会第二办事处女工委员期间,她负责引翔地区2万多人的联系工作,多次受到上海区委领导的赞誉。⑤

在学生骨干和积极分子的宣传和带动下,一批批苏北工人进入夜校学习,数量不断增长不断规模和壮大,工人夜校逐步成为20世纪20年代中国共产党培

---

① 李家齐:《上海工运志》,上海社会科学院出版社1997年版,第309页。
② 《杨浦革命史迹》,上海远东出版社2001年版,第18—20页。
③ 《上海文史资料选辑》(第二辑),上海人民出版社1979年版,第6—18页。
④ 《五卅运动史料》第一卷,上海人民出版社1981年版,第291—292页。
⑤ 《杨浦区志》,上海社会科学院出版社1996年版,第995页。

育上海工人运动生力军的摇篮。

第三节 工人运动中的上海苏北人

中共工人学校对工人文化启蒙取得了显著成绩,为近代上海工人运动培养了大批骨干,并通过他们影响群众,创建和发展工会,逐步建立了基层党团组织。日本人在五卅运动后对沪西工友俱乐部所起的作用发出这样惊叹:"啊!这是谁也不曾想象到以后造成了大罢工以及展开了引起世界注意的南京路事件的吧!"①

这些骨干中,顾正红、戴器吉、姜维新、吴启吉、朱英如等苏北籍工人表现突出,在1925—1927年的工人运动中,他们以敢打敢拼的牺牲精神和忠诚的信念诠释了底层劳动者的革命情怀。以苏北人为主体的沪西纱厂工人,在中共劳动组合书记部和上海地委工人运动委员会的有效组织和指挥下,成为20年代工人运动的核心力量,他们的影响力辐射到上海其他地区纱厂、工厂、学校,社会各界参与反帝爱国运动,汇聚成波澜壮阔的爱国洪流,苏北人在20年代上海工人运动史上留下了浓墨重彩。

一、二月罢工:苏北籍骨干冲锋在前

(一)二月罢工之缘起

1925年1月,中共"四大"在上海召开,通过了职工运动决议案,决定把党的工作迅速深入到广大群众中去。大会闭幕第10天,沪西小沙渡的内外棉八厂发生了日本领班殴打女童工的事件。50余名车间男工因为此打抱不平而被厂方无理开除。

厂主的暴虐行为,在沪西工友俱乐部传开,激起了工人的公愤。工人反抗日本资本家的高压手段,成为共同愿望,罢工犹如箭在弦上,一触即发。当时,深入到小沙渡地区工作的中共领导人邓中夏(时任上海劳动组合书记部主任)和李立三(时任中共上海地委农工部主任兼工运书记)等,决定直接领导这次罢工,

---

① 《五卅运动史料》第一卷,上海人民出版社1981年版,第296页。

并即刻与俱乐部的工人骨干商议,做出四项决定:

1. 在8、9号两天工人领过工资后,组织一场日商纱厂同盟总罢工;
2. 组织罢工总指挥处(又称罢工委员会),下设三处五股,从中共和共青团地委,以及上海大学抽调一批党团员来斗争前线工作,支援罢工;
3. 以沪西工友俱乐部为基本力量,发动分布在各厂的近千名秘密成员,进行串联活动,把各厂积极分子动员起来,做好总罢工准备;
4. 为避开租界巡捕的骚扰,罢工发动后,把俱乐部迁往苏州河北华界(潭子湾三德里),作为领导罢工的大本营。①

2月4日,八厂被开除男工向厂方要求结清所欠工资并发还"存工"。日本资本家不仅拒不发还勾结巡捕拘捕了工人代表。这一行径使工人的罢工情绪几达沸点。

邓中夏即刻召开工厂工会代表会议,认为发动大罢工的时机已经成熟。会议决定由沪西工友俱乐部出面代表工人同日本资本家交涉,提出7项条件,分别是:

1. 以后不准打人;
2. 按照每人原有的工钱加给十分之一,不得无故克扣;
3. 恢复第八厂被开除工友的工作,并立即释放被拘捕之工友;
4. 以后每两星期发工钱一次,不得延期;
5. 以前所有储蓄金,少数发还工友,储蓄赏算为工钱,按期发给;
6. 以后不得无故开除工人;
7. 罢工期间的工钱,工厂照常发给。②

日本资本家对工人所提要求置若罔闻,非但不答应,反而派出包打听③暗查

---

① 华校生、陈宏申:《五卅反帝斗争的前哨战·不灭的星》,上海人民出版社1991年版,第87页。
② 《民国日报》1925年2月11日。
③ 当时在工人中对一些与巡捕房有来往,专门从事监视工人活动的本厂人员的一种称呼。

工人行动,伺机进一步镇压。正式罢工开始了。

2月9日,内外棉五厂首先发难,东西两厂工人冲出车间,宣布罢工。同一厂区的七、八、十二厂立即回应,由工人骨干分头关车,带领工人涌出厂门。数千人的队伍冲破厂主、领班的阻挠,渡过苏州河,汇集到潭子湾工友俱乐部前的空地上参加罢工大集会。

罢工队伍不断壮大,10日至12日,内外棉十三厂、十四厂、三厂、四厂、十五厂,在各厂工人和指挥处组织的打厂队①的配合下,也相继举行了罢工。至此,日资内外棉株式会社在上海的12个厂,17,100余工人参加了罢工。②

14日起,罢工浪潮越出内外棉,至18日,日华三、四厂,东亚麻袋厂,沪东大康一、二厂,丰田一、二厂,同兴一厂,沪东裕丰一、二厂也纷纷成立了工会,发表了罢工宣言,组织了纠察队。同盟罢工的工厂达22家,共计35,000余人,形成了上海日商纱厂工人有史以来的第一次反帝大罢工。③

表2-3 1925年二月罢工统计表④

会　　社	厂　名	厂址	罢工日期	罢工人数	备　注
内外棉纺织会社	内外棉五(东)厂	沪西	2月9日	共1.71万人	
	内外棉五(西)厂	沪西	2月9日		
	内外棉七厂	沪西	2月9日		
	内外棉八厂	沪西	2月9日		
	内外棉十二厂	沪西	2月9日		
	内外棉九(东)厂	沪西	2月10日		
	内外棉十三厂	沪西	2月10日		
	内外棉十四厂	沪西	2月10日		
	内外棉三厂	沪西	2月10日		
	内外棉四厂	沪西	2月10日		
	内外棉十五厂	沪西	2月10日		

---

① 当时支援别厂工人罢工的一种俗称。
② 华校生、陈宏申:《五卅反帝斗争的前哨战·不灭的星》,上海人民出版社1991年版,第89页。
③ 华校生、陈宏申:《五卅反帝斗争的前哨战·不灭的星》,上海人民出版社1991年版,第90页。
④ 据邓中夏《中国职工运动简史》,人民出版社1953年版,第134页;谭抗美主编:《上海纺织工人运动史》,中共党史出版社1991年版,第113页整理绘制。

续表

会　　社	厂　　名	厂址	罢工日期	罢工人数	备　　注
日华纺织会社	日华第三厂	沪西	2月14日	共3,500余人	
	日华第四厂	沪西	2月14日		
大日本纺织会社	大康第一厂	沪东	2月14日	共4,000余人	
	大康第二厂	沪东	2月14日		
丰田纺织会社	丰田第一厂	沪西	2月15日	共3,400余人	
	丰田第二厂	沪西	2月15日		
同兴纺织会社	同兴第一厂	沪西	2月16日	共2,000余人	
东洋纺织会社	裕丰第一厂	沪东	2月18日	共2,600余人	另据其他资料称该厂有4,000余人参与罢工
	裕丰第二厂	沪东	2月18日		
	东亚麻袋厂	沪西	2月14日	共1,500余人	
共计	22厂			约3.5万余人	

从上表数据看，日商纱厂工人团结一致，参与罢工的日商纱厂22个，总人数达3.5万，相当于日商纱厂中苏北人的总和。尤其是内外棉株式会社11个工厂，共计1.7万工人参与罢工斗争，几乎全员参加。总体来看，沪西工人罢工比沪东要早一步。虽然没有充分证据证明所有罢工工人都是苏北籍工人，但从20年代日商纱厂中苏北所占比例估算，苏北人应占多数。

罢工持续了一个星期，日本朝野震惊，本以为此次罢工会同往常一样，只要"采取不积极的态度，任其自然"[①]，拖延时间，罢工便自行瓦解。岂料工人此次非但一去不回，而且连最驯服的养成工亦全体参加了罢工，迫使工厂全部停产。罢工工人还暴力捣毁了机器，日厂更受沉重打击。据当时《大晚报》刊载的消息称：罢工使日本内外棉厂"每天损失25万元"（指当时法币）。日本驻华大员惊恐地声称"罢工性质已非专对资本家之单纯的劳动争议，而带有排外性质"[②]，认为幕后有不逞分子煽动风潮。大阪金融界惊呼上海"二月罢工"是"整个日本纺织业之生死问题"。[③]

2月25日，在上海总商会的调停斡旋下，工会代表张佐臣、刘贯之等六人与

---

① 《五卅运动史料》第一卷，上海人民出版社1981年版，第341—353页。
② 《五卅运动史料》第一卷，上海人民出版社1981年版，第341—353页。
③ 《五卅运动史料》第一卷，上海人民出版社1981年版，第341—353页。

日资纱厂代表举行会议,共同谈判解决罢工问题。起初日商方面多方狡辩,而总商会作为调解人也意欲偏袒日方,但工人代表义正词严、态度坚决、立场坚定。经过两天的谈判斗争,最终迫使日本资本家部分接受了工人提出的复工条件:

1. 工人一律照常优待,如有虐待,准可禀告厂主秉公办理;
2. 工人能回厂安分工作者,照旧工作;
3. 储蓄奖金照章满 5 年发还(原为 10 年);未满 5 年被开除者,如平时在厂有成绩,亦可发给;
4. 工资两星期发一次(照章办理)。①

由总商会担保释放被捕工人。

3月1日,庆祝罢工胜利的大会在潭子湾广场举行。至此,历时近一个月的大罢工宣告结束。一批苏北籍职工成为工人运动的中坚力量,为后来声势更为浩大的五卅运动做了预演。

(二)苏北籍骨干冲锋在前

二月罢工期间,工人学校培养的骨干和积极分子发挥了重要作用。苏北籍男工戴器吉、顾正红、姜维新、季小四子、孙民臣等在宣传、组织工人和冲厂罢工、成立工人纠察队维护秩序等关键环节,发挥着主力作用,使罢工从沪西日商纱厂顺利扩展到沪东各厂。②

1925 年 2 月 2 日,外棉八厂日本领班殴打粗纱部打盹女童工,打伤其腿部;其姊找日人理论,亦遭耳光。前有所述,纱厂粗车间绝大多数工人来自苏北地区,比较团结。当时 50 余名甲班工人(男工)打抱不平,被厂方无理开除;4 日,甲班工人要求算还工资、乙班工人上班皆被拒,厂方还前后捕去周宝之、仇玉福、钱建扬、蒋思俊、杨阿四、许福铨等 6 名工人。③

邓中夏和李立三等,即刻召开厂工会代表会议。因被开除的工人多为苏北籍工人,到会代表姜维新、戴器吉、孙民臣等苏北籍工人④情绪激愤,要求罢工,

---

① 邓中夏:《中国职工运动简史》,人民出版社 1953 年版,第 140—141 页。
② 《上海文史资料选辑》(第二辑),上海人民出版社 1979 年版,第 19 页。
③ 上海《民国日报》1925 年 2 月 6 日。
④ 《上海第二棉纺织厂工人运动史》,中共党史出版社 1995 年版,第 34 页。

以营救被捕工友。邓中夏等工人领袖比较冷静,劝解迫不及待的甲班工人"莫乱动",等领到工钱后再罢工,"百端解譬,方才稍安帖"。苏北工人的性情急躁可见一斑。在此期间,工人活动分子"竭力联络各厂工友。至八、九两日领取工钱完毕,突于九日的下午四时宣布罢工。"①试想,如果没有中共党组织的领导,苏北工人盲目举行罢工,则无法长期支撑。但苏北男工在罢工中一直冲在前头,推动罢工斗争波浪式前进。

罢工序幕由内外棉东五厂苏北男工戴器吉拉开。2月9日,他高呼"摇班啦",关车冲出车间。其他车间随之响应。戴同时委派工人穿过墙洞赴西五厂传递消息,西五厂工人闻讯后也关车罢工。五厂工人的罢工行动引起日本厂方注意,他们迅速关闭厂大门,限制工人出去,但工人在苏北籍青工季小四子带领下,越墙而出打开了大门。工人们出了厂门后,戴器吉喊:"工友们,大家到潭子湾俱乐部去开会。"②工人如潮水般地涌向苏州河对岸大丰纱厂附近的潭子湾三德里开会,誓师罢工,成立总指挥处和工会。内外棉第七厂、第八厂、第十二厂工人随之响应,罢工工人达九千余人。③

罢工中,苏北工人斗争性很强,敢打敢拼,但也表现出"原始状态,乱如纷丝,不可梳理;狂如怒马,不可羁勒"的状态,幸好邓中夏、李立三等之前皆有领导工人罢工的经验,二月罢工伊始,即组成了总指挥处和纱厂工会。总指挥处设书记处、联络处和护卫团;后获悉杨树浦的大康纱厂因裁减工人而酝酿罢工,即刻在小沙渡和杨树浦各设分指挥处,分指挥处设组织员、宣传员和交通员。工会成立后,由各厂选择"勇敢能干者为该某厂代表",组织工会代表会。许多勇敢的苏北工人成为各厂厂工会代表。另外,组建了工人武装——纠察队,姜维新任总队长,"维持秩序,安慰人心,并劝导不明白的工友莫上工"。④ 二月罢工在总指挥处的领导下,事情虽千头万绪,仍能秩序井然地进行。

10日上午,季小四子等积极分子率领200余名罢工工人,持"内外棉厂全体罢工"的旗子及铁条、木棍、竹竿等物,拥至内外棉第九厂、第十三厂、第十四厂,号召"各厂工人取一致行动,将厂中机器、电话、玻璃门窗等什物纷纷捣毁,并将

---

① 《中国工人》第4期,1925年4月。
② 《上海第二棉纺织厂工人运动史》,中共党史出版社1995年版,第36页。
③ 《民国日报》1925年2月10日。
④ 《中国工人》第4期,1925年4月。

第二章 工人运动之先锋：大革命时期的上海苏北人

各厂之监工日人数名殴伤,复散发传单。"①苏北工人平日里积压的怒火在此时得到淋漓尽致地释放。这次冲厂行动遭到普陀路捕房的弹压,苏言才、沈子良、季小四子、许金台等14名工人被抓,但这并没有使事态平息下来,反如火上浇油,平时胆小怕事的纱厂养成工(女童)也于2月10日下午全部参加罢工,"并推有代表至工会"②;2月12日,罢工之火已在小沙渡内外棉11个厂蔓延,③11个厂共15,000多人,全部参与罢工斗争。

2月17日,为营救被捕同乡和工友,戴器吉等工人骨干一再坚持,日商纱厂工人再次到租界地区游行示威。队伍一路进发,高喊:"反对东洋人打人"、"中国人不要帮外国人压迫同胞"等口号,沿途不断有工人群众加入。当局出动大批军警镇压,致使许多工人被打伤,邓中夏和戴器吉等20余人被捕。

二月罢工期间,苏北盐城籍工人顾正红是积极分子。他是五卅运动的导火索而被后世铭记。正式罢工前,沪西工友俱乐部向日本资本家进行交涉,他和戴器吉在工厂中宣传,告知大家做好罢工准备;罢工中,他参加工人纠察队,在沪西苏州河一带交通要道"把口子"维持秩序,劝告不明情况的工人不要上工。他参加了日商纱厂几百名工人组成的罢工鼓动队。当纱厂工会得知第九、十三、十四厂的工人由于日本资本家的严密监视而无法实现罢工时,顾正红首先提出"打厂",带领打厂队(即鼓动队),先后到内外棉九、十四、十五厂支援工人实现罢工。

此外,他还同其他积极分子,出版罢工小报,帮助解决罢工工人的生活困难,使许多工人体会到团结起来组织工会的重要性。通过这些实践活动,顾正红也日趋成熟,罢工胜利后加入了中国共产党,在此后的罢工运动中发挥了更大的作用。

罢工中,人数较多、一向受到封建束缚不敢抛头露面的苏北女工,在男工同乡的鼓励下,勇敢地参加罢工,组织女子纠察队和男工一起站岗放哨。

在中国共产党领导下,罢工持续一周,罢工队伍不断壮大,工潮从内外棉株式会社推向日华三厂、四厂,东亚麻袋厂,同兴二厂,丰田纱厂;又从沪西扩展到

---

① 《申报》1925年2月12日。
② 《民国日报》1925年2月12日。
③ 《民国日报》1925年2月13日。

沪东杨树浦的一、二厂,丰田一、二厂,同兴一厂,沪东裕丰一、二厂①,上海的日本纱厂大多数被卷入。数万工人有组织有计划地斗争,经过上海市总商会调停,迫使日本资本家部分接受了工人提出的条件。二月罢工被称为五卅运动的前奏。

二月罢工的胜利使工人受到极大鼓舞。工人夜校如雨后春笋般在上海工厂区成立,内外棉纱厂总工会正在酝酿之中,沪西各日商纱厂工会亦组成了工厂委员会;设在潭子湾的工友俱乐部已发展成"工会联合办事处",纱厂总工会未成立期间,仍用工会联合办事处名义负责领导工作。工人纷纷加入工会,三月下旬,"小沙渡、杨树浦、曹家渡三个地区就登记了二万多人","到了四月份,上海日本纱厂(除浦东外),以及麻纺厂、丝厂的工人绝大部分都登记为工会会员,没有登记的人多半是童工、养成工或少数女工"。② 各厂工会虽未得到厂主承认,但事实上已履行其职责。

从二月罢工全过程看,罢工之所以取得成效,离不开邓中夏、李立三等工人运动领袖的运筹帷幄,和俱乐部负责人刘华和陶静轩的指挥若定,使平日缺乏训练的工人服从工会联合办事处的指挥而有序罢工。但还应看到,如果没有苏北工人骨干冲杀在前,无所畏惧,并动员更多同乡加入其中,就不会给日本资本家带来重大打击、迫使其较快地接受部分条件,苏北工人在罢工中作用凸显。

二、五卅运动:苏北工人顾正红被害是导火索

(一)五卅运动之肇端

二月罢工后,中国共产党领导的工会组织在工人中的威信大大提高。工会数量和会员人数都在短期内迅猛增加,"党在上海有了一个前所未有的工会组织"。③ 这引起了日本资本家的仇视和恐慌。二月罢工谈判协议达成时,日本资本家一面被迫签订协议,做出表面上的让步,另一方面暗中搜捕工人领袖和积极分子,企图破坏工会组织。

面对日本资本家背信弃约、破坏工会的行径,工人们群情激愤,表示要予以

---

① 《上海文史资料选辑》(第二辑),第19—21页。
② 《五卅运动史料》第一卷,上海人民出版社1981年版,第463页。
③ 邓中夏:《中国职工运动简史》,人民出版社1953年版,第183页。

还击;但鉴于当时的具体情况,决定改变策略,将罢工改为怠工。然而工人的日常斗争此起彼伏,从未间断。

1925年5月上旬,日本纱厂工人为抗议日本资本家无理开除中国工人而举行罢工。5月15日,工人代表与厂方交涉时,日本资本家蛮横取消工会,开枪打死工人代表、共产党员顾正红,打伤十余人。日本资本家的暴行激起了上海工人、学生和广大民众的极大愤慨,他们纷纷起来声援工人的斗争。5月28日,中共中央在上海举行紧急会议,决定把工人的经济斗争发展为反对帝国主义的政治斗争,并计划30日在租界举行反帝大示威。

5月30日,上海学生和工人三千余人前往南京路公共租界进行示威宣传,散发"打倒帝国主义"的传单,讲述顾正红被杀和学生被捕的事实,要求收回租界。随后万余群众集结在英租界巡捕房门口抗议示威,不料英国的巡捕竟然向群众开枪,当场打死13人,打伤十余人,逮捕数十人,制造了震惊中外的五卅惨案。当晚,中共中央召开紧急会议,决定把斗争扩展到各个阶层,建立反帝统一战线,号召全市人民举行罢工、罢市、罢课,并成立了行动委员会,领导"三罢"运动。

5月31日,上海工人在刘少奇、蔡和森、瞿秋白、李立三、刘华等的领导下,成立了上海工人总工会,总工会发表宣言称:"我们于6月2日起,宣布总同盟罢工!我们齐心奋斗坚持到底!"我们的条件是:

1. 严厉承办打死工人、学生之凶手,并赔偿损失;
2. 承认工人有组织工会及罢工之权力;
3. 禁止殴打工人;
4. 改良工厂卫生;
5. 禁止虐待童工及女工;
6. 不得雇佣外国巡捕;
7. 反对印刷附率。

我们上海全埠工人,不达到以上七条件绝不上工!①

---

① 钱传水:《中国工人运动简史》,安徽人民出版社1985年版,第42页。

苏北人与上海革命运动(1921—1949)

6月初,上海20万工人首先举行政治罢工。沪西和沪东的日商纱厂是罢工的主体。在上海工人运动带动和影响下,15万学生罢课,同时商人纷纷罢市,租界华捕也实行罢岗。

然而英日列强镇压和瓦解中国人民的反帝爱国运动,一方面出动军队武力恫吓;又采取从内部分裂反帝统一战线的策略。民族资产阶级和小资产阶级开始动摇。时为总商会会长的虞洽卿①借调解之名,趁机修改了工商学联合会向外国列强交涉的十七条,同时主张商界23日单独停止罢市,破坏"三罢"运动。②尽管如此,工人阶级仍坚持"孤军奋战,虽伤亡入狱者近千人,忍饥受饿,弹尽粮绝仍坚持勿懈"③。

9月初,通过谈判取得部分经济要求。为保存革命力量,巩固工人已取得的胜利,中共决定停止总同盟罢工。至30日,坚持了整整100天的五卅罢工,终于落下了帷幕。

罢工尽管最终只取得了局部的胜利,但五卅运动依然沉重地打击了帝国主义的嚣张气焰,进一步锻炼了工人阶级队伍,为随之而来的大革命高潮作了铺垫。

(二)苏北工人的主力角色和不懈斗争

五卅运动是二月罢工的延续,其导火索是内外棉七厂苏北籍工人——共产党员顾正红被害。五卅运动中,内外棉厂所在地、苏北人最集中的小沙渡地区工人始终是运动的主力;正是顾正红等工人的死伤,引起连锁反应,先是以苏北人为主体的日商纱厂工人、全市工人,紧接着,青年学生、商贩、民族资本家及码头工人,纷纷行动起来,终于酿成席卷全市、影响全国的反帝爱国运动。

五卅运动中,顾正红被害始终是各界反帝斗争的中心,也是唤醒民众爱国心的标的;中国共产党以工人学校积极分子为先导,广泛宣传顾正红等人被害真

---

① 虞洽卿,浙江慈溪人,早年到上海当学徒,1908年创办宁绍轮船公司。1911年上海光复后任都督府顾问官、外交次长等职。1923年当选为上海总商会会长。虞同外国列强有依附、也有矛盾。辛亥革命时期积极支持孙中山的革命活动,二次革命时反对袁世凯称帝。五卅反帝运动时始则支持罢工罢市,后降低谈判条件与帝国主义势力妥协。大革命前后支持北伐,反对孙传芳。四·革命一二事变后支持蒋介石清党反共。抗战时期,他坚持抗日爱国,不当汉奸,日军占领租界后离沪赴渝,到大后方经营滇缅公路运输,支持抗战。1945年4月在重庆病逝。http://baike.baidu.com/view/135328.htm。

② 钱传水:《中国工人运动简史》,安徽人民出版社1985年版,第44页。

③ 《工人之路》1925年10月第102期。

相,引起社会各界反响,团结一切可以团结的力量,组织民众,达到反帝爱国目的。

顾正红被害是五卅运动的直接原因。1925年5月15日,为反对日本厂主随意关厂压迫工人,顾正红按照工会指示,带领当天夜班工人,冲破阻挠,进厂同日本大班斗争,遭到日本大班川村和元木的枪击。时人描述顾正红被杀伤惨状:"当日人团击时,工人赤手空拳,只得四散奔逃。其时顾正红足部已中一枪,尚思向右逃避,而在左之日人迎头向其腹部打一枪,即扑于地,尚未死,起而反奔,头部又中一枪,还要勉强逃命,但已甚至昏迷,抱于树上。日人追至,见其未绝,又击一枪,并以铁棍击及其头,即时晕厥扑地。日人尚以毒刀刺之二三下。"①送至医院未几即死,年仅20岁。

1925年二月罢工后,资本家部分地答应了工人的要求。但日本资本家不履行与总商会签订的四项复工条约,即不再打骂工人,不无故开除工人,发还储蓄金等。复工后,日人虐待工人变本加厉,日本监工皆携带铁棍手枪,工人偶一不慎,即遭棍击;罚款之苛亦甚于前。

1925年5月初,因内外棉第五厂、日华纱厂工人要求按约发放工资、五一节休假半日、星期日休息,内外棉第八厂粗纱女工及第三、第四厂工人要求增加工资②,第十五厂工人要求赏银应按大洋折算③等事由,连续发生几次局部罢工事件,在工会劝阻下,旋即复工,这更引发日本资本家的仇视和恐慌。5月7日,上海日本纺织同业会开会,会上就如何处置工人罢工达成一致意见:拒不承认工会;针对工会发起的罢工,"坚决采取强硬态度,得断然处置,关闭工厂"。④ 日本资本家的出尔反尔、对工人愈加强硬的态度,激起工人激烈的反抗情绪。

1925年5月14日,第十二厂无故开除2名二月罢工积极分子,4名工人同情,亦被开除,"工人愤甚,始有罢工之举",日商自15日起闭厂停工,有意制裁工人⑤。15日,第七厂日班工人上班,日人借口无纱,不让工人进厂;工人要求照发工钱,又不许,后经捕房捕头调解,允给半日工钱。下午五时,晚班工人(男工

---

① 《血潮日刊》第一号,上海学生联合会,1925年6月4日,载《五卅运动史料》第一卷,上海人民出版社1981年版,第554页。
② 《民国日报》1925年5月9日。
③ 《申报》1925年5月11日。
④ 《五卅运动史料》第一卷,上海人民出版社1981年版,第547—548页。
⑤ 《时事新报》1925年5月16日。

40人,女工30人)亦照常上班,日方仍不许,并无充分理由答复,气愤至极的工人在顾正红等工人率领下冲进工厂,与日本人发生冲突。

内外棉副总大班元木,七厂大班川村,突以手枪向工人轰击,"当有工人二人中弹倒地,工人四散奔逃。同时东(五)厂、西(五)厂、八厂各厂工人,闻讯赶出劝解。日人竟聚集各厂职员30多人,及厂中印捕数十人,或手持手枪,或持铁棍,向工人乱放乱殴。当时受伤倒地者多人。日人还将小刀在受伤者身上乱戳,流血满地,惨不忍睹。"①顾正红、胡培良、吴阿四、黄福金、李小龙、董阿四等8人遭枪击重伤;顾正红身中四弹,弹穿肠腹,于17日晨殒命。8名工人中,顾正红、李小龙、董阿四等四名工人是苏北人。② 斗争持续一个小时,在日本职员、普陀路巡捕房巡捕的共同镇压下,工人被迫撤出工厂。

日本人的弹压及顾正红的死亡,成为五卅运动的导火索,苏北纱厂工人(主要为工人学校中的骨干分子)成为这场运动的重要参与者,而指挥机关即罢工委员会则设在沪西工友俱乐部所在地——潭子湾三德里。

5月15日受重伤工人中,苏北人占一半。当夜,工人纷纷到沪西工友俱乐部寻求帮助,内外棉纱厂工会召开会议,"决议东五厂、西五厂、七厂、八厂,连同昨日罢工至第十二厂工人,均于今日起一律罢工。一面声请各方援助,以伸公理"。③

16日,罢工开始,工人在三德里工会开会集议,组织罢工委员会,设纠察队、交际队、救济队和演讲队,每队设若干小队,"均以工人代表任之",工人代表即是工人夜校中的骨干。纠察队维持秩序、交际队与外界联络、救济队向各方募集经费、演讲队负责开导工人,各司其职。同二月罢工一样,沪西工友俱乐部再次成为指挥机关,李立三等中共领导人亲自指挥,工会和中共领导成了工人的主心骨,提出了惩凶、赔偿、恢复被开除工友工作等八项条件。④

事件发生后,日本资本家勾结工部局,对工人施加高压手段:15日,公共租界捕房"将胡培良等提起公诉,并将王小龙等七人关押",并解送公共公堂受审⑤;工部局应日本纱厂和日侨之求,派日本警察至沪西捕房,厂方对工人防范

---

① 《五卅运动史料》第一卷,上海人民出版社1981年版,第553页。
② 《民国日报》1925年5月18日。
③ 《时事新报》1925年5月16日。
④ 《五卅运动史料》第一卷,上海人民出版社1981年版,第561—566页。
⑤ 《民国日报》1925年5月17日。

甚严,普陀路捕房除派中西捕及包探巡逻外,"并派印捕马巡多骑,维持秩序",各厂大门紧闭,禁止工人接近。① 上海日本纺织业同业联合会致函淞沪警察厅交涉员,强硬要求警厅取缔沪西工友俱乐部。② 工部局还秉承日本资本家的旨意,禁止各报馆登载该事件,主持公道的《民国日报》数次报道该事件及进展,"屡被捕房控办,此次更受捕房极端威吓,有驱逐经历、封闭报馆之势",甚至"工人欲出钱登广告,各报馆亦不敢接"。③

日本资本家的暴行和工部局的镇压激起了上海工人、学生、上海商人及广大民众的极大愤慨,他们纷纷起来声援工人的斗争,逐渐演化为全市民众参与、影响全国的爱国运动。

1. 报仇雪耻:苏北工人反日高潮迭起

1925年5月15日顾正红被枪击,5月17日,沪西日商纱厂工会召开代表会议,加强领导罢工斗争机构,推定具体工作人员,其中,苏北籍工人戴器吉负责外交,姜维新负责纠察。④ 会后,内外棉工会代表2.5万名工人,向北洋政府递交了《为日人惨杀同胞顾正红呈交涉使文》,并以传单形式散发。

5月18日,内外棉厂工会代表及顾正红家属从验尸所领回顾正红的遗体,"棺木到潭子口时,有男女工人整队往迎,沿途一致高呼'誓死坚持到底!'及'要行凶的偿命!'等。各工人闻尸属痛哭之声,均无不伤心落泪。盖死者上有双亲,下有幼弱之弟妹,一家数口,全恃死者之养赡也。"⑤19日,内外棉东、西五厂、七、八、十二厂工人继续罢工,下午4,000多工人召开全体大会,"大呼'坚持到底'、'不达目的死不上工'等",在顾正红停柩处搭台,工人轮流演说,女工演说时痛哭流涕,闻者动容。⑥

5月19日,杨树浦纱厂七八十名工人乘坐装货汽车前往沪西探视,先至普陀路捕房询问死者情形,后到三德里工人俱乐部。⑦ 沪东工人进德会、金银工人

---

① 《时事新报》1925年5月19日。
② 《新闻报》1925年5月21日。
③ 《血潮日刊》第一号,上海学生联合会,1925年6月4日,载《五卅运动史料》第一卷,上海人民出版社1981年版,第594页。
④ 《申报》1925年5月18日。
⑤ 《民国日报》1925年5月19日。
⑥ 《民国日报》1925年5月20日。
⑦ 《新闻报》1925年5月19日。

互助会、上海织袜同业会代表、申新二厂打包工人代表、统益纱厂领班、海员联合会上海支部代表,及参加广东劳动大会的北方各工会代表、青岛胶济路总工会代表等纷纷前往慰问,并自愿捐款援助罢工工人。①

为打破工部局和日本资本家封锁工人被害消息的沉寂局面,5月22日,工人代表——沪西工友俱乐部主要负责人陶静轩,在宜昌路文治大学举行上海各报记者招待会,向新闻界陈述日本资本家平日虐待工人、"无故开除工人代表及克扣工银尾数",斥述顾正红等工人被日人惨杀的情形。② 第二天,各进步报刊纷纷撰文抗议日本人的暴行,声援工人斗争。工人代表还分赴其他学校、团体揭露日本人枪杀中国工人的罪恶。通过工人代表的努力,顾正红被日人残害的消息扩大到社会各界,上海35个团体组织的"日人残杀同胞雪耻会"随即成立③,每天前往潭子湾吊唁的各团体代表络绎不绝。

内外棉纱厂工会为了进一步扩大上海内外棉纱厂工人罢工斗争的影响,揭露日本资本家残害顾正红的真相,登报呼吁"各团体各学校"于5月24日派代表到潭子湾参加公祭顾正红活动,"以示同仇敌忾"④。5月24日下午,公祭大会如期举行,由总指挥刘华主持,孙良惠为主席。到会者约万人,"无数的旗帜在天空招展着,潭子口一大片荒地上真是人山人海"⑤,其中"十分之九是工人";从各种旗帜看,内外棉纱厂工人最多,还有丰田、大康、日华、同兴、裕丰等纱厂工会,机器工人、印刷工人也派代表前往。工人们穿着蓝布短褂、臂围白布,女工们勇敢干练,"来往招待、弹压、传令";顾正红肖像被花圈包围着,四周均为各工会送来的匾额。⑥ 工人的斗争情绪高涨。

5月28日中共中央决定把斗争口号由经济斗争转为民族斗争;联合民族资产阶级反对四提案⑦,建立反帝统一战线,号召全市人民举行罢工、罢市、罢课,

---

① 《民国日报》1925年5月19日、5月22日、5月23日、5月24日。
② 《民国日报》1925年5月23日。
③ 《民国日报》1925年5月17日。
④ 《申报》1925年5月22日。
⑤ 上海社会科学院历史研究所口述史资料。
⑥ 《民国日报》副刊《杭育》1925年5月26日。
⑦ 上海公共租界工部局于1925年6月2日召集纳税人会议,增收码头捐、印刷物附律、交易所领照、取缔雇佣童工等四项提案。四提案遭到上海各商业团体的一致反对。《民国日报》1925年6月1日。

第二章 工人运动之先锋：大革命时期的上海苏北人

在二马路（九江路）一个旅馆召开紧急会议，成立行动委员会，领导"三罢"运动。①

5月29日，中华全国总工会上海办事处发布援助沪、汉、青岛各厂罢工宣言，揭露上海的日本资本家残害顾正红等工人、青岛日本工厂主镇压罢工工人、汉口英美烟厂资本家拘押工人首领等罪恶事实，谴责中国政府软弱无能，号召中国人民团结一致，"打倒帝国主义，援助被压迫枪杀的工人"，"被压迫阶级解放万岁！"②中华全国总工会的宣言，道出了工人是一家、中华民族是一家的深刻道理，这对于五卅惨案发生后凝结全国之力、结成广泛的反帝阵线，起了舆论先导作用。

五卅惨案发生后，上海各业工人纷纷预备罢工，他们深知，学生的讲演及流血"主要因援助工人而起的，他们而且认清此次屠杀与顾正红之被杀是一件事，要并案解决才是"③。5月31日，闸北潭子湾三德里工友俱乐部开会，俱乐部负责人刘华和陶静轩号召到会100多工人，要发动工人举行罢工，"以支援被巡捕房逮捕的学生"；学生为工人而牺牲，工人必须奋起报仇。④

6月初，工人运动呈万箭齐发之势，在上海总工会领导下，上海20万工人举行政治罢工，苏北人比较集中的沪西和沪东的日商纱厂又是罢工的主阵地。6月1日，沪东恒丰纱厂和老公茂纱厂率先罢工；2日，上海纱厂、同兴二厂、东华纱厂和公兴铁厂、工部局电气新厂等1.3万余工人罢工；3日，上纱二、三厂，大康、裕丰、永安、新老怡和等纱厂和瑞瑢船厂等3万多任务人罢工；4日、5日，纬通、厚生、申新五厂和自来水厂、英美烟三厂等投入罢工，不到半月，全区罢工人数达10万人。⑤

6月1日，沪西胶州路美丽工厂工人450人已宣布罢工；2日，小沙渡内外棉三、四厂及日华、同兴各厂加入罢工行列，日本人协同印度巡捕枪杀多个工人，并沉尸水中。⑥

---

① 上海社会科学院历史研究所口述史资料。
② 《京报》1925年6月7日。
③ 《热血日报》创刊号1925年6月4日。
④ 工部局警务处五月三十一日情报，载《五卅运动史料》第一卷，上海人民出版社1981年版，第729页。
⑤ 《杨浦区志》，上海社会科学院出版社1996年版，第439页。
⑥ 《热血日报》创刊号1925年6月4日。

顾正红的牺牲,引发了轰轰烈烈的五卅运动,点燃了遍及全国的民族革命烽火,激起了工人的罢工斗争。据 1925 年 6 月 30 日上海总工会罢工调查表统计显示,共计 13.6 万余人的罢工队伍分散在 108 家外国工厂中,其中成立工会的有 79 家,即占 73.1%。①

外商纱厂工人们为顾正红等被害同胞"讨说法"罢工斗争中,沪西工友俱乐部成员身先士卒冲在前头,文化程度较低、平日思维简单爱冲动的苏北工人的政治素质和爱国意识得到极大提升。

2. 同情声援:青年学生之忘我投入

顾正红等工人惨遭日人屠杀首先得到富有正义感大学生的同情,由此酿成五卅惨案。《申报》在报道五卅运动缘由时如是说:"上海各大学学生暨各中学学生为日商内外棉纱厂工人顾正红身死暨学生被捕事,共同发起在租界演讲,南京路捕房出面干涉,酿成风潮。"②上海大中学生满怀正义及对外国列强的愤懑,在黑暗的、压抑的社会中不顾个人安危,毅然投入到为同胞申张正义争权益、反抗列强残害国人的斗争中。

最先声援工人的是文治大学学生,该校位于武昌路,与内外棉厂毗邻,事发时学生闻枪声前往观视,目睹日本人对工人的残暴及血肉横飞之惨状,痛强邻之侵凌、恨公理之不申、怜工友之牺牲及奋斗,随即召开全体学生会议,讨论援助工人的办法。一面将详情报告学生总会及沪上各中等以上学校,一面组织临时执行委员会,"派代表向工友会演说,并慰问受伤工人"。③ 决定向社会募捐演讲,让社会各界知晓顾正红等工人被惨杀的事实真相,唤醒民众的同情。

在文治大学学生提议下,上海学生联合会于 17 日召开执行委员会会议,文治大学代表报告惨杀情形,重点讨论援助日人残杀华工问题,最后决议"参加日人残杀华工后援会"、"电请执政提出抗议"、"募捐援助"等四项办法。全国学生总会也召开会议,通过了向政府交涉、募捐抚恤工人、对日绝交等决议。④

5 月 23 日,文治大学组织援助工人募捐委员会,分三队出发,一队 4 人,手执揭露顾正红被日本人惨杀真相的传单和捐册,在宜昌路、东京路商店募捐,学

---

① 《上海革命历史档汇集》(上海各群众团体档)(1924—1927),1988 年版,第 33 页。
② 《申报》1925 年 5 月 31 日。
③ 《民国日报》1925 年 5 月 17 日。
④ 《民国日报》1925 年 5 月 18 日、23 日。

第二章 工人运动之先锋:大革命时期的上海苏北人

生施文定、谢玉树仅募得大洋二角即被捕。① 翌日,上海大学韩步先、江锦维、赵振寰、朱义权等4同学,率领30余名上海大学平民学校学生公祭顾正红路过普陀路捕房,4学生亦被捕被投入普陀路捕房。6名学生25日送会审公廨,因当日不是日本领事官陪审,决定礼拜六(30日)"改由日领陪审"。②

6学生被捕后,全国学总和上海学联多次派代表赴巡捕房交涉,巡捕房态度恶劣,坚持"送交法庭办理,任何人保释,均不能释放"。③ 捕房和工部局的强硬无理,引起学生极大愤怒。全国学总继而发表"废除不平等条约"、"收回租界"、"取消领事裁判权"、"让日本资本家迁厂回国"等宣言④;上海学联决定继续募捐援助工人,营救被捕学生。⑤

5月27日,中国国民党上海执行部宣传委员会在同德医专开会,该会由中共中央委员恽代英领导,来自大厦大学、上海大学、文治大学、群治大学、同德医专的28个委员(学生)参加会议,决定"翌日全体委员向学校请假,每个委员带一个工人代表,赴各学校报告日人虐待工人之经过。"⑥另据工部局警务司的报告,称会议有32个学生与会,讨论抵制工部局中提出压迫华人的四个法案(印刷附律、增加码头捐等)和援助沪西工人罢工办法,决议募捐救济工人,如果被捕学生5月30日尚未自由应设法营救等事项。⑦

中共中央计划30日在租界举行反帝大示威。⑧ 根据中共中央指示,5月29日,上海学生会定于5月30日到公共租借演讲"以援助工人、废除不平等条约、收回租界、释放被捕学生为口号"。南洋大学、复旦中学、同仁书院担负一、二、三、四、五马路一带的演讲任务;南方大学负责杨树浦一带;同济大学、中国公学、商业大学、复旦大学、暨南大学等负责北火车站一带;上海大学、大复大学、文治大学等负责静安寺路、爱文义路一带,下午一时出发。为防止租界巡捕干涉,演讲学生被分成先锋队和后备队,设队长一人指挥。如果"先锋队被捕,后备队便

---

① 《申报》1925年5月27日。
② 《申报》1925年5月26日。
③ 《民国日报》1925年5月25日。
④ 广州《民国日报》1925年6月4日。
⑤ 《民国日报》1925年5月26日。
⑥ 萧楚女:《民族革命运动史大纲》,汉口长江书店,1927年3月,第56—57页。
⑦ 《五卅运动史料》第一卷,上海人民出版社1981年版,第627页。
⑧ 《红旗飘飘》第五集,载《五卅运动史料》第一卷,上海人民出版社1981年版,第140页。

继续上来";只要有一人被捕,全组必须同往。①

5月30日上午,南洋大学、复旦大学等校学生因激愤异常,上午开始就到公共租借游行、演讲和请愿。下午,各校学生三千余人按预定计划到公共租界各条繁盛马路,10人左右组成演讲小组演讲,手执"反对越界筑路"、"实行经济绝交"、"反对印刷附律"、"抵制日货"、"反对码头捐"、"援助被捕学生"的旗帜,散发"援助被惨杀的工人顾正红"、"为顾正红报仇"、"反对帝国主义"等传单并高呼口号。

下午2点,南京路老闸捕房逮捕了5、6名学生,其他学生即随被捕者涌去,看热闹者亦随往。捕房被迫释放被捕学生,但禁止他们再演说;学生继续演说,捕房逮捕更多学生,散在其他各处演讲的学生闻之,向关押被捕学生的南京路老闸捕房靠近,捕房随即释放部分学生,扣留学生领袖,随后万余群众集结在巡捕房门口抗议示威。捕头爱活生见群众有涌入捕房之势,调集英捕一排、华捕一排,守于捕房门口,群众仍不退。爱活生取手枪向空中鸣放,随即传令向群众开枪,"首由印捕放一排,当场饮弹身死者4名,受伤者23名,皆倒于同昌脚踏车门首附近"。② 英殖民者制造了震惊中外的五卅惨案。

死伤者中,多是同德、大厦、上大、南洋、法大、同济学生。③ 其中同济大学学生尹景伊之死最为惨烈,"尹被弹后,初不觉,仍高立演讲。第二弹洞其胸,仍未觉也,演讲如故。至第三弹中脑,始仆地而绝,而口中则仍演讲未断也。"④ 从尹景伊身上可见青年学生对日本资本家惨杀顾正红的激愤,对饱经沧桑中华民族前途的深深忧虑,以致于他演讲中全心投入已达到忘我境地,身中三弹竟无察觉,青年学生拳拳爱国之心跃然而现。

惨案发生第2天,全国学生总会和上海学联召开紧急会议,致电全国各学校,报告惨案情形,推派学生代表至交涉公署督促交涉员与英、日等国进行交涉,提出"一、立刻释放被捕学生及工人;二、凶手抵命;三、负责医治受伤学生"等三项要求。⑤ 31日,上海各校代表百余人在西门方斜路东亚体育专门学校大教室

---

① 《国闻周报》第2卷第21期,1925年6月7日。
② 《申报》1925年6月1日、5月31日。
③ 《新闻报》1925年5月31日。
④ 《新闻报》副刊《快活林》1925年8月5日。
⑤ 《民国日报》1925年5月31日。

第二章　工人运动之先锋：大革命时期的上海苏北人

召开紧急会议，"一面请中国官厅严重交涉；一面派代表吁请各团体援助，并向工商学各界要求，至万不得已时，一致罢工、罢市、罢课为最后武器"。① 该日，学生继续在南京路向各商家演讲，请求商户罢市，并张贴传单于玻璃窗上，又与捕房发生小冲突。但学生们无所畏惧，"沿途击掌高呼"。②

学生不仅倾力维护工人利益，还不顾安危，积极投身上海的"三罢斗争"中，唤起社会各阶层民众的反帝爱国热忱。5月31日下午3时，经上海各马路商界联合会提议，上海总商会召集会董临时紧急会议，领导全市商人对列强的暴行。其时，纳税华人会、各路商界总联合会亦在总商会分别开会。上海学生、工人、商界等代表数千人云集于总商会所在地天后宫，召开代表联席会议，等候总商会的最后决定。联席会议上，学生和工人群情激愤，通过了"逞凶、抚恤、道歉、抵制码头捐与印刷附律、收回会审公廨"等主张，要求商界罢市援助学生和工人，轮番派代表请示总商会同意。彼时，"男女学生均环绕总商会外花园隙地中，坚守门户，禁止外出。"③至下午5时多，总商会副会长方伯椒宣布"总商会、纳税华人会、上海各马路商界总联合会议决于明日（6月1日）罢市"，并分别签字后，学生和群众才陆续散去。④ "三罢"期间，上海15万学生罢课。

学生在五卅运动中，起着至关重要的作用；但不能忽视工人代表对学生的影响。为打破租界新闻媒体对日本人枪杀中国工人的封锁，中国共产党领导的沪西工友俱乐部，派出口才好的工人代表（皆为工人学校的骨干），分赴各学校控诉日本人的罪行，引起富有正义感的爱国学生的愤慨，他们挺身而出开展宣传、动员、募捐等活动，打破了日、英列强的封锁，及至5月30日青年学生不惜牺牲生命，更让社会各界感动和震动，使他们不能袖手旁观，立即采行动，支援爱国学生，有力地支援了全上海30万工人罢工和商人罢市。

3. 地缘牵挂：苏北民众参与反日运动

这里所指的苏北民众指现代化工厂之外的苏北民众。前文已述，以苏北人为主体的日商纱厂工人基于地缘因素影响，对苏北同乡顾正红被日本人枪杀，同仇敌忾地举行了罢工斗争，在工人学校受过教育的同乡职工影响和感召下，连纱

---

① 《申报》1925年6月1日。
② 《民国日报》1925年6月1日。
③ 《申报》1925年6月1日。
④ 《民国日报》1925年6月1日。

厂中平日胆小怕事的女工和养成工也加入。当时报纸不断报道苏北工人的反抗,如《申报》5月20日报道:"江北人李霭白,潜在日华纱厂执业,系工友会会员",5月15日傍晚随被捕的受伤工人至会审公廨,"向观众演讲日人殴打华工之事",并巧妙地逃脱了捕房的抓捕;18日,李又前往验尸所探视顾正红尸体,不幸被捕。① 诸多事例,不胜枚举。

顾正红被害后,上海的苏北民众也加入到抗议队伍之中。苏北盐城人较集中的闸北,各阶层民众加入到为顾正红伸张正义的抗议行列。其中江淮旅沪同乡会会长②、苏北青帮最大头目盐城人顾竹轩的影响最大,他把自己掌控的苏北同乡资源广泛地动员起来。

顾竹轩时任上海人力车夫同业公会主席、闸北保卫团副团长,闸北商董,做过公共租界警察,经营天蟾舞台等多项产业,掌控上海人力车业、同乡团体、苏北青帮,与上海警界关系密切,在上海实力庞大,被誉为上海苏北人的"人体大山",有"苏北皇帝"、"苏北大亨"之称。他与曾任法租界督察长、同是盐城人和青帮头目的金九林是亲家。顾竹轩和顾正红都姓顾,顾正红是盐城阜宁(今滨海县)人,顾竹轩原是阜宁西北乡人,清代咸同年间,因家贫举家迁往盐城(今建湖县)。③ 顾竹轩与顾正红是同宗同族,顾正红惨遭日人荼毒,素来热心肠的顾竹轩定会鼎力援助。顾正红家族的族长顾雪桥亦是青帮小头目。基于血缘、亲缘、地缘关系,各个阶层的在沪苏北盐城人纷纷伸出援助之手。

顾正红死亡当天,沪北(闸北)工商学会、天潼福德两路商联会等35个团体组织"日人惨杀同胞雪耻会",发表宣言,通电执政府向日本领事馆提出严重抗议,致电中华全国总工会援助,警告日本资本家抚恤受伤工人并促其省悟,推举代表慰问受伤工人,并选出沪北工商学会等7家单位为筹备委员。④ 沪北工商学会是一个有中国共产党参加的群众组织,不排除顾竹轩在其中的影响。该会于5月18日致电段祺瑞执政府,控诉顾正红之死惨烈,敦促政府"与列强严重交涉"。⑤

---

① 《申报》1925年5月20日。
② 关于江淮旅沪同乡会、苏北青帮等内容,参见拙作《中国共产党对江淮旅沪同乡的政治动员(1925—1949)》,《社会科学》2012年第2期。
③ 吴磊:《"江北大亨"顾竹轩》,《人物》2008年11月。
④ 《民国日报》1925年5月17日。
⑤ 《民国日报》1925年5月20日。

第二章 工人运动之先锋:大革命时期的上海苏北人

沪北工商学会还散发《为日人残杀小沙渡工人告同胞》传单,从国家主权角度阐明,在中国开设工厂的日本人枪杀工人,不独是资本家残酷剥削工人的劳资关系,更是蔑视"中华民国的体面和法律",而公共租界巡捕房竟然助纣为虐,逮捕无辜受伤的工人,帝国主义本质是一致的。闸北工商学会号召同胞不能再忍受耻辱,应该团结起来,"争中国的主权","把开枪的日本凶手替屈死的小沙渡工人顾正红偿命!起来!起来!"①当时,援助工人的众多团体中,闸北工商学会斗争热情高涨,抗议活动最积极,这与闸北人中苏北人最多有关。

闸北保卫团也施以援手。5月18日,"闸北保卫团亦派人前来慰问,并调查真相。"②5月24日公祭顾正红的万人大会上,江淮旅沪同乡会、上海警察厅行政科长和司法科长及"闸北保卫团总尹邦(村)夫、支团长韦伯成"等参加了追悼会。③ 上海总工会十分策略地与江淮同乡会会长顾竹轩结成了联盟,工部局警务处多次记录李立三与顾竹轩的会晤,双方保持一致行动。④ 同时,帮会分子也把头目的保护扩大到总工会在闸北的人员和场所。⑤

苏北贫民亦加入援助行列。顾正红灵柩停放在潭子湾三德里附近一块空地上,周围是"低矮破陋的草棚子",绝大多数是苏北人。追悼期间,"家家门口放着茶水、长凳,热情地招待来参加追悼会的人"。⑥ 这些住户都是工人及家属,他们与牺牲者顾正红的遭遇相同,整日出苦力却食不果腹,却要遭受日本资本家的虐待和剥削,这些素不相识、络绎不绝来参加追悼会的人给了他们莫大的安慰。

声援队伍中,上海码头工人声势浩大。前文已述,上海码头工人中,六成以上来自江淮地区。顾正红被日本人枪杀消息传来,码头工人在中国共产党组织下,参加了追悼会,声援纱厂工人的反日罢工。5月30日,上海华通栈、太古公司栈、隆茂栈和三井码头的工人参加了五卅示威游行队伍。

五卅惨案发生后,中国共产党组织了全市的反帝同盟大罢工,黄浦江两岸3

---

① 《五卅运动史料》第一卷,上海人民出版社1981年版,第601页。
② 《民国日报》1925年5月19日。
③ 《民国日报》1925年5月25日。
④ [澳]布赖恩·G.马丁:《上海青帮》,上海三联书店2002年版,第88页。
⑤ 《上海公共租界警务处文件》,《每日报道》1925年8月3日、8月28日、9月19日;《北华捷报》1925年8月8日、8月15日、11月12日;[澳]布赖恩·G.马丁:《上海青帮》,上海三联书店2002年版,第88页。
⑥ 沈孟先:《关于顾正红烈士追悼会的回忆》,1965年3月口述,上海社科院历史研究所藏。

万多码头工人响应。6月2日,日商杨树浦、汇山及大阪等码头工人罢工,当天下午上海码头帮不下万名小工"完全罢工"①,是最早罢工队伍。6月3日开始,从提篮桥的黄浦码头起到外白渡桥码头止的全部中外码头,一致罢工,4日全港码头实现了全面罢工,并迅即成立了码头总工会。② 6月5日,上海罢工工人增加到20余万,"其中最主要的是纱厂、电气、海员、码头工人"。③

码头工人大罢工使上海成为死港,英、日国的货船不能卸、装货,损失惨重。全港5万多码头工人,其中苏北人3万多,不能否认,这些苏北苦力积极投身罢工斗争,与同为苏北人顾正红的被害有很大关系;当然也不能高估他们的觉悟。

4. 社会辐射:各界人士积极参与

五卅运动中各社会力量所起的作用中,工商界的鼎力相助不容忽视,国外报纸《密勒氏评论报》这样评价:"五卅事件的直接后果之一,就是号召总罢业。最初表现在中国商店闭门停业上面。——这对外侨社会并不引起什么不便。但是不久各外国工厂的工人接着罢工,到笔者撰文时止,最激烈的是在英日两国运输业、特别是英国运输业的罢工。就工厂而论,中国工人罢工的重心,特别是在纱厂、烟厂和印刷厂方面。这些罢工事件,虽有几分是学生煽动和新组成的工会威吓的结果,但是应该注意,这些工厂都是中国资本家近年大有进展的企业,而中国印刷厂和烟草公司对于已经筹募和正在筹募的罢工期间工人失业救济金,恰好是大宗捐助者,这大概不仅是一件巧合的事。"④

在沪的外国人很清楚,参与五卅运动社会各阶层的社会影响虽不同,但形成了巨大合力:工人和学生是运动的主导力量,他们把反帝爱国之火点燃,而工商界基于爱国之情和自身利益,充当了呐喊和资助的角色,使得这场爱国运动得以延续、不断发展壮大。

不过,在声援学生、工人过程中,中小工商业者率先站出;在他们的呼吁和助推下,上海的资产阶级中上层即民族资产阶级逐步加入到声援行列,成为罢工工人的经济后盾。

---

① 《申报》1925年6月4日。
② 《上海港史话》,上海人民出版社1979年版,第310—314页。
③ 《邓中夏文集》,人民出版社1983年版,第581页。
④ 《密勒氏评论报》第33卷第8期,1925年7月25日。载《五卅运动史料》第一卷,上海人民出版社1981年版,第719页。

第二章 工人运动之先锋:大革命时期的上海苏北人

早在顾正红被害、工人奋起罢工之时,上海社会各团体和学校已对工人伸出援助之手。5月17日下午,国民对日外交大会、市民提倡国货会在宁波同乡会联欢,一个内外棉罢工代表提议援助日人伤毙顾正红等工人一案,大会即组织"援助内外工人委员会",决定调查此案及死者家属;宁绍台工商协会于5月18日召集会议,决定调查惨案并慰问受伤工人,致函总商会调停。① 至5月24日,工友俱乐部接到各界捐款3,000多元,"已将罢工维持费牌子发给六千名左右工人"。② 社会各界力量中,尤以小商贩组成的各马路商界联合会反应迅速,旅沪各同乡团体也很快作出回应。

顾正红惨案发生后,上海各路商界总联合会即召集紧急董事会,决定调查事件真相、请求总商会调停。并推定王汉良、潘冬林、邬志豪、谢惠廷四人为调查委员。③ 据李立三回忆,王汉良系广东路商界联合会会长,是青帮一个头目,但他思想进步,与李立三关系很好,在五卅运动期间做了许多有益的工作,帮助李立三与帮会头子包某某建立联系,使中国共产党争取了对码头工会的全面领导。④

潘冬林是上海菜场摊贩总联合会总务科主任、虹口四路商界联合会会长、上海各路商界联合会总务主任,他对顾正红被害也非常关注:受总商会之托,他奔波于内外棉纱厂和工人中间,也参观了日人施暴的地方,然"旬日以来,未得厂方谅解",厂方态度强硬,接洽毫无头绪,而"工(人)代表方面表示和平,情愿让步"。他切身体会到日本人的傲慢和工人的无奈,不禁发出感叹"若长此以往,难免不节外生枝"。⑤ 日方则认为潘冬林的这份声明带有明显的排日倾向。⑥ 无论如何,潘冬林爱国态度鲜明。

但在五卅惨案发生之前,正义的呼声主要来自工人和学生,如5月16日,工商学各团体联合组织的"日人残杀同胞雪耻会"(简称雪耻会)中,工商界只有"天潼福德两路商联会"和"沪北工商学会"参加,并被选为筹备委员⑦;雪耻会

---

① 《民国日报》5月19日、20日。
② 《五卅运动史料》第一卷,上海人民出版社1981年版,第573页。
③ 《新闻报》1925年5月21日。
④ 《李立三同志对二月罢工和五卅运动的回忆》1960年11月口述,上海社会科学院历史研究所藏。
⑤ 《民国日报》1925年5月30日。
⑥ 《五卅运动史料》第一卷,上海人民出版社1981年版,第611页。
⑦ 《民国日报》1925年5月17日。

发表宣言、呼吁"援助工人"后,"工商协会"和上海大学和南方大学中的江苏、浙江、山东、湖北同乡会等组织相继参加。① 作为民族资产阶级上层和中层的团体和个人加入不多,而势力强大、社会影响广泛、曾调停过二月罢工的总商会还无动于衷。

5月30日,积极声援工人、为顾正红伸张正义的学生在南京路被难后,商人纷纷罢市,华界巡捕也开始罢工,给学生和工人以莫大的支持和援助,对推动上海的"三罢"斗争及全国反帝爱国运动起了示范效应。

在各马路商界联合会的倡导下,上海总商会于5月31日下午举行会议,宣布第二天罢市。上海总商会是一个由商业团体和重要商人组成的民族资产阶级团体,为社会中、上层力量,以浙江宁波人为主体。"三罢"期间,商会等各类社会团体的支持,为工人罢工提供了经济援助,经总商会募得的款项达220万元,几占捐款总数的2/3。② 上海总商会的进步行为为罢工运动壮大了声势,也为以苏北人为代表的底层劳工"壮了胆"。虽然总商会后来妥协退让,但其功劳不能全部抹杀。

五卅运动由苏北工人共产党员顾正红被杀而引发,最后逐步发展为以工人为主体、学生为先导、上海社会各阶层参加的反帝爱国运动;在中国共产党领导下,参加五卅运动的工人,在近代反帝运动中冲破狭隘的地域观念,上海苏北人、浙江人、安徽人、湖南人、四川人等,全然融入到这场运动中,中华民族已拧成一股坚固的绳索,牢牢套在日、英脖子上,显示中华民族团结一体的巨大威力。

顾正红被日人杀害,反日爱国运动上升为反帝爱国运动;运动范围从上海扩展到全国各地及香港和海外。在这场声势浩大的反帝爱国运动中,中国共产党的领导至关重要。连外国报纸不得不承认,五卅运动与中国共产党"幕后操纵"有关:"虽然举不出什么事例来确实证明这一点,但布尔什维克党的势力,在中国、尤其是学生界中间确实有其影响。"③

下表是日资纱厂工人参与罢工的相关统计:

---

① 《民国日报》1925年5月20日、23日、24日。
② 《申报》1926年3月28日。
③ 《密勒氏评论报》第33卷第8期,1925年7月25日。载《五卅运动史料》第一卷,上海人民出版社1981年版,第719页。

第二章 工人运动之先锋：大革命时期的上海苏北人

表 2-3　1925 年日资纱厂参与五卅罢工情况统计①

	在厂人数（概数）	参加罢工人数（概数）	罢工日期	复工日期	罢工持续天数
内外棉三厂	1,500	1,500	6月1日	8月15日	76
内外棉四厂	3,000	3,000	6月1日	8月15日	76
内外棉五厂	1,400	1,400	5月15日	8月15日	93
内外棉五（西）厂	1,400	1,400	5月15日	8月15日	93
内外棉七厂	1,300	1,300	5月15日	8月15日	93
内外棉八厂	1,300	1,300	5月15日	8月15日	93
内外棉九厂	3,000	3,000	6月1日	8月15日	76
内外棉十二厂	1,500	1,500	5月15日	8月15日	93
内外棉十三厂	1,500	1,500	6月2日	8月15日	75
内外棉十四厂	1,000	1,000	6月2日	8月15日	75
内外棉十五厂	1,500	1,500	6月2日	8月15日	75
日华一厂	2,000	2,000	6月4日	8月21日	79
日华二厂	2,000	2,000	6月4日	8月21日	79
日华三厂	3,000	3,000	6月2日	8月21日	81
日华四厂	3,000	3,000	6月2日	8月21日	81
同兴纱厂	2,100	2,100	6月2日	8月21日	81

五卅运动中，内外棉株式会社诸厂，日华一、二、三、四厂，同兴纱厂，皆全员参加，达 2.5 万人，从 5 月 15 日参与罢工，持续到 8 月中下旬，斗争最持久、最坚决。② 这些工厂皆位于苏北人最集中的沪西小沙渡和曹家渡，距离沪西工友俱乐部近，受其直接领导；罢工苏北籍骨干分子多数在此接受教育，和俱乐部领导形成牢固的互信关系，尤其是苏北男工，是反日爱国运动的主力。

至 1925 年 8 月中旬，面对声势浩大的纱厂工人运动，日本资本家不得不妥协，同工人代表会议谈判达成了以下复工条件：

1. 工厂等治安维持确定之后，承认中国政府颁布工会条例所组织的工

---

① 据上海社会科学院历史研究所编：《五卅运动史料》第一卷，上海人民出版社 1981 年版，第 70—83 页；谭抗美主编：《上海纺织工人运动史》，中共党史出版社 1991 年版，第 113 页整理绘制。
② 据《五卅运动史料》第一卷，第 70—83 页；《上海纺织工人运动史》，第 113 页整理绘制。

会,有代表工人之权;

2. 罢工期间工人工资,惟对于善良工人,因长期失业,所受痛苦,各厂表示怜悯同情,当予以相当之帮助;

3. 各厂工人工资,除依照技术进步之程度,当然予以增加外,其余应斟酌工人生活情形,与中国纱厂协议办理;

4. 工资以大洋计算,惟其零数仍照习惯以小洋支付,以后将零数滚入下期,一律以大洋支付;

5. 工厂日人,平日入厂不带武器;

6. 工厂无故不开除工人,并优待工人;

7. 各厂等内部清理后,即可复工。①

9月初,上海总工会将日商纱厂赔偿的死伤工人抚恤金转交给各死者家属及伤者本人。顾正红的抚恤金为1万元,由其父顾宝书于9月3日从总工会领取。②

经过五卅运动的演练,以苏北职工为主的日资纱厂工人的政治经验更为丰富。

(三)不朽的顾正红

1905年,顾正红出生在江苏省阜宁县漳沟区篆河乡一破产农民家庭。8岁时家乡连遭水灾和虫灾,粮食颗粒未收,父亲迫于生活,无奈背井离乡,只身逃荒至上海谋生,在沪西一家油厂当苦力。作为长子的顾正红早早地帮母亲一起挑起家里的重担。1921年阜宁又发"数十年来所未有"之水灾③,顾正红一家无以为生,无奈之下,全家人只得搭船逃荒到上海投奔父亲。

1922年,经家人多方托人说情,他进了日商内外棉九厂做扫地工,因不满工头的压迫和拿摩温④克扣工钱,血气方刚的顾正红带了一帮工人兄弟在拿摩温回家的路上,将其狠揍一顿而被开除。后几经周折,顾正红进了内外棉七厂,初为加油工,后做了布机间的盘头工,成了半技术工人。1924年,他在同乡戴器吉

---

① 邓中夏:《中国职工运动简史》,人民出版社1953年版,第214页。
② 上海市总工会:《上海第二棉纺织厂工人运动史》,中共党史出版社1995年版,第70页。
③ 范成泰朱兴华:《淮河下游的几次大洪水》,《江苏水利》1999年第7期。
④ "拿摩温"是英文 Number One 的谐音,意即"第一号"。

等介绍下进入沪西工友俱乐部学习,在学校的教育培养下,顾正红认识水平快速提高成为积极分子。回到厂里,他又将自己的所学教给周围的工友。在他的宣传带动下,许多工友和同乡加入了工友俱乐部。

二月罢工期间,顾正红作为积极分子始终冲杀在前,他参加了工人纠察队,向市民宣传日本厂主如何压榨中国工人,向社会说明工人罢工的真实原因,争取社会各阶层的同情和各种社会力量的支持。他还参加了罢工鼓动队的"打厂"活动,动员工人参加同盟罢工。

入党后的顾正红,更加积极地投身上海的职工运动。1925年5月15日,顾正红按照工会指示,为反对日本厂主随意关闭工厂压迫工人,带领当天夜班工人,冲破阻挠,进厂同日本厂主斗争,遭到日本大班川村和元木的枪击,顾正红腿部和腹部中弹。日本人见顾正红仍未气绝,竟又开枪,并以铁棍击其头、刺刀刺其身。顾正红终因"中弹4处,刀伤十余处"①而倒在了血泊中。

顾正红身上鲜明地体现了当时苏北工人的政治、经济诉求及性格特质和行为方式,其短暂却又不凡的一生,勾勒出了20年代苏北籍职工的典型形象。他们迫于生计来到这座陌生的大都市,过着仅能糊口的落魄生活。但是他们比较直率、斗争性很强,身上还带着农民的淳朴,富有正义感,比较忠诚;中共工人学校的文化启蒙,激发了他们的阶级意识,斗争形式由改善工人待遇的经济斗争和个别行动,上升为争取工人阶级整体利益的政治斗争和集体行动,机器化大工业的训练,他们更容易遵守组织纪律,在罢工运动中听从工会指挥,全力维护工人利益,敢打敢冲。

他们性格中具侠义,好打抱不平。前文所述,顾正红17岁时就因不满拿摩温的克扣而联络工友将其围堵暴打;面对日本厂方刺刀时,他更是毫无所惧、至死方休。这至少说明两点:第一,以顾正红为代表的苏北工人的成长环境铸就了他们如此性格特质;第二,作为相对弱势的边缘族群在饱受歧视和压迫时,由于地缘、亲缘因素的纽带作用使他们更懂得团结的重要。在声势浩大的五卅运动中,以顾正红为代表的千千万万苏北人在为自身命运抗争的同时,也极大推动了中国的民族革命,唤起了广大民众的反帝爱国意识。

---

① 上海市总工会:《上海第二棉纺织厂工人运动史》,中共党史出版社1995年版,第55页。

三、上海工人第三次武装起义:周恩来与苏北工人互相配合

(一)上海工人第一、二次武装起义与沪西苏北工人

五卅运动后,上海的工人运动经过了一段休整期,至1926年7月,随着国民革命的不断发展,上海的工人运动又走向新的高潮。在国共合作背景下,为配合北伐军进军上海,中国共产党领导上海工人于1926年10月、1927年2月和3月,接连举行了三次武装起义。

第一次武装起义预定的策略是待支持北伐军的浙江军阀夏超军进至松江,即开始行动,与上海总工会的自卫团和国民党钮永建部等合作袭击高昌庙,进据龙华,占领上海。1926年11月23日,钮永建得到一不实消息:孙传芳所部已被夏超击败。事实恰恰相反,夏超已兵败被俘。① 24日,夏超军因不能如期行进至松江,而上海的形势又如箭在弦上不得不发,故由总工会自卫团统领,沪东工人领袖奚佐尧与沪西工人领袖陶静轩等率领工人党、团员及援助群众,依照预定计划从南市、浦东进攻。因事机不密、准备不周,行至中途,即遭狙击,奚、陶二人牺牲。

失败的原因主要来自三个方面:第一,此次武装起义中共完全失却了领导地位,不但依赖资产阶级并且做了国民党钮永建部的尾巴,甚至连起义时间也是钮制定,其临阵退缩直接导致起义陷入被动;第二,共产党当时不具备武装起义的群众基础,根本没有计划并组织上海工人的总同盟罢工,没有统一暴动的计划和指挥;第三,工人武装还过于稚嫩,器械技术等诸多方面都不熟练。

第二次武装起义相较于前一次起义,已有了群众运动、武装训练、政治的宣传与鼓动及罢工、罢课之准备。拟计划仍以总工会自卫团与海军、保卫团合作,定于1927年2月21日下午6时以海军开炮为信号进攻高昌庙,同时收缴溃兵及警察枪械,占领龙华后即成立上海市政府。实际上,21日下午2时起各处自卫团及罢工工人即已分别向预定地点集结,然而至下午6时却迟迟未能得到海军开炮的信号,指挥及信息传递亦不畅捷,致使群众以为变更计划,遂渐渐散去。至下午7时,海军方才开炮发出信号,但敌人亦已布置周全,而保卫团及钮永建所号召之便衣军并无太大作用。总工会自卫团人数太少,起义再次失败。②

---

① 华岗:《中国大革命史(1925—1927)》,文史资料出版社1982年版,第215页。
② 《上海革命历史文件汇集(上海各群众团体文件)(1924—1927)》,1988年版,第337页。

第二次武装起义失败的教训是:第一,谋事仍不够密,计划不周,如举事信号之海军开炮未能衔接恰当;第二,未能与松江军事一致进行,原定在北伐军继续前进时举行暴动帮助其驱逐奉鲁军阀,然而2月20日传出消息称北伐军为等待后援,暂停进攻上海,孙传芳便开始对罢工者实施恐怖手段;第三,仍对大资产阶级抱以过多期望;第四,军事技术和准备仍不够成熟。

上海苏北工人尤其是沪西和沪东纱厂工人,在第一、二次工人武装起义中,广大苏北工人被动员起来,作出巨大牺牲。

1926年7月,中共中央指示要发展工农群众的武装力量。9月3日,中共上海区委举行会议,正式提出以武装起义开展自治运动、响应北伐军进军的方针。

10月23日下午,中共小沙渡部委书记佘立亚召集各厂工人纠察队骨干开会,通知当天半夜要举行的武装暴动,并具体分派了任务。是夜,以内外棉五厂苏北籍工人杨福林、王四为主的10多个队员遵照佘立亚指示,埋伏在浜北潭子湾北靠近铁路的一间草棚里,待命行动。但这次行动由于准备不足又败。正在浦东指挥码头工人起义的码头总工会副委员长、原沪西工会领袖陶静轩也在这次行动中被捕牺牲。

2月初,北伐军东路军前敌总指挥白崇禧率军进发杭州,解放上海的战斗又排上日程。中共中央决定在北伐军到达松江时,发动总罢工,进而转为第二次武装起义。2月19日,全市10万工人大罢工,整个上海陷入瘫痪。沪西参加大罢工的有内外棉厂、同兴、日华、嘉和纱厂等万余工人。上海防守司令李宝章联合租界工部局进行疯狂反扑。

2月20日,全市罢工人数已激增至27.5人,沪西小沙渡一带罢工工厂增至25家,人数达1.5万以上[①]。22日,罢工转为起义。内外棉七厂纠察队接到佘立亚通知:到南火车站附近集结,以炮声为号,进攻高昌庙敌军司令部[②]。但由于已进驻上海郊区的北伐军突然待援停止了前行,军阀得以放手镇压工人暴动,第二次武装起义又以失败告终。

(二)苏北工人骨干与周恩来积极配合

前两次武装起义准备不足、时机不当,在军阀孙传芳和英日列强的严酷镇压

---

① 华校生、陈宏申:《不灭的星》,上海人民出版社1991年版,第109页。
② 上海市总工会:《上海第二棉纺织厂工人运动史》,中共党史出版社1995年版,第77页。

下相继失败。第三次武装起义是时任党中央军委书记兼任上海区委军委书记的周恩来直接指挥,最终取得胜利。

1927年2月23日,中共中央和上海区委召开联席会议,作出准备第三次武装起义、扩大工人武装及组织特委、特别军委、特别宣委的决定。特委会由陈独秀、罗亦农、汪寿华、周恩来、赵世炎等8人组成,下设特别军委和特别宣委,周恩来任特别军委书记,具体落实起义的各项工作。

周恩来随后连续召开31次上海各区中共部委分管军事工作负责人会议、特委会全会,认真总结前两次起义失败的教训,制定和完善新的武装起义基本指导方针:上海各区中共部委皆建立军委,进一步扩大工人武装;上海总工会建立工人纠察队委员会,各区建立纠察大队,下设中队和小队,实行军队化管理,计划全市发展到3,000人以上;派一批党团员和工人积极分子,秘密打入各区商界的自卫队,争取举行起义时掌控这支武装;对工人纠察队实施军事训练,把购买枪支弹药和其他作战物资为重点工作。

为此,特别军委制定《武装起义训练大纲》,并分别在南市和闸北两区开设军训班,对各区中共部委军委书记和各工人纠察队主要负责人进行训练,周恩来专门从浙江北伐前线抽调从黄浦军校毕业的共产党员担任教官,从当过兵的工人中选拔教员,教授使用长短枪、手榴弹、通信联络、巷战等。①

周恩来经常深入各训练点和工人群众中指导工作。1927年3月初,他来到杨树浦部委机关(今长阳路斯文里13号),召开新老怡和、恒丰等5厂党支部书记会议,了解起义的准备工作,强调训练工人纠察队。

周恩来的家乡是苏北淮安,而沪东、沪西工人中的苏北人为数甚众,基于乡情,工人与周恩来更有亲近感;语言相通,亦容易交流和形成凝聚力,周恩来在上海领导工人起义有许多便利之处。在此期间,他也结交一些能力突出的苏北籍骨干,这些同乡不仅协助他完成任务,而且在周恩来处境危险之时冒险相救,苏北人非常重视同乡义气。

原沪西内外棉五厂苏北籍工人姜维新,在上海工人第三次武装起义中与周恩来相识,后来得到周恩来提携重用。姜维新系江苏盐城建湖县人,幼年时因家

---

① 中共闸北区委中共党史资料征集办公室等编:《大风暴——纪念上海工人第三次武装起义胜利七十周年》,1997年,第2页。

乡水灾无法生活，其父带一家老小逃荒至上海，住在老西门太平桥。迫于生活，年幼姜维新开始乞讨，1911年入上海裕通纱厂做童工，又到华商裕源纱厂做工。1917年，进日商内外棉五厂。1924年下半年，姜入沪西工人补习学校，1925年参加了上海日商纱厂的二月罢工，并于同年在邓中夏、李立三的介绍下加入中国共产党。后又参加五卅运动和上海工人第一、二次武装起义，在上海工人第三次武装起义中担任上海工人武装纠察队第三大队大队长等职，率队参加攻打闸北警察公署和援助高昌庙的战斗，其出色表现深得周恩来赏识，1927年随周恩来赴武汉，在李立三处当机要员，参加了中共中央特三科"打狗队"。后又任武汉苏联领事馆警卫。

知识分子出身、极具传奇色彩的中国共产党领导干部黄逸峰，也在此时与周恩来相识，曾舍命把周恩来从国民党虎口中解救出来。黄逸峰是江苏东台人，1924年考入中国公学大学部，1925年入复旦大学商学院，经常到上海大学旁听，受先进思想影响，同年8月加入中国共产主义青年团，10月成为中共党员。1926年8月，黄逸峰又考入暨南商科大学，任校共青团支部书记和上海学生联合会主席等职务。

1926年10月，第一次武装起义前，黄逸峰即被江浙区委书记罗亦农从暨南商科大学安排到闸北区任脱产的区委委员。黄逸峰聪明干练，周、黄二人一相识，并结下深厚情谊。上海工人第三次武装起义中，他率领闸北工人纠察队攻下五区警察总署，为起义胜利立下首功。

工人纠察队攻占工事坚固、守敌集中的北火车站时，久攻不下，周恩来马上调整力量，任命作战勇敢的黄逸峰指挥闸北工人纠察队，和前来支援的沪东、沪西工人纠察队会合，起义获得了全胜。

第三次武装起义胜利后，黄逸峰被选为上海市闸北区市民代表会议主席。上海人民庆祝胜利之时，蒋介石背叛革命，发动"四·一二"政变。政变当天，黄逸峰握着手枪，冒险从国民党26军2师司令部救出了被蒋介石密令扣留的周恩来。他的机智勇敢得到党中央的嘉许，时任中央局书记的陈独秀为此专门接见并赞扬了黄逸峰。[①]

在准备期间，周恩来深入苏北人集中的沪西、沪东工厂区，宣传、动员工人参

---

① 张开明：《上海工人第三次武装起义中的周恩来与黄逸峰》，《觉悟》2007年第4期。

加起义。平时胆怯的苏北女工也敢抛头露面。周恩来的通讯员、住在沪西同兴纱厂工房的内外棉女工刘桂宝,衔命运送手枪、手雷至浜北沪西工人纠察队,她说服母亲和妹妹,多次巧妙躲过巡捕的搜查,把12支手枪安全送到目的地,为工人纠察队解了燃眉之急。

上述例子不胜枚举。周恩来以乡情为纽带,动员大批苏北工人骨干承担重任,为起义最后胜利提供了可靠的保障。

(三)苏北工人投身第三次武装起义

鉴于苏北职工在棉纺织等行业的主体地位,笔者仍通过对沪西、沪东日资纱厂为主的各工厂工人参与三次武装起义的整体考察,间接反映苏北工人投身第三次武装起义的情形。

3月20日傍晚,北伐军进入上海近郊龙华,起义条件成熟。中共上海区委作出第三次武装起义的决定。21日中午12时,上海总同盟罢工开始,同时学生罢课、商人罢市。

沪西各厂首先关车大罢工,在各厂纠察队维护下,秩序井然地整队游行,宣传队随之沿途宣传。沪西参加罢工示威游行的有内外棉三、四、东五、西五、七、八、九、十二、十三、十四、十五,同兴厂,日华三、四厂,喜和一、二、三厂,麻袋、鸿章、溥益、崇信、统益厂,申新一、二厂及公益等厂。①

总同盟罢工和游行不久,各厂纠察队发动袭击,上海工人第三次武装起义开始。沪西起义队伍的指挥是沪西部委书记佘立亚。根据中央军委和上海区委的部署,沪西区的主要任务是攻占曹家渡第六警署和闸北第四区总局。21日下午,沪西工人纠察队渡过苏州河,沿途缴了岗警的枪械,很快攻到四区警察署附近。敌人凭借坚固的工事和先进的装备负隅顽抗,但在后期赶到的另一只沪西起义队伍的支援下,终于击溃敌军。两支队伍短暂补充武器弹药后,在佘立亚的带领下直奔北火车站参加决战。

3月21日上午10时,杨树浦和引翔港合并的沪东部委下达罢工令,32家工厂、8.5万余工人响应,到下午,全区罢工人数达10万。下午1时,韬朋路(今通北路)和马玉山路(营口路)两处集合群众2万人,分头召开市民大会,随即兵分两路举行武装暴动,后按预定计划在闸北会合,配合闸北、沪西等区纠察队一起

---

① 华校生、陈宏申:《不灭的星》,上海人民出版社1991年版,第110页。

击败残敌。

苏北籍工人吴启吉率领的老怡和成立工人纠察队作战勇敢,他担任副中队长,带领老怡和工人与沪东工人纠察队一起,冲到虹镇警署、胡家木桥三区五分署与敌激战,缴获枪支30余杆,沪东工人纠察队和工人牺牲5人,负伤6人。原老怡和纱厂女工朱英如1926年5月受组织委派任中共闸北部委妇女部主任、丝厂工会主任等职,1927年1月任上海丝厂总工会委员长,在上海工人三次武装起义中,她率领丝厂工人组织救护队和宣传队,并参加战斗。

在上海工人三次武装起义中,码头工人纠察队非常勇猛,被捕的码头工人达500余人,被害60多人,他们连续攻下浦东、虹镇、香烟桥等员警署,并挺进到天通庵车站,阻击自吴淞开来的直鲁军兵车。①

在各业工人和市民的联合斗争及各路工人纠察队的猛烈攻势下,自认为固若金汤的直鲁军阀部队顷刻间土崩瓦解,第三次工人武装起义取得了最终胜利。

上海工人用鲜血和生命推翻了封建北洋军阀在上海的统治,上海工人阶级第一次夺取了政权。

上海工人第三次武装起义大获全胜,一是周恩来等中央领导运筹帷幄,事先做了大量准备工作;二是组织工人纠察队,打造工人自己的武装力量;三是工人的团结统一,尤其是人数众多的苏北人被充分调动起来,不能否认乡情在其中起了能动作用,壮大了工人的声势。在上海工人三次武装起义中,苏北籍工人吴启吉、戴器吉、姜维新是骨干。

(四)英勇果敢的吴启吉、戴器吉、姜维新

吴启吉,江苏南通人,幼时随父母逃荒至上海,后进老怡和纱厂做工。1924年进入严家宅平民夜校读书。五卅运动后,老怡和成立罢工委员会,后改组为工会,他担任理事;同年8月加入中国共产党,是老怡和纱厂党支部成立时的第一批党员。他爱护工人,维护工人利益,深得工人群众支持,多次领导纱厂罢工。3月21日第三次武装起义中,他率领老怡和工人纠察队作战勇猛。1927年6月,吴启吉担任老怡和纱厂党支部书记。同年7月,沪东成立"打狗队"②,决定惩治"沪东共进会"会长、杨树浦巡捕房包打听头目、专门破坏工人运动的程海彪,由

---

① 《上海港史话》,上海人民出版社1979年版,第310—314页。
② 当时锄奸队的俗称。——作者注

苏北人与上海革命运动(1921—1949)

吴启吉和李时民、刘泽芝三人执行,任务完成撤退时,吴不幸被抓,连续多日遭严刑拷打,绝不低头,最后壮烈牺牲。①

在上海工人第三次武装起义中,由于五卅运动中顾正红被日本人打死及第二次工人武装起义中陶静轩、奚佐尧等十余工人被害的余恨仍在,广大苏北纱厂工人、码头工人、人力车夫及城市贫民,被最大限度地动员起来,无数苏北人书写了许多可歌可泣的英勇事迹,但由于文字材料匮乏,无法一一展现。

当然,苏北人在20年代上海工人运动中发挥重大作用,还与两个因素有关,即苏北人的性格特质和当时风起云涌的反帝爱国氛围。

苏北地区原本是青帮的发源地和活动中心,帮会文化浓厚,很多人加入青帮组织,他们在迁至上海时也将各自的青帮组织形式带到了上海。② 帮会组织总体来说是社会的破坏力量,但也用忠信等儒家观念增强凝聚力,加之缺乏权力阶层的保护及本身占社会资源的匮乏,比较讲究义气。

在二月罢工中,中国共产党充分利用苏北人"讲义气"的性格特质进行了动员。如沪东裕丰纱厂曾发表过"为着抱同胞的义气,为着谋自家的利益"的罢工宣言,4000多名工人在共产党人的带领下参加罢工。③ 在"反对东洋人虐待","抱同胞义气"的旗帜下,沪西、沪东、闸北、浦东、南市等工厂区的工人,包括胆小怕事的女工(包括养成工)也参加罢工。当然,笔者并不否认其他地域工人也讲义气,只是苏北人表现突出罢了。所以,在五卅运动和工人第三次武装起义中,中国共产党能够动员了约30万和50万上海民众投入到革命运动中。

对于苏北人性格特质中勇于斗争、不畏牺牲的例证,前文关于顾正红被枪杀的细节已有部分提及。事实上,这是绝大多数苏北革命者共有的特质。上海工人三次武装起义期间,苏北籍骨干戴器吉在一次工会活动中遭遇突袭抓捕,为掩护其他工人代表撤离,只身以一条长凳为武器,堵住楼梯口与敌人搏斗,中弹负伤后仍坚持抵抗,拖延时间,最后壮烈牺牲。④

姜维新亦是典范,不同的他相对幸运,未遭到杀害,但其所遭受的折磨,却委实更为激烈。1931年顾顺章叛变,姜维新随之被捕入狱。据其在自撰的《我的

---

① 《杨浦区志》,上海社会科学院出版社1995年版,第979页。
② [澳]布赖恩·G.马丁著,周育民等译:《上海青帮》,上海三联书店2002年版,第22页。
③ 《杨浦区志》,上海社会科学院出版社1996年版,第439页。
④ 上海市总工会:《上海第二棉纺织厂工人运动史》,中共党史出版社1995年版,第76页。

革命经历的回顾》中所描述:"……(把我)送到成都路巡捕房,把我吊起来打,我昏了过去。……过了两天,又把我拖出去绑在竹梯上上电刑,通电时,我全身就像千刀万剐,我咬紧牙,结果把牙齿都咬碎了,我还是不讲。当昏过去,他们往我身上泼水,又拖回牢房,把我关进一只铁笼子,派人日夜看守。……就这样我关在笼子里有三个多月,受过七次电刑,上刑后,我的牙齿全都咬碎了。有几天我绝食,他们用橡皮管通到我嘴里,强迫我吃。"[1]

苏北纱厂工人中有更多的牺牲者,并没有被历史记载。据姜维新回忆,当时和他一起参加沪西工人俱乐部学习的同乡有几十个人,"和我一起去的有内外棉五厂工人陶汉和(坐牢死)、李宝林(被枪毙)等,记不清了,很多人都牺牲了。"[2]

上海苏北移民在工人学校接受中国共产党的动员后,其刚毅的性格特质转化为对信仰的坚贞不屈,在工人运动中毫不畏惧、敢打敢拼,表现勇猛。

小结:

20世纪20年代,中共工人学校从无到有,从弱到强,遍布上海工厂区及工人聚居区,一批批工人群众进入学校学习,接受熏陶,体悟劳动者必须掌握自己命运、通过阶级抗争推翻不合理制度、为中华民族的解放事业和人民大众幸福而奋斗的道理。

上海苏北人通过亲缘和地缘等关系入校学习,提升了文化素质和政治觉悟,在工厂中成立工会小组或工会组织,建立工厂党支部,成为二月罢工、五卅运动和上海工人第三次武装起义的骨干力量。

1. 近代上海日商纱厂的苏北工人在1925年的反帝爱国运动中发挥了不可替代的作用,日商纱厂的苏北男工起了至关重要的作用,涌现出戴器吉、顾正红、姜维新等骨干,没有他们冲锋在前甚至勇敢献身,就无法唤起广大民众的反日爱国热忱,其历史功绩之所以几十年未被彰显,顽固的社会偏见是主要原因,并非海外学者裴宜理所言:苏北工人无组织纪律、在罢工运动中无足轻重。恰恰相反,由于20年代上海工人运动多发生在日商纱厂等现代企业中,人数占绝对优

---

[1] 姜维新:《铁窗生活十三年(我的革命经历的回顾之片段)》,《上海监狱志》,上海社会科学院出版社2003年版,第753页。
[2] 转引自上海社会科学院历史研究所1965年1月访问姜维新的记录。

势的苏北工人起了不可替代的作用。

2. 上海苏北人在中共工人夜校与中共党员产生了共鸣。

中国共产党、团和工会创办的工人夜校,与近代上海苏北人提高文化水平、摆脱困境的需求实现了契合。中国共产党早期的党员绝大多数是知识分子出身,他们通过办学广泛接触工人,传播先进文化,提高工人的政治素质,进而发展积极分子、组建工会组织、成立党团组织、发动工人运动,达成政治目标。绝大多数上海苏北人因自然灾害逃荒来沪,文化水平普遍较低,从事脏、苦、累的社会底层工作,他们有提高待遇的经济诉求,但从经济斗争向政治斗争的转化仍需外力的作用。在先进知识分子启蒙和引领下,近代上海苏北人加入到工人运动的行列,双方产生了和谐的共鸣。

3. 苏北人的性格特质在20年代的反日爱国运动中发挥了重要作用。在工人学校中接受先进文化启蒙、加入党团或工会的苏北人,能遵守组织的安排,以民族大义为重,不计代价知难而上、坚贞不屈,令人敬佩。

如,经过二月罢工洗礼、已入党的顾正红,按照工会指示率领工人继续上工,因是带头者、表现勇敢,惨遭日本厂主枪击,腿部和腹部中弹后,又连遭日人的枪击和刀棍荼毒,终因"中弹4处,刀伤十余处"而倒在了血泊中。

戴器吉、季小四子、姜维新等人在反日斗争中,率领工人打厂罢工、在租界当局高压下仍组织反帝游行、组织工人纠察队维持秩序等,他们是反对日本资本家剥削和歧视的主力,也是吹响反帝爱国号角的勇士。

由此可见,近代上海日商纱厂苏北工人接受中国共产党的教育启蒙后,其敢打敢拼和爱讲义气的性格转化为对爱国正义的坚定信仰,在工人运动中毫不畏惧;而更多的默默奉献的苏北人,被历史湮没了。

4. 上海市总商会和帮会势力的作用不可小觑。中国共产党是20世纪20年代上海工人运动的领导力量,但在第一次国共合作大背景下和统一战线的号召下,20年代的工人运动曾得到了社会各阶层包括中国民族资本家及其代表——上海总商会、各马路商界总联合会等各类社会团体的广泛支持和资金帮助。①

近代上海工人一般受帮口势力控制,带有浓烈的地域色彩,上海的帮会势力也加入到20年代反帝行列之中。据英国警务处的报告称:"青红帮与工运鼓动

---

① 《声明非法定职务概不与闻之宣告》,《上海总商会月报》1925年5月。

者相联合……效忠于李立三。"① 通过李立三的活动,共产党成功地与闸北的青帮头目顾竹轩及其领导的团体进行了合作。比如五卅运动的结束,亦由上海总商会和顾正红家族族长、青帮分子顾雪桥主导,资方赔偿顾家一万元。②

5. 苏北工人的历史作用并非整齐划一。

20年代工人运动中,苏北人并非整齐划一地加入中国共产党组织的工会组织。当时上海工人组织情况复杂,除了中国共产党领导的总工会外,还有国民党组织的以及资产阶级人士、政客利用自己的社会地位组织的"招牌工会",为自己效劳。至1922年这类"招牌工会"不下30个。③ 这些工会组织者不同,纲领和行动差别很大;即便是苏北人为组织者的工会,在20年代的罢工斗争中并非步调一致。

1920年的反帝爱国运动,沪西日商纱厂的苏北男工在沪西工友俱乐部的直接指挥下,在反日、反英斗争中起了中流砥柱作用,战斗力最强,斗争最持久,成为反帝爱国运动的核心力量。

沪东纱厂次之,因纱厂女工和包身工多,胆小怕事。而分布在闸北的丝织业苏北女工反被国民党利用,破坏罢工。如20年代上海曾影响一时的"女子工业进德会",其副会长穆志英是盐城籍女工,成员主要为缫丝、拣茧、剥茧等业女工,组织并参与1922年和1924年的丝厂罢工,其实该组织是资本家的御用组织,该会会规规定:成员不得无故罢工,妨害职业;不得吵闹车间,紊乱厂规;不得偷丝窃茧,败名损德;不得擅进账房,寻事滋扰;不得与管车者争吵,致伤和气。如有犯以上诸条者,得令其歇工。④

1925年2月,二月罢工期间,共产党人向警予发动各界团体组成"东洋纱厂

---

① Politics Daily Report, Aug.3, 1925, Shanghai Municipal Archives, no.1—1—1147.
② 据时任小沙渡上海市总工会第四办事处秘书、五卅运动亲历者张维桢回忆:1925年8月左右,顾正红的族长叫顾雪桥,是青帮头目,和日本人勾结,以族长的名义,欲拿一万元的代价把运动结束,企图从潭子湾把顾正红棺材移走。办事处主任项英组织40个纠察队员,"在一个早晨把顾雪桥抓到第四办事处,吊起来打了一顿。他写了悔过书,保证不再搞出卖勾当"。当时,上海市总商会会长虞洽卿也不太配合,拖欠罢工工人生活费,上海市总工会多次斗争他才不得不继续给工人发钱。"最后解决'五卅'问题的条件,还是顾雪桥的调子,给家属一万元抚恤费,工人复工了。"引自《党史研究资料》(1),四川人民出版社1980年版,第304—310页;《20世纪上海文史资料文库》(1),上海书店出版社1999年版,第171页。
③ 陈卫民:《穆志英是妇女运动的先锋吗?》,《史林》1992年第3期。
④ 上海《民国日报》,"妇女评论增刊",1923年5月1日。

罢工工人后援会"进行援助,而国民党组织的上海工团联合会等招牌工会组织"上海维持日商纱厂工友罢工委员会"与之对抗,破坏罢工,穆志英是得力干将,她到杨树浦一带进行反共宣传,诱骗工人"静候解决,勿受利用",早日复工。五卅运动中,全国各界人士义愤填膺,学生罢课、商人罢市、工人罢工。上海工人在上海总工会领导下,参加总罢工的达206厂,20多万工人。但是丝厂工人参加罢工的却寥寥无几。据统计,参加罢工的只有锦云缫丝第一、第二厂和瑞纶缫丝厂,主要是"受了工贼穆志英等的欺骗"。①

由此可见,在声势浩大的20年代工人运动中,由于上海工人及其组织异质化程度很高,大部分工人被上海总工会动员起来,但许多苏北工人尤其是丝厂女工,没有参加运动。

综上所述,近代上海苏北人在20世纪20年代上海反帝爱国运动中发挥了不可替代的作用,而海外学者无人提到这一段历史。这一研究有助于澄清海内外学者对近代苏北工人尤其是日商纱厂工人的忽视和误读,对于丰富和发展上海工人运动史研究有一定意义。

---

① 陈卫民:《穆志英是妇女运动的先锋吗?》,《史林》1992年第3期。

第三章　无畏之斗士：中共地下党工作时期的苏北人

大革命失败后，国民党对共产党采取屠杀政策。在严重的白色恐怖环境下，中国共产党队伍出现分化，但在工人学校接受教育的苏北工人，能够坚守信仰，坚贞不屈，在30年代初期成为中国共产党最可靠的力量；30年代后期至40年代，有文化的苏北工人走到历史前台，苏北人实现了从被动员的群体到工人运动领导者的角色转换。

第一节　中共中央激进主义政策中的近代上海苏北人

1927年7月15日，汪精卫等控制的武汉国民党中央召开"分共"会议，同中国共产党决裂。随后，汪精卫集团对共产党员和进步群众实行大逮捕、大屠杀。这标志以国共合作为内容的大革命宣告失败。中国革命处于国民党统治的白色恐怖之中，中国共产党也进入了地下党工作时期。

为了纠正中共中央的右倾错误，共产国际于1927年7月派罗明纳兹来华指导中国革命。罗明纳兹在华虽只3个多月，却相继召开了中共中央临时常委会会议、中共中央紧急会议即"八七会议"、中共中央政治局会议即"十一月会议"，改组了中共中央领导机关，确立瞿秋白为核心新的中共中央，制定了武装反抗国民党和开展土地革命等举措。

但因罗明纳兹贯彻了由斯大林"三阶段论"①演绎的激进的"不断革命论",认为中国社会特征是"能够而且应当直接的生长而成社会主义革命","直到资产阶级打倒后帝国主义才能打倒"。他混淆民主革命和社会主义革命的界限,不切实际地发动了南昌起义、秋收起义、广州起义等城市暴动,照搬照抄十月革命模式以图实现全国总暴动,铸成了瞿秋白的盲动主义错误。当然,盲动主义错误是多种因素作用的结果。既有共产国际的错误指导,也与大革命失败后党内普遍存在的狂热复仇情绪有关,更不能忽视瞿秋白本人的书生意气及对共产国际代表的盲目服从。

瞿秋白盲动主义错误很快结束了,但是由于联共(布)中央、共产国际仍然坚持进攻路线,指导中国共产党夺取中心城市、力图迅速在一省或数省首先胜利的思路未变,瞿秋白之后的中共中央领导人仍然不能避免犯同样的错误。接踵而至李立三和王明的激进主义错误,让中国革命、上海工人运动连续遭受致命打击。

一、中共中央激进主义政策及对上海工人运动的影响

(一)"第三时期"理论与中共中央的激进政策

"第三时期"理论是共产国际对世界革命形势的分析和估量。"第三时期"理论最早阐述者是联共(布)中央及共产国际领导人布哈林。他把第一次世界大战结束后的世界形势划分为三个时期:十月革命与世界资本主义严重危机时期(1918—1923年);资本主义暂时稳定时期(1923—1928年);1928年以后,进入第三时期,即帝国主义国家间战争、帝国主义国家的反苏战争、落后国家的民族解放战争和大规模阶级搏斗的时期。在世界革命的第三期,重新要有工人阶级公开的决定胜负的发动,要有殖民地的武装暴动,同时,反对苏联的武装斗争

---

① 这是斯大林为反击党内托洛茨基反对派攻击联共(布)中央制定的国共合作政策提出的辩护。该理论始于1927年4月,同年7月28月他在《时事问题简评》中系统提出。他指出:国共合作的革命第一阶段,是"全民族联合战线的革命(广州时期),这时无产阶级的同盟者是农民、城市贫民、小资产阶级知识分子、民族资产阶级"。蒋介石发动"四·一二政变",中国革命进入第二阶段,蒋介石和民族资产阶级转到反革命阵营,无产阶级的同盟者是农民、城市贫民、小资产阶级知识分子。汪精卫叛变革命后,中国革命进入第三阶段,革命阵营里只剩下无产阶级、农民和城市贫民,中国革命进入更高阶段,即苏维埃阶段,革命高潮即将到来。《共产国际、联共(布)与中国革命文献资料选辑》(6),北京图书馆出版社1997年版,第257—258页。

第三章 无畏之斗士:中共地下党工作时期的苏北人

会有实现的危险,也有帝国主义国家互相之间巨大的冲突的可能。① 第三时期理论夸大了帝国主义之间和帝国主义同苏联之间爆发战争的可能性;夸大了世界无产阶级的觉悟程度和革命力量的增长速度;夸大了殖民地半殖民地国家反对帝国主义的革命运动规模和速度。

1928年7—9月的共产国际六大正式提出第三时期理论。第三时期理论深刻影响着中共六大政策的制定。中共六大通过的《政治决议案》虽然继续纠正罗明纳兹和中共中央的盲动主义错误,但激进色彩非常浓烈,对中国革命的长期性、复杂性和艰巨性估计不足,有些论断前后矛盾。如承认"中国革命现在的阶段是资产阶级性的民权革命",帝国主义和国民党统治力量依然强大,"现实的形势,一般说来是没有广泛的群众的革命高潮",中国革命运动中的工农发展不平衡,农民游击战争此起彼落的向前发展已超过城市工人斗争,但又强调"新的广大的革命高潮无可避免";强调中国革命性质是资产阶级民权革命,但只承认革命动力"只有无产阶级和农民",革命发展"使他有非资本主义的前途,亦就是社会主义的前途"②。这些模棱两可的措辞让本来对中国革命性质和任务认识不清的中共中央感到一头雾水。

当时,作为中共中央主要负责任人的周恩来,十几年后对此感慨不已。他说,中共六大召开时,中共党内"还搞不清中国革命是民主革命",因为"第一,对什么叫革命性质,革命性质是以什么来决定的搞不清楚;第二,中国党历史上没有从理论方面搞清这个问题;第三,国际上托派的影响以及同托派调和的观点的影响"。中国共产党懵懵懂懂跟着共产国际和联共(布)中央指挥棒转,根本无法理解"第三时期"理论,更谈不上对该理论进行辩证分析了。周恩来还认为,在共产国际主导下制定的中共六大诸多政策是"缺乏策略观点的,深入地研究实际情况与群众观点非常不够③。所谓缺乏策略,就是说共产国际制定的中国政策,对中国实际情况并无充分了解,只从一般原则出发,从联共(布)的历史经验和共产国际主要领导人的思路出发,主管套用到中国革命之上,政策过于笼统,中共中央难以把握和贯彻执行,这也为当时中共中央领导人李立三、王明在

---

① 《中共中央文件选集》(4),中共中央党校出版社1989年版,第295—296页。
② 《中共中央文件选集》(4),中共中央党校出版社1989年版,第301—314页。
③ 《周恩来选集》(上),人民出版社1980年版,第162、179—180页。

执行政策过程中,犯下或因理解偏差、或照搬照抄等错误埋下了隐患。

受共产国际激进倾向的影响,白色恐怖环境中的中共中央对于革命高潮到来抱着不切实际的乐观情绪。正如周恩来所言,当时中共中央领导人"对革命高潮的估计,往往强调有利的客观条件,而不知道主观力量薄弱是不能真正造成革命高潮的条件",忽视主观的群众运动对革命高潮到来的作用,没有把局部高潮与全面高潮区分清楚,也"没有把革命高潮与直接革命形势区分清楚,不知道革命高潮是说明起义的正在甚至成熟,但仍不是说全国可以马上到处起义",因此,"我们一九二八年十月回国后,对高潮问题还是空洞的争论浪潮与浪花的关系"。①

从周恩来对30年代初期中共中央错判革命形势、频繁发动全国性暴动的回忆可知,中共六大虽然纠正了瞿秋白盲动主义错误,但共产国际的"第三时期"理论对世界革命局势估计过于简单和乐观,不仅没有斩断中共党内激进冒险行动的总根源,更因为当时中共中央主要领导人的年轻冲动、求胜心切和盲目崇拜共产国际,把共产国际的激进主义推到一个新高度,直接造成了李立三冒险主义错误和王明的教条主义错误。

(二)激进主义错误对上海工人运动的影响

以李立三和王明代表的激进主义错误,皆用"第三时期"理论分析中国革命形势,主观夸大国民党统治的危机。尤其是1929年蒋桂战争和1930年5月的中原大战,个性鲜明、有主见的李立三认为中国已经到了全民族危机的时刻,国民党政府已处于"无能为力、只有等待崩溃的状态"②,把局部革命高潮看作直接革命形势,片面地将武装暴动口号从宣传的口号变成行动的口号,夸大城市工人斗争的发展及工人的觉悟性和组织性。

李立三在1929年11月中共江苏省委第二次代表大会宣布:世界革命已进入"第三时期",中国革命进入"成熟复兴"和"直接革命形势";党的斗争策略应采取"进攻路线","必须用群众行动政治示威去刺激群众",举行总同盟罢工和武装暴动。③

---

① 《周恩来选集》(上),人民出版社1980年版,第176—177页。
② 《周恩来选集》(上),人民出版社1980年版,第55—56页。
③ 《刘瑞龙同志谈江苏省委"二大"》,《江苏革命史料选辑》(第四辑),江苏省革命斗争史编纂委员会、江苏省档案局编辑出版,第179页。

第三章 无畏之斗士:中共地下党工作时期的苏北人

1929年12月14日,中共中央发出第六十二号决议,接受共产国际关于中国职工决议案,确信全国工人罢工运动的发展,"是证明工人直接斗争的行动增加,纯粹合法运动减少",国民党统治到了崩溃的边缘,可大规模地组织工人罢工,进行武装夺权斗争。同年11月7日,由中华全国总工会召开的第五次全国劳动大会,就认为国民党统治已"走向日暮途穷",中共要建立赤色工会的阶级组织,"准备武装暴动,积极推翻帝国主义与国民党的反动统治。"①

1930年3、4月间,李立三连续在《红旗杂志》上发表《第三时期与中国革命》、《准备建立革命政权与无产阶级的领导》、《怎样准备夺取一省与几省政权的胜利条件》、《中国革命与世界革命》、《论革命高潮》等文章,系统提出了"一省数省首先胜利"观点,确立了与"第三时期"理论和十月革命模式相适应的"城市中心论",认为乡村是统治阶级的四肢,城市才是他们的头脑和心腹,只有斩断统治阶级的头脑、炸裂其心腹,才能置统治阶级于死地,这场残酷的斗争主要靠"工人阶级的最后的激烈争斗——武装暴动",而中心城市的暴动是争取一省与数省首先胜利的决定力量。中共中央冒险主义政策逐步形成。

为贯彻共产国际和中共中央的指示精神,自1929年之后,江苏省委和上海工会联合会(1929年6月成立,由江苏省委领导,领导上海市的罢工斗争)盲目地发动工人罢工,频繁地举行飞行集会②和组织工人纠察队游行示威。

江苏省委和上海工会联合会在斗争时机不成熟,主观组织工厂工人关车罢工,结果巡捕和厂警赶来弹压,首倡罢工的工人被开除,赤色会员和党员身份暴露,组织瓦解。"像这样的罢工,不知搞了多少次。"当时党的"工作过程总是:恢复组织——搞罢工、冲厂——遭受破坏——重新恢复组织,形成如此的恶性循环"。③

---

① 《联共(布)、共产国际中国苏维埃运动(1927—1931)》(11),中央文献出版社2002年版,第592页。
② 飞行集会这种斗争形式起源于1926年的五卅周年纪念。该日,邮局投递员骑自行车飞驰南京路,呼口号、散传单,事先等候在附近的群众立即集合在南京路进行示威。飞行集会的做法是:在中共和赤色工会内部秘密商定某月某日(一般为纪念日)某时在某地(一般为闹市区)举行集会,由一人或数人以燃放鞭炮或摔酒瓶为号,事先装扮成行人在附近等候的人员立即集合,马路上的行人围拢来,负责演讲的党员和干部立即开讲,呼口号、唱革命歌曲、散发传单,然后再迅速解散。租界的巡捕和马队包围过来时,总有一些干部和积极分子被逮捕。可见,这种斗争方式在革命高潮时期是有效的,但在革命低潮时机械照搬是行不通的。
③ 《杨尚昆回忆录》,中央文献出版社2001年版,第54页。

江苏省委、上海工联还在各种纪念节频繁举行飞行集会。1929年和1930年举行的各类飞行集会达30余次①。共产党员、工会干部和积极分子不断遭到国民党政府的拘捕和杀害。针对批评意见,江苏省委竟要求改造工联党团,选拔"真正勇敢的工人组成工联常委,领导工作";把飞行集会造成的巨大损失,说成是"冲破统治者的恐怖,表示自己的力量伟大,这是宝贵的成功","吓得帝国主义、资本家国民党不断的发抖"②。把好不容易发展起来的革命力量再一一摧毁。

中共中央和江苏省委把武装反国民党、黄色工会、第三势力作为中心工作。上海工会联合会成立后,提出"在有黄色工会内组织赤色支部"③,组织工人纠察队,"准备第四次暴动"④,让工人纠察队在"暴动中变成红军"。⑤ 1930年3月,上海工人纠察队员仅存160余人⑥,上海总工联却冒险举行公开大检阅,之后举行游行示威和破坏活动,遭到国民党当局的逮捕。⑦

1930年5月,中原大战爆发,李立三认为中国革命高潮已经到了,直接革命形势已经到来,直接革命"就是暴动形势"!世界革命中心已转移到中国,"世界革命有首先在中国爆发的可能,而且这一爆发以后,必要引起世界革命的兴起"⑧。据此,立三中央1930年6月至9月制定和实施中心城市暴动,8月6日改组中央领导机构,将党、团、工会组织合并,成立中央行动委员会,领导各地武装暴动和总同盟罢工,其下分别成立北方局、南方局、长江局和江苏行动委员会,领导各地区的武装暴动和总同盟罢工。

李立三在8月1—3日的中共中央政治局会议上憧憬着革命发展前景:"中国一旦发生巨大事件,党在几天和几个星期内可以组织起千百万工人,党在最短时间里可以变为广大的群众性的党","党可以再以两个月内在上海招募3,000到5,000名工人,但如果掀起革命浪潮,我们在同一时间内可以得到2万到3万名工人"。但8月1日上海和其他城市工人游行示威表现消极,对此,李立三解

---

① 《上海工会联合会》,档案出版社1989年版,第63—297页。
② 《上海工会联合会》,档案出版社1989年版,第84—85页。
③ 《上海工会联合会》,档案出版社1989年版,第14—16页。
④ 《上海工会联合会》,档案出版社1989年版,第283页。
⑤ 《上海工会联合会》,档案出版社1989年版,第303页。
⑥ 《中国工会历史》(2),工人出版社1958年版,第598页。
⑦ 《中国工运史料》第22期,工人出版社1983年版,第120—121页。
⑧ 《中共中央文件选集》(6),中共中央党校出版社1989年版,第99—101、116、224页。

第三章 无畏之斗士：中共地下党工作时期的苏北人

释说有"恐怖行为"，工人们之所以不愿意举行示威活动，因他们"只愿意举行革命暴动！"①他不顾共产国际远东局的反对和中共中央内的不同意见，执意实施全国总暴动计划，结果使苏区红军遭到重创，城市暴动损失巨大。上海的三次未遂总同盟罢工中，有40余人受伤，1人被打死，30余人被捕。

1930年9月的六届三中全会停止了立三中央的冒险主义错误。1931年1月召开的六届一中全会上，共产国际远东局领导人米夫直接插手，把莫斯科一手培养、对共产国际和联共（布）中央言听计从的王明等中山大学毕业生推到中共中央的领导岗位，推行以进攻政策为中心的教条主义错误。王明与李立三一样，用"第三时期"理论来分析中国形势，从1929年夏到1930年6月，他先后在《红旗》《布尔塞维克》等党内刊物发表了30多篇文章，还写了著名的小册子《两条路线》，系统提出了在新形势下教条化的激进政治纲领，大力宣传"第三时期"理论，认为国民党的统治"一天一天地走向破产"，"群众斗争的情绪日益紧张"，"国际与中国的革命形势，都使工农兵武装暴动的任务日已逼近"。他号召上海工人"准备第四次武装暴动"，"建立工农兵代表苏维埃政府"②，达到"无产阶级和农民这两个阶级的专政向无产阶级专政、向社会主义革命阶段的直接过渡。"③由此可见，王明教条主义政策比立三中央还要激进，革命阵营日益缩小，关门主义错误日益凸显。

在进攻路线指导下，1931年后上海党组织和工人运动遭受更大挫折。由于盲目蛮干，活动范围狭窄，在各种"夺权"运动中，革命队伍不仅没有壮大，反而逐渐萎缩。

九一八事变后，中共临时中央看不到由于日本侵略中日民族矛盾逐步上升的新变化，主观排斥其他爱国势力。如由虞洽卿任会长的上海总商会组织了上海市抗日救国委员会，当时有100余工人抗日会和大、中学生抗日联合会等团体与其挂钩。而中共临时中央认为这是资产阶级领导的团体，指示中共江苏省委另行成立上海民众反日救国联合会即"民反"，去接收抗日救国会。他们主观

---

① 《联共（布）、共产国际与中国苏维埃运动（1927—1931）》（9），中央文献出版社2002年版，第258—260页。
② 《王明言论选辑》，人民出版社1982年版，第46—51页。
③ 《共产国际有关中国革命的文献资料（1926—1936）》第二辑，中国社会科学出版社1982年版，第164页。

认为"反日"是主动的进攻,符合党的"进攻路线",而"抗日"还是被动的抵抗;"联合会"是联合一切反日救国民众的团体,表明它的领导地位。①

1931年9月26日,上海总商会联合800多个社会团体在南市公共体育场召开上万人的"抗日救国市民大会",党组织认为要把领导权从资产阶级手中夺过来,便发动党员和左翼团体的群众,冲击主席台,高呼"打倒国民党"、"拥护苏区和苏维埃"、"武装保卫苏联",结果造成多人被捕。

在如火如荼抗日风潮中发展起来的上海"民反"和"工反会"组织也在蛮干中遭到致命打击,被迫停止活动。1932年3月,十九路军被迫撤离闸北时,江苏省委号召士兵"掉转枪头向不抵抗和投降帝国主义的长官开火!"省委还布置干部学习巴黎公社经验,准备在上海建立公社式的苏维埃政权。3月初,省委在闸北召开以"民反"为主体的200人民众大会,号召占领闸北,建立抗日政权,发动城市游击战争,遭到国民党军警包围,当场逮捕十余人,主持大会的军委干部盐城人孙小宝被当场击毙。

十九路军中一些"反长官"的秘密党员被以"汉奸"罪名处决。"民反"组织也无法生存。1932年3月18日,沪西罢工工人在樱华里举行飞行集会,散发"拥护红军、苏维埃"、"打倒国民党政府"等违禁传单,被捕去3人;同月21日,上海"工反会"因经常散发革命传单,被工部局查封,当场搜出大量赤色传单,逮捕该会骨干5人,"工反会"就此垮台。

由于中共冒险主义政策,每举行一次冒险活动,革命力量就减少多人,白色恐怖愈加严重。而"共舞台事件"就是中共冒险主义和关门主义的产物。中共基层组织和党员感到消沉并产生抵触情绪:"党员互不信任";"裕南"(吴淞区)纺织厂支部的同志不愿参加会议;铁路支部的党员对党的会议漠不关心,"区委书记亲自沿着铁路线散发传单,指望过路的工人会拾起来看一看。区委的秘书感到为难,因为他手头存放的传单太多'烧掉可惜,不烧又危险'。"②

面对此种情形,共产国际远东局也忧心忡忡,米夫在共产国际执行委员会东方书记处处务委员会扩大会议上直言不讳地说:六届四中全会以来,党的组织、工会组织遭到"最大破坏",印刷厂遭捣毁,许多同志被捕,最多时一日达30余

---

① 《杨尚昆回忆录》,中央文献出版社2001年版,第57页。
② 《联共(布)、共产国际与中国苏维埃运动(1927—1931)》(9),中央文献出版社2002年版,第61—73页。

人。远东成员雷利斯基计算得更准确:"四中全会后我们有很多人被捕。光上海一地我们就平均每天损失三人。"①

在这种情形下,愿意冒险的党团员和工人骨干越来越少,似乎只有部分胆大敢拼的工人能接受这样盲目蛮干的斗争方式。由于苏北人性格直爽,虽是"莽汉",却有正义感,具有"为朋友两肋插刀"的豪爽,在苦难中长期积压的怒火被点燃,就不可遏止。

在白色恐怖环境中,中共中央和江苏省委的工作指导方针本该是积蓄力量、进行隐蔽斗争;基于错判国内形势,却采取了激进的冒险主义政策,有意挑选"斗争性强"的工人加入上海工联,革命阵营越来越小,后来多剩下性格耿直、敢于斗争的党团员和赤色群众;更由于大多数上海苏北人具有直爽、敢冲敢闯、冲动爱斗的性格特质,这与中共冒险主义政策比较契合,所以其中苏北人最多。

下文以"共舞台事件"为例,反映30年代初期在中共中央冒险主义和关门主义政策指导下上海工人运动遭受的挫折,及上海苏北人成为该时期运动和中国共产党倚重的力量。

二、"共舞台事件"中的上海苏北人

由于苏北人在白色恐怖环境下参与上海革命运动的资料不易收集,本章选取发生30年代初期上海革命力量遭到重创的"共舞台事件",以此作为研究的突破口,从一个侧面揭示近代苏北人在上海革命运动中作出的牺牲。

前有所述,美国学者裴宜理统计了1919—1930年上海工厂罢工,认为苏北籍工人多从事非技术工种,带有浓厚的农民意识,难以组织罢工。而江南及浙江籍技术工人的罢工,不仅有组织且有效,中国共产党在政治运动中主要组织和依靠技术工人②。Kerr和Siegel亦用定量方法总结中国工人罢工的特点,认为采矿业工人、海员和码头工人最具革命倾向,而工厂工人次之。③

但是发生在1932年7月17日的"共舞台事件"事件,被判刑的83人中,苏

---

① 《联共(布)、共产国际与中国苏维埃运动(1927—1931)》(10),中央文献出版社2002年版,第268、318页。
② 参见[美]裴宜理,刘平译:《上海罢工:中国工人政治研究》,江苏人民出版社2001年版,第5—6、71、202—225、298—323页。
③ 参见《上海研究论丛》(4),上海社会科学院出版社1990年版,第85页。

北地区37人,占总人数45%;13名被判死刑者中,苏北人9人,占70%,13人中,工厂工人达6人,近一半比重!为什么短短2年时间会发生这样戏剧性的变化,难道外国学者的统计及结论有问题?那么,自20世纪30年代后上海工人运动究竟呈现怎样的发展态势?为什么"共舞台事件"中苏北人被捕的人数最多,制裁最重,难道国民党政府也歧视苏北人吗?

该事件的现有研究无法解释上述诸疑问,因为绝大多数成果是事件亲历者的回忆,他们对"共舞台事件"的来龙去脉及在国民党监狱的斗争做了回顾,重点缅怀在南京雨花台就义的十三烈士;这些回忆,虽缺乏深度和系统性,没有从社会史视角和革命者的籍贯进行深入的研究,却给研究者提供了弥足珍贵的具体细节。① 上海市及普陀区的党史工作者在此基础上概括、提炼为政治叙事。②

本书以普陀区党史办公室20世纪80—90年代以来搜集的"共舞台事件"资料为基础,包括藏于上海市档案局的上海市公安局档案《沪西共舞台集会》之《敌伪档案摘编(1)》和上海市公安局档案《沪西共舞台集会》之《敌伪档案摘编(8)》,并借助当事者的回忆、当年媒体报道、工运史资料、上海社会史及移民史相关资料、上海市和江苏省的革命历史文件及现代媒体,对该事件中苏北人的政治表现作深入的剖析,从中管窥在白色恐怖最严重时期上海工人运动及苏北人在其中的地位和作用。

(一)事件的来龙去脉

"共舞台事件"是1932年7月由江苏省委领导下召开江苏省民众反帝大会

---

① 1987年,"共舞台事件"55周年之际,事件的亲历者,时任复旦大学团支书及上海市民众援助东北义勇军反对上海停战协定联合会(简称"民联")青年部长温济泽(1914—1999,江苏淮阴人,当时化名温谅文),曾写《抗日先驱者的血——共舞台十三烈士殉难五十五周年祭》的纪念文章;刘志荣(江苏扬州人,化名刘发荣):《狱中回忆》(1986年)。1992年"共舞台事件"60周年之际,事件的亲历者幸存者顾卓新(1914—2002,化名陈广和)、杨超(1911—2007,化名李季俊)、武少文(1912—2006,化名武翰章)、肖明(化名王小宝)、易朝德、温济泽,共同回忆写成《"共舞台事件"始末——纪念共舞台案十三烈士就义六十周年》,《共舞台十三烈士》;杨超:《往事的回忆》;肖明:《和大姐们在狱中》等纪念文章,普陀区党史办编辑成书——《碧血丹心》(1992年内部版),上海市普陀区档案局125—2—22。

② 李华民:《共舞台事件中的烈士和幸存者》,《上海党史与党建》1995年第4期;李饶翁:《关于一九三二年的"共舞台事件"》(1986年);李盛祥:《中华史册之光——纪念沪西"共舞台事件"烈士英勇就义六十周年》(1992年);杨尚昆:《杨尚昆回忆录》,中央文献出版社2001年版,第65页;华校生等主编:《共舞台十三烈士》,《不灭的星》,上海人民出版社1991年版;《中共上海党史大典》之"沪西共舞台事件",上海教育出版社2001年版,第24页。

第三章 无畏之斗士：中共地下党工作时期的苏北人

而引发的一起政治大逮捕。1932年3月，由于中共临时中央和江苏省委的冒险主义政策，导致中共外围组织上海市民众反日救国联合会（简称"民反"）遭到国民党政府的严厉打击，无法继续活动。同年5月，中共江苏省委决定把"民反"与上海反帝大同盟（简称"上反"）①合并，由上海反帝大同盟和原属"民反"的基层组织即大学联、中学联、日商纱厂反日会、文化界反日会、人力车夫反日会等几十个赤色群众团体，成立上海民众援助东北义勇军反对停战协定联合会（简称"上海民联"）。"上海民联"成立后，中共中央指示，将于1932年8月1日"反帝战争日"掀起新的反帝高潮，成立全国性的反帝大同盟，推动并掀起全国反帝和反国民党的高潮；江苏省委应先行召开全省反帝代表大会，为成立全国反帝大同盟作准备。

遵照中共中央的上述指示，1932年6月24日，在江苏省委直接领导下，上海市反帝大同盟和"上海民联"，召集了80多个抗日团体组成江苏全省及全国民众援助东北义勇军反对上海自由市代表大会筹备会，准备7月中旬召开江苏省反帝大会，并将会议通知在多家报纸公开。会议原定在租界爱亚多路（延安东路）的共舞台戏院召开，后来被称之为"共舞台事件"。7月15日早上会议决定举行时，共舞台没有空当，会议无法如期召开。翌日，大会筹备处派人到沪西共和大戏院，以支援东北义勇军募捐义演的名义，租借了会场。

会议通知登报时，即有密探向国民党当局报告，说此会是"江苏各界各区代表大会"，于是，国民党中央党部、上海市党部派出许多特务、暗探侦探会议的进展；7月16日当局又接到密报，会议地点已改至沪西共和大戏院举行。因会议地点属华界，上海市公安局督察处侦缉队会同六区警署，增派大批探警预伏戏院四周，公共租界、法租界警务处亦均派暗探监视。7月17日，大会在沪西共和大戏院召开。上午9时，会议一开始，事先埋伏的上海市公安局督察处侦缉队及六区警署当即包围会场，"将在场诸人，悉数捕获"，共计92人。

警察还在会场搜出大会宣言、通电草稿，电稿中有大会致中华苏维埃共和国临时中央政府电及致中国工农红军电。② 这次被捕的革命者人数之多是历史罕

---

① 上海民众反日联合会是中共江苏省委的外围组织，由留日回国学生抗日会、大东书局、日商纱厂、美亚绸厂、驳船工人和大中学生抗日会等54个团体组成，于1931年12月6日成立；上海反帝大同盟亦是中共江苏省委的外围组织，成立于1928年7月。民反义勇军是"一·二八"抗战时期"民反"自发组织的抗日武装力量，人数达2000余人。《上海工人运动史》（上），辽宁人民出版社1991年版，第555—559页。

② 《时事新报》1932年7月19日。

见,国民党当局如临大敌。上海的各大媒体都进行了跟踪报道;该事件在江西革命根据地也引起了很大震动,《红色中华报》作了报道。上海市公安局和淞沪警备司令部审讯后,于7月29日移送南京继续审判。① 在审讯中出现了变节者,国民党情报部门又陆续从上海捕来7名革命者,共95人。审讯自8月上旬始到9月下旬结束,9月27日判决。13个革命者被判死刑,66人被判处3—18年不等的有期徒刑,4人被判无期徒刑。两位女性(萧明和中华通讯社记者易朝德,被判18年),关在南京模范监狱;男政治犯被押到苏州,关进盘门外江苏省陆军军人监狱;13人于1932年10月1日血洒雨花台。这起白色恐怖事件,被称为沪西"共舞台事件"。

(二)被捕的沪西、闸北苏北人最多

前后被捕的涉案人员中,有9人被无罪释放或家属领回,共83名被捕者被判刑,他们的籍贯、人数和职业情况见下表。

表3-1 "共舞台事件"中被判刑人员的相关材料

籍贯	人数		职业		代表的组织/在会议中作用	总数
江苏(含外埠)	江淮地区	20人	工人	22人	内外棉厂工会/反日会;	45
	徐州地区	2人	人力车夫	9人	黄包车工会/工联市政工会;	
	扬州地区	6人	船夫	2人	码头工人抗日会;	
	南通地区(含崇明2人;外埠代表1人)	9人	学生、药业、警界、小贩	各1人,共4人	营造业抗日分会;复旦大学"民联";英美烟厂工会;汉中路民众反日分会;闸北民众反日救国联合会;南洋肥皂厂工会;沪西、闸北区委(团)等	
	苏南:8人(3名外埠代表)		学生	4人	共青团江苏省委;电话工会;	
			工厂工人	4人	英美烟厂工会;"民联"招募员等	

① 《申报》1932年7月30日。

续表

籍 贯	人 数	职 业		代表的组织/在会议中作用	总数
安 徽	11人	工厂工人	9人	内外棉厂工会； 红军之友社； 和丰里互济会分会/工会	11
		学生	1人		
		裁缝	1人		
浙 江	7人(1名外埠代表)	码头工人	2人	虹口顺太码头工会； "民联"青年部； 浦东区委； 电话工会等	7
		工人	3人		
		学生	1人		
		书业	1人		
四 川	7人	学生	6人	中国公学； 大会记录员； 文化界反帝同盟； 商务印书馆抗日分会等	7
		工人	1人		
福 建	3人	学生	3人	中国公学； 浦东区委	3
辽 宁	2人	学生	2人	东北同乡会； 上海反帝大同盟	2
广 东	2人	学生	2人	中国公学	2
河 北	2人	学生	1人	英美烟厂工会； 中国公学代表	2
		工人	1人		
湖 北	1人	学生		文化界反帝同盟	1
江 西	1人	学生		大厦大学社会科学研究所分会	1
贵 州	1人	学生		中国公学	1
吉 林	1人	学生		暨南大学"民联"	1
共 计					83人

注：表3-1及表3-2皆根据上海市档案局藏的共舞台事件之《南京警备司令部判决书》、上海市公安局档案《敌伪档案摘编》(八)、重要当事人回忆录及其简历等材料综合而成。

从表3-1可以看出，会议虽为江苏省反帝代表大会，但大会除了江苏省籍代表外，还有近一半代表来自全国其他11个省份，原因有三：第一，上海这座现代化大都市的吸引力。上海开埠以来，不到50年时间，由一个小渔村一跃成为国际化大都市，华洋交汇，五方杂处，工商业发达，城市繁华，上海成为人才荟萃之地，不断吸纳来自全国各地的移民。第二，参加江苏省反帝大会的外省代表大多是青年知识分子，他们皆为求自我发展、接受现代化城市文明来沪。由于青年人见多识广,容易接受革命思想,其中不少人参加共产党和共青团组织或者党的外围组织。他们既是这次会议的重要成员,也是组织者,如上海民联负责人兼大会的主持者刘芝明,曾留学日本早稻田大学,归国后任上海政法大学、暨南大学、中国公学教授,担任有54个民众抗日团体组成的上海"民反"负责人,当国民党警察冲击会场时,身材高大的码头工人陈荣甘当人梯,用肩膀托起十几个与会代表越过墙头逃出,刘是其中之一;上海民联的青年部长是复旦大学团支部书记温谅文(温济泽);中国公学的李季俊(杨超)是大会筹备组成员;暨南大学的武翰章(武少文)负责大会的总务工作等。

第三,7月17日的会议虽以江苏省委名义召开,但实际上带有全国性质,一来与会人员来自全国各地,二来中共临时中央所在地上海,属江苏省委的管辖范围,因此"江苏工作是领导全国的"①。与会者绝大多数在上海工作或学习,外埠代表只有5人。

从表3-1中还可看出,会议的主体是上海苏北人。按理讲,作为江苏省反帝代表大会,苏北和苏南人的人数应该相当,但被捕者中,苏北人和苏南人的比例悬殊甚大:江苏共45人,苏北地区37人,苏南地区只有8人(含外埠代表3人)。37个苏北人中,江淮各县市人数最多,共19人,占总数的一半比重;13位被难者中,江淮地区有6人!

为何江淮地区的苏北人所占比重最大?从上海人口构成看,这与江淮地区在沪人口总量大有一定的关系。前文已述,近代以来,苏北地区洪涝灾害不断,大量破产的农民移民上海,形成数次难民潮。1931年的灾情最重,其时苏北江、淮、沭、泗洪水并发,运河决堤,从淮阴到扬州,纵横三四百里,一片汪洋;苏北26县,死于水灾的人口达58,095人。② 而阜宁、盐城、兴化、东台等地是洪水上游洪峰过境之地,属重灾区,当时有78045人逃往上海。③

自20世纪以来,由于生存环境日益恶化,江淮地区大量灾民为了活命,不得不变卖家中所有值钱的生产资料和家什筹集旅费,然后用泥砖堵住大门,举

---

① 《杨尚昆回忆录》,中央文献出版社2001年版,第49页。
② 《国民政府救济水灾委员会公赈报告》,第58—59页,载陈橹:《民国时期上海苏北人问题研究》,中国文史出版社2005年版,第47页。
③ 上海工部局:《1931年度报告和1932年度预算》,载韩起调:《苏北人在上海(1850—1980)》,第52页。

第三章 无畏之斗士：中共地下党工作时期的苏北人

家流浪到上海。① 虽无法确切统计上海苏北人的具体数字，但在苏北人主要聚居地普陀、闸北和杨浦三区，1949 年的统计表明，三区中苏北人所占比例皆超过 63%②，其中盐阜地区人数最多。由此可知，上海虽然是移民城市，但苏北人几近半数；"共舞台事件"有众多苏北人，而江淮地区人数甚多是可以理解的。

从两表还可发现，被捕工人集中在闸北和沪西区，这能否说明 30 年代苏北人集中的闸北和沪西区是革命中心？沪东区的杨树浦也是日本大康纱厂在内的工厂集中区，为何沪东党团组织及工人被捕人数极少？难道沪东苏北人的革命性和斗争性不如上述两个地方的同乡？另外，江苏省委重要领导干部及上海其他区区委、区团委领导人为何没被判重刑？

仔细分析档案资料和背景资料可以发现，除了前述沪西是工人抗日运动中心外，还有三方面因素。

其一，叛徒主要是沪西和闸北区委的负责人，他们只认识两区中的被捕者，指认有限。据事件的多名亲历者回忆，在上海市公安局及淞沪警备司令部审讯期间，全案无供；在南京军法部关押期间，也没有出叛徒。但他们被转移到国民党南京警备司令部时，则情况有变。南京警备司令部下属的宪兵三团是蒋介石国民党镇压共产党和进步分子的得力工具，利用中共叛徒的指认，被捕人员原来结成的防线就此被冲破。宪兵队从上海带来所谓"中央自新人"唐桂生夫妇，因唐在闸北和沪西区委任过职，认识两区的区委、团委干部及工人骨干，指认了李鸿春、李文达、王灿、张德生，供出了刘栋臣、王明国、陈士生、崔四、许金标、邱文治、徐阿二、钟明友、曾太功、何守贵、陈道顺等，还指认了肖明及其全家。叛徒供出肖明父亲肖万才，其母肖郎氏，其兄肖明山。李鸿春、王灿、李文达等人也相继叛变，他们又供出 40 余人。其中，唐桂生和李鸿春供出的革命者最多，大多是闸北和沪西区的苏北人。③

李鸿春，云南昆明人，系中国公学包饭生理，1930 年加入中共的外围组织互济会，1932 年成为中共正式党员，曾任沪西区委宣传干事。叛变后共报告 8 次，

---

① 《文萃》1947 年 2 月。
② 《杨浦区志》、《闸北区志》、《普陀区志》，上海社会科学院出版社 1998、1995、1996 年版。
③ 上海市普陀区档案局 125—2—22。

供出江苏阜宁人肖万才父子及杨小二子等近10人。

李文达,安徽灵璧人,学生。1930年到上海,同年加入共青团组织,曾任江南省共青团青年部干事及江苏省委组织部干事。时任沪西区共青团区委儿童部书记及闸北抗日分会宣传部长等职务。7月17日因察看闸北各分会出席代表时被捕。他供出刘栋臣、崔四和许金标等人。或许此人到上海时间不长,或许因白色恐怖不敢下基层,他认识的代表不多,供认的对象有限。

王灿,四川铜梁人,学生,1930年入党。时任上海反帝大同盟组织部长及党团书记,负责外埠代表的食宿,他不仅指认了外埠代表,还供出民联青年部负责人曹顺标,复旦大学民联分会负责人江苏淮阴人温济泽,文化界反帝同盟代表黎少岑等人。

由此可见,苏北革命者之所以集中在闸北区和沪西区,与叛徒的任职范围一致,叛徒对这些组织能力强、表现英勇、敢说敢干的党团员精干分子印象深刻。

其二,沪东区的党团组织在事件发生前遭到过严重破坏,所以被捕的沪东上海苏北人极少。沪东区是工厂集中区,大量苏北人在此做工。整个20年代,沪东工人在工人运动风起云涌的岁月里,与沪西工人遥相呼应,举行多次同盟罢工。在江苏省委领导的上海工会联合会中,沪东区是一支重要的力量。但在"共舞台事件"中,却鲜见沪东区委、团委成员及工人领袖的身影。

这与1931年中共六届四中全会围绕党的领导成员而引发党内分歧,及由此导致沪东区革命力量受到严重削弱有关。以罗章龙为首的全国总工会党团,因不满共产国际代表米夫操纵全会,进行派别分裂活动,发展到自行成立"中国共产党非常委员会"、"第二省委"、"第二工会党团"、"第二区委"之路,中共中央开除了他们的党籍。1931年1月17日他们被国民党逮捕,2月,23名党团工会领导人惨遭杀害。被害的共产党员中,工会干部6人,即全国总工会秘书长林育南,上海工会联合会秘书长龙大道,秘书彭观耕,组织部长何刚,青工部长欧阳立安,沪东干事处主任费达夫等。沪东工人运动遭受重大损失。

据杨尚昆回忆,他1931年初从莫斯科回国后,在上海从事全国总工会和上海工会联合会工作近半年,并"没有做多少事",因为"国民党上海总工会的力量很大,而党所领导的工联会力量微弱,一部分秘密工会被罗章龙他们抓过去,张

第三章　无畏之斗士：中共地下党工作时期的苏北人

国焘接手时关系就中断了"；"原来党的力量比较强的工厂企业如：法商电车公司、日商内外棉十三厂、闸北丝厂、英租界的彩印厂、陈郁和廖承志工作过的海员工会等的工作，几乎全部垮了"①。可见，"共舞台事件"中沪东苏北人较少，与沪东工人运动领导人被国民党逮捕、杀害有一定关系。

其三，沪西、闸北区以外的其他代表，叛徒多不认识。被判 6 年以下有期徒刑者，南京警备司令部判决书定罪为"均系赤色群众，代表一两人团体参加会议"。其实不然，其中不乏重要领导人。他们之所以没有被叛徒认出，大部分人是外地人，多因当地党组织遭到迫害辗转到上海，来沪时间很短；或者在白色恐怖环境中领导人更换频繁。如陈志正（1911—1937），化名陈福生，江苏武进人，上海劳动大学学生，时任共青团江苏省委秘书长，在 7 月 17 日会场以民联募捐员身份出现。他 1927 年加入中国共产党，任劳动大学党支部书记；1930 年在江苏省委宣传部工作，不久担任共青团江苏省委秘书长。1931 年离沪赴北平学习；1932 年初回上海继续革命工作。

因为有近一年时间不在上海，叛徒李文达虽是江南省共青团干事、江苏省委组织部干事，却不认识陈志正。陈志正被判处无期徒刑，主要因为从他身边搜出浦东代表提案一份，推测他可能是浦东区委重要干部。② 更多的代表则是刚从外地到上海，工作比较隐蔽，尚不广为内部人知道。

顾卓新（1914—2002），化名陈广和，辽宁义县人，北京大学学生。1930 年 10 月加入中国共产党。曾任中共北京大学支部书记，北平东城区委书记，代理北平市委书记。1932 年 5 月到上海从事工人运动和反帝大同盟工作，身份未暴露，被判 6 年。1935 年在狱中领导斗争，被叛徒出卖，加刑 8 年。解放后历任东北局书记处书记，安徽省委书记等职。

杨思一（1901—1957），化名杨阿明，浙江湖州人，1930 年在家乡入党，任中共湖州县委宣传部长，后当地党组织被破坏到上海从事工人运动工作，1932 年中共浦东区委恢复其党籍，7 月 17 日代表浦东区委出席大会，身份未暴露，亦被判 6 年。解放后曾任浙江省副省长。

叶独青，化名叶光焕，福建蒲城人，1930 年参加福州市委领导的福州互济

---

① 1931 年政治局委员张国焘被任命为全总党团书记。《杨尚昆回忆录》，中央文献出版社 2001 年版，第 50—51 页。
② 上海市普陀区档案局 125—2—22。

会工作,1931年设在厦门的福建省委机关遭到破坏,到上海参加互济会工作,曾写过《虎口脱险——抗战时期在上海》、《战斗在天堂地狱里》等回忆文章。①

此外,李宗林,化名李晓林,新中国成立后任成都市副市长,张钟(新中国成立后任国家档案局副局长)等人也大多因当地党组织遭到破坏从外地转移至沪继续从事革命工作,叛徒并不认识,皆判6年。

由上可知,被捕的苏北革命者主要集中在闸北区和沪西区,因为叛徒是两区的重要领导人,对长期从事革命工作的苏北人比较熟悉;沪东工人运动因领导人被国民党政府逮捕遇害而受重创,并非沪东苏北人革命热情不高;其他重要领导人因刚到上海工作,叛徒还不认识。所以闸北、沪西区苏北人遭受国民党政府的严厉打击。

(三)日商纱厂的苏北工人最多

"共舞台事件"被捕的苏北人中,工厂工人所占比例近60%;13名被难者,日商纱厂工人6人,其中苏北地区4人!如果把视线投向当时共产国际的指示,中共中央和江苏省委的决议,便可以发现,造成这种状况的原因,既与抗日的大背景有关,也是中共逐步推行"关门主义"政策的直接结果,也与中国共产党20年代对工人进行有效的启蒙教育密不可分,在白色恐怖环境能坚守信仰、保持气节的党、团、工会成员及积极分子,皆是大浪淘沙后的精华。

中共中央、江苏省委遵照共产国际"城市中心论"的指示,把发展产业工会、产业支部和产业党员及为武装暴动作准备,作为核心工作。这是被捕的上海苏北人中工厂工人占据多数的根本原因。在共产国际操控下召开的中共六大针对中共党内农民党员占绝对优势的状况②,通过了《组织决议案草案》和《组织问题决议案提纲》,提出了"党的无产阶级化"的口号,要求各地党组织"走向大工业中","吸收广大的积极的产业工人分子入党"。蒋桂战争及中原大战爆发后,共产国际一改中共六大关于中国革命处于"两个高潮"之中、

---

① 南平市十县(区)政协文史资料《蒲城》(三)、(四);《福州市志》(6)。
② 中共六大召开时,全国党员有40,000多人,其中农民党员占了76%,而工人党员仅占10%(而且大多是失业及小企业的工人)。《中共中央文件选集》(4),中共中央党校出版社1990年版。

第三章 无畏之斗士：中共地下党工作时期的苏北人

工人运动处于积蓄力量阶段的估量①,认为"中国工人运动的新潮是在成熟起来"。②

1929年2月和8月,共产国际发出《共产国际执委会与中国共产党书》和《共产国际执委政治秘书处关于中国职工运动的决议案》,号召中共恢复和领导阶级工会即产业工会,破坏黄色工会③；让赤色工会"公开起来",掀起"建立工厂委员会运动"④。中共中央、江苏省委按照共产国际上述的指示,把发展赤色工会与产业工人党员、与黄色工会斗争作为中心工作。由于白色恐怖环境和"关门主义"的入党标准⑤,发展产业工人党员的成效并不大。据1929年6月中共六届二中全会的统计,上海市作为工人阶级的大本营,工人党员和产业工人党员最多,只有800人。⑥ 1929年9月中共扩大的六届三中全会统计,全党党员则达122,318人,产业工人党员由1,000多人只增加到2,000多人。

到1931年3月,全党党员和产业工人党员人数并未增加。⑦ 这就意味着,2

---

① 《联共(布)、共产国际与中国苏维埃运动(1927—1931)》(11),中央文献出版社2002年版,第152页。

② 《共产国际执委政治秘书处关于中国职工运动的决议案》(1929年8月30日),《联共(布)、共产国际与中国苏维埃运动(1927—1931)》(11),中央文献出版社2002年版,第567—572页。

③ 黄色工会,不受共产党领导的工会,亦不属于国民党政府工会,却公开拥护国民政府,也被称为"左派"国民党工会。《共产国际执委政治秘书处关于中国职工运动的决议案》,1929年8月30日,载《共产国际、联共(布)与中国革命文献资料选辑(1927—1931)》(11),中央文献出版社2002年版,第567页。

④ 《联共(布)、共产国际与中国苏维埃运动(1927—1931)》(11),中央文献出版社2002年版,第568—569页。

⑤ 《关于发展党的组织决议案》(1931年3月)中规定：在城市中,发展组织的工作重心移到产业中去,多建立新的产业支部；在苏区使党的组织基础是无产阶级和贫民群众。党的无产阶级成分要发展到10%以上；苏区党组织成分上无产阶级与贫民必须占80%。《中共中央文件选集》(7),第248页。

⑥ 1929年6月,上海的工人党员1,300人,产业工人党员800人；全国的工人党员和产业工人党员人数分别是,4,000人,1,550人。而全党党员人数增加到69,000人,工人党员的比例却从六大时的10%下降到7%。《联共(布)、共产国际与中国苏维埃运动(1927—1931)》(9),中央文献出版社2002年版,第66页。

⑦ 1930年2月统计,产业工人党员比1929年6月的4,000人实际上只增加了1,120人,增加者几乎全部是产业工人,全党的生产支部由100个增加到183个。《联共(布)、共产国际与中国苏维埃运动(1927—1931)》(9),第65—66页。1931年3月中共中央通过的《关于发展党的组织决议案》的统计,"全国党员数目约在十二万以上","在社会成分上说,真正产业工人全国仍然不过二千人"。《中共中央文件选集》(7),第249页。

苏北人与上海革命运动(1921—1949)

年来,江苏省委和上海工人联合会①发展工人党员的工作并不顺利。上海工联下属市政、丝总、五金、码头、纱厂、烟厂、印刷等7个工会,会员只有2,000多人,这相对于上海80万工人队伍,这只是极少数。自1928年以来,江苏省委和上海工联所吸收的党员绝大多数是产业工人,因而"共舞台事件"中,被捕的工人中产业工人最多。

从表中亦可看出,在产业工人中,沪西日商纱厂工人最多。一是日商纱厂中中国共产党、共青团和工会的组织基础较好,许多进入工人学校接受文化教育的苏北骨干,经受住了白色恐怖的考验。二与当时抗日的背景有关。在一·二八事变后如火如荼的抗日氛围中,日商纱厂工人在中共组织下,成为上海工人抗日队伍的中坚力量。

20世纪初以来,日本相继在苏州河和黄浦江沿岸设厂,30年代初期,全市有日商纱厂32家,雇佣华工近6万人;沪西是日商纱厂的集中区,有17家纱厂,约3万余工人,苏北人最多。工人长期受日本资本家的残酷剥削,具有强烈的民族意识和斗争精神。一·二八事变前夕,沪西日商纱厂工人就掀起了反对取消月赏(奖金)的经济罢工。1932年1月8日,沪西同兴纱一厂资方先贴出取消月赏的布告,该厂工人遂于当日下午罢工。随后,日华第三、第四厂,喜和第一、第二、第三厂,公大三厂等日商纱厂工人,也相继罢工,1月中旬,罢工人数达1万余人。1月28日,在沪日商纺织同业会,获悉日军当夜进攻上海,于是宣布在沪工厂全部停业,派日军驻厂,把工人全部赶出工厂和工房。这些被迫离厂的工人加入了罢工行列。

中共沪西区委早在工人经济罢工时期就派出党团骨干组织工人斗争。一·二八事变后,江苏省委和上海工联遵照中共中央的指示,通过上海工联和上海"民反"等团体,将工人斗争引向反对日本侵略上海的政治斗争。1月29日,上海工联在东新桥召开了以沪西日商纱厂工人为主体的工人代表大会,号召举行总同盟罢工,成立了上海市罢工委员会。

随后,沪西区委和各日商纱厂分别成立区罢工委员会和厂罢工委员会。在沪西区委和各级罢委的发动和组织下,罢工工人参加上海"民反"组织的"民反

---

① 上海工人联合会,简称上海工联,是江苏省委直接领导的赤色工人群众组织,成立于1929年6月18日。

义勇军",积极帮助十九路军救护伤兵、运输、挖掘战壕,成为骨干力量,使罢工工人的反日情绪愈加高涨;组织了工人纠察队和抗日宣传队,就地维护秩序和进行反日宣传;成立了以日厂工人为主体的上海各业工人反日救国联合会(简称"工反会")①和"日货检查队",切断日军、日商的日用品及水电供用。

反日的空气弥漫了苏北工人的重要聚居地——石灰窑,当时有"赤色沪西"之称。在抗日洪流中,沪西日商纱厂工人平日积累的反日火种已被点燃,经历抗日烽火的洗礼,受到全面的御侮锻炼,虽然男工只是纱厂工人中的少数,但他们斗争性强,是罢工运动的骨干力量,苏北工人邱文治和曾太功是突出代表。在中共沪西区委的领导和组织下,工人的反日斗争由经济层面上升到民族抗争的政治层面。经过这次罢工,中共在日商内外棉各厂建立了"九个支部"②,组织上有所收获。由此可见,"共舞台事件"被捕者中日商纱厂工人最多是必然的。

(四)苏北人处罚最重及原因探析

"共舞台事件"中,13人被判死刑,4人被判无期徒刑,3人被判18年徒刑(易朝德和肖明原判死刑,因不满16周岁,被判有期徒刑),6人被判15年徒刑,2人被判14年徒刑,5人被判12年徒刑,6人被判10年徒刑,外埠代表5人被判8年徒刑,37人被判6年徒刑,1人被判3年(因未满16周岁),1人被判处2年半徒刑。下表主要根据国民党设在上海的高二分院判决书部分内容综合整理而成。

表3-2 被判重刑表(死刑至12年)

姓 名	籍 贯	身 份	职 务	政治面貌	年龄	刑期
刘栋臣(化名柳日均)	江苏阜宁	人力车夫	闸北区黄包车工会、工联市政工会负责人	中共党员	30	死刑
崔四(崔阿二)	江苏阜宁	码头工人	闸北码头工人抗日分会负责人	中共党员	43	死刑

---

① 1932年2月18日,中华全国总工会通过上海工联在沪西召开了上海各业工人代表大会,号召上海工人站在反对日本帝国主义侵略的最前列。大会当场宣布成立上海各业工人反日救国联合会,该组织成立后,成为"上海民反"的团体会员。

② 中央档案馆编:《中共中央政治报告选辑》(1927—1933),中共中央党校出版社1983年版,第219页。

苏北人与上海革命运动(1921—1949)

续表

姓 名	籍 贯	身 份	职 务	政治面貌	年龄	刑期
肖万才	江苏阜宁	人力车夫	闸北民众反日救国联合会发行部长;南洋肥皂厂支部书记	中共党员	52	死刑
杨小二子	江苏阜宁	日商纱厂工人	闸北区团委负责交通工作	共青团员	20	死刑
许清如	江苏阜宁	巡捕	在闸北抗日分会及互济会工作	共青团员	25	死刑
徐阿二	江苏盐城	同兴纱厂工人	同兴纱厂支部书记	中共党员	24	死刑
许金标	江苏靖江	营造业工人	闸北营造业抗日分会、营造业互济会负责人	中共党员	20	死刑
邱文治	江苏徐州	内外棉厂工人	加入沪西区委别动队、沪西区军委、团省军委	共青团员	23	死刑
曾太功	江苏宿迁	内外棉厂工人	沪西特区宣传干事;内外棉三厂支部书记;厂红军之友社负责人	中共党员	28	死刑
曹顺标	浙江萧山	书业	上海民联青年部专职人员;江苏省反帝大会负责人之一	共青团员	18	死刑
王明国(化名王得盛)	安徽合肥	内外棉厂工人	内外棉四厂工会、和丰里互济分会及厂红军之友社组织者	中共党员	20	死刑
钟明友	安徽合肥	裁缝	英华里红军之友社组长	赤色群众	28	死刑
陈纪盛(化名陈士生)	安徽舒城	内外棉厂工人	任红军之友社小组长,代表和丰里工会参加会议	赤色群众	43	死刑
武少文(化名武翰章)	吉林双阳	暨南大学学生	暨大东北义勇军后援会总务部干事;暨大民联代表	共青团员	20	无期
陈志正(化名陈富生)	江苏武进	上海劳动大学学生	共青团江苏省委秘书长;江苏省委宣传部	中共党员	21	无期
何守贵	安徽合肥	内外棉厂工人	加入内外棉第四纱厂抗日会及红军之友社	赤色群众	27	无期
陈道顺	安徽	工人	加入红军之友社	赤色群众	33	无期
易朝德	四川合川	记者	中华通讯社外勤记者,大会记录	共青团员	16	18年

第三章 无畏之斗士:中共地下党工作时期的苏北人

续表

姓 名	籍 贯	身 份	职 务	政治面貌	年龄	刑期
肖明	江苏阜宁	工人	闸北共青团区委妇女部长;丝厂女工分会负责人;女工青年失业团、妇女反帝大同盟的组织者	共青团员	16	18年
黎少岑（化名李维善）	湖北天门	教员	文化界反帝同盟特委主席	中共党员	27	18年
陈荣	浙江温州	码头工人	组织虹口顺太码头失业救济会	中共党员	45	15年
杨超（化名李季俊）	四川达县	中国公学学生	中国公学支部书记;中共法南区委宣传部干事	中共党员	20	15年
刘宏（化名刘志超）	福建闽侯	中国公学学生	中国公学抗日分会负责人	赤色群众	21	15年
周毅（化名周正余）	福建闽侯	中国公学学生	东北义勇军后援会总务部担任总务;江苏省反帝大会负责总务	赤色群众	20	15年
李元	四川	学生	文化界反帝大同盟代表	赤色群众	28	15年
路学明	安徽合肥	工人	和丰里互济分会负责人	赤色群众	23	15年
陈阿毛	浙江宁波	电话公司工人	电话工会负责人	共青团员	17	14年
钟策	广东梅县	中国公学学生	中国公学代表	赤色群众	25	14年
张德生	四川	学生	闸北互济会主任兼党团书记;抗日会闸北分会组织干事	中共党员	28	12年
吴韧发	江西黎川	大厦大学学生	社会科学研究所大厦大学分会总务干事	赤色群众	22	12年
王阿三	江苏阜宁	人力车夫	汉中路民众反日分会宣传干事	赤色群众	22	12年
肖明山	江苏阜宁	人力车夫	参加闸北反日团体	赤色群众	20	12年
温济泽（化名温琼文）	江苏淮阴	中学生	复旦大学团支部书记;上海民联青年部长	共青团员	18	12年
共 计						33人

从被判刑者籍贯的角度分析,在表3-2中又可发现,所有被判重刑者中,苏

北人及所受惩罚再次引人注目:12年以上的重刑犯共33人,苏北人有13个;13个被判死刑者中,苏北人竟有9人,占总数近70%!难道国民党政府也歧视处于社会底层的苏北人吗?!

造成上述历史事实的原因是非常复杂的,非单方面因素所致。从表3-2所列的各被捕者在党团组织、工会及群众团体中的作用,可以找到答案。

首先,根据《危害民国紧急治罪法》,上海苏北人是反国民党政府的重要组织者和积极分子,这是遭到残酷镇压的重要原因。1931年2月,国民政府重力打击异己力量,颁布了《危害民国紧急治罪法》,制造白色恐怖。该法规定:以危害民国为目的,扰乱治安者;勾结叛徒,图谋扰乱治安者;煽惑军人不守纪律,放弃职务,或与叛徒勾结者,处死刑。以危害民国为目的,煽惑他人扰乱治安,以文字、图画或演说为判国之宣传者,处死刑或无期徒刑。受上述煽惑而为之辗转宣传者,处无期徒刑或十年以上有期徒刑。以危害民国为目的而组织团体或集会,或宣传与三民主义不相容之主义者,处五年以上、十五年以下有期徒刑等①。依据此法,凡是反对国民党及国民政府者,皆为叛徒,要严厉制裁。

由于叛徒指认,被判处死刑的苏北革命者都触犯了《危害民国紧急治罪法》的相关条款。苏北9人中有6人是中共党员,3人是共青团员;9人皆是一个或几个赤色组织及党团的负责人。如表3-2中所示,刘栋臣不仅是闸北人力车工会的组织者和领导者,会员达100余人,亦是上海市政工会负责人,组织过反国民党政府的群众游行并进行演讲,最后"以危害民主为目的,煽惑他人扰乱治安,演说叛国之宣传及集合之所为处以死刑"。②

崔四组织的码头赤色工会规模达200人左右,多次领导工人反日罢工。肖万才是闸北"民反"发行部部长,又担任过南洋肥皂厂支部书记;他动员全家参加革命活动,他家成为江苏省委和闸北区委的接头地点,许多飞行集会的宣传传单经过他手送达。

曾太功在沪西区委、团区委和区军委担任要职,多次领导日商纱厂工厂罢工,暴打过包工头,还参与特科工作。

---

① 《中华民国史档案资料汇编》第5辑第1编,江苏人民出版社1994年版,第291—292页。
② 上海市普陀区档案局125—2—22;上海市档案局:上海市公安局档案资料·《沪西共舞台集会》,《敌伪档案摘编(1)》;上海市民政局32—10—6。

许清如虽然是巡捕(属军事工作),但有三个叛徒同时指认他是共青团员,是闸北抗日会负责人,还分管闸北互济会的工作,是"不守纪律,放弃职务,与叛徒勾结"。其他人不一而足。在国民党政府看来,这些人的作为严重危及其统治,必严惩不贷。

其次,苏北工人不仅参与党团及工会工作,还积极组织红军之友社,要求到苏区红军中工作,犯了蒋介石国民党的"大忌"。其时,蒋介石国民党"围剿"苏区连续遭到挫败,对组织红军之友社的工人恨之入骨,这是苏北工人遭到残酷镇压不可忽视的原因。

中原大战刚结束,蒋介石便开始组织兵力大规模地"围剿"江西革命根据地,连续三次派兵,兵力由10万增至30万,第三次"围剿"蒋介石本人亲任总指挥,也无果而终。苏区日益壮大的共产党、红军及不断扩大的根据地,始终成为蒋氏"心腹之患",必欲除之而后快,但一直未能如愿。"共舞台事件"发生之时,蒋介石正坐镇南昌指挥第三次军事"围剿"。单从政治身份看,江苏阜宁人杨小二子是共青团员,安徽人陈纪盛和钟明友只是赤色群众。

但在上述国民党"围剿"红军连续失利的背景下,国民党政府对与红军有牵涉的人员,毫不留情予以严厉制裁。叛徒供认,江苏阜宁人杨小二子虽是共青团员,在闸北共青团区委负责交通工作,但影响力很大,曾经带领王明国、陈纪盛、钟明友到苏区参加红军,到厦门后因当地交通员被捕而未能成行。曾太功和邱文治分别是内外棉三厂和十四厂红军之友社组织者。陈纪盛是厂红军之友社组长,参加过援助牛兰案的示威游行;钟明友虽是裁缝,但是樱(英)华里红军之友社组长。因此,他们都被判处死刑。被判无期徒刑的何守贵和陈道顺,也是赤色群众,因参加红军之友社加重处罚。

再次,上海苏北人作用大,表现勇敢。

肖万才全家宁折不弯。叛徒先指认了肖万才的女儿肖明,肖明勇敢、机智、能干,当时不满16岁,担任闸北共青团区委妇女部长,丝厂女工分会负责人,还是女工青年失业团和闸北妇女反帝大同盟的组织者。叛徒相继供出其父肖万才,其母肖郎氏,其兄肖明山。为了获取更多信息,国民党军法官把父女俩共同提出审讯,他们都不承认是一家人;肖万才眼睁睁看着女儿受到严刑拷打,强忍着内心的痛和恨,没有露出难过的表情,敌人的阴谋最终没有得逞。肖郎氏双目失明,肖万才过去经常领着她为掩护,传送党的文件和散发传单。她在肖万才被害、肖明和明山被判刑后,被释放出狱,由于无依无靠,不久就不知下落,身死何处。①

13被难者个个是宁折不弯的铮铮硬汉:"曹顺标从看守所出来去执行时,他从法官骂起,一直骂到蒋介石!照例法官要问他有无遗嘱,但因为怕骂,所以问都不问而只是拿了相片对一对,所谓验明正身而执行枪决。"②江苏阜宁人许金标,一上法庭就骂人,"法官"无奈,只好叫他"滚出去"。③ 1931年9月26日"夺权事件"中,江苏阜宁人刘栋臣率领100多人力车工人冲击会场,刘登台发表反对国民党政府的演讲,会后担任游行的指挥。④ 徐州人邱文治,还担任内外棉三、十四厂党支部书记,当时代表沪西区委并带领内外棉三、六、七厂的工人代表参加大会。他得知出现叛徒时义愤填膺,决心要打死叛徒。后来他终于寻到机会把叛徒痛打了一顿,为此被国民党军法处打了一百多军棍,两条腿被打伤。执刑时,他一听到肖万才名字,就把东西分给难友,自己只穿一件背心,一条短裤,躺在床上等待;听到自己名字,一下子从床上跳下,口里说:"怕什么,过20多年又是这样大了!"⑤当时作为两名审判官之一的书记官廖逸农,事隔36年后对邱文治大无畏之举仍记忆犹新:"被害烈士中被(叛徒)指认最多的是邱文治,说他活动能力很强,他不单单是一个头,所以追问得很厉害,但他什么也不说。"⑥

从两表也可发现,参与大会的组织主要有:设在日商内外棉厂及其附近中共外围组织如和丰里互济会(系内外棉三、四厂所在地)、红军之友社、人力车工会、码头工会、中国公学、英美烟厂、电话公司⑦。

虽有外埠代表,但只有5人,一名四川巴中籍学生,似乎在江苏求学,代表当地组织参会,1名浙江宁波人,2名江南人,1名崇明人,都在上海附近。这实际

---

① 上海市普陀区档案局125—2—22。
② 1968年3月21日廖逸农在湖南西湖农场三分场四队三分队供述,上海市普陀区档案局125—2—22。
③ 1968年3月18日《长江日报》政治部黎少岑陈述,上海市普陀区档案局125—2—22。
④ 上海市普陀区档案局125—2—22。
⑤ 上海市普陀区档案局125—2—22;民政局档案:上海市民政局32—10—3;华校生等主编:《不灭的星》,第71页。
⑥ 1968年3月21日廖逸农在湖南西湖农场三分场四队三分队供述,上海市普陀区档案局125—2—22。
⑦ 1926年10月中共在码头工人中成立了码头工会;1930年9月中共在南市成立了人力车夫工会,沪西、法南等区成立了分会。

第三章　无畏之斗士：中共地下党工作时期的苏北人

意味着，当时江苏省委虽可控制全国，但实际的控制力只有上海市；在上海市范围内，可控的行业和人员也非常有限，主要限于日商纱厂工人，大、中学校和文化界中容易接受革命思想的青年学生和知识分子。到1932年5月"上海民联"成立时，江苏省委所能控制的只剩下大学联、中学联、日商纱厂反日会、文化界反日会、人力车夫反日会等赤色团体，这些组织以苏北人和大、中学生为主，组织人数最多100多人，少则1—2个人，而人少者居多。

由此可见，30年代初的上海工人运动中，上海苏北人成为江苏省委和上海工会联合会所倚重的一个支柱。由于苏北人性格直爽、斗争性强，更由于中共临时中央和江苏省委的冒险主义政策，与苏北人的急躁、豪爽、好斗等性格相契合，苏北人成为激进运动中的冲锋主力。所以，"共舞台事件"中被捕的苏北人总数最多，是有更深层次原因的。

最后，不能排除国民党政府对苏北人的歧视。"共舞台事件"被捕者以工人和学生居多。对比这两类人的作为及所判刑期可以发现，国民党政府对苏北人为主体工人的打击重于学生。如当大会开始时国民党警察包围会场时，三名大学生即暨南大学的武少文、中国公学的刘宏和周毅，被推为代表到国民党第六区公安局交涉，请求保护会场。有两个叛徒指认武少文是共青团员，任暨大东北义勇军总务部干事，之前曾以暨大"民联"代表赴苏州组织反帝分会；一名被捕者供认武少文7月17日在共和舞台卫门司问口号。[①] 武少文被判无期徒刑，虽处罚很重，但对照十三位被难者，还算"网开一面"；另外的两名学生代表，亦是中共外围组织的召集人或负有重要责任，亦有多名叛徒指认，被判15年徒刑。表中其他成员也有类似情况。整体看来，对学生的处罚相对较轻。

国民党政府的"区别对待"，可以这样理解：由于大、中学生是知识阶层，正处于世界观形成时期，有继续改造的余地；如果枪杀他们，社会影响较大，为社会舆论所不容，还有损国民政府的声誉。而大部分处于社会底层的苏北人则不同，他们都是破产农民，在上海社会备受歧视，没有社会资源，也无舆论优势，更无政治资源庇护。加上苏北人个性耿直，斗争性强，为当局者不容。国民党政府无疑视这些敢作敢为的苏北人为危及国民党统治的眼中钉、肉中刺，予以重力打击，

---

① 上海市普陀区档案局125—2—22。

以达"杀一儆百"之效。

当然,被捕者中,并非所有苏北人都受到严酷镇压。被判6年以下徒刑者共39人,其中,苏北地区21人,亦占一半以上比重。南京警备司令部判决书称,这些人是赤色群众,虽然也组织赤色团体,但规模小、影响有限,规模大多是1—2人。而被判死刑的苏北革命者,活动能力很强,都是勇敢者,他们组织的团体规模较大,叛徒供认的人次也多。国民党政府为了稳定其统治秩序,必然给予严厉制裁;苏北人社会和经济地位最低,越发可以让国民党政府对苏北人进行肆无忌惮地弹压。

综上所述,苏北人在"共舞台事件"中占据多数,除了中共冒险主义错误政策外,还与苏北人的个性特质有密切关联。上海苏北人与本地人和江浙人在生活方式、语言和社会风俗、性格特质有一定差别,他们性格暴躁、爱冲动,但耿直、豪爽,在工人运动中体现坚贞不屈的革命气质。"共舞台事件"中,江淮地区苏北人在政治运动中作用较大,在白色恐怖中敢闯敢冲,工作突出,这恰与中共冒险主义、关门主义政策不谋而合。

"共舞台事件"折射出:由于苏北工人具有农民淳朴、忠厚的天然本性,一贯敢打敢拼的行为方式,在20世纪30年代初期严重的白色恐怖环境中,能够执行中共中央愈演愈烈的冒险主义和关门主义政策,在上海工人运动中做出了巨大牺牲。同期类似的案件有很多,如煤业工人集会案件,被抓捕的党员和积极分子亦达100多人,人力车夫、工厂工人居多,由于籍贯资料匮乏,不再一一赘述。

第二节 1936年日商纱厂大罢工中的苏北人

1932年"共舞台事件"是30年代上海党组织遭受损失较大的一次逮捕,许多受过中国共产党多年培养教育的苏北工人献出了生命,该事件成为上海工人运动的分水岭。此后很长时间,上海地下党无法组织大规模的罢工或集会活动。

在严重的白色恐怖下,由于中华全国总工会白区执行局、江苏省委、上海工会联合会执行冒险主义和关门主义政策,虽然上海工人阶级以大无畏的气概谱写了一曲曲英勇战歌,但屡遭挫折和失败,上海党组织损失90%,工人力量也损失严重。据中共江苏省委组织部统计,1927年12月,上海的中共党员有1,999人,到1936年仅存约200人;上海总工会会员在1927年"四一二"后约28万人,以后急剧减少;1930年6月,全国赤色工会会员21,694人,上海仅2,102人;1931年初,上海赤色工会会员减至666人,1932年下半年仅剩400人。① 到1932年冬,各产业总工会的基层组织几乎都垮了。党的各级组织不断被国民党破获,临时中央不得不于1933年初转移至中央苏区。

上海工人运动的复苏始于"一二·九"学生运动之后。1936年民间抗日救国运动高涨,也是中国共产党在上海力量遭到严重挫折后,开始摆脱冒险主义和关门主义错误、指导思想上开始转变的开端。

"一二·九"运动前,上海的中国共产党、共青团和革命团体,只保存部分组织,但仍坚持活动。中共中央机关迁往江西苏区后,只有以周扬为书记的中共中央文委仍留在上海工作。中央文委领导的左翼文化总同盟②由胡乔木、邓洁、王翰等负责。此外,上海工会联合会、中华民族武装自卫会等组织还继续存在。

上述这些组织与上级领导机关失去联系。但他们看到了巴黎出版的《救国时报》刊出的《为抗日救国告全体同胞书》(即《八一宣言》),了解了中共中央政策的转变;他们还从外商书店买到共产国际的书刊,了解了共产国际第七次代表大会上季米特洛夫的报告及大会通过的建立广泛的反法西斯统一战线的决定;他们从北平来上海联系开展抗日救亡运动的代表那里看到了北方局党内刊物《火线》上刊登刘少奇写的《肃清关门主义与冒险主义》等文章。

他们开始转变工作方针,与上海各界抗日力量联系,贯彻抗日民族统一战线。因此,1936年是工人运动复苏的一年,也是沸腾的一年。自2月3日日商大康纱厂工人梅世钧被日本人毒打致死掀起罢工起③,全市罢工事件达110次

---

① 沈以行、姜沛南、郑庆生主编:《上海工人运动史》(上卷),辽宁人民出版社1991年版,第607页。

② 左翼文化总同盟下辖中国左翼作家联盟、中国社会科学家联盟、左翼戏剧家联盟、左翼教育工作者联盟、左翼新闻记者联盟、左翼美术家联盟、左翼音乐小组、电影小组、世界语工作者联盟等。这些团体都曾提倡到工人中进行辅导,开展进步的文化艺术活动。载沈以行等:《上海工人运动史》(上卷),辽宁人民出版社1991年版,第619页。

③ 1936年2月3日,大康纱厂浆纱间工人梅世钧早年在十九路军服役的照片被日本领班发现,遭到日人毒打;随后又将他拖至格兰路巡捕房,再让外籍巡捕毒打。梅世钧已被打得遍体鳞伤、口吐鲜血,失去知觉。外籍巡捕见梅世钧将死,将他抛出巡捕房,扔在门外马路上。时值二月子夜,寒风刺骨,梅世钧因伤、寒、饥在路边奄奄一息,清晨去世。为抗议日本资本家的暴行,大康纱厂4,000多人于2月6日举行罢工,上海一、二、三、四厂,日华等日商纱厂工人纷纷响应,抗议行动得到社会各界的支持和援助。但罢工最后被镇压。载《上海第十二纺织厂工人运动史》,中共党史出版社1994年版,第69—72页。

左右,创1928年以来的最高纪录。在救国会的影响和推动下,1936年11月爆发了日商纱厂联合反日大罢工。

一、抗日运动兴起与上海地下党政策的转变

1936年沪东、沪西日商纱厂联合罢工,是上海党、团组织逐步摆脱关门主义、冒险主义的结果;纱厂女工,尤其是基督教女青年会女工夜校的女工在罢工中作用凸显。

近代上海产业中,棉纺织业是最大的工业,几乎雇佣全上海一半女工。1929年棉纺织业发展到接近顶峰,上海61家纱厂共雇佣工人110,882名,其中女工84,270名,占76%的比重。上海全部纱厂中,有将近一半属于日本资本家所有。① 1936年,日商主要有上海纱厂、内外棉纱厂、大康纱厂、日华纱厂、同兴纱厂等发展至30家,占全市纱厂的46%,雇佣50,000名左右工人②,借其政治势力和经济实力,排挤打击华商,"获利甚厚"。但工人每天做工12个小时,有时长达18小时,而最低工资仅大洋一角几分。"一·二八事变"后,日本资本家变本加厉压迫工人。1936年纱厂罢工在民族危机日益深重、抗日热情逐渐高涨情势下爆发的。

1935年底,中共中央文委决定解散"左联"等团体,发动在社会上层人士中有影响的党员,联系宋庆龄、马相伯、章乃器、陶行知等社会知名人士成立社会各界救国会。中央文委在抗日浪潮中打破关门主义的做法获得很大成功:1935年12月21日,沈兹九、史良等首先发起成立了上海妇女界救国会;12月27日,上海文化界救国会成立,马相伯、沈钧儒、章乃器、邹韬奋等为委员;1936年1月28日,上海各界救国联合会宣告成立;2月9日,沙千里等领导的上海职业界救国会成立;13日,陶行知等领导的国难教育社(其前身为左翼教育工作者联盟,由陶行知领导,中共的领导核心成员有丁华、郑伯克、张劲夫等)也应运而生;5月31日至6月1日,全国各界联合会在上海成立,呼吁全国各党派捐弃前嫌,推诚合作,共同抗日。上述各救国会中,国难教育社同上海工人运动的关系最为密切,在1936年11月上海日商纱厂大罢工中发挥了重要作用。

---

① [美]韩起澜著,吴竞成编译:《解放前的包身工制度》,《史林》1987年第1期。
② 沈以行等:《上海工人运动史》(上卷),辽宁人民出版社1991年版,第637页。

为领导群众运动,1936年2月,中共江苏省委临时委员会成立,邓洁为书记,胡乔木、王翰、丁华等为委员。1937年初,在冯雪峰领导下,上海成立了新的"临时工作委员会",王尧山为书记,成员有沙文汉、林枫等。为适应形势发展,1936年5月共青团江苏临时省委(陈国栋任代理书记,胡瑞英任组织部长,孙大光任宣传部长)改组领导机构,将下属分区改设三个委员会:学委、工委、职委。同年8月,共青团工委与上海工人联合会的陈之一(陈均)多次协商筹备上海工人救国会,并获得救国会领导人沈钧儒、沙千里等支持。

梅世钧惨案后,全总白区执行局决定,成立"日本纱厂工人救国会"(简称"纱委"),上海工会联合会的陈之一任主任,成员有张维桢、蔡仁元(韩念龙)、张家麟(周林)等,加强对日商纱厂工人的领导。①

1936年夏,"纱委"调整领导,由工作能力强、有丰富实际工作的韩念龙任主任。早在1934年,韩念龙就在平凉路土地堂附近创办义务夜校,对前来就读的日商纱厂工人进行文化教育和抗日宣传。② 9月初,全国总工会白区执行局中止了与"纱委"的联系。这样,"纱委"能够摆脱激进主义错误而根据实际情况领导纱厂工作,为1936年11月日商纱厂大罢工的胜利奠定了基础。

二、基督教女工夜校与日商纱厂联合大罢工

1936年11月,沪东、沪西日商纱厂大罢工由上海"纱委"、共青团江苏省委临时委员会、国难教育社中的中共党员发动和组织,在基督教女青年会女工夜校、工人夜校中党团员老师的大力支持和密切配合下共同完成。

1936年日商纱厂罢工中,昔日羞于抛头露面的苏北女工站到前台。她们在基督教女青年会中接受文化教育,不仅了解社会发展的大势,还懂得工人自我解放的重要性,唤醒了性别意识:女性也可参与社会运动,并施加影响。

基督教女青年会是19世纪末从美国传入中国的国际性基督教妇女团体。20世纪20年代,女青年会将劳工工作重点转到兴办工人教育,于1926年12月在闸北设立劳工服务处,办了两个女工平民教育班。1928年春,又在浦东、杨树浦、虹口和闸北等区共建了4所女工学校,学生共约200人,多是附近烟厂、纱

---

① 《上海纺织工人运动史》,中共党史出版社1994年版,第221页。
② 沈以行、姜沛南、郑庆生主编:《上海工人运动史》(上卷),辽宁人民出版社1991年版,第634页。

厂、丝厂女工。

是年秋,基督教女青年会全国协会派邓裕志任上海女青年会劳工部见习干事,分工负责全市平民夜校工作,并兼任浦东平民学校校长。邓裕志学生时代参加过五四运动和五卅运动,思想进步。① 1930年学校正式定名为女青年会女工夜校,校址设于小沙渡路三和里(今西康路910弄21—23号),成为全国女青年会劳工工作的示范点。其时上海有大批失业工人,在女青年会等团体的帮助下,有500余失业工人经介绍进厂再就业,女工夜校因此声名鹊起,许多女工也因此感到读书有出路,纷纷报名入学,学生总数激增到600余人。②

30年代初,日本侵略者相继制造"九一八事变"和"一二·九运动",上海人民掀起抗日救亡运动,基督教女青年会女工夜校改革教学体制,把抗日救国与文化教育结合起来,自己编写教材,吸收中共党、团员和进步知识分子任夜校教师。1932年秋,陶行知介绍姚剑秋(中共党员、上海美专毕业生)到女青年会兆丰路女工夜校任教,同年他还介绍自己的学生徐明清做夜校教师。徐明清20年代即加入中国共产党,是中共领导的"文总"所属"左翼教育工作者联盟(简称教联)"的领导成员,她在浦东夜校发展了徐佩玲、徐佩珍、朱冰如等七八位党员;徐佩玲后被安排至沪东公社杨树浦女工夜校任教师,分别发展任秀棠、刘贞(苏北籍)等五位学生入党。教联还派邓洁(徐淑华)到兆丰路女工夜校发展了徐维清等党员。共青团也组织一批女工到夜校,她们边做工、边读书,还积极参加抗日救亡运动。

女工夜校与社会上许多爱国团体联系密切,党团的外围组织也影响着女工夜校的发展。1935年12月,邓裕志参加何香凝、史良发起成立的上海妇女界救国会;1936年2月,邓裕志等女工夜校的师生们还参加了国难教育社。同年6月,国难教育社沪西党支部成立,书记吴新稼领导女工进入女工夜校,派多名党员入校任教。陶行知、李公朴、金仲华、章乃器、罗叔章、宦乡、沈体兰等学者、爱国运动领袖,经常来校为女工学生演讲,解读国际国内时事;上海文艺界著名音乐人聂耳、冼星海、吕骥、刘良模、孟波、麦新等来校指导歌咏活动。中央文委的

---

① 王知津等主编:《巾帼摇篮——上海女青年会女工夜校师生回忆》,上海人民出版社2000年版,第3页。
② 王知津等主编:《巾帼摇篮——上海女青年会女工夜校师生回忆》,上海人民出版社2000年版,第4页。

外围组织"业余合唱团"也先后介绍党团员到女工夜校工作。

因受中共党、团组织的影响,女工夜校的学制和教育教学方式与20年代中国共产党创办的工人学校相似,把文化教育与爱国主义教育相结合,寓政治于教育之中。

女工夜校授课亦分早晚两班,分别为上午7—9时和晚上7—9时。学制初为2年,分初、高级班、特级班,后增设中级班,学制3年。初级班的教材有《千字课》,高级班有历史、算术、尺牍。

为适应女工特点,夜校专门聘请叶圣陶、俞庆棠等组成教材编写委员会,编写了《女工读本》6册。夜校又与进步人士自编教材和选用进步课本,如基督教青年会全国协会学生部干事、共产党员曹亮,与沪江大学教授钱振亚编辑出版《经济史》、《工会运动概况》、《一个女工和一个女大学生的通信》、《怎样读报》等女工教育通俗读物。[①] 学生不仅学到了文化知识,还提高了政治觉悟,客观上为1936年大罢工作了理论动员。

几十年后,在女工夜校接受启蒙教育、1936年纱厂罢工骨干、参加过党的七大的苏北女工刘贞,感情真挚地回顾女工夜校对她成长所起的教育启蒙作用。

> 我们的老师,现在所知大多是共产党员和共青团员……老师对我们这些女工学生非常关心,在讲课时经常深入浅出地插进一些时事政治,使我们不仅学习上进步很快,政治上也得到了启蒙。

从老师讲的故事,她知道了社会主义国家苏联,还知道了在中国有朱德、毛泽东在江西领导工农军发动农民打土豪、分田地,也知道女工们受苦受难的总根源,懂得了"剥削"和"剩余价值"。老师们"还组织我们阅读进步书报和小说,如《保尔·柯察金》、《被开垦的处女地》、《母亲》,《西行漫记》、《大众哲学》、《妇女生活》杂志等"。

夜校更重视时事教育,经常组织演讲会和报告会,还开展有意义的文娱活动

---

① 王知津等主编:《巾帼摇篮——上海女青年会女工夜校师生回忆》,上海人民出版社2000年版,第7页。

苏北人与上海革命运动(1921—1949)

每周末组织"工友团"(后改为"友光团")活动。

> "友光团"活动内容丰富、生动活泼,有朗诵、演讲、歌咏、演戏等。无论是歌曲,还是演戏剧,内容都很新颖,时代感很强。比如唱歌,我最早学会的是《劳工神圣》、《渔光曲》、《新凤阳歌》。大家经常唱的还有《国际歌》、《马赛曲》、《新女性》、《五月的鲜花》、《热血》、《开路先锋》、《毕业歌》……以及我们纱厂工人自己创作的《工人自叹》等。这些歌曲激发了我们的勇气和信心,看到了光辉灿烂的明天。通过在夜校的学习,我们这些年幼的女工逐渐吸取了革命的春风雨露。……在不长的时间内,我和很多同学逐步走上了革命道路。①

这些丰富多彩的课余活动和社会实践,既开拓了思路,也锻炼和培养了学生的组织工作能力,为1936年纱厂大罢工作了组织准备。

1936年下半年,棉花丰收,纱布非常畅销。日本纱厂资本家因棉纱销售顺畅趁机牟取暴利,拼命增加工作量,令工人日夜加班,甚至连星期天也不让休息;工人稍有差错,便遭到拳打脚踢、罚工钱等处罚。工人反日情绪激烈,山雨欲来风满楼。

1936年9月,"纱委"召开会议,决定把经济斗争与政治斗争相结合,把工会工作与救亡运动相结合,"团结民族资本家,集中力量打击日本资本家,在中国资本家办的工厂中不搞罢工"②。10月,"纱委"举行会议,根据日商上海纱厂四、五厂自发出现一些工人罢工此起彼落的情况,认为发动大罢工的时机已到,当即讨论并拟定五条斗争纲领。纲领内容很策略,均从群众切身利益出发,尽量减淡政治色彩,减少损失。决定先发动沪东罢工,然后再组织沪西罢工,以实现全市日商纱厂的总罢工。

"纱委"对罢工的领导工作也进行分工:周林、陈之一负责沪东,张维桢负责沪西,兼负责罢工指挥部工作。郭光洲、韩念龙负责和救国会沈钧儒、章乃器的联系,争取社会力量的支援。

---

① 王知津等主编:《巾帼摇篮——上海女青年会女工夜校师生回忆》,上海人民出版社2000年版,第103—104页。

② 张维桢、韩念龙、周林:《一九三六年上海反日大罢工回忆》,《抗日风云录》(上),人民出版社1985年版,第58页。

第三章 无畏之斗士:中共地下党工作时期的苏北人

1936年11月8日,共青团江苏省临委首先在沪东日商上海四厂发动罢工。当晚,"纱委"领导正在酝酿罢工的同兴纱厂二厂,夜班工人因布机间发生日本工头无辜殴打工人,开始罢工,5分钟不到,全厂所有马达机器全部停止。与此同时,上海二、三厂工人也在夜校的共产党员和共青团员组织下,发起罢工。至晚上11时许,日商上海二至五厂、九厂、同兴二厂、东华等七个厂共15,000人参加罢工。

11月9日,"纱委"拟定了罢工条件:1.要求加工资百分之十。2.吃饭要停车一小时。3.不许开除任何一个工人。4.不准拷打任何一个工人。5.反对礼拜日多做钟头。① 次日,大康、公大、裕丰三厂工人亦加入罢工行列,实现了沪东区日本纱厂的总罢工。当时纱价骤涨,日本厂方不得不让步,12日,上海一至六厂、同兴两厂答应增加5%工资。13日,工人复工。

纱委成立后,张维桢到沪西工厂区开展工作,他在丰田纱厂附近举办工人夜校,联系工厂活跃分子朱永康。受沪东罢工影响,沪西日商内外棉第六、八两厂已先后发生局部罢工和怠工。11月15日,沪西日商纱厂工人代表举行秘密会议,决定丰田纱厂新、老二厂于17日同时罢工。日本资方先行下手,会同租界巡捕逮捕丰田老厂工人骨干分子朱永康,丰田全厂工人于17日提前3小时发动罢工。丰田新厂紧随其后。两厂5,000余人罢工,沪西工业区为之震动。工人齐集中山路桥附近,击退前来镇压的公共租界巡捕。当日,内外棉一、二厂工人罢工。

翌日,内外棉五、六、七厂1,000多工人加入罢工。沪西开始形成总罢工的态势。同月19日起,沪西内外棉第十三、十四厂和七厂夜班全体工人,喜和纱厂第一、二、三厂等相继投入罢工。19日晨,沪西内外棉各厂罢工工人代表300多人召开代表大会,提出增加工资十分之二、不得无故开除工人等5项要求。

在沪西罢工浪潮激荡下,沪东已复工的各厂工人,因日本资方拒不实现承诺的条件,再度进行罢工。19日起,沪东同兴二厂,上海二、三厂再次罢工,其他各厂接踵而起。上海全市日商纱厂同盟罢工的形势形成,参加反日大罢工的工人已达4万余人。②

---

① 沈以行、姜沛南、郑庆生主编:《上海工人运动史》(上卷),辽宁人民出版社1991年版,第641页。

② 沈以行、姜沛南、郑庆生主编:《上海工人运动史》(上卷),辽宁人民出版社1991年版,第641—642页。

纱厂罢工前后历时两周,不仅使日本纺织业受到巨大损失,也使其政治上受到打击。日本资本家最后迫于工人的罢工声势,只得求助于上海地方协会会长杜月笙和国民党上海市总工会主席朱学范出面调停。11月24、25日,杜月笙分别与工人代表和日上纺织业公会会长船津辰一郎商谈,除了工人原先提出工资增加10%—20%的要求没有满足外,日方只增加5%,其他条件基本解决。至此,全市日商纱厂大罢工取得重大胜利。这次罢工从经济斗争出发,得到上海社会各界尤其是救国会和学术界的大力支持,他们为罢工工人捐钱、发送食品,沉重地打击了日本资本家。

三、纱厂罢工骨干:苏北女工刘贞(仁娣)

1936年日商纱厂大罢工,首先在沪东拉开序幕,日商上海二厂苏北籍女工刘贞在罢工中发挥了骨干作用。1926年,她7岁时因家乡灾荒随母来上海谋生,在一家被服厂做童工,后到中华书局做订书工,不久又进了闸北一个织布厂的筒子间做工。1932年一·二八战火燃起,他们全家六口逃难到租界杨树浦路留春里租房安身。1933年进永安一厂筒子间做工,由于技术熟练,工资稍高,就产生识字的想法。

刘顺娣在国际化大都市上海饱尝没有文化而遭受的歧视,她认定一个简单道理——"不识字社会上受人欺,被人看不起"。一天,她听说沪东公社门口张贴了上海基督教女青年会"劳动妇女补习夜校"的招生广告,夜校不收学费只收少量的书费,很适合工人就读,于是她报名进了女工夜校。①

1936年,刘仁娣已在夜校学习了3年,在读书期间,她与当时任沪西共青团区委书记胡瑞英结识,并成了好朋友。据胡瑞英回忆:她1935年秋因特务盯梢、在共青团江苏省委组织部长陈国栋安排下转移到沪东工作。

　　(1935)12月21日,我化名李文英设法进了杨树浦平凉路的上海第四日商纱厂,在细纱车间当挡车工。进厂不久,我又到杨树浦女工夜校读书,并结交了许多在日商纱厂做工的女工同学。刘仁娣(刘贞)就是我相识的

---

① 王知津等主编:《巾帼摇篮——上海女青年会女工夜校师生回忆》,上海人民出版社2000年版,第101—102页。

小姐妹之一。我在杨树浦就是住在她的家。陈国栋经常到刘仁娣家来商量布置工作。当时我的任务是在日商纱厂宣传、教育和团结工人群众,开展反日工人运动。"①

胡瑞英住在刘仁娣家里,该处成为共青团江苏省委的一个活动据点。而女工刘仁娣(刘贞)在胡瑞英的感召下,成为这次罢工运动的骨干。

在日商上海四厂工作期间,胡瑞英还发展了史滨初、汪玲珍、张小妹等人入团,并建立了四厂团支部;她发动女工到夜校读书,开展反日教育。1936年11月7日,日商上海四厂日本人殴打中国工人,激起工人愤怒,共青团员史滨初、汪玲珍主动到各车间串联,工人都关车停工,全厂罢工开始。胡瑞英立即赶到杨树浦女工夜校介绍四厂罢工情况,并通知女工同学回到各自的工厂支援四厂罢工。夜校师生都行动起来,声援四厂罢工。

当时,刘仁娣在上海日商二厂做工,她立即去发动日商上海二厂、三厂的工人罢工,因两家工厂相连,三厂供纱,二厂织布。

> 我们抓住要害部位,发动筒子间、纡子间工人罢工,使细纱间没有管筒,织布间没有纡子,无法生产。同时也发动其他车间群众,很快全厂都罢工了。罢工的方法是,约定上夜班的工人不上工。夜校学生任秀堂则与全总执行局日商纱厂工作委员会系统张家麟、席守荣、钟英及"教联"系统的任辉增、周秀芳、周惠芳等一起发动了日商同兴二厂的罢工。他们带领工人集体关车后,冲出厂门。这样,我们三个厂于11月8日晚全体罢工了。在罢工中,由于女青年会劳工部张淑义老师的介绍,我和全总日商纱厂委员会的张家麟进行了接触,并接受了他们的领导与指挥。张淑义老师曾陪着张家麟到我家里,对工人罢工斗争如何取得胜利一起做了认真的研究。②

刘仁娣与共青团江苏省委、纱厂委员会领导人在商量罢工对策、及发动罢工

---

① 王知津等主编:《巾帼摇篮——上海女青年会女工夜校师生回忆》,上海人民出版社2000年版,第335页。

② 王知津等主编:《巾帼摇篮——上海女青年会女工夜校师生回忆》,上海人民出版社2000年版,第329页。

的斗争实践中,视野不断扩大,也增长了不少才干。

> 对是否派代表问题,我们也作了反复的研究。如果派代表,有可能被抓起来,这样会使罢工斗争复杂化。张家麟认为还是不派代表为好……罢工的第二天,沪东地区还有日商大康、公大、裕丰三家日本纱厂尚未行动。我们每天到广德路、临青路及依仁里一带各纱厂门口去观察形势,打听消息,动员工人坚持罢工。

11月10日下午,她受张家麟委派到大康纱厂向工人宣传罢工:

> 我们即奔向大康纱厂,一路上动员上工的工人起来罢工。这时,恰巧英商蜜蜂绒线厂工人放工,我看到女工夜校同学孟红兰(后来由我介绍入党),她即帮我们一同去宣传发动。许多上夜班的工人听了我们的宣传后都不上工,回家了。我们又直冲进大康纱厂第一道门,发动在那里的工人离厂。这时,几个日本人从厂里面走出来,强制在那里的工人进厂,但无人理睬,双方僵持着。我发现形势不妙,就立即动员那里的工人迅速退出厂门。不多时,厂门外警备车、机动车开来了,大批武装护卫和中西探子、日本海军陆战队一起来镇压云集在场外的工人群众。①

公大、裕丰两厂,在张家麟的指挥下也罢工了。这样,沪东地区的日商纱厂实现全部罢工。刘仁娣的聪明才智初步显露。

由于刘仁娣出色的口头表达能力和宣传才干,女青年会随后委派她到金城别墅向"各界救国联合会"呼吁,求得社会各界的支持和帮助。

> 我赶到金城别墅时,沈钧儒、史良、沙千里、王造时、邹韬奋、李公朴和胡子婴(代表章乃器)、张淑义老师都在场。沈钧儒要我介绍日本纱厂工人罢工情况,日本资本家对工人的欺压及这次罢工的要求。我汇报后,请求各界

---

① 王知津等主编:《巾帼摇篮——上海女青年会女工夜校师生回忆》,上海人民出版社2000年版,第330—331页。

第三章　无畏之斗士：中共地下党工作时期的苏北人

支持工人罢工，沈钧儒听后问我，罢工能坚持多久，能不能时间长些。我说工人不做工拿不到工资，罢工时间一长，生活无法维持。沈当即表示，他们一定竭力支持。他要求在座的各位发动各界募捐，以支持工人罢工斗争。他还说，由他们去做民族资本家的工作，请中国纱厂增开班次，将工人转移到中国纱厂做工。①

前文已述，在领导罢工中，"纱委"委派郭光洲、韩念龙负责和救国会沈钧儒、章乃器等社会知名人士联系，做上层民主人士的工作。女工刘仁娣，从基层角度和现身说法动员社会各界人士支援罢工，引起各界人士的同情和支持，是"纱委"统一战线工作的重要补充。

几天后，"救国会"通知基督教女青年会老师到章乃器、胡子婴家里拿救济米票，分发给罢工及被捕的工人。后来，夜校老师还布置刘仁娣至正风中学，向学生宣传日商纱厂工人罢工斗争的情况，争取学生的支持。学生一批又一批前来慰问罢工工人，散发传单，赠送食品，给罢工工人很大的鼓励。

经过1936年日商纱厂大罢工的历练，刘仁娣很快成长起来。她在这次罢工中加入中国共产党。由于资料有限，无法搜集更多的苏北女工素材。《巾帼摇篮》中收录刘仁娣（刘贞）的三篇回忆文章，脉络清晰地反映了她从不识字的难民—童工—夜校学生-革命战士的成长历程。进入女工夜校读书，让她开阔了眼界，接受先进思想，摆脱了愚昧落后意识，正如她所言："女工夜校许多师生都在斗争中经受了考验，得到了锻炼，也充分反映了我们女工夜校教书育人，培养众多革命女工的显著成绩。"女工夜校改变了她的命运，她之后担任中共沪西中国纱厂委员会书记。

刘仁娣因工作出色，1939年11月，受江苏省委委派，作为正式代表赴延安参加党的第七次全国代表大会，当时江苏省委共派出七名代表，分别是：学委代表王明远，店职员代表卢伯明，工人代表张妙根、卢宁、刘仁娣，青浦游击区代表顾炳章（张凡）和苏南游击区代表张云曾，代表中共江苏省委领导的2,300名党员。在延安，她参加了延安整风和中共七大；回沪后发挥了更大

---

① 王知津等主编：《巾帼摇篮——上海女青年会女工夜校师生回忆》，上海人民出版社2000年版，第331页。

作用。

1936年日商纱厂大罢工之所以能够成功,主要是上海中共党、团组织正确地分析形势、采取灵活机动的斗争方式、有力地团结社会进步人士的结果,他们利用基督教女工夜校这个合法机构,派出中共党员、共青团员和进步分子进入学校工作,在教材选择、教学内容和教育方式等方面不失时机地进行爱国主义教育,灌输现代新女性观念,了解世界局势及苏联和中央苏区的发展状况,开阔了眼界,自我意识和政治思想意识获得质的飞跃,使长期受到社会歧视和压迫的苏北工厂女工,思想上获得了大解放。

第三节 20世纪40年代上海革命运动中的苏北人

抗日战争时期,上海工人运动呈现由低潮—复苏—逐步高涨的上升趋势。1937年11月,中共中央派刘晓和刘长胜赴沪恢复和发展党的力量;但处于日本严酷统治环境中,上海各系统党组织和党员的发展遭受巨大阻力,上海地下党制定了"隐蔽精干,长期埋伏,积蓄力量,以待时机"的方针。

上海地下党动员民众的方式,主要以创办夜校或在夜校任教等方式,进行潜移默化地教育,在民族大义感召下唤起工人爱国热情;采取结拜兄弟会、姊妹会等传统方式及各种储蓄会等互助组织,把积极分子团结在党团周围,影响和教育其他群众,共产党的社会基础得到巩固,上海工人运动逐步摆脱30年代被动和沉寂的状态。

在斗争方式上,避免了激进主义政策,苏北工人骨干硬打硬拼的蛮干现象相应地减少了;隐蔽、合法的经济斗争,避免无谓的牺牲,有效地保存并发展了进步力量。

上海地下党历经几年细致的工作,20世纪40年代始,上海工人运动开始复苏,苏北的工厂工人在工人运动中的影响力再次上升。笔者选择上海苏北工人影响较大或最集中的统益纱厂、法商电车、电灯公司和上海第十二棉纺织厂、第二棉纺织厂为研究案例,展示近代苏北人在上海40年代工人运动中所起的作用。囿于籍贯资料匮乏,笔者只能以苏北领袖人物为重点研究对象。

第三章　无畏之斗士：中共地下党工作时期的苏北人

本章亦对20世纪40年代重大政治事件中苏北人进行简要介绍，这些工人知识分子铮铮铁骨，宁折不弯，具有鲜明的苏北人性格特质。

一、棉纺织业工人领袖——汤桂芬、佘敬成

抗战胜利后，国民党接收大员只顾封查敌伪财产、中饱私囊，却忽视恢复生产、给工人活路。尤其是棉纺织业工人失业最高，率先掀起轰轰烈烈的复工斗争。上海纺织业工人中，苏北人比例很高，在失业斗争和改善工作、生活待遇斗争中，苏北籍工人骨干层出不穷。

笔者以沪西纺织业苏北女工汤桂芬和沪东纺织业工人领袖佘敬成为研究、分析对象，展示苏北工人从普通工人成长为工人运动领袖的发展历程。

（一）沪西棉纺织业复工斗争中的苏北女工汤桂芬

沪西区是上海西部的重要工业区，众多工厂主要分布在长寿路上及其附近区域。长寿路东西方向，1900年起由公共租界工部局辟筑，以英国驻沪领事Robison命名为劳勃生路，1943年改名长寿路。它东起苏州河长寿路桥，与昌化路、江宁路、陕西北路、西康路、常德路、胶州路、叶家宅路、安远路、武宁路、武宁南路、万航渡路，及西苏州路、莫干山路、宜昌路、叶家宅路、安远路交叉连接，成网状工业区。

沪西工业区，有日商内外棉各厂和日华各厂等19家纺织厂，英商白礼氏洋烛厂、江苏药水厂、公益纱厂，美商奇异安迪生电器公司、美光火柴厂，德商大华利卫生食料厂，挪威商斯堪脱维亚啤酒厂。华商有溥益纱厂、统益纱厂、阜丰面粉厂、信义铁工厂、福新面粉厂、申新纺织第二厂、申新纺织第九厂、美亚织绸厂、中华印刷厂、汇明电筒厂、永和橡胶厂、华生电器厂、寅丰毛纺织厂等。① 该地区既是轻纺工业集中地，是苏北人最集中的居住区，也是战后沪西工人复工斗争的中心。

1. 战后国民党"接收"企业与沪西纺织工人失业

抗战胜利后，上海民众指望国民党中央政府接收敌伪产业后，有工作、有饭吃，结束在日本侵略者铁蹄下的殖民生活。然而，1945年9月国民党党政军接收大员抵沪后，把接收的工厂仓库视为私产，白天门前贴封条，夜晚从后门把物资机器偷运走，"偏远处甚至漏列仓库名目，即使勉强启封又多不肯移交，点查

---

① 吴汉民：《上海360度》，上海古籍出版社2003年版，第256页。

苏北人与上海革命运动(1921—1949)

仓库,竟有未附账册"①,有时竟出现党政军几十个各不相属的接收机关接收同一产业的乱糟糟场景。接收大员中饱私囊、横行霸道、明抢暗夺的丑恶行径,引起民众极大反感。

据上海区敌伪产业处理局报告,至1946年,被接收的工厂"经济部接收者计329厂",②为数众多。然而,这些被接收的工厂和民营企业的开工率极低。据社会部、市商会及其他有关机关统计,从敌商纺织厂接收约140万纱锭中,只开了25万锭,约占1/6强;布机2万台,只开0.53万台,只占1/4多;民营纱厂约有130余万纱锭,只有30万运转,开工率不足1/4;染织业570家,开工者不足百家;17家面粉厂,仅6家开工;橡胶厂30余家,开工20余家;100余家机器厂,仅有5家开工,复工仅占5%。③ 上海至少有1/4以上人口卷入失业和半失业之中。

上述产业中,工人数量众多的纺织业失业形势最严峻。上海失业工人要求复工的斗争日渐高涨。率先开展复工斗争的是沪西失业工人。

沪西复工斗争是占领信义铁工厂后开展。该厂位于莫干山路,是投靠日本的汉奸所开,上海工人委员计划将信义铁工厂作据点,为迎接新四军接管上海的大本营。1945年8月23日清晨,沪西各厂工人在中共地下党员组织下占领铁工厂,聚集待命,傍晚却接到中共中央因形势变化要求紧急中止武装起义的指示,工人地下军迅速撤出。国民党宪兵把21名工人代表和活跃分子抓走。部分工人群众追随警车至普陀区警局抗议至深夜,相约翌日在玉佛寺集中。但寺周围布满铁丝网和军警。工人领袖把工人带到浜北平民村,掀起声势浩大的复工运动,平民村成为沪西工人活动中心。苏北籍女工汤桂芬是领导这场历时一年多复工斗争的优秀指挥员之一。

2.汤桂芬领导沪西纺织业之复工斗争

汤桂芬是基督教女青年会三和里女工夜校培养的学员,经过地下党的长期栽培和实践锻炼,她逐步由一个封建宿命论意识浓厚的贫穷女工成长为卓越的

---

① 《各仓库弊端百出》,《申报》1945年11月29日。
② 《上海区敌伪产业处理局处理概况》,《上海市年鉴》1946年,第26页。被接收的工厂数说法颇多,国民政府苏浙皖区敌伪产业处理局反映,经济部接收的工厂是480家;《新闻报》4月11日报道,共626家。
③ 德霖:《我怎样在接收工厂》,《时代学生》第1卷第2期,1945年11月1日。

第三章 无畏之斗士：中共地下党工作时期的苏北人

工人运动领袖。

汤桂芬1918年生于沪西工人家庭，江苏扬州人。父汤志忠在日商内外棉四厂做打包工时，参加过上海工人武装纠察队，被开除，后以编织草绳维持家计。母亲林金秀，曾是纱厂工人，生下长女汤桂芬后即失业。汤桂芬9岁时因家贫被迫辍学，挑起家庭重担，先后在内外棉五厂、十四厂、统益纱厂、永安三厂、大康纱厂、同兴军服厂做工。

汤桂芬年龄虽不大，但在之前工作中已显示她丰富的经验和才干。1939年12月，她在永安三厂第一次参加了中共地下党领导的为争取年奖的罢工，斗争持续三天两夜。事后，她因表现突出，被资方以"聚众闹事"为由开除。

不久，她再次进入统益纱厂，在布机间当验布工，进入三和里女工夜校读书，其思想认识水平和各项能力得到很大提升。她亦是女工夜校文娱活动积极分子，经常与夜校同学到工厂演抗日救国文艺节目，到中学演讲。她还参加了地下党组织的"八·一三姐妹会"。她待人热情诚恳，爱帮助人，又在姐妹中排行第一，工友们亲切地称她为"汤姐姐"。[①]

1940年10月，统益纱厂党支部正式吸收汤桂芬加入中国共产党。次年7月，汤桂芬由支部委员改任支部书记。1941年底，日军侵占上海租界，统益纱厂关闭。

1944年初，汤桂芬按照党组织指示考入位于江宁路的同兴军服厂，担任地下党支部书记。[②] 该厂由日军直接控制，管制严厉，时常扣发工资、冬天只给一碗热水，工人过着牛马不如的生活。汤桂芬智慧地采用"无头斗争"方法，让可以自由走动的扫地工和机修工担任宣传和联络工作，全厂3,000多工人同时罢工，而资方却找不到罢工的组织者。这次行动迫使资方同意工人提出的发工资、保证开水供应的要求。她的才能得到本厂工人的认可和称赞，她在工人中的威信更高了。

从汤桂芬的经历可知，至抗战胜利后的复工斗争，她已成长为有一定指挥才干的工人运动骨干和党的基层组织领导人，为她有条不紊地领导复工斗争、取得胜利奠定了基础。

[①] 王知津等主编：《巾帼摇篮——上海女青年会女工夜校师生回忆》，上海人民出版社2000年版，第491—492页。

[②] 张义渔主编：《上海英烈传》(9)，百家出版社1997年版，第188页。

工人到达中山北路、朱家湾附近的平民村①，进行失业登记，短短几天，先后有 5 万多失业工人登记，纺织业和机器业工人最多。汤桂芬、汪景桃（汪毅）、张培兴、顾亮等党员，组织工人成立沪西失业工人联合会（简称"联合会"），每厂分片分组设 4 名联络员，2 名常驻平民村，2 名在厂里，形成环环相扣的群众组织网络。

"联合会"开展了声势浩大的复工斗争。首先营救被捕的 21 名工人。"联合会"派出工人代表与国民党市政府、总工会、宪兵队、警察局等各方交涉，特别对总工会常务理事周学湘施加压力，迫使他出面向警察局要求放人。一星期后，普陀警察局不得不释放全部被捕工人。

"联合会"在平民村召开了万人群众大会，被捕工人代表控诉警察局对工人的严刑拷打和人身侮辱。"联合会"号召失业工人进一步团结起来，争取救济和复工。

以汤桂芬为领导的"联合会"不但组织工作做得好，选派工人代表为复工之事到处奔走，争取社会舆论支持，且善于利用一切可用的时机宣传工人复工的愿望。

1945 年 9 月 17 日，国民党上海市总工会整理委员会通知平民村"联合会"派 200 人于 19 日到外滩，欢迎美国第七舰队司令及率领的四艘军舰访问上海。针对当局一直对复工要求置之不理，"联合会"决定将计就计，组织一次要求复工的示威。

"联合会"在平民村组织一支 2,000 多人的队伍如约前往。当美国人到达欢迎现场时，队伍突然打出"我们要复工，我们要吃饭"的横幅，并高呼口号，令国民党上海市总工会负责人周学湘、范才骙、章祝三等人狼狈不堪。次日，国民党上海市总工会以谈判复工为名，逮捕、迫害 15 名谈判代表。7 名女代表中有 5 名是基督教女工夜校学生。

为了营救工人代表，继续争取复工，沪西失业工人于 1945 年 9 月 20 日、23

---

① 平民村，地处沪西工人和苏北人聚集区附近，原是市郊较大的村庄，"八一三"抗战中，大部分房屋被毁，只剩下几间空着的平房和平民小学校舍，曾经有一部分汪伪保卫团驻扎在那里。日本投降后，保卫团逃散，大陆铁厂和同兴被服厂工人曾去那里大操场开过会，是个既利于工人集会，有不太被人注意的好地方。载沈以行等：《上海工人运动史》（下卷），辽宁人民出版社 1991 年版，第 343—344 页。

日连续组织万人参加的请愿、游行,先后包围国民党市党部和市总工会,要求复工和救济,得到各界人士的同情和支持。汤桂芬再找周学湘和章祝三交涉,被捕代表终被释放。① 失业工人的复工斗争和社会舆论的巨大压力,迫使国民党当局不得不正视工厂的开工和工人的复工,遂于1945年10月逐步恢复工厂生产。沪西纱厂率先复工,机器业民营小厂相继复工,官僚资本的大厂稍后渐次开工。

汤桂芬还指导统益纱厂的复工谈判,11月复工,她第三次进入该厂工作。12月,她重建统益纱厂党支部,任党支部书记。上海市工人委员会鉴于汤桂芬在复工斗争中的出色表现,任命她兼任统益、申九、永安三厂等9个民营纱厂地下党联合支部书记。②

汤桂芬通过复工斗争的历练,从工厂党支部书记发展为领导沪西工人复工斗争的指挥者,她的社会影响力扩大,领导能力进一步提高。

(二)佘敬成斗争日本大班,改善工人待遇

抗战中和抗战胜利后,沪东大康纱厂(1946年1月16日中国纺织建设公司接管了大康纱厂,改名为"中国纺织建设公司上海第十二棉纺织厂")苏北籍工人佘敬成领导的地下党支部和工会,成为中共上海地下工作委员会倚重的重要力量。

佘敬成与汤桂芬一样,系第二代上海苏北籍工人,江都邵伯人。1924年在大康公学读书。1929年因父亲失业而辍学入日商大康纱厂做工。他有正义感,1936年春参加抗议梅世钧惨案的罢工,同年11月参加全市日商纱厂反日大罢工。嗣后,他在中地下党组织开办的佘日章小学担任义务珠算老师。1938年经中共党员同事席守荣介绍,加入中国共产党。同年8月,担任重建后的大康纱厂党支部书记,仅有党员3人。

1940年,佘以车间副领班身份,向厂方建议开办工人夜校。他借鉴佘日章小学的办学经验,扩大招生;又组织了各种兄弟会、姐妹会、读书会、互助会,团结了大批工人。抗战胜利前夕,党支部已拥有党员52人,成为沪东地区党员最多、战斗力最强的基层党组织。③

---

① 王知津等主编:《巾帼摇篮——上海女青年会女工夜校师生回忆》,上海人民出版社2000年版,第494页。
② 张义渔主编:《上海英烈传》(9),百家出版社1997年版,第192页。
③ 《上海市第十二棉纺织厂工人运动史》,中共党史出版社1994年版,第293页。

苏北人与上海革命运动(1921—1949)

1945年8月日本投降,15日,上海各日本工厂几乎全部贴出布告,宣布停工数日或停办,遣散全部工人。各工厂地下党为了工人的生活,要求日方支付生活费。整个斗争历时2个多月,其中最具代表性、斗争最激烈的是沪东区各日本纱厂,其中又首推佘敬成领导的日商大康纱厂。

大康纱厂由于党组织健全、力量大,1945年8月19日,率先成立工会筹备会,佘任筹备会主任。大康纱厂工会的成立,得到上级党组织的肯定和重视,中共上海地下工作委员会委员陈公琪对大康党支部作出指示:1.协助附近工厂组织工会,便于统一行动。2.为利于复工,将"解散费"改称为"生活维持费"。①

中共大康党支部以工会名义协助裕丰纱厂、公大纱厂、B.B绒线厂、中国毛绒厂、中国版纸厂、胜利唱片公司等单位成立了工会筹备会,大康纱厂工会将自己的办公室让出一部分,借给毛绒厂和纸板厂工会办公。中共上海地下组织把大康纱厂工会作为开展各项斗争的基地,各厂工人也把大康工会作为"领头羊",为战后上海工人运动的蓬勃兴起打下了组织基础和群众基础。

沪东各厂工会成立后,改变了各自为政的分散局面。日商工厂不断延迟开工日期,最初争取到的食物难以维持生计。大康工会筹备会又向厂方提出发给每个工人6个月工资的生活维持费。但日本厂主却以日本已投降、没有权利为由拖延谈判,几经斗争,日厂主先后2次发给工人有限生活费。

但生活维持费很快用完,工厂仍无开工消息,工人生活复陷入窘境。工人希望厂方要么开工,要么发放生活费,希望工会能采取强硬措施迫使日方表态。

大康纱厂工会成员一筹莫展之际,他们从沪西内外棉厂工人1945年9月通过扣押总大班迫使日方与工人谈判中得到启示。9月25日,沪东各纱厂工会举行联合行动,强令各厂大班到裕丰纱厂谈判生活维持费问题。当日下午,日本人提出到日本人的虹口俱乐部商谈,继续借口战败国对工人的要求没有办法。工人决定采取行动。

10月1日,大康纱厂工人首先将日本总大班黑田从汽车里拖了出来,押送到设在大康纱厂工房内的工会办公室,派工人纠察队严加看管。国民党格兰路

---

① 《上海市第十二棉纺织厂工人运动史》,中共党史出版社1994年版,第112页。

第三章 无畏之斗士：中共地下党工作时期的苏北人

警察局立即出动警车到大康纱厂，准备强行将日本大班带走。警车被工人团团围住，双方僵持至日暮，工人趁警察不备，冲上警车拖出日本大班，重新拖进工房，然后紧闭大门，做好夜间防守工作，把用以健身的木棍、铁棒、梭枪、叉子做武器，又收集了石块、砖瓦、坏灯泡、破碗杯和武田药厂存放在厂里的24发燃烧弹，警察来了三次皆不敢贸然冲厂。①

大康纱厂工会连夜组织刻蜡纸、印通知，号召沪东纱厂联合行动。次日，沪东同兴、公大、上海一、二、三、四、五厂、恒丰、申新、永安和中国毛绒厂等12家棉、毛、丝纺织厂捉了6个日本大班，连同大康纱厂"7名捕至海州路大康工会羁押"②。沪东各厂工人络绎不绝地前来大康纱厂保护工会，高峰时达3,000人之多，坚持了3天3夜。

沪东工人联合捉日本大班的行动在全市引起轰动，国民党第三方面军不得不派代表出面调解，大康纱厂派工会负责人佘敬成出席谈判。

最后，根据国民党上海市政府9月29日议定的工厂复工及发放遣送维持费的办法③，由第三方面军仲裁达成3条决定：8月17日、20日所发的米、布，作为日方欠发的工资；9月10日所发的130万元中储券作为3个月的工资和生活维持费的一部分，不足之数由日方补足。④

根据决定，日商纱厂工人每人补发中储券185万元，连同8月30日拿到的116万元，共计301万元，相当于工人3个月工资，基本达到维持生计的目的。佘敬成领导的日商纱厂工人争取生活费斗争取得了胜利。

在争取生活维持费的斗争中，沪东各棉纺厂已形成了地区性产业工会组织。10月，"沪东棉纺印染联合工会筹备会"成立，佘敬成当选为常务理事。1945年12月23日，大康纱厂工会正式成立，工人选出佘敬成等15名代表，其中，中共党员10个，4个积极分子，1个中间分子，佘敬成继续当选为会长。工会正式成

---

① 沈以行等：《上海工人运动史》（下卷），辽宁人民出版社1991年版，第314页。
② 上海市档案局藏：Q6—8—353。
③ 一、停闭工厂发遣散维持费3个月；二、必须维持的工厂，停工期内照发原有薪金；三、未接收的日厂遣散维持费由日方出资，已接收的由主管机关负责；四、遣散维持费由厂方发放，由市府汇同社会部、财政部经济代表监督；五、凡已领得遣散维持费的不得再行要求；六、已接收工人尽速复工；七、日厂未停顿的不得停工。《国民党中央社1945年9月29日电》，《新华日报》1945年10月1日。
④ 沈以行等：《上海工人运动史》（下卷），辽宁人民出版社1991年版，第315—316页。

立后,征收会费,恢复工人业余夜校,在厂对面杨树浦路上的"康阳庄"(原日本职员医院)建立了大康工人俱乐部,作为工人福利事业之一。① 切实维护职工权益。

解放战争时期的沪东工人运动中,佘敬成领导的大康纱厂地下党支部和工会起了关键作用,无论是捉日本大班争取工人生活费的斗争、工人复工、争取年奖改善工人待遇、组织六二三反内战大游行的民主运动,还是为争取工会领导权、不惜与国民党特务拼死相斗被捕入狱,他不仅出谋划策、精心组织,还不顾个人安危,置生死度外,身上带着浓厚的苏北人敢想敢拼的气质。

首先,他是沪东棉纺织业工人争取权益的主心骨。抗战胜利伊始,他率先成立工会组织,代表工会向日本厂方提出派工人纠察队到厂站岗、值班,由厂方提供伙食,有效防止日方转移物资,保护工厂不受损失。② 在争取生活费期间,他制定策略,率领大康纱厂工会和其他厂工会扣留日本大班,工人获胜。

其次,他履行了中共党员的职责,是工人利益的代言人。他领导的党组织和工会处处维护工人权益。如在复工工作中,大康纱厂工会代表工人坚决反对厂方不合理甚至歧视性的用工制度。国民党经济部接管工厂后,要求老工人一律重新登记,甄别、考试后方能录用;年龄超过25岁和小于18岁的不要,没有文化的不要,身体太胖或太瘦的不要,小脚和半梳发髻的不要,手脚慢的不要,面孔不漂亮的不要等等。大康工会旗帜鲜明地反对,主张凡是抗战时期在厂工作过的工人一律无条件复工。经过多次谈判,厂方不得不同意工会的意见,采用分批抽签逐步复工。③ 经济部荒唐的复工规定被佘敬成领导的工会推翻了。

最后,佘敬成身上折射着苏北人敢冲敢斗的性格特质。佘敬成有文化知识,又长期在艰苦环境下开展地下工作,在团结、影响、教育工人群众和发展党员等方面累积了丰富的经验,群众基础厚。

抗战胜利后,国民党上海市党部和社会局成立了"上海市工运党团指导委员会",1946年6月另行成立"上海工人福利委员会"(简称"工福会")作为工运

---

① 《上海市第十二棉纺织厂工人运动史》,中共党史出版社1994年版,第133页。
② 《上海市第十二棉纺织厂工人运动史》,中共党史出版社1994年版,第111页。
③ 《上海市第十二棉纺织厂工人运动史》,中共党史出版社1994年版,第127—128页。

党团委员会对外公开组织,由陆京士、叶定、范才骙、梁永章等负责。与此同时,国民党中统组织也扩充势力向各基层单位渗透,与同福会的人抢夺地盘。

范才骙一直视影响较大的中纺十二厂为自己的势力范围,一方面不得不承认十二厂工会的合法地位,但对工会理监事不信任,又不得不拉拢和利用,对抗中统势力在十二厂的扩张。国民党内的派系斗争错综复杂,既给中国共产党及其工会的发展提供了空间,也增加了难度。佘敬成小心谨慎地处理着各种关系,但在紧急情形中难免冲动。

1947年4月4日,十二厂中统分子行凶毒打工会积极分子,佘为营救被打伤倒地的工会成员,挺身而出,不顾个人安危,拿出工福会发给的手枪,两名中统分子在混战中中弹身亡。佘被捕后,沪东纺织工人纷纷声援,几千人签名要求放人,工会也不断地给工福会范才骙施加压力。法院审讯当天,沪东工人2,000多人到法院门外声援。迫于社会各界的舆论,国民党中统分子想置佘于死地,并进而篡夺厂工会领导权的企图未能实现。①

(三)棉纺织业争取改善生活待遇的苏北工人领袖

汤桂芬、佘敬成热心为本厂职工争权益,他们被推到重要位置;作为工人代表,积极维护全市职工的正当权益。苏北人的豪爽、正直、敢于斗争的气魄让工人敬佩,他们成了工人信赖的代表者。

1. 汤桂芬与统益纱厂改善生活待遇的斗争

复工斗争结束后,统益纱厂的国民党分子为了控制该厂工人运动,借故解雇2名女工积极分子和1名三区(沪西)棉纺工会整理委员会委员(复工斗争中的骨干),汤桂芬利用年关将近、物价飞涨之机,带领工人开展反对开除工人代表、争取照发年奖的斗争。

1946年1月14日,汤桂芬率所在车间首先罢工,由于她在工厂里威信高,有感召力,所以,各车间也很快随之关车,实现全厂大罢工。全面罢工开始后,汤桂芬有条不紊地指挥着:全厂随即选出200多个小组召集人,成了巡逻队、宣传队,设立两道防线,数千人列队整齐、秩序井然。

24日,汤桂芬等工人代表,再次与资方谈判,未果;她组织工人又罢工24小时。随着中纺各厂和民营棉纺厂先后解决年奖问题,统益纱厂也得以按40、50、

---

① 《上海市第十二棉纺织厂工人运动史》,中共党史出版社1994年版,第189—205页。

60 元三等分发年奖,另有阴丹士林布 1.5 丈、特别奖 1 万元,被开除的工人代表得以复工。①

在汤桂芬领导下的统益纱厂争取年奖斗争,是上海市工委领导的全市纺织业工人争取年奖斗争的重要组成部分,作为沪西民营 9 个纱厂的联合支部书记和三区(沪西)棉纺业工会筹备会理事,她肩负的任务越来越重。相应地,她在上海工人运动中的影响越来越大,发挥的作用也越发重要。

2. 全市棉纺织业工人争取"十八条"的斗争

所谓"十八条",是 1946 年 2 月上海棉纺织业工人通过斗争,与资方签订的获得生活待遇改善的协议,共十八个条款。在这场波及全市棉纺织业的斗争中,汤桂芬成为沪西、沪东纺织工人领袖,代表全市棉纺织业工人与资方斗智斗勇、进行了艰苦卓绝的谈判。

上海棉纺织业分为国营和民营。国营指国民党在抗战后接管的原日商几十家大型棉纺织、毛纺织、印染厂等厂家。1946 年 1 月 17 日成立中国纺织建设公司(简称"中纺公司")。民营纺织业由民族资本家经营,其中规模较大的为申新系统、永安系统、统益、达丰、寅丰等厂。

复工斗争取得胜利后,上海各工厂逐步开工。纺织业的开工厂家居复工厂家之首,各种纺织品生产和销售与日俱增,"布匹市上待购甚急"②等消息经常见诸报上。纺织业原料价格便宜,成本低,资方获利丰厚。有人称该时期为上海纺织业发展的"黄金时期"。

但棉纺织业工人工资没有增加,大多数棉纺厂的生活福利设施与日伪统治时一样:厂内没有工人食堂,只有一个水槽,晚上男工在里面洗澡,白天男、女工人在里面泡饭;没有医务室,生老病死无保障;每天工作 12 小时;厂方依然沿袭"女工怀孕、生小孩一律开除"的旧规定。另一方面,物价不断攀升。自 1945 年 10 月起,物价开始上升。物价指数 1945 年 9 月份为 444 倍,至 1946 年 4 月,飙升至 2694 倍。③ 物价以几何式速度几倍、十几倍地涨,已经复工的在业工人已感入不敷出,无法维持生活,更遑论失业和半失业工人。

工人群众强烈要求改善生活待遇,又一场全市范围的经济斗争高潮爆发了。

---

① 张义渔主编:《上海英烈传》(9),百家出版社 1997 年版,第 193 页。
② 《申报》1945 年 12 月 26 日。
③ 沈以行等:《上海工人运动史》(下卷),辽宁人民出版社 1991 年版,第 391—392 页。

第三章 无畏之斗士：中共地下党工作时期的苏北人

这次斗争显示汤桂芬非凡的领导能力和胆略，她作为主要代表多次与资方谈判，并组织、策划、领导全市工人罢工。

此次斗争因民营纱厂1946年的春节年奖而起。按照惯例，民营纱厂年关会发一些年赏，但资方同业公会却以回报政府为由不发，影响到工人的生活。如统益纱厂的个别工人家里几顿断粮，一个女工受刺激自杀。统益、新生、崇信、鸿章、新裕等十多个民营纱厂先后发生工潮，工人同厂方警察发生冲突。汤桂芬迅速召集三区棉纺织委员会负责人召开各厂工会负责人会议，统一工人要求，并满足工人需求。①

沪西的年奖要求也波及四区（沪东）各棉纺织厂和中纺各厂，沪东区棉纺织业工会负责人佘敬成，召集中纺公司和民营厂工会代表会议，决定向中纺公司和同业公会交涉，满足工人发放年奖、实行8小时工作制、增加底薪等要求。中共上海工人运动委员会指示，沪西、沪东要加强联系。

1946年1月24日，劳资双方谈判开始，资方为中纺公司代表，劳方代表为沪西的汤桂芬、沪东的佘敬成等十余人，国民党市党部、社会局、上海市总工会等单位也派代表出席。资方认为工人要求太高，第一次谈判失败。全市工人在工会领导下突然全体罢工。

罢工后，工人并不离场，而是各守岗位，秩序井然，让资方措手不及。中纺公司考虑到损失甚重而被迫让步。25日谈判继续，全体工人继续停工。当日，经劳资双方再次交涉和有关方面调解，最后达成每人发阴丹士林布一丈五尺，年奖照A、B、C三等级分发，另加特别奖1万元。布和特别奖不限服务长短，一律照发。劳方认为满意，由工会通知各厂，当天全体复工。

中纺厂问题解决，没涉及民营厂。为此，以汤桂芬为首的沪西棉纺织工会1月28日致函国民党社会局，要求迅速解决民营厂年奖问题，否则继续罢工。在社会局和上海市总工会的干预下，同业公会不得不答应民营纱厂职工享受中纺公司给予员工的年奖待遇。罢工于1月30日全部结束。棉纺织业工人通过一致行动获得了应得的利益。

年奖问题解决了，而涉及职工长远利益的福利却没有达成协议。随着春节过去，各纺织工人纷纷提出要求，改变多年来的种种非人待遇。中共上海工委把

---

① 沈以行等：《上海工人运动史》（下卷），辽宁人民出版社1991年版，第409页。

工人提出的要求整理归纳为 21 条,如依照物价指数追加工资;调整底薪;女工产假 56 天;工作时间改为 10 小时等,通过沪西、沪东两区的棉纺业工会,公推威望高、能力强、思维缜密的工人代表汤桂芬、佘敬成等 30 余人,向民营企业的棉纺同业公会和中纺公司提出要求,但均遭拒绝。

工人代表并不气馁,在其后的多次谈判中,汤桂芬等人与资方斗智斗勇,采取机动灵活的方式,迫使资方接受工人的合理要求。

2 月 15 日,社会局主持第二次谈判,资方仍不答应工人的要求。翌日,沪西的申新二厂,统益纱厂,鸿章纱厂,新裕一、二厂,信和纱厂,永安三厂和沪东中纺公司所属各厂近万名工人率先罢工,社会局匆忙召集劳资双方谈判,但资方缺席。17 日,沪西区中纺一、二、五、六、七厂几千名工人怠工。

19 日和 20 日谈判无果。沪西、沪东棉纺业工会为表抗议,一致决定总罢工。当夜,沪西的中纺一、二厂,中纺一毛,信和纱厂等厂和沪东的永安一厂先后罢工。中纺公司见状,答应再行谈判。

21 日,劳资双方再次赴社会局谈判,但在增加底薪问题上双方各持己见,直到晚上相持不下,谈判又一次破裂。

汤桂芬、佘敬成当机立断提出,到上海市总工会沪西办事处主任章祝三家里开会,利用合法手段争取章祝三、范才骁的支持。汤桂芬、佘敬成等代表在会上提出,如果明天谈判再无结果,全市纺织业工人将举行总罢工 2 小时。不等章、范同意,汤桂芬、佘敬成马上布置工作:部分工人代表明天仍去社会局谈判,部分人留在沪西区棉纺织业工会办公室;沪东各厂和毛麻印染厂分块组织起来。各厂以电话联络,同时行动。

2 月 22 日上午,资方非常不情愿地到社会局谈判,工人代表表示,谈判如无结果,只好举行罢工。民营厂资方代表表示答应工人的要求,但中纺公司代表仍顽固地不答应。谈判代表当即向沪西、沪东区联络员递个眼色,两人马上通知两个区的棉纺业工会,按计划中午 12 时全部关车,下午 2 点准时开车。

中午 12 时,三区和四区工会一声令下,全市 47 家纺织厂、13 万工人同时关车,宣布总罢工 2 小时,2 小时后又准点一起开车。这个统一行动,给中纺公司和棉纺业同业公会以很大的压力,他们马上表示答应工人的要求,但要工人先开工,细则以后再谈。汤桂芬等代表经过几个回合谈判,认清资方的狡猾面目,坚持要资方先答应条件再开工,还说,如果问题再不解决,工人要不信任我们了,我们要被他们"打了",你们还是把我们关起来吧。①

资方不得不于 25 日与工会代表谈判,达成了 17 条协议,其中包括:每日工资底薪不低于 0.85 元,按生活费指数计薪,星期天工资照发,每日工作 10 小时,女工产假 2 个星期工资照发,厂方承认工会合法地位等。28 日签约时,中纺公司突然要求增加"劳方保证今后非经合法程序不得再有罢工怠工之行为,罢工怠工无论局部或全部,一律不给工资"的条文。由于多数厂的工人代表对 17 条协议基本满意,同意 18 条协议。

这场棉纺织业工人为提高工作和生活待遇的斗争,是上海纺织工人有史以来获得的最大一次生活改善。此后,各业工人纷纷效仿,签订了一系列维护工人利益的劳动条款。汤桂芬在上海工人中崭露头角,声名远扬,成为上海市工人运动领袖。

汤桂芬从一名充满封建迷信思想的苏北女工成长为工人运动领袖,是以下几个因素共同促进的结果:

第一,基督教青年会三和里女工夜校的培养和教育。1939 年汤桂芬初入夜校,受当时广泛流行的"宿命论"影响,认为自己和家人穷,是命不好,需"吃素修行"才能来世交好运。在夜校党员老师的教育启蒙下,意识到不合理的社会制度是工人受苦的根源。

第二,她身上具有苏北人的爽气、待人热情,广交朋友,深得工人的信任和喜爱。比如,1941 年统益纱厂关闭,她前往沪东大康纱厂开展工作。她搬到简陋的工房里,与穷姐妹挤在一起。她技术娴熟,在工人中有威信;心灵手巧、擅长编织毛衣、会裁剪缝纫,这些成为她走家串户为工友服务的拿手绝活。她像冬天里的一盆火,走到哪里把温暖带到哪里:发现有人揭不开锅,她送上步行节省下来的车费送上,发动职工开展互助;有人家务忙不过来,她不怕脏、累,帮工友倒马桶、扫地、做饭。苏北人身上的豪爽在她身上表现得一览无余。② 她一步步成长为所在工厂工人——沪西纺织工人——上海市工人的利益代表。

第三,她有文化,工作泼辣大胆,足智多谋。汤桂芬从小接受过文化教育,

---

① 沈以行等:《上海工人运动史》(下卷),辽宁人民出版社 1991 年版,第 418 页。
② 张义渔主编:《上海英烈传》(9),百家出版社 1997 年版,第 189 页。

并非文盲,她进入女工夜校后接受能力强,进步较快;她从小吃苦受累,对夜校党员老师讲解的道理有很强的认同感,很快成为积极分子;她工作大胆,不忸怩作态,且多才多艺,在文艺表演中经常扮演父亲等男性角色,比如演唱《松花江上》、在《失业的痛苦》剧中饰演父亲,在反映物价飞涨的戏中扮演唯利是图的米店老板等等,这对当时的女子来说需要相当的勇气[1];汤桂芬因有文化,领导工人罢工中不会冲动,能够掌控全局,随机应变,做事果断,影响范围越来越广。

1946年2月纺织工人改善待遇的罢工斗争取得重大胜利后,汤桂芬又根据上级党组织的指示着手在统益纱厂建立民主工会。罢工胜利后,她带领党支部成员按照"十八条"协议的有关规定,公开筹建新工会。在选举过程中,她亲自到各车间、小组去做工作,动员群众选出敢为群众谋利益的积极分子担任工会小组长、工会理、监事,全厂共选出142名工会小组长。1946年3月25日,统益纱厂召开工会成立大会,汤桂芬以141票当选为厂工会理事长,4名党支部委员分别当选为理、监事。[2]

新工会成立后,被工人称为"民主工会"。那些生孩子享受56天产假的女工,为了感谢汤桂芬,让家属把一篮篮红蛋送往工会。汤桂芬以工会身份与资方交涉,促使厂里先后办起理发室、浴室、蒸饭间等。为了帮助工人学文化,工会还请了三和里实验民校3位教师(中共党员)来厂夜校任教。[3]

汤桂芬在斗争实践中脱颖而出,成为上海工人运动领袖。她不久当选为沪西三区纺纱厂工会理事长。

1946年初,中共上海工委向党中央上报参加国民大会竞选名单,决定推出汤桂芬(纺织)、朱俊欣(法电)、马小弟(机器)3人参加竞选。其中,汤桂芬和朱俊欣是苏北人。在正式选举中,国民党上海市总工会百般阻挠,由于汤桂芬在工人中享有很高的威望,4月28日她最终以多数票当选为工界正式参议员。

---

[1] 王知津等:《巾帼英雄——上海女青年会女工夜校师生回忆》,上海人民出版社2000年版,第492页。

[2] 张义渔主编:《上海英烈传》(9),百家出版社1997年版,第194页。

[3] 王知津等:《巾帼英雄——上海女青年会女工夜校师生回忆》,上海人民出版社2000年版,第493页。

二、上海法商电车电灯自来水公司(法电)工人运动中的苏北人

抗战胜利后,继沪西纺织业,沪东机器业组织工会争取就业和提高待遇进行斗争①,上海公用企业掀起了此起彼伏的反抗资方剥削的罢工斗争和反国民党统治的民主运动,苏北籍工人在其中起着中流砥柱或领导作用。

近代上海六大公用事业单位中,法电工人运动比较复杂、发展颇为曲折,能够全面、细致、真实地反映苏北工人在工运中所起的作用。这里以上海法电工人运动中的苏北人为重点研究对象。

(一)近代上海外商公用事业及苏北职工分布

近代上海作为最早的通商口岸之一,最先受到西方英、法、美诸国列强的政权侵夺和经济盘剥。它们依靠本国强大的实力、武力,加之欺骗等手段,于1845、1848、1849年,相继在上海建立英租界、美租界、法租界,不断巧取豪夺,成为近代中国面积最大、历时最久、管理机构最庞大的"国中之国"。

1863年9月,英、美租界合并为公共租界。公共租界和法租界设立了殖民统治机关工部局和公董局,总揽租界军、政、警、财权力。工部局、公董局存在期间,为了给租界内西人社会创造和提供高质量的居住和生活环境,运用西方科学技术和管理方法,加强城市公共设施和市政基础设施建设,20世纪30年代相继形成上海六大公用事业企业,分别是美商电力公司(简称上电)和美商电话公司、法商电车电灯自来水公司(简称法电)、英商电车公司(简称英电)、煤气公司(简称上煤)。这些外商企业垄断了全市的公用事业,影响很大。

从上述六大公用事业的工厂史资料看,上海法电和英电苏北籍工人最多、最集中,占工人总数1/3强,其他企业中也有苏北人,但上海本地人、浙江宁波人和苏南人更多,有一定的专门技术要求,工资待遇较高。

六大公用事业的经营者皆是外商,各企业在管理制度、工资待遇上有许多共性,中国工人所受盘剥最重、地位和工资待遇最低。如上海法电全部是男性,对中国职员和工人推行严格的民族歧视政策:最高级管理人员是法国人,其次是外籍的葡萄牙人和俄国人,最低一级是中国人。外籍职工仅占全公司职工总数的5%,而其工资总额占全公司工资总额的一半。上海法电大班一人在1950年月

---

① 《上海英烈传》(9),百家出版社1997年版,第188—189页。

薪高达9,500多折实单位,相当于一个中国工人5年工资的总和。① 其他五大外商公用事业企业亦如此。

外商的民族歧视政策激起中国工人对外国资本家的愤懑,工人的民族意识高涨,双方经常发生冲突。斗争意识强的苏北工人在40年代外商公用事业的罢工中发挥着领导作用,苏北工人周国强和朱俊欣是法电工人领袖。

20世纪40年代,外商公用事业工人斗争的矛头不但对准外国资本家,也抵抗国民党政府的种种倒行逆施。上海苏北工人在反外国资本家和反国民党斗争中,做出了重大贡献。

(二)上海法电职工中的苏北人

上海法电是上海法租界公用事业的托拉斯,1906年成立。总事务所设于巴黎,在上海设立营业办事处,经营法租界及越界筑路区所有道路的电车事业和电灯及电力输送事业,有交通、电灯和自来水三项业务,由总管理处统一管辖,其下分两个部门,车务部和机务部,两部门之下再分设若干车间与部门。

法电最高负责人为大班和二班(即正副经理),其次是车、机二部的正副主管,再次为各车间的主管。法电在中国职工中推行分化政策,给予管理处的高级职员、车务部稽查、司机头目和卖票头目及机务部工头(领班)较优厚待遇,授予他们分派工作、批准请假、招收新工人等权力,利用他们监视和管理一般职工。法电职工中,地位较高的职员约占总人数的20%弱,机务部工人约占20%强,车务部工人约占总数的60%。②

车务部专营交通,包括管理处、票箱间及电车、公共汽车各线路。职员有稽查、查票、写票,这些人在英商电车公司是工人,法商却有意把他们列为职员,利用他们管理工人,他们的劳动条件和生活待遇优于工人。工人则是司机、卖票、撬路、打灯等,他们都是通过同乡等关系在工头那里花钱进公司,其中卖票的约占60%,司机约占30%。

---

① 所谓折实单位,是新中国成立初期为减轻通货膨胀对国家经济建设和人民生活影响而采取的一项临时性措施。根据上海市场前一天四项日用必需品的零售价格合并计算。四项必需品是:中白粳米一升、1.2磅龙头细布一尺、生油1两和普通煤球1斤。转引自《上海法电工人运动史》,中共党史出版社1991年版,第9页引注。

② 《上海法电工人运动史》,中共党史出版社1991年版,第15页。

第三章 无畏之斗士：中共地下党工作时期的苏北人

车务部工人主要来自苏北、湖北、山东、安徽、河南等地，苏北人居多。20、30年代，法租界巡捕房督察江苏阜宁人金九林实力渐增，其青帮师傅黄金荣的督察长一职后由他继任，金还担任苏北地区最大的同乡团体——江淮旅沪同乡会常务理事①，不排除他介绍众多同乡到法电车务部就业。

车务部工人帮派组织林立，以省籍为纽带结成同乡会、青红帮、兄弟会等，势力较大的是苏北同乡会、湖北同乡会和北洋同乡会；他们由于工作分散各条线路和各个车辆上，更害怕参加罢工导致失业难以找到饭碗，一般不主动参加罢工斗争，所以车务部工人不易团结，凝聚力不强。

虽然如此，车务部工人——中共党员周国强，在工人中一直发挥重要作用，他为人正派、性格火爆，被工人称为"赤面关公"②。周国强性格带有浓厚的苏北人气质：富正义感，性格直爽，做事缺乏转圜余地，面临错综复杂的斗争会束手无策，缺乏足够的冷静——热情有余而理性不足。

周国强，苏北高邮籍，初小辍学，1926年入法电当售票员，在上海工人第三次武装起义中参加工人纠察队；大革命失败后参加1928年法电的24天大罢工和1930年徐阿梅发起并领导的57天大罢工。

"八一三"事变后，他隐蔽下来，广交朋友，加入资方组织的"联谊会"，他也是由车务部工人、湖北人张仁卿组织的洪帮中一员，他自己组织了30多个卖票工人的"吃酒会"③。借助这些活动，周国强在1942年之后白色恐怖环境下，在上海法电站稳了脚跟。

车务部技术性工作少，但由于卖票，工人须粗通文墨。所以，车务部工人绝大多数识字，相当于初小或高小程度，文化水平比机务部工人高。

机务部则负责给水、供电及车辆和水电设备维修，包括老车间（有轨电车）、新车间（无轨电车）和自来水间、董家渡水厂及发电引擎间、电灯间等，职工多是技术工人，每人都精通业务，工作待遇比机务部工人高，但工人的文化程度很低，识字率仅有30%。④ 正因机务部工人有技术，他们敢于经常反抗资方及工头的

---

① 上海市档案局：Q6—5—554。
② 《上海法电工人运动史》，中共党史出版社1991年版，第117页。20世纪30年代法电工人运动中，工人根据工会代表的特点编了顺口溜"花言巧语张阿毛，出卖工人张其祥，忠心耿耿徐阿梅，赤面关公周国强"。前二者是浙江宁波人；徐阿梅是上海本地人；周国强是苏北人。
③ 《上海法电工人运动史》，中共党史出版社1991年版，第180、175页。
④ 《上海法电工人运动史》，中共党史出版社1991年版，第18页。

无理压迫,资方不敢轻易开除他们。

机务部工人的工作地点较之车务部工人更为集中,尤其是新、老车间连在一起,是法电企业的总修理部门,直接影响企业能否正常运转,集中了机务部近一半工人,他们朝夕相处,彼此了解和容易亲近。工人大多是具有较高技术的铜匠,许多优秀分子参加了中国共产党。工人领袖徐阿梅和朱俊欣,都是铜匠。机务部工人人数虽不多,力量却很强,大革命时期就建立了工会组织,在民主革命时期一直存在,是法电工人斗争的中坚力量。

机务部工人大多是上海本地人和宁波人,但苏北工人朱俊欣在机务部工人中威信高。他是江苏靖江人。10岁时仅读书半年因家境贫寒被迫辍学。1935年进法电机务部新车间当小工。朱俊欣勤学苦练,技术日益精湛;他多才多艺,爱打抱不平又足智多谋。他经常利用休息时间在车厢(停场修理车)中说书,把外面听过的故事讲给工人听,中间穿插些时事,深受工人喜欢。①

基于以上因素,朱俊欣虽是苏北人,但在工人中口碑很好。1940年7月,朱俊欣加入中国共产党,半年后他被推为党小组长。1943年,他担任法电机务部党支部书记,率先在新车间发起成立联谊储蓄会,会员每月储蓄一天工资,有特殊困难可向储蓄会借钱而不算利息,会员从7—8人逐步增加到140余人。1946年法电工会正式成立时,他被选为工会理事长,兼任工会党团书记。②

20世纪40年代,上海法电工人来自不同省份,成分复杂,加上民族矛盾与阶级矛盾,加大了地下党组织及工人领袖朱俊欣和周国强的工作难度。当时,车务部和机务部及其工会和党的组织原本有隔阂,经过上级党组织和两位的努力,两部的工会和党的基层组织逐步团结。当然,不排除朱、周两人同为苏北人容易沟通等因素。

(三)法电罢工中的苏北人

上海沦陷后,法电中共党组织面临日趋复杂的政治形势,党员骨干遵照"隐蔽斗争"的指示,以争取经济权益和合法斗争为依托,工作方式机动灵活,在资方、日伪和国民党分子的复杂关系中沉着应战。周国强、朱俊欣等中共党员在罢工斗争中发挥着核心作用。

---

① 《上海法电工人运动史》,中共党史出版社1991年版,第182页。
② 《上海法电工人运动史》,中共党史出版社1991年版,第397—398页。

第三章 无畏之斗士:中共地下党工作时期的苏北人

1. 1940 年"兆丰公园大罢工"

"兆丰公园大罢工"在法电工人运动史上具有重大意义,它是继 1927 年上海工人第二、三次武装起义中机务部和车务部联合罢工①以来的又一次大联合。

日本占领上海后,利用汪伪政权向租借渗透,各种伪组织如中华工人福利会、社会运动指导委员会上海分会、上海特别市总工会等纷纷成立,打着"和平反共"的旗号,企图打入工人队伍,控制市政企业。但法电资方和法租界当局对于日伪政权向租借渗透和组织工会的活动,持抵制态度,双方矛盾日益加深。

法电中共地下党面临着复杂的环境:反对日伪组织渗入法电,法电工人与资方有共同的利害关系;地下党要组织自己的工会,这与资方有尖锐矛盾,须利用日伪工会造成的声势对资方形成压力。这样,法电工人与日伪之间、法电工人与资方及法租界当局之间、日伪与法租界当局之间,形成了错综复杂的关系,需要法电中共地下党采取机智灵活的斗争策略,车务部和机务部须紧密合作。

其时,汪伪政权社会部次长顾继武和专员蒋兆祥在沪西极司非而路(今万航渡路)挂出"社会运动指导委员会上海分会"牌子,原法电职工范煜章、蒋克勤等人主动投靠。他们因年初组织工会而被资方开除。② 汪伪组织给范等人每月提供 100 元不等的生活费,在沪西大林路设立工会组织,欲把法电工人拉入,但无人理会。车务部写票员王萃兴加入后,事情起了变化。王萃兴 1940 年 3 月被法电资方亲信、"北洋帮"③头目郭士元无理罚停 3 天,故投靠蒋兆祥。

无法考证王萃兴是否也是苏北人,但可能性很大。王在车务部亦有群众基础,凡是与郭士元对立的工人被他拉到沪西,但人数不多。汪伪组织指使王萃兴和范煜章等人用金钱引诱工人就范,并提供车费、免费饭食和娱乐活动,许多工人生活困苦,愿意到沪西消遣,到 9 月中旬,到大林路工会登记的工人已有 300 人左右,约占车务部职工总数的 25%。④

一开始,中共地下党员设法劝阻,但效果不大;随着人数越来越多,周国强决定借机进入沪西汪伪支持的工会,"信义储蓄会"、"联谊社"的成员也随往。

---

① 《上海法电工人运动史》,中共党史出版社 1991 年版,第 38 页。
② 《上海法电工人运动史》,中共党史出版社 1991 年版,第 152 页。
③ "北洋帮"原是清末在上海进行航运贸易的一个商帮,由海州、青岛、济南、东三省等北方商人组成。法电车务部北方工人据此成立北洋同乡会,由山东、河南、皖北各省工人和职员组成。《上海法电工人运动史》,中共党史出版社 1991 年版,第 153 页的注释。
④ 《上海法电工人运动史》,中共党史出版社 1991 年版,第 153 页。

中共地下党了解到,汪伪政权准备打击法租界当局举行罢工。法电党支部连夜开会拟定了维护职工利益的16项条件。1940年9月24日法电工会成立大会上,周国强被选为副理事长,几个积极分子也选入理事会,在日伪控制工会中掌握了一定主动权。周国强及时提出党组织已酝酿好的承认工会、每月普加工资30元等16项条件,得到工人赞同。

大会决定第二天开始罢工,当场成立由15个工会理监事组成的罢工委员会,其指挥部设在兆丰公园(今中山公园)隔壁兆丰别墅119号。后来称这次罢工为"兆丰公园大罢工"。罢工委员会组织了140余人的纠察队,分成10个小组,负责宣传、联络、交际、纠察等任务,星夜派人四处通知工人停工。25日晨3时半,纠察队员分乘21辆汽车,到指定地点策动罢工;天亮时,车务部大部分工人被拦下来,罢工开始。

法国资方拒不承认工人的要求,一面通知巡捕房派警备车驻守公司门口,强迫部分未及散出的夜班工人继续工作;一面指使亲信郭士元到处拉人上工。上午陆续开出的部分车辆上,都配有3名巡捕武装保护,巡逻车在四周逡巡,包探巡捕对工人虎视眈眈,随时逮捕罢工工人。

汪伪政权为了对法租界当局施加压力,利用工人对法电资方和法租界当局的不满和仇恨,发给工人武器。法电工人罢工进一步升级为武装斗争。罢工后,工人纠察队四处阻拦车辆,25日,在贝当路姚主教路口(今衡山路天平路)纠察队向一电车投掷一枚化学炸弹,12名工人被捕。次日晨,随车监视的越南巡捕向卧轨的罢工工人开枪,打死一人,工人遂与越南巡捕发生冲突,6名工人当场被刺伤,复被拘捕37人。①

罢工秩序变得混乱不堪,法电工人的不团结加剧了混乱局面。罢工2天后,机务部工人仍然旁观,因1930年的徐阿梅事件中,受资方挑拨及地域文化影响,机务部与车务部罅隙很深,最后分裂,而机务部工人及其领袖最后受到资方严厉制裁,他们更恨车务部工人投靠日伪汉奸。② 车务部内部也分裂为三:一部分去沪西参加罢工,约占工人总数的三分之一(可以推测,跟随周国强到沪西的苏北人不在少数);约三分之一的工人受资方亲信郭士元控制,继续工作;部分老工

---

① 《上海法电工人运动史》,中共党史出版社1991年版,第155—156页。
② 《上海法电工人运动史》,中共党史出版社1991年版,第115—128页。

人思想比较先进、行事稳健,虽赞同罢工,但也恨日伪,属逍遥派。

法电中共党支部分析形势后决定发起全体罢工,夺取沪西汪伪工会领导权。10月8日,周国强在资方竭力拉工人回去领工钱的紧急关头,向汪伪顾继武等提出发米给工人,顾不得不答应发给罢工者5斗米。10日在兆丰公园发钱和米,车务部工人到沪西参加罢工。

机务部工人在中共党员和积极分子动员下,于9日领了工钱后,11日全体参加罢工行列。罢工工人从800余人骤增到1,700余人,变成全体工人罢工。法租界交通完全陷入停顿。在机务部和车务部通力合作下,法电工人罢工获得大胜。

法电中共地下党乘势掌控了罢工委员会。全面罢工后,周国强及时向蒋兆祥提出扩大罢工委员会的建议,获得同意。11日晚召开群众大会,选出的21名罢工委员中,中共党员和积极分子占了12名,掌握了实际领导权。

车务部和机务部工人的联合行动迫使资方不得不与工人谈判,劳资双方于10月22日正式签约,答应工人的部分要求,历时29天的"兆丰公园大罢工"胜利结束。

在这次罢工中,车务部工人起了主导作用,车务部工人领袖周国强利用合法方式进入沪西汪伪工会,及时扩大罢工委员会,吸纳党员和积极分子加入,中国共产党控制了工会的实际领导权;正是他的作用,机务部工人亦加盟罢工,迫使资方答应工人的正当要求。

从罢工总过程看,法电的苏北籍工人数量虽多,但政治意识较弱,比较看重物质利益,思维简单和喜爱暴力。比如罢工开始时,车务部只有部分工人参加,当工会争取到大量的大米和钱时,工人一窝蜂地涌入;劳资谈判时,资方只答应工人部分条件,而部分车务部工人非要资方答应全部条件才复工。再比如,罢工采用武力对抗,造成工人丧失生命,显示苏北人爱冲动的一面。[①] 机务部虽然关键时候支持车务部,但可以看出有些勉强,他们似乎对车务部工人加入日伪工会的做法颇有微词。

2. 1945年"九二六"大罢工

这是车、机两部工人继"兆丰公园大罢工"后又一次合作。1940年法电工人

---

① 《上海法电工人运动史》,中共党史出版社1991年版,第159页。

成功罢工后,遭到资方和汪伪政权的反扑和分化:车务部工人再次分裂,工会被瓦解,部分中共党员骨干撤到苏北新四军根据地;机务部工会虽保存下来,但被汪伪操纵。周国强和朱俊欣在工人运动低潮期采取组织合法小团体形式保存和发展进步力量。

1945年夏,中共地下党上海工人运动委员会决定把机务部和车务部党支部联合起来成立法电区委。市工委委员王忠一在周国强家召开会议,宣布区委由朱俊欣、周国强、张浩波、陈龙祥组成,朱俊欣任区委书记。① 法电区委的建立,为统一领导工人运动提供了组织保障。1945年"九二六"大罢工正是在此背景下开展的。

抗战胜利后,法电工人为提高待遇和庆祝胜利,向资方提出要求发放胜利金。由于车务部工人怕丢饭碗,不愿参加斗争,1945年8月30日机务部工人在党组织领导下怠工,为全体工人争取到发胜利津贴半个月工资和食米6斗半的福利。② 全体工人感到振奋,车务部的党员和积极分子教育群众,不能坐享机务部的成果,下次应一起参加行动。有些青年工人受到鼓舞:"人家有种,难道我们没有种!"苏北人的爽气被激发出来。

党组织决定抓住这个机会发动全厂罢工,争取建立民主工会;决定区委成员不公开出面,而由其他党员和积极分子充任。

9月24日上午一发完工资,机务部党组织按照计划召开群众大会,正式向资方提出"危险奖"等要求,资方不允;工人宣布,资方一天不同意,大家一天不上工。车务部工人并没有参加罢工。翌日晚,车务部党员分头约请工人谈话,大家情绪被调动起来,准备第二天罢工。

9月26日一早,机务部和车务部工人汇集到新车间召开群众大会选举罢工代表。选举过程中,机、车两部固有的矛盾再次爆发,机务部看不起车务部工人参加伪工会,朱俊欣及时宣传"工人是一家,车务部工人也是受苦的";车务部工人说车务部人多,应做罢工领导,被周国强拒绝。

朱俊欣和周国强的大局观念,使机、车两部工人一致行动,成立了由32个代表组成的罢工委员会(建成"罢委会");从中互推朱俊欣、周国强、张仁卿等12

---

① 《上海法电工人运动史》,中共党史出版社1991年版,第178页。
② 《上海法电工人运动史》,中共党史出版社1991年版,第190页。

第三章 无畏之斗士:中共地下党工作时期的苏北人

位主要代表。大会把群众的要求提炼成 11 项具体条件,其中一项是要求资方承认工会、按月发津贴,并给工会办事人员公假,其余 10 项是改善经济待遇。① 原来远离罢工的职员也加入。

罢委会成立后,将办公室设在几辆公共汽车里;组织了一支秘密纠察队加强保卫工作;为增强罢工工人的责任感,罢委会让每人在登记簿上签名,按指印以表罢工决心,并捐储备票 2,000 元为罢工经费;为便于联络,将所有罢工工人按地区或车间编组。罢委会还宣布了罢工纪律。

朱、周两位对这次罢工工作布置得很全面、仔细,能够与狡猾的资方斗智斗勇。他们也了解车务部的工人比较情绪化,容易被资方分化,但又比较讲义气,所以用按手印方法加强团结,工人容易接受。

工人的要求又遭资方拒绝。翌日始,国民党市党部主持,劳资双方开始谈判。国民党市党部代表有意偏袒资方,谈判会上,国民党党、政、军、警均派人列席,企图制造紧张气氛,迫使工人让步;资方也百般刁难工人代表,谈判工作异常艰难,部分工人代表从未经历这样的场面,显得紧张局促,只有久经历练的朱俊欣和周国强与资方据理力争。连续三天疲劳战,29 日晚才谈妥前 6 个条件,并签了草约。国民党和资方提出,工人明日必须复工。

工人代表对群众的情绪和复工的难度估计不足,出现许多许多始料未及的问题。第二天上午群众大会上,车务部工人尤其是青年工人,反应激烈,坚决反对复工,要求重新谈判;而机务部工人经验丰富,知道所提的条件总要打些折扣,较易说服。朱俊欣解释了一个多小时,因多日劳累,心脏病发作当场昏倒。周国强和张仁卿接着说服,但工人仍不愿复工,两人的情绪急躁起来,简单地撂挑子:"既然大家不愿复工,随便你们好了!"会议无果而终。

10 月 1 日的大会更加混乱,车务部青年工人仍固执地要求资方全部承认 11 项条件。35 号写票工人周观耕自动登台演讲,其过激言辞受到工人的支持,大

---

① 十项内容是:普发"危险奖"一个月工资;补足胜利津贴储备券 150 万元(向其他公用事业看齐);保障职业,修改服务章程;战时被裁工人一律复职;罢工期间工资照给;增加工资一倍;司机肇祸由公司负责,如受刑事处分工资照给,不得停职;机务部应和车务部同样发给工作服;临时工试用一星期后应升为长工;归还战时向公司暂借之退职金。《上海法电工人运动史》,中共党史出版社 1991 年版,第 195—196 页。

会当即选出 6 名新代表。2 日,新、老代表再往国民党市党部交涉,朱俊欣带病参加。会场气氛更加紧张,国民党党、军、警、宪代表全部列席。谈判中周观耕言辞激烈,被军警当作"捣乱分子"当场扣押。国民党警察局和社会局限令工人于3 日中午必须全体复工,否则以"违反戒严法令论处"。①

中共党组织认为罢工继续拖延对工人不利,劝说工人复工,同时派代表继续与资方谈判余下的条件;到国民党党部交涉,释放被捕的工人。经过谈判,资方被迫承认工会,每月津贴经费 15 万元(法币),允许工会代表驻会轮流办公,工资照发;其他几条,资方也做了让步,只有"修改服务章程"一条坚决不肯让步,党组织根据实际情况也不再坚持。1945 年的"九·二六"罢工达到预期目的。

这次罢工的胜利,苏北籍工人领袖朱俊欣和周国强所起作用甚大,历来分裂的机、车两部工人团结起来,在错综复杂环境中保持冷静。尤其是朱俊欣,长期在机务部工作,受江南阴柔文化的影响,而靖江本身处于江南和江北交界,朱俊欣身上,苏北人的鲁莽冲动因素较少,他在罢工中自始至终能保持理性和冷静。而周国强是江苏高邮人,苏北人的性格表现较明显,加之他长期生活苏北人较集中的车务部,当罢工出现复杂情况、遇到棘手问题时,他就做出了冲动地简单化撂挑子。这次罢工,对车务部苏北人是一次很好的教育,要把斗争的坚定性和灵活性有机结合起来。

罢工中,在法电工人中占人数优势的苏北人作出了很大贡献。但不可否认,由于工人成分复杂,尤其是苏北人占多数的车务部工人,分属于不同的小团体,有的受中共党员周国强的影响,有的被资方亲信郭士元控制,还有的受同乡组织和帮会的影响,所以在罢工中无法像机务部工人那样团结一致;更由于生活水平和地域文化影响,爱冲动,做事情绪化,不懂得折中和转圜,致使罢工过程历尽曲折。

1946 年初,法电成立了工会整理委员会,15 名成员中,8 名机务部工人,7 名车务部工人,其中党员和积极分子占 2/3。

法电工会发动声势较大、影响深远的罢工斗争,当属 1946 年的"大请客运动"。

---

① 《上海法电工人运动史》,中共党史出版社 1991 年版,第 203 页。

第三章 无畏之斗士：中共地下党工作时期的苏北人

3. 1946年"大请客"运动

朱俊欣和周国强多次联手行动取得罢工或斗争的胜利，激发工人的自信心和创造力。1946年法电工人大请客运动就是根据工人群众提议对抗法国资本家剥削的成果。

前文已述，因物价飞涨，纺织业工人在汤桂芬等领导下，与资方就改善工作、生活条件进行了反复较量。法电工人对物价也感同身受：1945年12月，法商车资较之8月已加价5倍，而职工薪金却依据11月份生活费指数反减少一成。法电党组织以工会整理委员会名义，几次向资方提出增发年奖等要求，被资方找借口拒绝。

此时，国民党社会局陆续成立了劳资争议仲裁委员会和工资评议委员会，规定劳资纠纷必须"依法"调解、仲裁等程序，不得径自罢工；"公用事业一律禁止怠工罢工"。如何才能既不罢工又能满足法电职工的合理要求呢？周国强、张浩波找了机务部积极分子到张仁卿家亭子间聊天、商议。有位工人提议："车子照样开，票子不卖，来个'大请客'，怎么样？"此提议得到赞同，大家你一言我一语对怎样搞"大请客"提出许多具体建议。①

中共法电区委肯定了群众的创造，一面由工会起草向资方交涉的条件，一面立即在群众宣传发动。1月10日，工会整理委员会向资方提出12月份工资不得少于11月份、增发年奖1个月等9项要求，遭到资方轻蔑地拒绝。1月14日，机务部按计划首先怠工。社会局闻讯派员前来调解，不能奏效。

15日，"大请客"开始。机务部工人继续怠工，并抽调部分积极分子会同车务部工人分头到各电车、汽车站维持秩序，售票员在车厢开展"大请客"宣传，让民众知道法国老板对中国工人的压榨，争取社会支持。16日"大请客"继续。法商损失巨大，通过法国大使馆向国民党外交部交涉，对国民党政府施压，并报上朱俊欣、周国强等工人代表的名单。

国民党上海市政府如临大敌，市长兼警备司令钱大钧16日命警察局长宣铁吾："派警察二十名于明日上午五时前到达该公司，会同本部巡查队及宪兵弹亚，遇有捣乱工人由该公司指证后即予拘捕。"钱又指派警备部交通处上校科长

---

① 《上海法电工人运动史》，中共党史出版社1991年版，第215页。

苏北人与上海革命运动(1921—1949)

陈统尧负责统一指挥。①

17日晨5时许,车务部工人仍按时上班准备继续"请客"。几十名军警荷枪实弹在厂内来回穿巡,四周要道均架设机枪,停车场停满车子。面对国民党政府的恫吓,有人惊呼,四·一二事变又来了!工人连续上班,人越聚越多,达1,000多人。周国强、刘正霖等车务部工会代表到了现场,工人顿时壮了胆,把正在训话的陈统尧轰下台。陈和资方以"商谈"为由,把朱俊欣、周国强等8位工人代表骗到车务部总管办公室。

朱、周等临危不惧,沉着地商量办法,决定兵分三路,一部分人去谈判,部分人继续领导工人"大请客",部分人在现场指挥。由于电源被资方切断,工人开出公共汽车,并在车上贴上"资方关电门,利用宪警弹压工人"等宣传标语。一切安排就绪后,朱、周等人才从容走进写字间。他们一进去,就被陈统尧勒令下令复工,遭到拒绝后,陈气急败坏地打电话叫警备车,准备逮捕法办工人代表。当警备车呼啸而来,逼近人群时,端枪的士兵立即上了刺刀。工人群众并未被吓倒,纠察队员们勇敢地冲上前去阻拦,一些工人奋不顾身地纵身倒地,横卧车前,并把车胎的气放掉。

这时,朱俊欣被两个宪兵挟了出来,强令他下令复工,工人趁机把朱俊欣拉回人群,保护起来。但周国强等其他代表仍然被扣押。车务部514号卖票苏北人胡杏泉等积极分子和工人代表张浩波冲进去救出代表。胡杏泉等大喊"赶快冲进去!把代表救出来!"带头向大门冲去,群众紧随其后。门口的宪兵慌乱地举枪威胁。胡杏泉把大衣一敞,大喝道:"开枪好了,老子和你拼了!"②胡等工人朝宪兵扑去,宪兵反倒吓得后退。

工人趁机冲破门口防线继续往里冲;惊恐万状的资方来不及关门。瞬间,写字间的玻璃门被打碎,大门被冲开,群众将周国强等工会代表救出。法国车务总管吓得躲在厕所里,陈统尧也垂头丧气。有工人要动手砸写字间里的东西,被周国强及时制止。工人群众救出了全部代表,警宪只得悻悻而返。法电工人将这场斗争成为"劫法场"。

"劫法场"斗争是"大请客"斗争的转折点,奠定了胜局:资方靠国民党武力

---

① 上海市档案局:Q6—1—6510。
② 《上海法电工人运动史》,中共党史出版社1991年版,第222页。

第三章 无畏之斗士:中共地下党工作时期的苏北人

压制工人的做法流产,而包庇法国纳粹的罪行遭到工人的不断揭露①,加上舆论压力,态度软了下来;对于国民党政府而言,武力镇压碰壁,年关将近,各业工人纷纷酝酿斗争,迫于形势,国民党也希望大事化小。

18日,社会局召集劳资双方调解会,达成如下协议,在原发年奖基础上另给奖金每人法币1万元,怠工期内4天工资一律发给5,000元。② 通过这次斗争,资方再不敢小觑工会,同意将公司对面的材料仓库腾出,加以修缮粉饰,拨出做工会会所;车务部收账间实行30多年的不合理包工制度得以取消,部分失业老工人也陆续复职。

"大请客"斗争之所以获胜,主要原因有三:一是"大请客"斗争形式巧妙,充分利用合法手段,它并未违反国民党的罢工法令,却能给资本家以致命打击;二是朱俊欣、周国强等工会领袖经验丰富,对法国大使馆包庇法籍法西斯分子的行为紧抓不放,揭发、检举资方的通敌行为,使经济斗争上升为民族斗争,资方最后不得不妥协;三是车务部苏北工人的敢斗敢拼,在"劫法场"中充分表现出来,这场斗争得以转机。这种斗争方式是上海苏北人经过长期生存斗争总结出的行之有效的经验。他们社会地位低、贫穷,只有借助集体力量、拿出不怕死的劲头,才能对强者形成威慑,有效保护自己。就地域文化特点看,苏北人本身比江南人耿直、强硬,长期的弱势地位强化了他们敢拼敢打的行为特质。

"大请客"斗争使法电工会的威信大大提高,党组织的力量愈强。1946年1月至7月,法电党组织先后发展22名党员,其中车务部16名,机务部6名。1946年3月24日,法电成立了民主工会,朱俊欣、周国强高票当选为理事长、副理事长,上海市100多个工会代表参加法电工会成立大会。法电民主工会成为各企业工会学习的榜样,朱俊欣成为上海公用事业工会中公认的工人领袖。

1946年3月,国民党为了标榜实行"民主执政",决定在各地建立参议会。汤桂芬、朱俊欣、马小弟三人被列入上海工界参议员候选名单。4月正式选举中,朱俊欣当选为候补参议员。

---

① 1946年1月3日,法国领事馆无视中国已取消领事裁判权的通令,将应由中国政府逮捕法办的法籍纳粹分子卡可平诺押上法国兵舰"白尔丁"号离沪。上海市政府向法总领事提出抗议,全市1.5万学生游行,反对法国政府侵犯中国主权,要求撤销驻沪总领事馆。《上海通志》,上海社会科学院出版社2005年版,第356页。
② 《解放战争时期上海工人运动史》,上海远东出版社1992年版,第24页。

1947年7月之后,国民党在军事上节节败退,为了维护后方的统治,蒋介石颁布"戡平共匪叛乱总动员令",加紧对上海工人、学生和爱国民主人士的迫害。"5·20"学潮后,尤其是9月"富通事件",国民党查抄这个中共地下党创办的印刷公司,顺藤摸瓜逮捕了上电、三区丝织业工会及小学教师联合会、学生联合会负责人,开始着手打击上电、法电、机器业、百货业等斗争最激烈、社会影响较大的一批工会。

面对严峻的形势,中共上海局副书记刘长胜指出,对国民党的镇压必须还击,开展反迫害的阻击战,阻止国民党对全市工人运动的大规模镇压。① 中共上海工委决定上电、英电、法电等工会相互配合,进行为期一周罢工,打击国民党。

法电区委和党团组织9月24日召开紧急会议,布置罢工事宜;26日,国民党准备改组法电工会,朱俊欣、周国强等人被列入黑名单。27日,法电、英电相继罢工,但英电罢工流产,法电被迫孤军奋战。朱俊欣转入秘密状态,遥控指挥罢工。29日,国民党下达通缉令,在报上公开通缉朱俊欣、周国强、张宝庆(张浩波)等16位工会干部和积极分子,限令法电工人30日复工。朱俊欣等人虽不在现场,通过字条传达指示,工人总是遵守。在国民党党政军警宪的包围和威胁下,法电工人罢工坚持到10月5日,完成中共上海工委布置的任务。这次罢工被称为法电"九二七"大罢工。

这场罢工打破国民党大逮捕计划(原定抓3,000人),难能可贵:第一,法电孤军奋战7天,作出了巨大贡献和牺牲,96个工人被捕。第二,法电在极端困难环境下能够坚持到最后,与法电党组织尤其是法电工人领袖朱俊欣、周国强等中共党员在群众中拥有的巨大威信分不开。事实上,朱俊欣虽不在现场,但他的亲笔信就是命令,富有感召力,没有他的亲笔信,工人坚决不复工,这需要何等的人格魅力和凝聚力!

"九二七"大罢工后,朱俊欣、周国强等16人仍被通缉,他们被迫撤离法电。1948年春,朱俊欣、周国强赴香港参加中共中央上海局举办的学习班。朱俊欣7月去哈尔滨参加全国第六次劳动大会,被选为中国全国总工会常务委员。周国强去苏北解放区学习,在华中党校担任工人队党支部组织委员。

---

① 《解放战争时期上海工人运动史》,上海远东出版社1992年版,第174页。

第三章　无畏之斗士：中共地下党工作时期的苏北人

在英电车务部,工人苏北人亦占多数①,中共党员和积极分子集中在车务部,早在工人运动沉寂的30年代中后期,英电仅剩下的8名党员,车务部苏北籍党员5名。抗战胜利后,原英电苏北籍党员杨春霖复职,恢复过去由他联系的售票员徐发达、潘学富和驾驶员张正山等党组织关系。② 此后,英电中的苏北籍工人党员通过同乡关系又发展了司机、售票员、撬路员中的积极分子周长福、陆凤香等工人,苏北籍党员近20名。1948年3月20日英电党组织遭到破坏,国民党宪警逮捕了徐发达等18名党员,苏北籍党员周昌贵于1948年11月下旬被折磨致死。③ 因篇幅有限,无法展开。

三、苏北工人的护厂斗争

本节以上海第二棉纺织厂(以下简称"上棉二厂")为研究重点。它由日本资本家秋马新三郎于第一次世界大战后在华设立的内外棉三厂、四厂、五厂(东、西)、七厂、八厂、九厂、十二厂和第一加工场组成;1930—1935年,中国市场受世界经济危机的影响,工厂合并为第五厂、第六厂和第七厂3家。抗战胜利后,内外棉各棉厂被国民政府接管,改称中国纺织建设公司第二、第三纺织厂;第一加工厂被中纺第一印染厂接管,1948年8月,第一印染厂代管的第一加工厂划归中纺三厂。1950年原中纺二厂改称国营上海第二棉纺织厂,中纺三厂改称国营上海第三棉纺织厂,隶属华东纺织管理局;1952年下半年,二厂合并,定名为华东纺织管理局国营第二棉纺织厂。④

第三章已述,上棉二厂在民主革命时期是沪西地区中国共产党开展活动最早的工厂之一,至1949年上海解放,前后共有党员63名,其中本厂发展了56名。⑤ 20世纪20—30年代,上海内外棉厂职工主体是来自苏北的难民,内外棉五、六、七厂人的苏北工人,不仅在"一·二八"反日罢工中斗争勇敢,参加1月30日上海54家日商纱厂7万多工人的反日大罢工,他们还积极组织义勇军,奔赴抗日前线与十九路军并肩作战。

---

① 《上海英电工人运动史》,中共党史出版社1993年版,第15、246页。
② 《上海英电工人运动史》,中共党史出版社1993年版,第137—138页。
③ 《上海英电工人运动史》,中共党史出版社1993年版,第245、262页。
④ 《上海第二棉纺织厂工人运动史》,中共党史出版社1994年版,第6—7页。
⑤ 《上海第二棉纺织厂工人运动史》,中共党史出版社1994年版,第143页。

苏北人与上海革命运动(1921—1949)

如内外棉五厂一个50多岁王姓的保全工,家住闸北,房子被日本飞机炸毁,他不顾年高体弱,也参加厂里的义勇军,有人劝他回家安顿家人,他两眼一瞪:"日本人打到家门口了,哪里还安得了家?!"许多苏北工人参加了运输队、救护队、宣传队、募捐队,数天不回家。① 苏北人的爱国热忱和爽气表露无遗。他们还参加了党的外围组织。因此,沪西苏北人较集中的石灰窑等地,有"红色沪西"之美誉。

但在30年代上半期中共中央激进主义政策中,受到中共地下党组织教育启蒙、敢打敢拼的苏北人冲在前头,遭到国民党政府的残酷杀害,导致30年代中期至抗战时期,上棉二厂的革命力量受到严重削弱,一直处于低谷。直到抗战胜利后,各工厂复工,上棉二厂的工人运动才开始复兴。

历经八年抗战,中国人心思稳,希望过上和平生活。但国民党当局依靠美国支持,实现一党独裁,一意孤行地发动了内战,消灭共产党及其领导的民主力量。但内战不得人心,随着国民党在战场上节节败退,国统区的民主力量日益壮大,形成反蒋的第二条战线,急转直下的形势令国民党政府自感来日无多,一面变本加厉地残害民主力量,一面下令各地组织实行"应变",对无法搬走的工厂、机器等固定物进行破坏,不愿留给共产党,搬运物资、转移资金至台湾。

上海成为国民党政府"应变"的主战场。中共中央指示,上海地下党要发动群众,反对国民党破坏,保护工厂、机关、学校,与人民解放军里应外合解放上海,以便维持社会秩序,迅速生产,接管城市。

根据中共中央和中共地下党市委的指示精神,中纺二厂、三厂、印染工场党支部,在沪西区委领导下,依靠党员广泛发动群众,开展保护工厂,反对破坏、反对拆迁的斗争。

(一)宣传形势,组织工人协会

因为苏北工人文化水平较低,许多人来自农村,胆小怕事,加之国民党的反面宣传,对形势不甚了解,不敢贸然参加政治活动。因此,地下党的首要任务是让工人了解护厂的意义所在。他们冒着生命危险将上海中共地下市委编印的《新华通讯》、《上海人民》、《中国人民解放军宣言》等宣传资料,用各种巧妙的办法,秘密地散发到工人和工会积极分子手里。在女青年会沪西夜校

---

① 《上海第二棉纺织厂工人运动史》,中共党史出版社1994年版,第86—87页。

及厂办学校中教书或读书的中共党员和团员,通过同乡或朋友,把宣传品带到工厂。

工人们拿到传单后,暗地里相互传阅,他们逐步了解国民党大势将去,上海很快要被共产党解放了;但是国民党不甘心失败,要转移工厂财产,并毁掉搬不动的设备等,工厂不复存在,工人的饭碗也最终失去。工人明了国内形势,把国民党企图破坏工厂与他们的切身利益联系起来,思想觉悟有所提高,把保护工厂与维护自身利益看作一体。

地下党组织在中纺三厂的二纺织部和印染工场,组织了党的外围组织——上海工人协会,发展了一批会员,中共党员每人负责2—3名工人协会会员。印染工场以孙方璟、张如松、李阶平3个党员为领导核心,在积极分子中发展了20余名工协会员,联系方式皆为单线。张如松、李阶平都是苏北人,孙方璟是南京人,南京地跨江南、江北,南京人中有三分之一来自苏北地区,他们的生活条件和语言差别不大,易于工作和交流。

至1948年,中纺二厂、三厂皆建立起一支护厂的骨干力量,为护厂迎接解放做准备。

(二)积极护厂,苏北工人献身

1949年3月,根据中共沪西区委指示,中纺三厂成立了以工协会员骨干为主的秘密护厂队。在中共地下党员和积极分子宣传下,工人体会到护厂的重要性。"机器是工人的命根子。""保护工厂就是保护'铁饭碗'。"①这些与工人利益密切相关的宣传口号在工人中间传递着,尤其是苏北工人,工作积极性很高,他们能在上海的工厂中谋得工作,是经过托关系、请客送礼获得,深知工作岗位来之不易,比失业、半失业的大多数苏北同乡来说,有工作意味着生活有保障、社会地位高很多。"工厂在工作有保障",成为工人的普遍看法,护厂行动在工人中达成了共识,有效地保证了工人群众自觉地跟着护厂队一起与破坏工厂的行为作坚决斗争。

护厂工作伊始,处于秘密状态。护厂队员为保证日夜不离厂,他们想出各种办法尽量多留在工厂里,如打慢车开足6天班,而之前他们只开4天或5天班。工人可以不离开机器,防止机器被破坏。他们甚至连休息日也不回家,坚持值班

---

① 《上海第二棉纺织厂工人运动史》,中共党史出版社1994年版,第134页。

巡逻。一些工协会员利用住在厂里宿舍的便利,表面在厂里打球或下棋,实际上严密监视工厂的动静。

人民解放军横渡长江后,国民党统治日薄西山,加强了恐怖统治,护厂工作变得艰巨。中纺各厂地下党员遵照区委指示,采取合法手段护厂,由工会组织护厂,尽量使广大工人和技术人员投入到护厂工作中。他们利用中纺公司发给各厂关于护厂的通知,督促行政部门公开组织护厂团。通过交涉,中纺二厂、三厂、印染工场先后成立了护厂队,总人数达300多人。这些护厂队员被编成大队、中队、小队,佩戴袖章,分块负责,保证成品出厂,须有相等原料进厂,不许随便外运布匹。他们多次阻拦国民党士兵强行运出布匹。中方三厂还向中纺公司争取了每人两枚银元的护厂经费。

但护厂队活动最终引起国民党注意,国民党警备司令部下令:"工人护厂队是共产党组织,必须立即解散。"中纺二、三厂的护厂斗争不得不由公开再次转入秘密状态。

国民党解散护厂队后,立即派出武装特务进驻各厂,监视工人活动。1949年5月12日,淞沪战役开始后,国民党一面准备逃跑,一面疯狂镇压人民,对上海地下党开始大逮捕、大屠杀,全城陷入白色恐怖之中。1949年5月23日下午,正当工人交接班之时,国民党军警、武装特务乘着"飞行堡垒"出动,封锁了中纺三厂所在的澳门路,把工人赶到车间外面空地上集中。警察总局侦缉科科长拿出一份名单,当场逮捕18名工人,关押在福州路警察总局。苏北工人张如松、李阶平等工人协会积极分子遭到国民党宪警的毒打,甚至上电刑,但他们拿出苏北人的硬气,大义凛然,毫不畏惧。由于他们坚贞不屈,国民党为了杀一儆百,5月24日,把张如松等3人杀害,印染厂的3位烈士献出了年轻的生命。①

国民党败退大陆前夕,众多苏北工人为上海解放奉献出力量,甚至是鲜血和生命。由于籍贯资料难于收集,无法一一列出。

此外,在20世纪40年代上海革命运动中,有一群来自苏北的知识青年,他们正处青春韶华,才学满腹、志向远大而嫉恶如仇,为了崇高理想和社会正义,宁愿舍弃自己的前程乃至生命,投身到革命洪流之中。因他们从事不同的行业,彼此相关度不大,笔者无法一一把他们的事迹贯穿成历史文本。只能通过解剖

---

① 《上海第二棉纺织厂工人运动史》,中共党史出版社1994年版,第137—138页。

第三章 无畏之斗士：中共地下党工作时期的苏北人

"利群书报案"典型案例,折射出苏北知识精英对上海革命的贡献。

"利群书报案"发生于1948年9月,是解放前在上海发生的重大案件之一,因此案而牺牲的烈士有赵寿先、周宝训、严庚初、吕飞巡、黄秉乾、郑显芝、焦伯荣7位,先后被拘捕的达200余人。7位烈士中,赵寿先和焦伯荣是苏北人。

上海有家售卖书刊的"利群书报社",向香港订购进步书刊供应读者的需要。9月24日,国民党淞沪警备司令部稽查处邮电检查组发现,从香港发给上海利群书报社联合发行所的书刊中有《大军阀蒋介石》《整风文献》《列宁主义问题》等进步书籍,立即逮捕该社经理和全体工作人员,同时查封与之有关的海燕书店、黄河书店等。黄河书店是中共地下学联的秘密发行点,国民党特务搜查出大批学联刊物后埋伏在店内,又逮捕了到书店联系的立信会计夜校的教师、中共地下党支部负责人周宝训,从其身上查获新青联成员名册和地址,从而暴露了农工党和新青联的组织和成员。

特务逮捕了中共党员吕飞巡、黄秉乾,以及农工党党员和新青联成员共数十人,被搜去《沪讯》《新青联》等刊物,案情逐步牵连到农工党上海市党部。10月间,农工民主党市党部宣委会主任、新青联负责人之一焦伯荣,他因通知一位新青联成员转移,而被埋伏的特务逮捕。

焦伯荣系江苏涟水人,1922年出生于平民家庭。1937年以优异成绩考入淮安中学,毕业后考入中央大学。1948年在上海女子中学任教。他经在上海高等机械学校任教的大学同学郑显芝介绍,加入中国农工民主党,并与郑同住在机械学校宿舍。不久,焦伯荣担任农工党上海市党部宣传委员会主任,参与编辑地下刊物《沪讯》,与赵寿先、郑显芝组织了农工党外围组织"新青联"——新民主主义青年联盟,焦伯荣担任宣传部长,他还负责《新青联丛刊》编印工作。他和青年广交朋友,利用苏侨俱乐部及青年会等合法场所,向青年进行爱国主义、革命理想和修身养性等教育。

"利群书报案"发生后,国民党抓捕了一名又一名关系人,在一位青年家中抄出上述刊物,国民党特务逼迫他交代联系人,但他不知道焦伯荣住址。但特务欺骗其母说,只要把给你儿子送东西的人捉住,你儿子就可放出来。出事后,焦伯荣出于爱护青年,立即通知相关人员转移,不料来到该青年家,其母扭住焦伯荣不放。

焦伯荣被捕后,屡遭严刑拷打,但他不透露任何秘密。1949年,国民党军事法庭判决他"危害国家"罪,判刑3年。

由于焦伯荣与青委会委员郑显芝同住高等机械学校宿舍,当郑得知后,去宿舍转移文件时,被特务逮捕并被搜去记载着市党部委员、青委会主任赵寿先地址的文件,遂致赵寿先和农工党党员方克禧、马开兴等人相继被捕。

赵寿先,江苏扬州人,1935年考入扬州中学。他有强烈的爱国心和正义感,参加抗日救亡运动。扬州沦陷后,他一度参加当地的"抗日义勇军",但发现他们并非真心抗日时,愤然离开。到上海考入日本办的海军测绘学校,因不满被歧视,痛打校医,之后只身逃往重庆,考取中央大学。1947年毕业后到上海高级机械学校任教,不久加入中国共产党。他和焦伯荣、郑显芝共同组织"新青联",赵寿先任主任。

焦伯荣被捕后,赵寿先让郑显芝住到他的住处,热心为不识路的郑画了一张路线图;郑显芝被捕后,草图被搜,赵寿先被捕。他因身份暴露,被单独关押在稽查处第一大队楼上,他趁看守不注意,把眼镜片分两半吞下,被抢救后受尽酷刑。他拖着伤残的身子难友说:"特务给了我两条路,一条是毁灭,一条是投降,做他们走狗。我选择第一条,你告诉难友,把一切罪责都推给我,争取让更多的人活下来,继续工作……"11月21日,他趁看守不注意,从三楼跳下,壮烈牺牲。他在牺牲前传给好友的一张纸条上写道:"我被捕,受酷刑,一度自杀未果,恐续受刑,生死未卜,无畏,望勇敢生活,我没有了泪,只有满腔怒火。"①

焦伯任由国民党特务严刑拷打,也绝不透露一点信息。国民党无奈,在上海解放前夕1949年5月9日,把他秘密杀害,时年27岁!

他们的义举充分显示江淮儿女崇高而不屈的灵魂和宁死不折的骨气。这样的例子不胜枚举,本书"附录"记录部分苏北革命者小传,从中可以管窥苏北革命者的铮铮铁骨和他们对中国革命的历史贡献。

他们的事迹可歌可泣,他们的业绩万古长存!

小结:

纵观20世纪30—40年代上海工人运动中的苏北人,可以从一个侧面反映

---

① 《扬州晚报》2010年4月2日。

第三章　无畏之斗士:中共地下党工作时期的苏北人

在地下党时期中国共产党的城市政策、对上海工人运动的影响及苏北人所起的作用。上海苏北人从被动员对象逐步成为工人运动的领导者。

大革命失败至中共中央撤离上海赴中央苏区之前,是白色恐怖最为严酷的时期,苏北人成为上海工人运动的重要支撑,是中国共产党最可靠的力量之一。当时,国民党控制全部城市和交通要道,城市是其统治中心,力量最强大;中国共产党为地下党,力量本身薄弱,加之国民党政府要斩草除根,时时处于危险境地,本该积蓄力量、以待时机,由于当时中共中央执行冒险主义、关门主义政策,照搬十月革命模式,力图通过城市暴动夺取全国政权,无异于以卵击石,屡遭重创。在此期间,上海苏北籍工人没有被国民党的屠杀政策吓倒,在激进主义政策激励下,无畏地迎着国民党的刀枪而上,把苏北讲义气、敢打敢拼的地域文化发挥得淋漓尽致,这种视死如归的精神谱写了感人肺腑的革命篇章。

1935年,国际上反法西斯阵线雏形渐现;中国掀起风起云涌的抗日浪潮,阶级关系及其政治态度也发生分化。上海地方党、团、工会组织,逐步走出冒险主义和关门主义的狭小圈子,利用文化界、基督教女青年会等合法组织,保存、发展党团组织,培育了刘仁娣等一批苏北工人骨干。她们在1936年日商纱厂大罢工起到了重要作用。

解放战争时期,苏北工人在工厂斗争中的作用逐步恢复,涌现出一批具有丰富斗争经验、在群众中有很高威信的工人运动领袖,如汤桂芬、朱俊欣、周国强等,他们不仅是所在工厂的领导核心,还在全市工人中享有威望。在30—40年代的上海工人运动中,是名副其实的中流砥柱。

一是他们有文化。这些苏北籍工人骨干虽出身贫寒,但参加工作前都受过至少2年的文化教育,比普通苏北人起点高。他们后来进入中共党组织创办(影响)的工人夜校学习,不仅文化水平得到提高,还加入工会和党的组织。正是因为有文化,所以他们斗争策略愈加灵活,组织性、纪律性和革命气节得到加强,盲目蛮干的行为越来越少,越来越讲究斗争的策略,以经济斗争为主,能够每战必胜。

二是他们技术精湛、多才多艺,且以小团体为依托开展工作,打下深厚的群众基础。在白色恐怖年代,中国共产党缺乏存在的合法基础,只能以联谊会、姐妹会等小团体为依托。如朱俊欣组织了联谊储蓄会;车务部以拜弟兄方式先后建立"三十三兄弟"、"一百零八兄弟"等小团体,周国强和张仁卿为"大哥"。①每次罢工斗争,这些小团体是公开组织,而党的组织是秘密的,是第二条线。这些小团体是中共地下党组织最好的庇护。

三是他们关心群众疾苦,紧紧依靠群众。汤桂芬、朱俊欣、周国强等工会负责人,积极创造条件,为职工创办各种福利事业,为工人解决困难,成为群众的贴心人和主心骨。

不可否认,笔者通过研究发现,该时期上海工人运动的苏北人,尤其是工人领袖,人数相对较少,主要集中在纺织厂和公用事业如上海法电和英电工人;沪东区工人领袖以宁波人和苏南人居多。在斗争实践中,许多苏北人思维方式比较僵化、保守,不易转圜;需要必要妥协时,往往想不通,一条道走到底,如前述的法电工人罢工斗争到第七天,已达到目的、再罢下去对工人非常不利,许多车务部人想不通,结果被资方开除。

历史也不能忘记,在20世纪40年代上海革命史上,一群才学满腹、血气方刚、来自苏北的知识青年,他们为了理想和正义,在上海献出了年轻的生命。

---

① 《上海法电工人运动史》,中共党史出版社1991年版,第243页。

第四章　近代上海苏北苦力的政治诉求

前文已述，近代上海苏北人的职业构成中，多数人属于苦力群体，上海的"纺织工人，制造工人，重工业工人，小车夫，黄包车夫，码头工人，苦力，江北人占了最大的成分"。①

是否所有的苦力都属苦力工人之列？如何定义之？都市苦力工人的提法始见于毛泽东1926年3月发表的《中国社会各阶级的分析》："都市苦力工人的力量也很可注意。以码头搬运夫和人力车夫占多数，粪夫清道夫等亦属于这一类。"②学者刘秋阳对此有专门研究，他在《近代中国都市苦力工人运动》中对"都市苦力工人"作如下界定："是指在近代城市从事苦力劳动的劳动者，包括码头工人、人力车工人、粪夫、清道夫等。他们既深处下层社会，有下层社会的特点，又不同于其他下层社会群体，他们是雇佣劳动者；他们是中国工人阶级的一部分，又不同于与机器联系密切的产业工人，他们是利用简陋工具进行劳动的苦力工人。"③

这个概念界定比较经典，以社会化大生产和雇佣劳动为标准划分工人阶级。但笔者认为，这是苦力的狭义概念。因为，就近代上海苏北人实际就业情形看，僧多粥少，就业非常不稳定，他们今天是工厂工人，明天可能失业成为人力车夫、小商贩、小手工业者或者无业的拾荒者等。因此，广义的苦力阶层不仅包括人力车夫、码头工人、粪夫、清道夫等雇佣劳动者，也应包括小商贩、小手工业者、拾荒者等城市贫民。本章选择后者作为研究对象。

---

① 吴寿彭：《逗留于农村经济时代的徐海各属（续）》，《东方杂志》1930年7月。
② 《毛泽东选集》第一卷，人民出版社1993年版。
③ 刘秋阳：《近代都市苦力工人运动史·前言》，湖北人民出版社2008年版。

苏北人与上海革命运动(1921—1949)

第一节　上海革命运动中的苏北码头工人

一、近代上海港码头苏北工人及工作、生活状况

（一）码头工人及分布

自清初开海通商后，上海地区的港口在清康熙年间已有相当发展，出现了从事码头装卸搬运的脚夫。① 至乾隆时，已有"邑之肩挑脚夫、箩杠，推强有力者为脚头，余夫受其统辖，具听指使"的行业。此后，脚夫行业随着上海港的不断兴盛而人数日益众多，成为中国近代最早形成的工人阶级的一部分。②

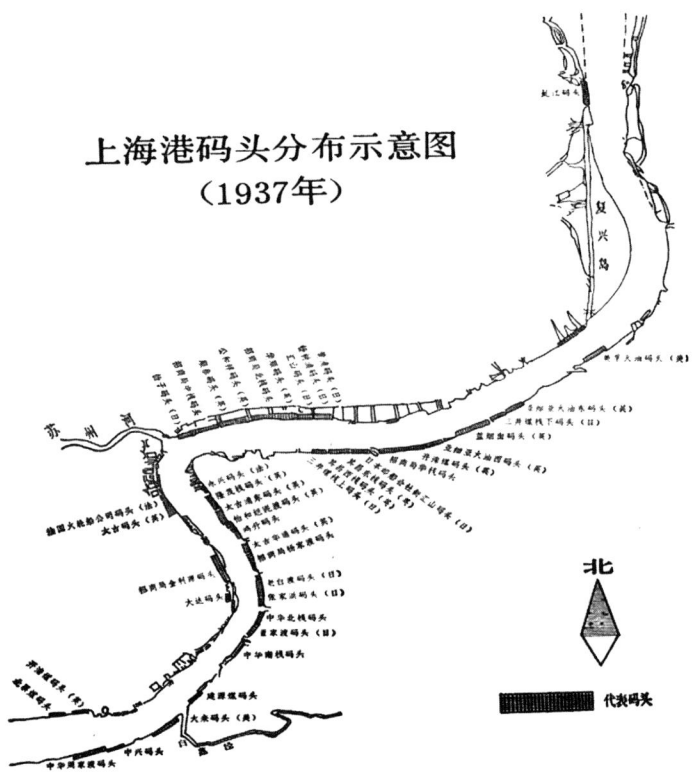

图片来源：《上海港史话》，上海人民出版社第238—239夹页。

---

① 《上海港志》，上海社会科学院出版社2001年版，第570页。
② 《上海港史话》，上海人民出版社1979年版，第276页。

第四章 近代上海苏北苦力的政治诉求

最初,脚夫的来源主要为上海本地乡民,他们或是农闲时到码头上干零工,或在船舶到港集中时由船主到邻近乡村中招募而来。① 迟至1880年,大批因农村破产而流入上海的无业农民加入码头工人行业,造成了众多剩余劳动力。码头工人为了生存,渐以地域籍贯形成了各地帮口,部分黑恶社会势力乘机介入,使码头长期形成了封建把持制度。

最初,这些帮派带有的乡土性质,以后逐渐转化成由包工头的籍贯来区别帮派。包工头们多有黑社会背景,他们让码头工人拜他们做"老头子"。在当时社会环境下,这是十分普遍的现象。一方面,包工头凭借众多的徒子徒孙来壮大自己的声势,另一方面,对依靠同乡关系在码头谋得差事的贫苦农民而言,拜了"老头子"等于加入了组织,有了依靠的势力。

早期来沪从事码头搬运工作的系运河漕运水手。轮船招商局成立后,逐步垄断了漕粮运输,江淮地区的水手及与运河体系有关的人,蜂拥而至,在上海的码头、轮船上工作;光绪二十九年(1903),漕运废除,该地区更多与漕运有关的人员进入上海。

苏北人在近代上海码头工人中占主体则是1918年以后的事情,因苏北江淮、黄淮地区遭逢大水灾,逃荒者涌入上海,逐渐充斥上海的各大码头。② 一无资金,二无文化和专业技术,只有通过同乡介绍,从事该苦力行业。从苏北旅沪同乡会履历表可看出,盐城、阜宁、扬州及赣榆人是码头工人主体,如赣榆同乡会近500名登记者中,码头工人和小工头竟有347人。③ 黄浦江和苏州河沿岸约有200个大小码头,码头工人60%左右是苏北人。④

来自江淮地区的码头工人多住在苏北人比较集中的"三湾一弄"(潭子湾、朱家湾、潘家湾、药水弄),闸北新民路(天目中路)、大洋桥、大统路、太阳庙(太阳山)路,南市的外日晖桥、南车站路、徽宁路、斜桥、南市18间,浦东的18间、30间户棚等地。⑤

---

① 《上海港志》,上海社会科学院出版社2001年版,第570页。
② 《上海港志》,上海社会科学院出版社2001年版,第571页。
③ 上海市档案局:Q6—5—982。
④ 笔者访问原杨浦区公平路码头工人——淮阴人杨老先生(已90岁)所言,他们兄弟三人在1931年因家乡水灾到上海谋生,由同乡介绍到公平路码头做搬运工。据他所言,当年上海多数码头,苏北人占80%以上。
⑤ 上海市档案局:Q6—5—954。

淮安旅沪同乡会码头货栈工人多集中在新闸桥码头、共和路133号、太阳庙路长兴路、通济路21号、裕通路载祥里3号、乌镇路库伦路31号、虬江路、中兴路、华兴路南林里48号、秣陵路307弄5号、新民路、浦东老白渡南街、张家浜后草棚。①

苏北海州赣榆县青口镇人在码头工人中占有一席之地。因赣榆同乡集中虹口码头附近,赣榆同乡会设在东大名路永定路40弄7号;他们聚居在保定路保民村、永定路、太和街、通北路平乐新村、公平路虹镇、西安路、榆林路、东余杭路、沙虹路德润路、东大名路、岳州路、天通巷路、许昌路、下海庙、塘沽路三角地、惠民路等。②

宝应旅沪同乡会码头工人集中在通北路、育才路棚户区、胡家木桥、太平路木桥路、天德路田德里棚户等贫民窟。③

(二)劳动、生活状况

苦力工人中,码头工人最苦;在码头工人中,从事肩挑人抬运货的苏北籍码头工人的劳动条件更恶劣,劳动强度更高,生命没有保证,人员流动性比较大。除了一块破烂的搭肩布和杠棒、绳索外,再没有其他任何劳动工具。每天全靠两个肩膀扛着两三百斤的货物,拖着沉重的步子,一连十几个小时在码头和仓库之间来回走几十里的路途。

运输过程中,最危险的要数"过山跳"。所谓"过山跳",就是用一尺多宽、一丈多长的跳板,一头搁在船边,一头架在在高凳上,一条接一条地延伸出去,把货船和存货的仓库连接起来,作为走道。"过山跳"一般离地面一丈多高,甚至更高。用六七块板相连的,叫六级跳和七级跳;用十块板相连的,叫十级跳。工人扛着很重的货物,在又长又高又陡的过山跳上奔走,跳板不停摇动,稍有不慎,就会跌下。轻者头破血流,重者断腿折腰。如遇天气恶劣,风吹浪颠,跳板摇摆得更厉害,更加危险。下雨下雪的时候,跳板又湿又滑;严冬时节,跳板上结了冰,更是寸步难行。

据32位上海老码头工人的回忆,抗战期间,他们亲眼看到工人从过山跳上摔下来,造成工伤及死亡的共计41人,其中,18人死亡,3人终身残废。工人们

---

① 上海市档案局:Q6—5—993。
② 上海市档案局:Q6—5—982。
③ 上海市档案局:Q6—5—985。

第四章　近代上海苏北苦力的政治诉求

常说:"过山跳,颤悠悠,一脚踏空命便休。"①

恶劣的劳动条件、非同寻常的劳动强度严重损害码头工人的身心健康,他们患上各种职业病。据对原在上海蓝烟囱码头工作过的 310 码头工人调查,患有疝气、气喘、严重下肢曲张、吐血、肺病、肝病等 451 人例,有工人同时患有几种疾病。上海黄浦码头有个扛包能手洪大,年轻时 200 斤的米包能扛两包。可是到了 40 岁,连一包米也扛不动了,最后被工头赶出码头。洪大无依无靠,在一个寒冬腊月的夜晚,冻死在大连路公共厕所旁。②

苏北码头工人大多居住在靠近码头的草棚内。1925 年,上海全国青年协会职工部朱懋澄对一位码头工人生活情况作了详细调查,虽没调查籍贯,但朱懋澄调查工人住房时把"江北苦力及其草棚"单列为一项,可断定这名工人为苏北人:

住户姓名　刘世衡(基督徒)　上海城芦家浜路草棚里

家中成年者几人……夫妻二人

十二岁以下孩童几人……子女

户主职业……码头工

房屋共有几间……二间,前间厨房食堂,后间寝室

每间现住几人……四人

何时建筑……七年前

建筑费若干……二十元(现时当得 40 元)

墙壁材料……竹片涂泥

屋顶材料……木板

地板材料……泥土炭渣(屋基低于四周)

屋中面积若干方尺……162 英尺

屋中面积若干立方尺……1053 立方英尺

窗面面积……112 方英尺

光线如何……不足

空气流通情形……后空气间不通利

---

① 《上海港史话》,上海人民出版社 1979 年版,第 282 页。
② 《上海港史话》,上海人民出版社 1979 年版,第 281 页。

> 用水来源……用井水,吃自来水
>
> 灯火材料……火油灯
>
> 煮饭用何材料……煤渣
>
> 屋前街道交通情形……不便
>
> 房屋四邻情况……污秽
>
> 附近空气好否……臭气极甚
>
> 系自置的或租赁的……自修的
>
> 每月每租若干……每年地租4.80元
>
> 须纳捐税否……无
>
> 除房租外对于房主有何他种义务……无
>
> 附近有相当游戏场否……无
>
> 全家为何居此……因距码头不远
>
> 全家居此有何困难……水火……雨天水浸屋内四五寸许,倘若失火逃避极其困难①

刘世衡的生活条件在码头工人中属普遍现象,其居住房屋为草棚。许多码头工人居住环境更恶劣,住"滚地龙"。

《上海港码头变迁》一书的《前言》描写了码头工人凄惨的生活:

> 他们租不起房子,只能露宿街头,"青天当作屋,垫的是自己的脊梁骨",或者挤在黑暗阴臭的棚户区。他们吃了上顿没下顿,常常以豆渣、菜皮充饥。他们穿的是"头戴开花帽,身穿八卦衣,脚踏金丝鞋";盖的是千穿百空的破棉絮、破麻袋。他们连自己也难养活,也就只能是"好汉难养三口家,妻捡菜皮儿拾柴"了。②

苏北码头工人劳动强度最大,但工资待遇却最低,"肩膀上压着竹头,背心上挨着棒头,做工拿零头"。力资是码头工人被层层剥削的来源。一般而言,码

---

① 刘明逵编:《中国工人阶级历史状况》(第一卷),中共中央党校出版社1985年版,第526—527页。

② 陈港:《上海港码头的变迁·前言》,上海人民出版社1966年版,第2页。

头资本家坐扣力资的75%,买办扣15%,剩余部分再由包工头盘剥5%,全体工人所得仅5%。① 以生铁为例,每吨生铁力资为2.02元,码头资本家得其中的1.52元,余下的部分买办再扣0.30元,包工头又拿走最后0.20元中的70%,全体工人只能拿0.06元。② 其实,即使是这些微薄的收入也不是码头工人的实际所得,由于工人做工需包工头分配,包工头总是想尽办法增加自己的收入,这些方法有明有暗,花样繁多,明的有拆账,暗的有调换工票、瞒吨位、瞒力资、吃空额、拖发工资等。每当逢年过节及婚、丧、喜、庆,包工头均要伺机向工人"打秋风"。③

近代苏北码头工人穷困固然与资本家和封建把头等多层剥削直接相关,但城市中充斥着大量失业的劳动力也是不可忽视的原因。解放前,上海港仅有30多台吊车,但实际上并不经常使用。在码头老板看来,"使用码头工人的廉价劳动力,要比使用机器合算得多,机器坏了要维修,工人丧失了劳动力,却有大量的失业后备军。与其使用机器,不如奴役工人"。④ 这是近代上海过度城市化带来的社会问题。事实上,当时有很多工人为了保住自己的饭碗,"欲减低工资服务而不可得"⑤者。也就是说,当时的苏北码头工人,要强过靠拾荒、乞讨生活的同乡。

二、苏北码头工人的罢工斗争

(一)早期罢工斗争

近代码头工人富有斗争精神,20世纪前后即开始了分散、零星的反剥削、反帝的自发斗争。如1886年12月英商公和祥栈房码头工人反对封建把头拖欠工资的罢工斗争,1914年12月上海码头堆装工人的同盟罢工等。这时期苏北码头工人尚不是主角。

五四运动是一次彻底的、不妥协的反帝反封建爱国运动,苏北码头工人在运动中关心国家命运,抵制日货,参与罢工斗争。他们虽缺乏文化,对社会、政治的

---

① 《上海港史话》,上海人民出版社1979年版,第286页。
② 《上海港史话》,上海人民出版社1979年版,第285页。
③ 陈港:《上海港码头的变迁》,上海人民出版社1966年版,第351页;《上海港史话》,上海人民出版社1979年版,第287—288页。
④ 《上海港史话》,上海人民出版社1979年版,第277页。
⑤ 《时事新报》1935年2月24日。

感知较慢,但主观上迫切希望了解社会、政治,尤其是国家处于危急关头,他们能够深明大义,爱憎分明。

五四运动开始后,上海码头的苏北工人进行了罢工斗争。5月下旬接连几天,"各轮埠码头小工异常热心,对于外洋来沪各日轮,咸皆袖手旁观,拒不运卸货件,以致轮埠公司深抱为难;虽经奖励小工头设法起卸,然亦不生效力"①。这是小规模、分散的罢工斗争。

6月3日,北洋军阀政府在北京大肆镇压学生的爱国活动,这时,工人阶级挺身而出,以巨大声势站到了运动前列。从6月5日起,上海6—7万工人为声援学生先后自动罢工,工人罢工推动了商人罢市、学生罢课,随后这场反帝爱国运动扩展到全国20多个省区、100多个城市。

在上海工人的罢工斗争中,码头工人作用显著,尤其是苏北码头工人从事的工作更为重要,如果没有他们,船上货物无法运到岸上,仓库货物无法装到船上。

难能可贵的是,码头工人互相协作配合,采取一致行动。5月25日,"浦东沿浦江一带各码头杠挑小工,前日在老白渡地方开会集议,到者数百人。全体一致表决,凡遇日本船只抵埠,不为起货;并分发传单,劝导各码头劳动界切实进行。各码头继续实行者日多"。②

6月9人,上海杨树浦日商纱厂码头停泊着四船等待起卸的烟煤,但码头小工均不肯代卸,船舶只得停泊在码头,日纱厂无法正常运行。同时,在虹口各码头、日本邮船码头,"已无华工踪迹,日清、三菱等码头栈房亦已较平时较少过半"。据估计,上海有2,000多名码头参加了当天的罢工。③

在码头工人的推动下,上海本埠驳船主也采取集体行动,"驳船工人继续坚持抵制日货。本埠驳船业已订立规则,分为北帮、南帮,设立事务所,公推领帮。兹因各业群起提倡国货,该帮亦由黄桂林、沈春生、徐玉祥、项小松、陈银涛、吕金生、王三林等发起邀集同业在事务所开会。议定办法三条:(一)如遇某货(即日货),无论何人所雇,不装不卸,如载往各栈等亦一体拒却。赞成者已二百余艘"。④

---

① 《申报》1919年5月29日。
② 《民国日报》1919年5月27日。
③ 《申报》1919年6月9日。
④ 《申报》1919年6月19日。

从上可知,中国共产党成立之前,苏北码头工人就开始了自发的反帝爱国运动,在五四运动中发挥了关键作用,给日本资本家以沉重打击,充分显示了苏北码头工人的爱国赤子之心。可以推断,该时期码头工人罢工的组织者、领导者应是帮会或工头,因为大部分码头工人加入帮会组织。

(二)中国共产党对苏北码头工人的启发教育

中国共产党成立初期,工作重点并不在苦力工人身上。前文已述,中共一大通过的第一个决议,把组织产业工会、发动工业无产阶级作为工作重点。因此,1921年到1923年期间,当其他产业或行业工人在中国共产党影响下先后举行罢工斗争时,人数众多的苦力工人则无声无息。

1923年12月,邓中夏在总结共产党成立后工人运动情况时说:到现在为止,"尚有两种有力的工人,或者组织尚少,如矿工,只安源、水口山、焦作组织了;或者始终没有组织,如各口岸的码头工人"。① 所以,在中国共产党成立后掀起的第一次工人运动高潮中,无一例是码头工人罢工。

我们不能推测中国共产党放弃了对码头等苦力工人的组织与动员。事实上,自1923年起,中国共产党就选派一部分党员和党的干部,以码头工人和码头职员的合法身份,深入黄浦江两岸的黄浦、华顺、汇山、外滩、其昌栈、华通和太古等码头,了解工人疾苦,调查码头的情况,取得了大量有关码头工人的真实材料,为进一步开展工作打下了基础。"他们在码头开办了工人夜校,教工人的文化,宣传革命的道理,同时还为工人治病,访问工人的疾苦",这是"码头工人有史以来第一次得到的关怀、教育和温暖"。②

1924年7—8月间,中共党组织挑选工人夜校的部分积极分子到小沙渡和杨树浦工人夜校学习,同时还选择群众基础好、骨干力量比较强、码头工人居住比较集中的其昌栈、虹镇、烂泥渡,开办码头工人夜校。在开办夜校过程中,中国共产党文化教员既教工人识字,提高他们的文化水平,同时注意采用讲故事等形式向码头工人宣传革命道理,进行启蒙教育;夜校还采用工人摆事实、教师帮算账的办法,使码头工人加深对什么叫剥削的理解,揭示了他们常见却无法理解的劳资关系,使码头工人看清了码头资本家、买办、包工头这些剥削者的本质,道理

---

① 《中共党史参考资料》(一),人民出版社1979年版,第462页。
② 陈港:《上海港码头的变迁》,上海人民出版社1966年版,第55页。

既清楚又深刻,很受码头工人欢迎,要求听课的工人越来越多。工人们不顾白天劳累,坚持晚上到夜校听课。一位老工人回忆:"当年在工人夜校学习的工人一百人以上。"①

(三)近代上海码头工人的革命斗争

1. 五卅运动中的苏北码头工人

以苏北人为主体的码头工人在五四运动中已证明其有颗炙热的爱国之心,1925年5月30日发生的血案再次触动了他们的爱国情怀,同乡、同胞的鲜血使其爱国情感再一次迸发。

在五卅运动中,当内外棉七厂工人、江苏盐城人顾正红被日本人枪杀消息传来,码头工人在共产党组织下,参加了烈士追悼会,声援纱厂工人的反日罢工斗争。5月30日上海华通栈、太古公司栈、隆茂栈和三井码头的工人参加了五卅示威游行队伍。

五卅惨案发生后,6月2日,上海总工会宣布全市反帝同盟大罢工,日商杨树浦、汇山及大阪等码头工人3日上午即响应。6月16日,码头工人成立了自己的工会组织,即上海码头栈房职工联合会,准备开展有组织的罢工活动。

据国民通讯社调查,6月10日浦东罢工人数总计5.5万余人,其中码头工人3万余人。另据7月16日上海工商学联合会统计,"罢工总数,共计工厂工人十万零七千四百二十余人,码头小工三万余人、海员三千余人、洋务职工四千余人。"到8月初,上海码头工人继续罢工斗争,"罢工之码头计有十八间、怡和、浦东太古等三十多个,共计人数三万一千六百余人"。②

从1925年6月至8月,上海码头工人参与罢工人数一直维持在3万左右,而码头工人总数估计5万多。就是说,上海码头工人参与五卅运动的比例达60%以上。

五卅运动是近代中国人民进行的一次波澜壮阔的反帝爱国运动,给帝国主义直接打击的是苏北码头工人。罢工期间,上海总工会认为只有发动码头工人罢工才能真正打击英、日帝国主义的嚣张气焰。因为外国资本家"千百万包的货物存在栈房里河船舱里,一天一天地腐烂起来;航业贸易、工厂物停顿,每日要

---

① 《上海港史话》,上海人民出版社1979年版,第304—305页。
② 《民国日报》1925年8月11日。

损失几百万","我们全体罢工工友应即劝未罢工工友一致行动。务使洋行职员,英、日人住宅里西崽、大司务、工厂里、码头上种种工人通通罢工,才能使外国屠夫,而不得不从速屈服。"①上海总工会的呼吁得到了码头工人的支持。

码头搬运夫和海员的罢工对外国资本家造成了最大困难。"因搬运夫的拒绝工作,抵埠的外船无法起卸货品,上海的物品运载几乎完全停止。"②码头工人中,苏北人承担着搬运工作。

6月3日即码头工人开始罢工当天,共计有23艘中外商轮进入上海港口,除了在当天上午赶工卸除货物外,"当日尚可开行下午起卸者,已完全阻止,舱内积货已不及起运上栈。是以各商轮十九被积货所阻,势以不能开行"。面对外国资本家的高薪利诱,码头工人仍不为所动。7月28日,一载有2,400余吨纱布的日船到达上海日商汇山码头,日本老板以每人3元的高工资诱使码头工人上货,但无一应者,"且谓不但3元,即出300元亦决不上货"。日本商船只得原船返回。

又如,在日商黄浦码头,当时有50多名工人开始罢工,东洋老板就指使包工头杨德标命令手下爪牙,把码头四面的铁门一起关上,并叫来70多名打手,打伤了几名工人,企图以暴力威胁工人复工,但工人并没有屈服,坚决地离开了码头。还有英商蓝烟囱码头的洋老板和买办杨渭滨,竟然在总罢工期间强迫工人照常工作,引起大批码头工人冲进蓝烟囱码头,支援那里工人拒绝开工,发生争斗,而罢工仍然坚持了。③

6月26日,代表买办阶级和民族资产阶级上层利益的上海总商会发生动摇,宣布开市,一时人心浮动。而码头工人响应上海总工会"坚持到底"的号召,依然坚持罢工,还与破坏罢工的工贼作斗争。

7月6日,其昌、十八间等400多名码头工人配合上海总工会冲进老三井码头阻止买办出货。7月24日,少数码头工人受被外国资本家收买的小工头诱骗到浦东栈房上工。受骗工人到达栈房后才发现是装卸洋货,但慑于外国武装水兵监视,无法罢工。但第二天,他们拒绝继续上工,还将破坏罢工的小工头送交

---

① 《工人之路》第38期,1925年8月1日。
② 刘秋阳:《近代中国都市苦力工人运动》,湖北人民出版社2008年版,第152页。
③ 陈港:《上海港码头的变迁》,上海人民出版社1966年版,第56页。

总工会处理。①

7月底,上海总工会联合其他组织成立检查出货委员会,负责疏通国货及五卅前所有权属于国人之进口货的工作。可是,当资本家如期在8月9日提货完毕,却拒绝履行发放码头工人救济金的协议,以致码头工人在出货结束后几天不能如数获得。上海总工会陷入被动,呼吁罢工工人坚持到底。码头工人再次给予支持,忍饥挨饿,拒绝虞洽卿提出的"如要该会发款,除非以后上英日各货"的条件,继续罢工"是以工人等再三宣誓,虽刀在头,弹在后,总不为所迫。即有大利在前,亦不为所诱"。② 一直坚持到8月18日根据上海总工会的决定才复工。

由此可见,码头工人在五卅运动中的作用不容小觑。没有码头工人的配合和强有力支持,上海总工会领导的罢工难以持久。与饥寒相伴、终日劳作的码头工人能够克服种种困难坚持下来,有两点不容忽视:一是他们有爱国心和民族大义,在爱国热潮感召下,码头工人的义气得到释放;二是同乡顾正红被日人杀害,同乡观念起着重要作用。如果没有以上两个因素,受帮会控制、文化素养较差、缺乏组织纪律性的苏北码头工人无论如何没这么团结,罢工斗争坚持这么久。不容否认,许多苏北码头工人亦看重金钱才参加罢工。

此外,码头工人也参与了上海工人三次武装起义,前两次起义失败,被捕的码头工人达500人,被害60多人;第三次武装起义,码头工人纠察队非常勇猛,浦东码头工人担负的任务队起义的胜利有决定性的意义。3月21日中午,浦东码头工人在共产党员陈博云领导下,首先攻下了浦东第三警察署,之后又连续攻占了陆家嘴、杨家渡等几个警察分所,缴获了一批枪支,在杨家渡截击逃跑的军阀军队。③ 与此同时,沪南区高昌庙一带,沪东虹口一带码头工人纠察队同产业工人,接连攻下虹镇、香烟桥等警察署,并挺进到天通庵车站。④ 各业工人和市民联合战斗,第三次武装起义获得巨大成功。

2. 码头工人的抗日斗争

"九一八事变"后,上海码头工人再"不为日本帝国主义搬一件货"、"拼死御侮"中举行了声势浩大的反日大罢工,参加罢工的人数达3.5万人。他们成

---

① 《时事新报》1925年7月26日。
② 《申报》1925年8月18日
③ 陈港:《上海港码头的变迁》,上海人民出版社1966年版,第58页。
④ 《上海港史话》,上海人民出版社1979年版,第310—314页。

立了上海码头工人抗日救国会,组织了40多个抵制日货的宣传队和监察队,分赴各码头检查日货,宣传抗日;严密监视奸商,防止以仓库粮食资敌;他们还警告包工头,不准再和日商联系卸货。

码头工人的反日斗争使日寇的军用物资不能按时装卸。日本发动一·二八事变后,不断将大批军火运到上海。码头工人不顾日军及包工头的威逼利诱,拒绝为侵略者卸载货物。码头工人还消极怠工,拖延时间,间接拒绝为日人服务。一次,黄浦码头停靠了两条大船——"奉天丸"和"三津丸",工人们一早领了工票,临到开工时,却纷纷走散,使得两条大船无法装卸。有时开吊关的工人故意把吊关蒸汽放掉,吊关开不动,货物就装卸不起来。①

全面抗战开始后,上海码头工人继续罢工斗争。"八一三"事变后,码头工人居住较集中的闸北、南市遭战火洗劫,码头工人锐减。"八一三前他们哪一天没有块把钱好赚呢?"谈及这些,码头工人认为"这完全是日本鬼子害的";一说起东洋鬼子和汉奸,"没有一个不恨的"。他们希望侵略者能被早点赶出中国,恢复自己的家园,十分关注军事的发展。每天,码头工人只要不做工,"谈话的资料总是以时事为主,五个人七个人围在一道,包你十有九成是在那里谈国家大事。看报纸的工人,报纸放在手里不论认识与不认识你,一定有人靠到你身边来,而且要同你谈,不识字的也要来问你'今天打得如何'?"他们谁也不愿意到虹口码头做工。② 当时,赣榆青口码头工人积极参加反侵略队伍,失踪者很多。③

1941年8月16日,英籍"达登纳轮"为日军满载8,000余吨大米停靠英商公和祥顺泰码头卸货,英国老板唆使把头和看更对进出码头工人逐个抄身,上千码头工人忍无可忍,开始罢工,在全市各界人士和各码头工人的声援和支持下,坚持斗争18天。据不完全统计,自1938年至1943年,上海码头发生的针对日本侵略者的罢工、怠工就有100多起。④

3. 解放战争时期的码头工人

解放战争时期,码头工人参加了反对美国支持蒋介石独裁内战的斗争,常常借故拒绝为美军装卸物资,或拖延装卸时间。蒋介石国民党发动内战后,从美国

---

① 陈港:《上海港码头的变迁》,上海人民出版社1966年版,第59页。
② 胡林阁、朱邦兴、徐生合编:《上海产业与上海职工》,上海人民出版社1984年版,第677页。
③ 上海市档案局:Q6—5—982。
④ 《上海港史话》,上海人民出版社1979年版,第322页。

进口大批军火和军用物资。1946年春节刚过,美国总统轮船公司两艘满载"援华物资"的万吨级货轮又停靠到上海大来码头。大来码头工人在上海地下党领导下进行了以提高工资为名的罢工,拖延卸货时间。这天,大来码头工人400多人照样带着杠棒、绳子、搭肩布等,进入码头。当包工头召集工人上工时,工人们却坐着不动。杨思警察分局随即派来70多名警察进行威胁。罢工持续了7天,使美轮延期。最后,为了怕耽误军运,码头洋大班和包工头不得不提高一部分工资。① 由于资料分散,无法一一列举码头工人类似零散的革命斗争。

国民党败退大陆前,偷偷运走黄金、白银到台湾外,还搬运工厂机器设备等。上海码头组织"人民保安队",提出"反搬迁,反偷运"口号,保护了东大名路中国银行堆栈,公平路中纺十八厂,临平路警察局,中南橡皮厂,中纺第五厂,物华路第七军服厂,沙泾路宰牛公司等,提篮桥的各种桥梁也得以保护。

上海解放后,工人立即将各厂完整地移交给上海市军事管制委员会,并协助解放军缴获国民党军武器,计有:手枪5支,冲锋枪一挺,手榴弹2箱,子弹4,000余发。②

在保护重要物资过程中,码头工人甚至直接与国民党斗争。虬江码头是国民党在上海最大的军用码头。国民党军队劫运工具缺乏,从虬江码头上抽调接送工人上下班的交通车,激起码头工人反对。而国民党军队稽查队竟动手打人,造成7名工人受伤。第二天,虬江码头停靠的美国货轮正要开工,码头工人在地下党领导下开始罢工,并向码头负责人提出:严惩打人凶手;赔偿医药费;保证今后不打骂人;增加工资。

码头工人罢工使装载军事物资的美国货轮不能卸货。码头负责人和稽查大队长使用欺骗、强迫的办法使工人复工。但工人们既不受欺骗,也不怕威胁,还把推土机、铁甲车和电瓶车等一起开到现场,筑起一道防线,每人手里拿着榔头、铁棍等自卫武器。稽查队员见势不妙,都畏缩不前。

罢工第5天,国民党军运输局下令开除带头罢工的工人,激起工人更大愤怒。虬江码头全体工人举行罢工,码头顿时瘫痪。不但美国货轮上的货物卸不下来,连码头上国民党准备劫往台湾的大批物资也无法装船。最后,国民党当局

---

① 《上海港史话》,上海人民出版社1979年版,第328页。
② 《解放后上海工运资料》,上海劳动出版社1950年版,第15页。

只得答应工人提出的大部分条件。虬江码头工人拖延了国民党政府的劫运计划。①

近代上海是中国东南沿海的航运中心,码头承担着重要的运输物资重任,苏北码头工人的工种对上海港功能发挥、装卸货物的效率,起着至关重要的作用;码头工人罢工,上海港立刻成为死港。近代上海接连不断、波澜起伏的反帝反封建运动中,苏北码头工人作出了重要贡献。

第二节　上海革命运动中的苏北人力车夫

人力车夫是苦力工人的重要组成部分。近代以来,苏北农村地区生存条件逐步恶化,"一年被水淹,三年歉收,还未等恢复元气,新的灾难又降临了",每遇自然灾害,农民"吃掉耕畜,吃光种籽,卖掉土地,佣金钱财",背井离乡,逃亡江南各地,"做小贩,做厂工,做黄包车夫,做一切下贱的事。"②近代上海,来自苏北的黄包车夫是一支数量庞大的劳工队伍,他们在上海革命史上也留下印迹。

一、上海人力车沿革

人力车(RICKSHAW)一词源于日本,系日文 JINRIKISHA 一词的汉字书写形式。据日本《广辞苑》的解释,人力车是明治二年(1869)由和泉要助、高山幸助及铃木德次郎等人发明,其别名有腕车、人车等。人力车进入上海的历史非常早。1873年,一位名叫米拉的法国商人从日本来到上海,看到在日本获利甚厚的人力车业,也想在上海效仿操业。他向法租界公董局申请经营"手推车"的10年专利,公董局否决其专利申请,却允许他开业。不久,米拉得到公董局发放的12张牌照(每张为25辆人力车),并于次年3月24日注册了上海首家也是中国首家的人力车公司。③

---

① 《上海港史话》,上海人民出版社 1979 年版,第 331 页。
② 池子华:《中国近代流民史》,浙江人民出版社 1996 年版,第 72—73 页。
③ 蔡亮:《近代闸北的苏北人(1900—1949)》,上海师范大学 2006 年硕士学位论文。

苏北人与上海革命运动(1921—1949)

  人力车是由人拉的双轮载客车,因从日本传入中国,又被上海人称为"东洋车"。最初的人力车是木轮车,车身很高,木制双轮同马车后轮差不多大小,轮外包镶黑色铁皮,行走在石子石块砌成的马路上隆隆作响,车座颠簸得十分厉害,乘坐很不舒服。之后,日通公司对人力车进行改造,放低车身,用钢丝铁圈代替木轮,外箍橡胶车胎。这样,行车时轮声变得很轻,车身也十分平稳,乘客也舒服多了。后来租界规定人力车身都要涂上黄漆或桐油,而其整个车身近似元宝形,故又被称为"黄包车"。①

  1938年11月,租界当局又规定自1939年元旦起,人力车要将车杆、车身距离缩小,靠背改用马鬃,两面加置漆布包搁手,搁脚布不用,加铁条三个,以免滑跌,车灯改铜灯为铁皮黑漆灯。至此,人力车的形状得以固定。②

  自人力车投入营业后,因价格不贵,乘坐方便,商人和旅行人员及居民乐于乘坐,更重要的是,当时每辆车一日的车租相当于车价的三十分之一。最初,人力车公司皆由外国人开办,其范围仅限于法租界,人力车均从日本进口。当时每辆车售价15元,车夫租一辆车平均每日要支付给老板400—600文,扣除车辆保养、折旧及上缴的税金外,一辆车的成本只要一个月便可收回。

  另外,苏北等地破产农民不断来沪谋生,"车夫"来源充足,使得人车行业的发展具备了条件。③ 19世纪80年代后,人力车实现了国产化,每辆车的成本进一步下降。如此暴利,很多人纷纷投资该业,人力车业从法租界扩展到公共租界和华界。作为上海城市核心部分的公共租界,1924年时已有人力车19,882辆(其中私家人力车占9,882辆)④。

  1898年,中国人也开始经营,在老城厢出租人力车。20世纪20年代,南市人力车有4,500辆。⑤ 闸北在1910年前也出现无照人力车营业,到1928年闸北的人力车最盛时已增至4,000辆⑥,活动区域则以北站、金陵路(秣陵路)、泥城

---

① 熊月之主编:《可爱的上海一百六十年知识问答》,学林出版社2004年版,第36—37页。
② 《文汇报》1938年11月28日。
③ 《上海出租汽车、人力车工人运动史》,中共党史出版社1991年版,第74、79页。
④ [美]卢汉超著,段炼、吴敏、子羽译:《霓虹灯外——20世纪初日常生活中的上海》,上海古籍出版社2004年版,第64页。
⑤ [美]卢汉超著,段炼、吴敏、子羽译:《霓虹灯外——20世纪初日常生活中的上海》,上海古籍出版社2004年版,第64—65页。
⑥ 上海市档案局:Q5—2—1012。

桥(今西藏路桥)、大统路等处尤多。① 闸北开设了人力车公司后不久,人力车的经营范围又扩大到了沪西、浦东等地。

1918年华商沈金水在浦东首先开办了人力车行,至1933年,洋塘和高陆两区有人力车行发展到180家(户),共拥车1,078辆。沪西早有人力车行驶,直到1933年才发放临时牌照3,000多张,准许这批车辆在真如、蒲松、法华、漕河泾等地区范围营业。

1927年吴淞乡划归上海市,人力车行业也发展起来,到1933年有车主107户,拥车200辆。1933年旧公用局对上海市人力车的捐照数量作过限制,规定华界和租界捐照限额为23,335辆,但实际车数超额,国民党政府对实际数也不甚清楚。1934年,国民党上海市政府公用局作了《办理真实人力车主免费登记经过》的统计报告,社会局也作了《上海市人力车夫生活状况调查报告书、本市人力车夫估计表》,估计当年有人力车23,306辆,车主4,814户,车工78,630名,如表4-1所示:

表4-1 上海市人力车夫生活状况调查报告书、本市人力车夫估计表

分布区域	车辆数(辆)	车主数(户)	工人估计数(人)
公共租界	9990	1148	39960
沪南	6014	1291	18042
沪北	2900	805	8700
沪西	3124	1215	9372
洋泾、塘(桥)	1005	150	2010
吴淞	200	175	400
高(桥)、陆(行)	73	30	146
合计	23306	4814	78630

资料来源:《上海出租汽车、人力车工人运动史》,中共党史出版社1991年版,第74—75页。

1936年,上海市捐照的人力车总数为31,151辆,其中营业车为23,335辆,自备车为8,216辆。"八一三"战争发生后,人力车行业逐渐衰退:战火毁坏了3,000多辆人力车,有些车工返回苏北家乡;太平洋战争爆发后,上海兴起了人力三轮车,取代了人力车部分业务;抗战胜利后,国民党市政府逼迫人力车从

---

① 上海市档案局:Q5—2—1018。

苏北人与上海革命运动(1921—1949)

1946年10月起改装单人后座式三轮车才能营业,1948年9月人力车减至6,226辆。1927—1936年是人力车行业的鼎盛期。

20世纪初,上海人力车业被外国公司垄断,当时著名的南和、飞星公司,每家都拥有几千辆车,资本非常雄厚。① 这种状况一直延续至第一次世界大战爆发。战争爆发后,许多外国老板纷纷回国。20世纪20年代,中国承包商逐渐从外国老板手里买下人力车,并接管其公司。20世纪30年代中叶,上海人力车业发展到巅峰,完全转变为中国民族产业,无论老板、层层中间商及最下层的车夫,都是中国人。② 1930年前后人力车夫数量达12万人③,"八一三"抗战爆发后,人力车夫一度减少;至30年代后期,车夫的数量一度又升至约10万人,"目前的黄包车,已十足是我们民族的资本了"。④

二、苏北人力车夫分布及生活状况

人力车自传入中国,就被认为是苏北移民的职业。苏北的人力车夫原本是在天灾人祸打击下被迫放弃农田活路的贫苦农民,来到上海一无所有,唯有出卖体力。

人力车夫中盐城人和阜宁人是主体,既与人力车的经营方式有关,也与江淮同乡会中理事长盐城人顾竹轩、常务理事阜宁人金九林早年拉黄包车、后来皆为黄包车头子密切相关。自人力车业引入中国后,凡是由车行(公司)老板经营的,基本上采取租赁制,即老板通过包头承放转租人力车于车工,车工在转租后,才自行分散到车站、码头、剧场、旅馆等交通集散点侯客,或流动于街头巷尾招揽生意,车工盈亏自负,必须在下班时保证按规定向包头缴纳租金。而车行老板则主要负责捐照、承放、车租,安排停车场地和车辆的简单维修等事务。

人力车之所以采用租赁制,首先因为最初经营人力车者皆是外商,他们沿袭西欧通行的招标承包方法;其次,因言语不通,上海情况不熟,直接租赁给大量

---

① 胡林阁、朱邦兴、徐声合编:《上海产业与上海职工》,上海人民出版社1984年版,第674页。
② [美]卢汉超著,段炼、吴敏、子羽译:《霓虹灯外——20世纪初日常生活中的上海》,上海古籍出版社2004年版,第66页。
③ 《上海出租汽车、人力车工人运动史》,中共党史出版社1991年版,第119、122页。
④ 胡林阁、朱邦兴、徐声合编:《上海产业与上海职工》,上海人民出版社1984年版,第674页。

的、居住分散的、工作流动的车夫,难收车租,所以必须依赖中国包头代理一切;最后,旧上海帮派如林,其中之一支——江北青帮通过江淮旅沪同乡会,借助为同乡介绍职业的手段,控制着来自江淮地区破产的男性青壮年,把他们纳入到人力车夫的大军中。

苏北青帮头子顾竹轩等人早年因拉黄包车起家,在南市和公共租界一带很有势力,其兄顾松茂便以此为背景充当飞星黄包车公司十大包头之一,承放350辆人力车;法租界巡捕房督察长金九林曾开设恒和车行,拥有200多辆黄包车。他们将车子分别包给自己徒子徒孙承放给车夫。所以,近代上海的人力车夫中,江淮人一统天下。

20世纪20年代至30年代,飞星、捷成、汇芳等外商黄包车公司逐步把车卖给了承包人,许多包头成了车主。人力车行业在20年代成立上海市商业协会人力车夫分会,顾竹轩任会长。人力车业分会有一定实力,"所捐照之款,每月有五百元之谱",1929年每月出资200大洋,在南市姚洪路建成"人力车业培养小学"一所,后改名"扶轮小学"。①

1945年江淮同乡会会员名册2,000多名会员中,人力车夫占半数以上,他们集中居住在余姚路451弄1—133号,长寿支路小辛庄7—84号,叉袋角马伯路(海防路),海宁路,安远路,劳勃生路,药水弄,潭子湾街,姚家桥,麦根路,康乐路,京江路棚户,戈登路,东京路5号,长宁路200—500号。

徐家宅棚户,漕河泾156弄14—28号,漕河泾189弄1—10号,公水桥棚户区,冠生园路,弼教路八号,陈家宅草棚;裕德路10号,三角地潘家宅草棚。

闸北中华路,广肇路,恒丰路,普善路,大统路,新民路,川弓路棚户,七浦路,地梨港,交通路,大洋桥,中兴路1874—1919号,共和新路南山路口,会山路,华德路,会文路,中山西路。

沪东的虹镇老街,天潼路,榆林路,杨树浦路,平凉路795弄,蒋家浜1—583号,东嘉兴路,大通路,康定路,胡家木桥,扬州路、盐山路,兆丰路,齐齐哈尔路,梧州路合兴里。

他们还集中于南市斜桥,高昌庙,日晖东路,姚洪。打浦路,斜土路,制造

---

① 《扶轮小学(原名江淮人力车业培养小学)、江淮小学、江淮旅沪小学立案》,上海市档案局:Q235—1—1086。

局路,祁门路,陆家浜路池河头 51 号等地。

由此可见,盐城和阜宁的人力车夫遍布于闸北、沪西、杨树浦、南市、浦东等地。①

淮安同乡会成员中人力车夫集中于曹家渡的小辛庄、长寿路、长寿支路 12—68 号、余姚路星茂里等地。②

近代上海的苏北人力车工人,和码头工人一样,靠出卖劳力生存,但由于车租很高,劳动所得难以糊口。在人力车夫行业,"人力车公司中的多数车辆交由买办放租",但是仅凭一人之力,难以全权处理,于是"分招经手之人,名曰大头脑。大头脑又分出半数或少数给二头脑、三头脑"③。经过辗转剥削后,车租则已比公司放出车辆之时高出许多。如飞星黄包车公司在 1922 年时将人力车租给大包头目时是"每日每车收租七角五分",放至人力车夫时"每日则收租小洋十角"④,时人称这种车业内况为"多头脑阶级制"。⑤

在重重剥削之下,车夫收入极其微薄。总体看来,人力车夫"辛辛苦苦一年下来,入不敷出者竟占 89.14%,负债额以 10—30 元之间为最普遍"。⑥

以 1934 年为例,持有三面照会⑦的人力车夫每日上缴车租大洋 8 角 5 分(1 元 = 12 角小洋 = 278 左右铜板);持有两面照会的早班为钱 580 文(合大洋 0.18 角),晚班 860 文(合大洋 0.26 元)。一面照会者,闸北规定早班车租为钱 500 文(合大洋 0.15 元),晚班 640 文(合大洋 0.19 元),沪西不分早晚班,每日钱 700 文(合大洋 0.21 元)。各种费用扣除后,持小照会者每月净收入 8.88 元,持大照会者为每月 8.84 元。⑧ 据上海市社会局 1928 年统计,上海(华界)一名普

---

① 上海市档案局:Q6—5—954。
② 上海市档案局 Q6—5—993。
③ 《申报》1922 年 2 月 16 日。
④ 《申报》1922 年 8 月 8 日。
⑤ 《申报》1922 年 2 月 16 日。
⑥ 《东方杂志》第 32 卷第 16 号,转载孔祥成:《现代化进程中的上海人力车夫问题——以 20 世纪 20—30 年代为中心》,《学术探索》2004 年第 10 期。
⑦ 由于近代上海长期的行政分裂,人力车牌照分为三种:只能行于闸北、沪西等单独区域的为一面照会;可通行于南市、法租界两个区域的称为两面照会,以上两种合称乙种照会,俗称小照会。公共租界发放的执照可以通行全市任何区域,不受限制,被称为三面照会,或甲种车照,俗称大照会。参见上海市档案局:Q5—2—1019。
⑧ 李文海主编:《民国时期社会调查丛编·城市(劳工)生活卷》(下),福建教育出版社 2005 年版,第 1215 页。

通男性工人平均月工资为 20.65 元,女工为 13.92 元,童工为 9.30 元。① 人力车夫与他们相比,属于赤贫群体。

人力车夫"文化水准最低,他们有十分之八是文盲,十分之二略识几个字",因无法阅读(也无钱购买)书籍、报纸等读物,所以对于生活、政治,不容易了解,只有凭自己的生活经验与人们的口头传说,去知道一些。

> 车夫的生活,较任何部门的工人更为困苦,他们终年穿着破旧衫裤,身上补丁一补再补,冬天棉衣裤的破棉絮很多一块块地拖在外面;他们大都每天吃两餐饭,上午十时半一餐,下午四时半一餐,有四五口家眷的车夫,每天小菜规定一角至二角为限,故除吃廉价的青菜、豆腐、咸鱼以外,对于鲜虾、鱼肉,一年中除旧历过年过节之外,平日绝对没有吃到的。在上海两租界(包括法租界单面照会)的十万车夫中,大约有六万是没有家眷的,他们都住在车行里,由承放人搭建二层、三层搁楼供给车夫居住。在每一家车行的二层搁楼上,须住着二三十个车夫,一间三层通搁,则须容纳四五十个车夫,他们在地板上铺着肮脏的被席,依次地排列着,他们中间拥挤得没有一些距离,这里的空气是污浊的,地板是龌龊的,臭虫、白虱是这里的特产品。②

人力车夫因大多为苏北农村破产的农民,与帮派势力联系密切,养成了不良的生活习惯,甚至染上近乎流氓式的习气。《上海生活》1940 年的一篇报道描写了人力车夫的不良生活习性:

> 上海的人力车夫大多数是江北同胞,虽然也有本地人,但是占着极少数。他们吃得苦,耐得劳,当然是大可嘉尚的一部分奋斗的民族。可是因为他们十分之十是世袭其业,也可以说是十分之十是没有受过教育的。他们的智识既是那么浅陋,他们的头脑有时那么简单;而对于这五方杂处的上海,竟将他们原有的淳朴天性泯没了,濡染成一种欺诈、贪狠、野蛮的习

---

① 上海市政府社会局编:《上海市工人生活程度》,中华书局 1934 年版,第 2 页。
② 胡林阁、朱邦兴、徐生合编:《上海产业与上海职工》,上海人民出版社 1984 年版,第 675—676 页。

气……他们的弊病和恶劣的印象,一时也说不尽。

赌博、喝酒、嫖妓是他们最常见的娱乐。行为、生活习惯上的散漫性和"流氓式",损害了人力车工人的形象,"上海居民,无论男女,提起人力车夫莫不疾首痛心,对他们表示不出一丝好感"。①

苏北人力车夫从事繁重的服务工作,缺少文化,文明程度低,备受上海社会的歧视;他们加入帮会组织,为帮会头子为虎作伥,致使社会民众对人力车夫又增添了厌恶、惧怕之感。人力车夫在上海革命运动中作用如何?是不是真如上文所言,他们的所有良知被都市生活重压泯灭了?

三、人力车夫的罢工斗争

(一)人力车夫的自发斗争

中国共产党成立之前,人力车夫就开始了各式各样的斗争,斗争对象既有封建把头,也有外来侵略者,既有经济、抗暴斗争,也有政治斗争。

1914—1919年,上海人力车夫罢工越来越频繁,反帝反封建的色彩很浓。1915年12月,上海人力车工人进行了一次以反对加租为目的的罢工斗争。1915年8月,上海人力车数量增加到13,000辆。公共租界和法租界当局认为,车辆过多,供过于求,空车拥堵道路,阻碍交通,决定从9月起逐渐减少人力车,1916年减至6,000辆。之后,租界巡捕"凡遇黄包车之稍有破坏者,均将照会撤除,即以该号照会,知照工部局,以后不再给捐",以此法减少车辆。11月,人力车已减少至9,000辆。

人力车行认为租界的做法影响了自己的收入,决定增加车租以减少损失。12月1日,洋商飞星、汇芳、捷成、大昌等车行增加车租,由日收车租小洋六角增至小洋八角,"须再加收佣费数十文",每天租金已近小洋九角。车夫即向公司请求免加车租,遭拒,"遂激成同盟罢工之风潮"。② 车夫一面通过拖车同业汇总公司要求各车行停止加薪,一面齐集数百人,"分至公廨及道尹公署,跪香要求维持",并派代表陈信龙、顾占奎、王阿二、林忠厚四人禀诉一切。

---

① 吴健熙、田一平:《上海生活:1937—1941》,上海社会科学院出版社2006年版,第91—98页。
② 上海《时报》1915年12月5日。

第四章 近代上海苏北苦力的政治诉求

与此同时,一些人力车夫在要道守候,有黄包车经过,即将车翼拆除,甚以野蛮手段对付,"行凶殴打,将车击毁"。罢工坚持了3天,使租界境内客运交通处于半瘫痪状态,迫使外商让步,每日每车加租一角,工部局也被迫中止减车计划,保持当月7,500辆的数量。① 罢工取得胜利。

1918年4月,租界工部局再次减少人力车,又发生车夫罢工。1918年,公共租界人力车辆发展到两万辆以上,工部局决定"将界内黄包车之车身恶劣暨零件不完全者,每日拟收照会两百部,期以一月共淘汰恶劣车辆六千部,以清路政。"②巡捕见有黄包车夫在马路兜揽生意违章者,立即将该车所钉白瓷黑色号码之小照会撬去。人力车夫转诉洋车商,来安、汇芳、飞星等公司"遂有赞停放租之议",车夫感到生路被断,决定罢工。③

参加此次罢工的车夫"不下数千人",他们怀疑工部局减少人力车是受电车公司指使,于是,遇见电车"先毁其玻璃,次毁其门窗,并约多人或执木柴或取砖砾纷纷向电车投掷。开车者见此情形,即开倒车而逃。奈众车夫又与开车人为难,不许其开驶。……各黄包车夫见车便毁,故共计被毁车辆十一乘之多"。④他们还痛打外国巡捕。此次罢工遭到公共租界工部局镇压,造成人力车夫多人死伤,工部局取缔人力车如故。这次罢工以失败而告终。

1919年3月,人力车夫又因车租加价而举行同盟罢工,这次罢工实为飞星公司老板与包工头之间矛盾激化的产物,车夫受苏北青帮和江淮同乡会的控制,车夫采取暴力手段阻止营业,甚至将车主所开茶馆"茶碗玻璃窗等物抛掷打毁"。但最终因巡捕镇压及各方妥协,"未肇巨祸"。⑤

五四运动开始后,车夫一改往日专为经济利益而实施暴力的行为,其爱国热情被调动。1919年5月,上海《时报》多次刊载人力车工人不载日本人的报道:

> 黄包车工人齐结团体,不为日人服务。昨日即14号,虹口吴淞一带,已发现黄包车夫,齐结团体。凡遇某国人雇坐车辆,概不拖拉,以表爱国热忱

---

① 上海《时报》1915年12月3日。
② 上海《时事新报》1918年4月18日。
③ 上海《时事新报》1918年4月19日。
④ 上海《时事新报》1918年4月18日。
⑤ 上海《时事新报》1919年3月9日。

一致之意。此等苦力穷民,亦知大义,殊属可敬。①

黄包车工人一律拒却日人雇车。本埠各界人士抵制日货后,黄包车夫亦具爱国热忱,一律拒却日人雇坐,令人钦佩。昨(25日)午后有日本人甲乙两名由杭州坐火车来申,急抵南站,欲雇黄包车往北,竟无一人应雇。甲乙不得已,只得徒步至大东门中华路间,不觉乏力,复又唤二辆前往虹口,每辆愿出大洋五角,无如各车夫颇为爱国不为利动,仍置不睬。②

苏北人车夫虽然平时行为粗鄙,喜欢以暴力解决争端,造成了凶暴、野蛮的形象,但就其本性来说,良心并未泯灭。当外国列强强行把战败国德国在山东的权益转让给日本人引起全国人民义愤之时,人力车夫把苏北人讲义气的文化转化为爱国义气,即便再缺钱,也不给民族仇敌日本人拉车,体现了中国人的骨气。

(二)上海革命运动中的人力车夫

近代上海的主要交通工具是人力车,繁华的南京路外滩、外白渡桥、麦根路、泥城桥,人流如织的火车站、大统路一带,随处可见汗流浃背、形容枯槁、衣衫褴褛的人力车工人奔波的身影,其辛苦和悲惨境遇引起了早期共产党人的同情和忧虑:陈独秀在《每周评论》上发表了《贫民的哭声》,他借用人力车夫妻子的口气,描述了人力车工人家庭的悲惨命运:"我可怜的丈夫,他拉车累得吐血了,如今我的儿子又在这大风雪中拉车,可怜我那十二岁的孩子,拉一步喘一口气!"同年,毛泽东也表达了人力车夫的心声:"我们是车夫,整天的拉得汗如雨下!车主的赁钱那么多!得到的车费这么少!何能过活!"③

中国共产党成立后,关注并启发教育这支苦难深重的车工队伍。在国民革命时期,中共党组织在上海车夫中发展党员,建立支部,带领他们参加斗争。五卅反帝爱国运动爆发后,上海人力车工人积极加入运动之中。说明人力车夫与全国人民一样有爱国心,被害的顾正红是人力车夫的同乡,同为江淮人的人力车夫对日、英帝国主义的仇恨比来自其他地区的车夫更大,更激发他们的反帝热

---

① 上海《时报》1919年5月15日。
② 上海《时事新报》1919年5月26日。
③ 刘秋阳:《近代中国都市苦力工人运动》,湖北人民出版社2008年版,第140—141页。

情。前文已述,五卅运动期间,上海总工会委员长李立三与江淮旅沪同乡会理事长、人力车夫总头目、盐城人顾竹轩联系频繁。

上海人力车工人于 1925 年 6 月 20 日成立工会,散发传单,劝告所有人团结起来反抗帝国主义:"我们可怜的黄包车夫受帝国主义者的压迫较任何人为甚。外国巡捕每天殴打我们,侮辱我们,但是我们从来不敢抗议,甚至不敢申诉我们的痛苦","当全国发动反帝运动的时候,我们应当组织起来成立工会力图复仇,借使罢工得到圆满解决"。

人力车工人在工会组织下有秩序地参与罢工,每十人组成一个小组,每组选举小组长一人;每十组成立一个支会,支会设五人委员会。总会设九人执行委员会,分别主持会务。① 拥有万辆车的飞星、捷成黄包车公司,原三分之二人力车工人"专拉英日人生意",但在五卅爱国热潮中,这两家公司的工人"全体罢工,加入罢工团体,已尽国民一分子的天责"。②

上海工人第三次武装起义时,中国共产党在车工中组织了纠察队,约有 3 万名车工参加了起义。"四一二"政变后,人力车党组织遭到严重破坏。中国共产党对上海人力车工人的工作并没有取得预期成效,1927 年上海总工会在总结五卅运动后上海各业工人运动发展情况时称,粪夫工会、黄包车工会、救火工会等工作"尚无大多成绩"。③

1929 年上海党组织力图恢复发展人力车党组织。同年 8 月 8 日,沪西樱华里人力车工人成立了赤色工会,之后在龙华路、潭子湾、新民路(天目中路)等地的车工中相继建立了赤色工会;1930 年 9 月 6 日在南市成立上海人力车总工会。人力车总工会成立后,积极开展工作,将车工们组织起来,进行减租的反剥削斗争,在 1930 年多次组织罢工和游行示威,其中影响较大的是在 9 月 20 日领导了全市性的罢工浪潮。④

1932 年"一·二八"抗战期间,上海民众组织了中国共产党的外围组织"民反义勇军",人力车工人参加了"民反义勇军"组织的运输队,专为十九路军运送食物、武器和军用物资。一次,十九路军筑工事需要草包,义勇军就在一天之内

---

① 《大陆报》1925 年 6 月 23 日。
② 《申报》1925 年 7 月 1 日。
③ 《中国工会历次代表大会文献》,工人出版社 1984 年版,第 215 页。
④ 《江苏革命历史文件汇集》甲(9),第 367—368 页;《红旗日报》1930 年 9 月 11 日。

运来所需草包。① 在抗击日本侵略者的斗争中,上海人力车夫反应迅速,热情很高,干劲很大,一度成为中国共产党倚重的力量。

但是,自1932年至抗日战争时期,中国共产党对人力车夫的工作并不尽如人意。除人力车夫受帮会控制的原因之外,还与大革命失败后日益加剧的白色恐怖环境有关。在国民革命时期,由于有中国共产党的组织、引导,人力车夫在历次斗争中表现活跃,知晓民族大义。但大革命失败后,白色恐怖加剧,人力车工人看不到胜利的希望,加之生活极度匮乏、为了生存而终日疲于奔命,于是重新陷入消沉保守状态。

20世纪30年代初,立三中央想在包括人力车夫在内的都市苦力工人中重整旗鼓,希望在上海"工人阶级中受压迫最重的群体中打开局面",并开展一系列活动,但结果并不如意。1934年,中共上海地下党曾号召人力车工人起来"反抗车主"、"支持红军取得胜利";1935年法租界人力车夫罢工时,地下党又四处散发传单,号召人力车工人"打倒政府、打倒帮会、打倒车主"。可是,"没有证据表明这些鼓动收到了效果"。②

"八一三"战事爆发后,日本侵略者焚了南市、闸北,占了虹口,上海的人力车工人大部分住在闸北、胡家木桥、太阳庙、大洋桥一带,他们栖息之所悉数被侵略者焚毁,许多人力车工人被迫返乡。

1946年发生的"臧大咬子事件"使苏北人力车夫在上海的政治舞台重新活跃起来,该事件掀起了全市反美、反国民党统治运动,继而波及全国。

该年9月22日夜间,盐城籍人力车夫臧大咬子拉着美国商船"马立斯号"上西班牙水手赖令奈,从虹口到朱葆山路安乐宫舞厅。车刚停下,赖令奈不付钱就跑进舞厅。臧大咬子无法进去,只好等在门外,记住了不给钱的水手是一个独眼龙。深夜11点左右,独眼龙赖令奈喝得酩酊大醉,同一个名叫饶德立克的美国水兵并肩跌跌撞撞地走出舞厅,臧大咬子立即上前向赖令奈讨要车钱,赖令奈不认账,臧大咬子紧紧抓住不放。赖令奈眼看摆脱不了,就与旁边站着的饶德立克耳语几句,然后将臧推向饶德立克,饶德立克趁势对臧的胸口就是一拳,致使毫无防备的臧大咬子仰面朝天,跌倒在地立刻昏死过去。在场的人力车工人、三

---

① 沈以行、姜沛南、郑庆生:《上海工人运动史》(上),辽宁人民出版社1991年版,第559页。
② 李维汉:《回忆与研究》(上),中共党史资料出版社1986年版,第42页。

第四章 近代上海苏北苦力的政治诉求

轮车工人高喊"美国水兵打人了",围住行凶的美国水兵和赖令奈。

此时,适有一辆美国吉普车经过,听到赖令奈和饶德立克吹了声口哨,车停下来,他们企图上车溜走,但被愤怒的车工紧紧围住。正在执勤的第5912号警察王贵斌挤进人群,问明情况后,觉得美国水兵欺人太甚,便掏出手枪对准汽车,不准开走。这时,又开来一辆美军巡逻车,上面坐着2个美国宪兵和1个中国宪兵。美国宪兵掏出手枪对着中国警察说:"你有枪,我也有枪,我们比比看。"中国宪兵对中国警察说:"你真糊涂,这个车是美国的,你怎敢拔枪。"就这样,美国宪兵将凶手带走了。中国警察将目击证人和赖令奈带到黄浦分局,同时又将臧大咬子送到医院救治。臧大咬子因伤势过重,脑壳破裂,加之延误了抢救时间,次日早晨含恨而死。

臧大咬子被无辜打死后,9月24日《文汇报》率先以"蛮横的美国兵,廉价的中国血"为题进行了报道。接着,上海的一些进步报刊和群众团体也不断披露饶德立克的暴行和国民党政府的腐败无能。一时间,臧大咬子事件成了上海街头巷尾的话题,广大民众纷纷投书报刊,抗议美军打死人力车工人的暴行,要求严惩杀人凶手,并纷纷捐款请报社转交臧大咬子的家属。

9月2日,上海各人民团体发起了"美军退出中国周"宣传活动。面对社会各界的谴责和呼声,上海国民党市党部十分恐慌,秘密命令有关机构:"日后凡有美军酗酒肇事及其他风习上可能视为'有关风化'的新闻,绝对禁止发布,以免妨害中美邦交。"同时责成黄浦分局于10月3日将西班牙水手赖令奈从船上押到上海地方法院检察处收押侦查。

10月9日,上海地方法院检察处首先开庭审讯了赖令奈,并传唤了有关证人。审讯结果,一致指认凶手为美国水兵,要求美国水兵出庭受审。但是美国军事当局先是表示沉默,拒不答复,后又肆意抵赖。其间把这一血案见证人、名叫廖远授的三轮车工人骗到青岛,企图要廖远授提供假证。廖远授后来对此事作了说明:"在臧大咬子死后快一个月,他们又把我骗到青岛,我起初还以为真是去开军事法庭审判凶手,但在美国军舰上,我首先碰到了那个自由自在的杀人凶手。船长把我叫去问来问去却只有两句话:'你是不是可以证明十几个车夫先动手打饶德立克','如果你能证明,美国人不会亏待你的。'我说:'我是中国人,我也是工人,不能没良心。'他们就说我不是他们'忠实可靠的见证人',马上把我送回上海,本来答应照付四天工资,此时连一具铜板也不给了。"①

臧大咬子事件发生后,国民党上海市政府一直不敢得罪美国人而凶手逍遥法外,上海人力车夫再也坐不住了,愤然上街游行。②

1949年上海解放前夕,在中共地下组织发起的全市性的"反搬迁,反偷运"运动中,人力车夫也作出了一定贡献。1949年1月,住在沪西余姚路棚户区的人力车工人徐大毛,团结一大批积极分子,利用踏三轮车、拉人力车的便利条件,保护了该地区的高压电线、变压器、电话线、自来水等公用设施。③

近代上海的人力车夫带有浓厚的苏北农民特色,虽在大都市谋生,却干着没有任何技术含量的服务工作,劳累异常却收入微薄;文化水平低下,行为习惯带着农民的印迹;更因加入帮会组织使得他们成为帮会头子手中可资利用的工具,为了帮派利益而频繁使用暴力,形成了穷、狠、蛮等负面形象,但他们在近代上海历史的转折关口能顺应大势,如在五四运动、五卅运动、抗日战争、反美运动中,深明大义,保持民族气节,这与苏北地域文化中的爱国传统、讲义气等因素是分不开的。在近代上海不同历史时期,他们的贡献有大有小,但也留下了一定的印记。

第三节 中国共产党在苏北贫民窟的教育动员

近代上海的贫民窟就是棚户区,主要居民是各类苦力,包括工厂工人,拉塌车、踏三轮车的苦力,还有小商小贩、拾荒者、失业者、无业游民和流入城市的难民。他们主要来自苏北、安徽、浙江、山东等地,其中苏北人数量最多,分布在黄浦江、苏州河沿岸,沪西、沪东工厂区等:沪西的"三湾一弄"等,沪东的杨树浦路、平凉路等,闸北的大统路、交通路等,徐汇的南北平民村、市民村等,虹口的虹镇老街、保定路、大名路等,沪南、浦东沿黄浦江一带。

---

① 《上海出租汽车、人力车工人运动史》,中共党史出版社1991年版,第93—96页;《解放日报》1950年11月,转载刘秋阳:《近代中国都市苦力工人运动》,湖北人民出版社2008年版,第251—252页。
② 《上海出租汽车、人力车工人运动史》,中共党史出版社1991年版,第101—106页。
③ 《上海出租汽车、人力车工人运动史》,中共党史出版社1991年版,第115页。

第四章　近代上海苏北苦力的政治诉求

一、中国共产党对苏北贫民的早期教育动员

笔者在前文中已对工厂工人、人力车夫和码头工人进行专门研究,**本节内容与前文研究虽有交叉但并非机械雷同**,前者注重行业研究,而本节则以苏北人居住区为研究重点,探讨中国共产党的社会动员。

20世纪30年代初,中国共产党把目光投向棚户区,试图在贫民中发展工会和党团组织。1930年,江苏省行动委员会和上海工联多次开会,**研究建立贫民工会组织**,发展贫民中的"勇敢者"加入工会和党团组织,这与立三中央期望在短期内通过城市暴动武装夺取政权的激进主义政策是吻合的。

当时,中共上海地下党还组织、动员为数50万—60万之众贫民,其主体是"菜场小贩,小摊户,马路小贩,游戏场小贩,楼流所,庇寒所,贫民窟,小报贩,划船户等"。1930年6月,在中共中央、江苏省委和上海工联的共同努力下,上海贫协宣告成立,这项工作的进展异常艰辛而缓慢,终于在全市形成40多个分支组织,发展了471名会员。1931年1月江苏省委通过了《**关于上海贫民工作决议案**》,建立市贫协分支机构,以会员形式吸收贫民。①

但中国共产党在30年代对贫民的革命动员效果并不理想,**毕竟这些苦力行业、半失业、无业人员来自农村,多数是文盲半文盲,思想观念保守,胆小怕事**,可能内心有革命需求,但并不敢轻易行动起来。该项工作随着立三路线被纠正而不了了之。因此,并非越穷越革命。

二、解放战争时期中国共产党在贫民窟的社会动员

解放战争时期,中共地下党把开辟城市贫民工作作为重要任务。**1947年**后,沪东、沪西、闸北、南市等棚户区的工作,基本打开了局面。**1948年底至1949年春**,为迎接上海解放,中共地下党开展了护厂护校运动,棚户区苏北贫民做了大量工作。

本书以沪西地区为例,展示该时期中共地下党对苏北贫民教育启蒙的方式方法及苏北贫民的积极作用。

沪西是城市贫民的大本营,范围包括闸北部分地区、普陀区、**静安区和长宁**区部分地区,是租界与华界交界地带,处于市区边缘。这里棚户区多处,较著名

---

① 《江苏革命历史文件汇集》甲(10),第67—68页。

的有余姚路四八七弄、小辛庄、金家巷、药水弄、梅芳里、英华里、大自鸣钟、海防路、三乐里、太平里、时应里、潭子湾、梅家桥、永源浜、西新街等处。

沪西棚户区居民绝大多来自苏北,因为战乱、灾荒逃来上海。① 上海地下党通过实施教育、为贫民办实事等惠民措施,在贫民区普遍建立了党的基层组织,扩大党的群众基础。在上海解放前夕,贫民窟的苏北贫民为稳定社会秩序、迎接解放军进城作出了不容忽视的贡献。

(一)利用民众学校,提高苏北贫民的文化水平和政治素养

以苏北人为主体的沪西棚户区居民生活极端贫困,绝大多数处于半失业、无业状态。据解放前统计,金家巷棚户区300多人中,有固定职业的只有70多人,在总人口中所占比例不足30%。多数人踏三轮车、拉老虎车、塌车、做小商贩,许多人无业,只能拾荒(捡垃圾)、讨饭,亦有少数地痞流氓和从老解放区来的逃亡地主和返乡团分子混迹其中,环境非常复杂。要动员贫民,并非易事,上海地下党根据历史经验,从教育入手。

上海地下党以实验民校为基础,借助国民党上海市教育局扩大民众教育的合法外衣,在沪西贫民窟建立众多民校,初步形成民校网络,有效地提高了苏北贫民的文化水平和认知能力。

1945年10月,上海进步教育家、市教育局社会教育处处长余庆棠,在沪西工厂区创办了实验民众学校。学校位于沪西胶州路601号,原是日本第三国民学校旧址,俞自兼校长。

学校充分利用教室采取"立体教学":上午设儿童班,下午设妇少班,晚上设成人班;下午四时至六时增设由小先生教书的儿童识字班。学校容纳了普通学校四倍以上的学生,1946年秋学生人数达1,500余人。

儿童班和识字班招收职工子弟,妇少班招收超过入学年龄的妇女和少年。成人班(又名补习组)招收临近工厂的工人和其他劳动群众;小学程度以上的,另设补习班。学校还附设托儿所,幼儿班,招收双职工子女。

1946年,实验民校进一步向棚户地区发展。自1947年始,先后在余姚路487弄、金家巷、药水弄等棚户区,及英华里、梅芳里、太平里、小辛庄等居民区建立了民校分校和儿童福利站。因俞庆棠兼职申新纺织公司总管理处工作,地下

---

① 《上海市沪西地区贫民革命斗争史资料》,1988年内部版,第7页。

党通过俞的关系,先后安排党员去申新二厂、申新五厂、申新九厂和统益纱厂筹建厂校,负责行政与教学工作,与沪西区广大工人和群众建立了广泛密切的联系。

同时,市立民众学校也成批建立,到1947年已发展到108所。实验民校与市立民校有业务辅导关系,所以,市立民众学校负责人会议每月一次在实验民校召开,实验民校合法地成为全市民校的中心。上海地下党以实验民校为基地,既发展了社会教育事业,有效地提高了苏北贫民的文化水平,又使实验民校成为沪西区传播先进思想的堡垒。

因民众学校的教育对象以社会群众为主,采用的教材自编自选,比较灵活,为地下党开展进步教育提供了便利。成人组的语文教材取鲁迅、茅盾和高尔基等文学名家的作品。民校教学方法与职工学校相似,富有针对性、启发性。

在民校教师组织下,学校成立了学生自治会和话剧组、歌咏舞蹈组等。学生在课余时间开展多样化的文娱活动,学生们都会唱聂耳、冼星海及解放区的革命歌曲,跳解放区的各种舞蹈。这些活动,在潜移默化中陶冶了学生情操,把进步思想细无声地传播到学生的心田。

民校地下党经常举办小范围座谈会传播思想。每晚9点以后,地下党员组织有进步要求的青年,请老师讲时事形势。师生以聊天的方式,边提问,边议论,从当时大家最关切的问题,如物价为什么飞涨？国民党政府的"限价"措施灵不灵,蒋经国"打老虎"是出什么戏,《文汇报》为何停刊;到上海工人运动的许多大事,如"六•二三"反内战大游行、梁仁达血案、申九大罢工、王孝和被杀害等等;再到解放区的情况及解放战争的形势等。这样的聚会,人数少,谈得深,对学生觉悟的提高起了很大的启发作用。民校有时还以纳凉会、社会科学讨论会等形式继续座谈。

不少青年学生参加这些座谈会后,从中受到教育和启发。在短短两三年时间,民校有100多位进步学生先后秘密加入了中国共产党。①

实验民校在沪西棚户区普及教育过程中,"小先生"起了很大作用。民校地下党利用推广部"导生组"这个公开组织,推行小先生制。"小先生"在中学补习

---

① 《上海市沪西地区城市贫民革命斗争史资料》(内部资料),第34页。

班的进步学生中产生,以地下党员为骨干,承担成人组一、二年级识字教学工作。因棚户区贫民青年学习积极性高,参加者众多,教室不敷使用,"小先生"分散深入到居民家中办识字班,进行教育普及。这批学生近50人,后来几乎都成为中共党员;他们所教的一、二年级学生,不少人入了党,或参加了工人协会,解放前夕,参加了人民保安队。

实验学校在沪西棚户区创办民众夜校的同时,1947年始创办儿童福利站,提供免费教育和举办福利事业。福利站也有"小先生",是地下党从当时较进步的华模中学、省吾中学、实验民校、金科中学、晋元中学和晋元小学等校招录,他们出身清贫、思想纯正、作风正派。他们不但在福利站辅导附近贫苦少年阅读"三毛流浪记"、"安徒生童话"、《钢铁是怎样炼成的》、《李家庄变迁》、《李有才板话》等书籍,教唱"团结就是力量"、"茶馆小调"等进步歌曲,还在余姚路、金家巷等棚户区协助老师举办贫困儿童读书晚班和里弄识字班。晋元中学高中学生张传铭是课上得最好的"小先生"之一,80年代任上海铁道学院党委书记。[①]

在沪西实验民校地下党领导下,棚户区民众学校在城市贫民中的影响日益扩大。

(二)建立党的基层组织,影响力辐射整个沪西

上海地下党以实验民校为阵地,陆续建立了十几个党的基层组织,把党的影响辐射到整个沪西地区。实验民校初创时期,尚无党的组织。中共党员胡耐秋起了关键作用。她是余庆棠的学生,是文化系统中共党员,时在社会教育处任职,兼实验民校推广部副主任,她相继把中共地下党员介绍到社会教育处和实验民校工作。

1945年12月起,上海地下党市委所属的工委、教委及学委派出冯援、陈鲁生、蒋华等进入实验民校工作,在教师中建立党组织,由学委副书记吴学谦及江文焕等单线联系。1946年8月改归教委领导,全市民校成立党总支,成员有庄志华、冯援等。1947年底,随着沪西余姚路、金家巷等棚户民校相继建立,民众教育工作已打开局面,上海地下党教委成立由冯援、陈鲁生、梅继范、林肖容组成的劳工教育沪西区委。

沪西区委以实验民校为基地,相继成立了实验民校党支部、棚户民校党支

---

① 《上海市沪西地区城市贫民革命斗争史资料》(内部资料),第100—101页。

部、儿童福利站党支部,及统益纱厂、申新二厂、申新五厂等厂校联合党支部。1949年初,根据形势需要,上海地下党沪西区委成立,下设教育分区委、地区分区委等。地区分区委主要负责城市贫民工作,由陈鲁生、单意基、许之民、陈祈组成,陈任书记。由此,沪西党的基层组织网络建立起来。

表4-2 沪西地区党的领导机构与领导人名录①

组织结构	书记	委员	时间	党员(名)
中共上海市教委劳工教育沪西区委员会	冯援(1947—1948.08) 李德鸿(1948.08—1949.02)	陈鲁生、梅继范、林肖容等	1947—1949.02	
中共沪西区委地区分区委	陈鲁生(1949.02—1949.05) 单意基(1949.06—1949.08)	许之敏、陈祈、单意基	1949.02—1949.08	
上海实验民校附设余姚路棚户民校教师支部	陈鲁生(兼) 具体负责:胡宏达	胡宏达、蒋惟冰、张心舟	1947.09—1948.11	4
上海实验民校附设余姚路棚户民校学生支部	李屏辉(1948.06—1948.11) 毛有华(1949.03—1949.06)		1948.06—1949.06	13
上海市儿童福利促进会江宁区第一儿童福利站(余姚路)党支部	陈鲁生 方信瑜	方信瑜、许之敏	1948.06—1949.06	14
中国福利基金会第一儿童福利站(胶州路)党支部	毛廷珞		1948.08—1949.08	4
金家巷棚户区党支部	许之中	曹咏沧、李志云	1948.02—1949.08	10
沪西公社党支部	杨志清	宋德先(王成根)、曹居廉(曹前)	1949.02—1949.08	20
药水弄贫民区党支部	杨恢烈	唐士林、丁玉海	1949.02—1949.06	13
时应里党支部	张步崑	潘贵发、陈克定、李光明	1949.02—1949.08	7
海防路贫民区党支部	陆广才		1949.03—1949.08	6

① 据《上海市沪西地区城市贫民革命斗争史资料》(内部资料)内容整理所得,第11—14页。

续表

组织结构	书记	委员	时间	党员(名)
小辛庄太平里党组织	徐锡明			3
梅芳里党组织	负责人王治			
大自鸣钟党组织	负责人皮友堂			
英华里党组织	负责人冯树卿			
余姚路棚户区党支部	方信瑜	高天纯、张莲芳	1949.06—1949.08	
大自鸣钟党支部	冯树卿	唐士林、王治	1949.06—1949.08	

从上表看，自1947年始，中共上海市教委劳工教育沪西区委员会经过近一年的努力，在1948年初已经打开了工作局面，陆续成立了13个党支部，把党的影响一点点向沪西贫民区渗透。

中共沪西党的各级组织采取"有理、有利"的工作原则和方法。第一，加强上层统一战线工作，地下党利用合法外衣推进沪西贫民区工作。1947年联合国文教组远东委员会要在上海开会，国民党上海市教育局急忙成立民众教育推进委员会装点门面。经过实验民校校长俞庆棠争取，实验民校所在地江宁区被选为推进民众教育的试验区，俞任主任委员，江宁区区长和当地有名的士绅和资本家任委员，秘书处设在实验民校，实际工作则由实验民校师生负责。这为党在贫民区工作提供了便利条件。第二，在民校中发展教师和学生党员，夯实群众基础。如至1949年初，上海实验民校附设余姚路棚户民校教师和学生支部已发展了17名党员，沪西公社党支部成员达20名，上海市儿童福利促进会江宁区第一儿童福利站(余姚路)党支部党员14名，药水弄贫民区党支部发展了13名党员。这些党员以青年人为主，许多学生党员具双重身份，他们经常利用假期或空闲时间充当"小先生"，深入贫民窟进行免费教育，把党在贫民区的工作不断深入，使党的群众基础越来越坚实。第三，采取隐蔽措施。实验民校的教师和学生党支部分属于教委和工委，教师支部与学生支部强调配合，不发生横向联系，一旦遭到破坏，不会牵连到其他组织。1949年四五月份，基督教青年会创办的沪西公社党支部和金家巷棚户区党支部因走漏风声，遭到国民党宪警破坏，仅限于内部部分成员被捕，没有扩大范围。

经过实验民校教师和学生两个支部近4年努力，学校直接培养发展了地下党员100余人,把工作深入到工厂、商店和贫民区,使42个空白单位建立了党的基层组织,13个有党组织的单位发展了70多名党员和外围组织——工人协会会员①;上海解放前夕,与沪西工厂配合,组织了人民保安队、人民宣传队和贫民团等将近2,000人的队伍,开展护厂斗争和维护社会秩序的活动,对解放军解放沪西地区,起了推进作用。

(三)关心贫民疾苦,获得民众信任

地下党沪西区委劳工教育分区委还创办儿童福利院,设立卫生所,免费给居民看病,主动关心居民的生活疾苦,筑路填浜,安装自来水,义务救火等等,获得贫民信任,逐步培养积极分子。

余姚路487弄棚户区是实验民校地下党推进贫民工作的第一站。该棚户区有3,000多户,11,300人,是沪西最大的贫民区之一,一条污水沟贯穿南北,腥臭发黑,茅屋毗连,屡遭火灾。1947年春夏间,实验民校党支部安排党员教师胡宏达开展工作,他借了私塾育强小学的两间教室,先开了两个班招收失学儿童,接着又开办了成人班,被称为"棚户夜校",实现了向棚户区进军的第一步。1947年下半年,地下党又以实验民校推广部和儿童福利站工作人员名义,陆续将党员蒋惟冰、张心舟、方信瑜、许之敏等派到棚户民校去工作。李屏辉是最早派到棚户区工作的学生党员。

上海地下党不仅为贫民提供文化教育,还想方设法保障他们的生命、财产安全,改善其生活和居住环境。1947年9月,余姚路居民程大华家不慎失火。由于棚户区没有消防组织,又缺乏水源,火势迅速蔓延,附近居民惊慌失措。民校师生不顾个人安危,加入扑火行列奋力救火。胡宏达来不及脱去西服,跳进臭水浜掏臭水带淤泥救火。实验民校医务人员也赶到现场给受伤者包扎。

民校师生的救火行动进一步取得当地贫民的信任。在学校倡导下,贫民建立义务消防队,并集资购买了简易消防设备和器材。紧接着,民校地下党师生组织居民疏通发臭淤塞的污水沟,改善棚户区肮脏环境。胡宏达、李屏辉与成人班学生不怕脏、累,终将水沟疏通,积水排泄到马路总阴沟里;他们还齐心合力填平了一个臭水坑,得几百平方米的土地,建造简易的新校舍,办起了3个全日制儿

---

① 《上海市沪西地区城市贫民革命斗争史资料》(内部资料),第32页。

童班和3个业余成人班。① 拉近了居民与民校师生之间的距离。

民校地下党推出针对性的便民、惠民措施:与基督教青年会派到沪西的同济医学院大学生,共建诊疗站,为贫民诊治一般疾病和注射防疫针;让民校放映队到棚户区放映科学教育电影;把校内的电线拉出来,在余姚路487弄装上电灯,为最需要用电的居民接上线路,并建立用电管理委员会;以实验民校的名义,与上海市儿童福利促进会在棚户区合办了江宁区第一儿童福利站,领来奶粉、淡奶、布匹、花生米、食品罐头、旧衣服、医疗用品和缝纫机,并提供免费午餐;地下党员看到10岁男孩在热天一丝不挂,女孩只穿一条破烂不堪的短裤,组织女青年学裁剪,缝制衣裳,把衣裳发给最需要的家庭②……这些惠民活动,使贫民和民校师生间关系更加亲密,贫民感到民校师生处处为他们着想,逐步向民校党员师生靠拢。

民校地下党把惠民工作向沪西其他棚户区推进。1948年4月,沪西区地下党组织,以江宁区儿童福利站公开合法身份,派党员到金家巷棚户区开展工作。金家巷位于静安区万航渡路新闸路以北、延平路康定路西南,有500多住户、3,000多人,苏北人居多。

1948年4月18日晚10时左右,金家巷发生一场大火,因附近光明翻砂厂锅炉爆炸引起,眨眼间,200多户草棚被火海吞噬,居民们从梦中惊醒,只身逃出火海,生活成了问题。地下党发动附近工厂、实验民校和余姚路棚户民校进行救灾,在余姚路棚户区开展"一碗米"的"穷帮穷"活动,每户献出一碗米,做成米饼和稀饭送至火灾现场发放;江宁区第一儿童福利站派出党员曹咏沧在火场建立临时救济站,对受灾户儿童每天发放牛奶和面包。地下党的救灾行动使灾民非常感动,为地下党在该地建立据点打下了群众基础。

当时,国民党上海市政府却借机取消棚户区,收回地皮,禁止居民再建棚户,并派来警察拆除灾民搭建的临时蓆棚。弱势的苏北人发挥团结威力,居民统一行动,在延平路上与国民党警察斗争:老太太和妇女拿木棍扫帚、马桶刷冲在前头,有的泼出大粪;男性和青壮年在后头用石块掷向警车和"飞行堡垒";有的灾

---

① 《上海市沪西地区城市贫民革命斗争史资料》(内部资料),第35页。
② 《上海市沪西地区城市贫民革命斗争史资料》(内部资料),第38—39页。

民围住警车,有的睡在车轮前,放掉汽车轮胎气,警察只得把抓捕的灾民释放。① 中共地下党随后组织灾民围住火首的住所,要求赔偿损失。

地下党通过积极分子组织上百个灾民游行请愿。他们用传统方式每人拿一支点燃的祭神香,高举求生存、不许回收地皮、火首要赔偿损失的标语牌,游行队伍先后到国民党宪兵队和社会局。灾民的遭遇得到过路群众的同情,一位律师主动递上名片,表示愿帮他们打官司。在社会局,请愿群众不独没有受到接待,反而遭到社会局人员的轻视和谩骂:"跑狗场(金家巷原系外国人的跑狗场)的人没有好的",还拔出手枪威胁。愤怒的群众据理力争,上百人一拥而上,把玻璃门挤碎,灾民的要求才得到重视。地下党又通过关系做国民党上层人士的工作,组织灾民到天蟾舞台要求江淮旅沪同乡会理事长顾竹轩出面说情。② 历时一个多月,灾民全胜而告终。

地下党亦在金家巷成立了儿童福利站,开办了儿童识字班、成人读书班、简易医疗室等,成立了领奶儿童家长会,1948年冬成立了由进步青年组成的金家巷义勇义务消防队。

沪西地下党的惠民举措,让中共地下党员与群众的心紧密连了起来,居民渐渐把民校师生看作自己利益的维护者。在解放战争后期国共两党政治博弈中,人心向背成为决定两党命运的关键因素。

(四)惩治流氓恶霸,为民除害

以苏北人为主的沪西棚户区人龙混杂,既有朴实肯干、生活困苦、胆小怕事的贫民,也有为非作歹、称王称霸的地痞流氓。余姚路棚户区有两个流氓头子,势力较大的是柏文龙(1916—1951)。柏是江苏宝应人,绰号"小白龙",号称"沪西半边天"。他15岁起以赌博、偷窃为生。后拜帮会头子张有铭为"老头子",广收门徒,纠集地痞、流氓,组织"斧头党"、"榻粪党"和"挂尸党",向附近居民敲诈勒索,无恶不作。当地居民有结婚、开店、建房等婚丧喜事,柏文龙都要乘机敲诈钱财,稍不如意,就率领歹徒殴打,多次把无故贫民打伤致死。③

地下党刚进余姚路棚户区时,因有上海市教育局的招牌,柏文龙起初不但不

---

① 《上海市沪西地区城市贫民革命斗争史资料》(内部资料),第60—61页。
② 《上海市沪西地区城市贫民革命斗争史资料》(内部资料),第67—68页。
③ 《普陀区志》,上海社会科学院出版社1996年版,第998页。

阻挠工作,还假惺惺地说愿意配合夜校工作,"愿为地方父老服务",让民校教师在他家中搭伙。民校师生在群众中的影响和威信越来越大,成为他压榨、剥削群众的主要障碍。比如,他霸占群众合资购置的消防设备,侵吞了一部分贫民募捐的修沟费,引起贫民不满,但他们敢怒不敢言,民校党员挺身而出,代表群众出面,迫使柏把侵吞的钱交出,存入银行。

柏文龙对民校师生怀恨在心,其流氓无赖本性暴露无遗,他不断怂恿其手下到学校和福利站滋生事端,甚至带着匕首等凶器装病去医疗站看病,达不到目的就无理取闹动刀子,企图把民校和福利站逼出棚户区。民校地下党一面忍让不理睬,一面在群众中揭露流氓的行径,争取群众支持。但贫民胆小怕事,对柏的欺压既恨又怕,不敢公开支持民校师生,害怕民校老师离去后他们会遭到更大报复。

为打消贫民的顾虑,党组织安排教师胡宏达全家搬来棚户区居住。柏对胡家恨之入骨,他亲自赤膊"上阵",夜里用大粪涂在胡宏达家门上,又散布谣言说"胡宏达要走了","学校里有共产党活动,唱的歌和苏北新四军一样",还威胁说要把胡宏达干掉。①

民校与柏文龙的正面冲突在福利站房子问题上爆发。柏文龙想霸占这块由民校师生与当地居民共同填平一水塘而得的地皮,他知道贫民文化水平低,比较迷信,就用谣言惑众,扬言该地有土地庙,如果修造房屋,会冲了土地爷,以后棚户区起火福利站要负责。民校党组织率先与该地皮主人——中纺公司签订契约,继而在贫民中进行宣传和征求意见,60%以上居民不顾柏的恫吓,赞同在这块空地上建筑福利站。

上级党组织通过各种关系帮助棚户区党组织对上海国民党上层人士做了大量工作。如请儿童福利站促进会董事长陆梅增出面,写信给儿童福利促进会名誉会长吴国桢(国民党上海市长),请他给予支持;通过上海青帮大亨杜月笙妻弟的关系找到柏文龙的师傅顾竹轩,要他管教柏。这些工作成效显著:吴国桢转饬江宁区警察局调查,顾竹轩也实施管教。柏文龙有所收敛,但仍然在地皮问题上与民校纠缠不休。

民校党组织意识到,要打败这股恶势力必须依靠群众的力量。遵照上级指

---

① 《上海市沪西地区城市贫民革命斗争史资料》(内部资料),第40页。

示,民校以受害户为核心,团结一切可以团结的力量,分化争取中小流氓,集中力量打击柏文龙,把棚户区工作开展下去。

民校党组织在访问调查基础上组织了一批受柏文龙迫害最重的群众,向市政府和警察局告状,并通过报纸揭露柏的罪行。警察局在各方压力下,不得不扣押柏文龙,把他送到游民习艺所管教。这一消息轰动了棚户区,贫民欢欣鼓舞,奔走相告。民校地下党乘胜追击,组织受害户继续向警察局控诉,派代表送去一面"为民除害"的锦旗,防止他们释放柏文龙;对沪西棚户区其他流氓势力进行分化工作,尽力争取不属于柏文龙系统的小势力;将平时对柏文龙横行霸道不满的保、甲长,地区内的积极分子,受害户等70余人,聚集到苏北人经常聚会的"义悟堂"(土地庙),磕头烧香,签名盟誓,同心协力与柏文龙斗争到底。地下党继续动员、宣传,发动受害群众告柏文龙。这样,双方力量发生了显著对比,棚户区签名的群众达80%以上,其他黑恶势力也不敢再为非作歹。

"义悟堂"盟誓后,群众的觉悟得到提高,进一步团结在民校地下党周围,民校地下党也发展了一批可靠的积极分子。地下党又率领贫民开展各项福利事业,将两个主要弄堂开沟铺路,建设垃圾箱,改变了垃圾到处倒、污水随处泼的不卫生现象。棚户区的脏、乱、差现象得到很大改观,群众直接受益。

不久,柏文龙被释放,他不敢回棚户区,但妄图反扑,扬言要胡宏达等7个人的头(皆为中共地下党员)。民校地下党并不示弱,召集保、甲长和受害户会议,号召大家团结一致。通过调查得知,游民习艺所未经警察局同意擅自释放了柏文龙,民校地下党组织群众到警察局控告游民习艺所,同时为防止柏文龙武力袭击,动员、组织居民准备了木棍、铁棒等,在主要弄口布设岗哨,儿童班学生做了许多石灰包,在外面侦察情况,一些以踏三轮车为生的苏北贫民,将木棍放在车厢里,在附近马路上巡逻,民校老师外出,学生随行保护。由于贫民站在民校一方,所以,柏文龙一直不敢下手。

柏文龙还不死心,他见武力吓不倒棚户区贫民,就向法院诬告实验民校教师兼余姚路棚户民校校长、儿童福利站站长陈鲁生。法院受理了柏的控告,当法院开庭时,民校地下党组织一批贫民聚集在法院对面茶馆里等候,如果法院审判不公,就准备在柏退庭时抓住他。结果,法院、警察局慑于群众的声势,反将柏文龙扣押起来。群众紧追不舍,要求法院严判。结果颇戏剧性,原告变成被告,法院

苏北人与上海革命运动(1921—1949)

判处柏文龙有期徒刑 2 年。①

民校地下党经过艰苦努力,终于把危害沪西棚户区多年的黑恶势力打掉,苏北贫民过上了安定生活,成为地下党可倚重的重要社会资源,他们在解放战争时期发挥中不可替代的作用,为上海解放立下了汗马功劳。在当时条件下,地下党只能利用苏北人的传统习俗——聚集义悟堂,来增加反霸斗争的正义性和坚决性;在义悟堂,同一信仰和文化传统的苏北人才能更加团结。

三、上海解放前后苏北贫民的贡献

解放战争时期,以苏北人为主体的棚户区居民为上海解放作出了重要贡献。地下党通过在苏北人贫民中组织贫民团和保安队,有效维护了社会秩序,保护各项财产不受损失,也消灭了国民党的散兵游勇。

早在 1949 年 2—3 月间,沪西地下党在沪西贫民中发展了 60 多名新党员②;在党员推动下,地下党在沪西的工作不断取得新进展。

1949 年 4 月,中国人民解放军横渡长江、占领南京后,余姚路棚户区的中共地下党组织,遵照上级党的指示,配合上海解放的需要,通知所属党员,按照各自的活动范围,将那些在救火、斗飞行堡垒、斗流氓恶霸以及为群众做福利工作涌现出来的积极分子发展为贫民团员。仅仅一个月,前后共发展三批,第一批 70 余人,第二批 100 余人,第三批达 200 人。整个沪西地区共发展了 700 多名贫民团员。

贫民团的发展壮大与民校地下党不断推进宣传、教育范围紧密相关。贫民团员有的在棚户区民校成人班中发展;有的在儿童班高年级中发展;有的在各自邻居、亲友中发展。他们分布在余姚路、长宁路西新街、苏州河以北的东兴村和大洋桥等广阔地带。

为了防止国民党破坏,贫民团未设独立的组织系统,上无团长,下无组长,由所在的党组织统一领导;党员负责单线联系,布置任务,分工包干,互相不发生横向联系。

发展团员的程序比较严格,被发展对象要经过多次谈话,党员反复谈形势、

---

① 《上海市沪西地区城市贫民革命斗争史资料》(内部资料),第 41—43 页。
② 《上海市沪西地区城市贫民革命斗争史资料》(内部资料),第 19 页。

第四章　近代上海苏北苦力的政治诉求

蒋家王朝的腐败和行将败亡、百姓所受的压迫、蒋兵抢劫及怎样保卫工厂和地区的安全等等。谈话考察结束后,才能办理入团手续,申请者需写申请报告,党员批准、报请党组织备案后,申请者还要举行宣誓。宣誓内容是:"我自愿参加地下贫民团(自卫队)打倒蒋介石,如果对人民不忠或三心二意,愿受惩罚。"誓毕马上纸头烧掉,不留痕迹。不识字的贫民,须口头跟着念一遍。① 这个程序与入党相似,可以保证贫民团在秘密环境下不受破坏;组织的严密,亦可使平素无组织训练的苏北贫民严守秘密,不向外泄露。

沪西棚户区除了有秘密组织——贫民团之外,还有合法、公开的组织,这些组织里都安排了中共党员、贫民团员和积极分子。一是**消防队**,受江宁区公所领导,备有消防斧、铁钩、竹竿,既可消防,又可作武器。二是**纠察队**,维护治安,也备有棍棒。三是**救护队**。这些合法组织对于地下党在棚户区不断推进工作提供了有效的保障。

随着解放战争形势日益发展,贫民团队伍不断发展壮大,设立了中队长、小队长、分队长等职。

1949年5月25日,人民解放军进入上海。余姚路棚户区党组织根据上级党组织指示,成立了人民保安队。人民保安队以中共党员为骨干、贫民团员为基础,其主要职责是保护变电所、工厂、仓库等重要场所。余姚路人民保安队中队设在余姚路棚户民校内,中队设正副辅导员,下设5个小队、16个分队;中队本部设文书组、警卫组、情报组和供应组。

以苏北人为主体的余姚路棚户区人民保安队在解放战争时期做了许多重要工作:第一,除正常流动巡逻外,与中国纺织公司第一毛纺厂配合,加强保卫工作,派设了4个固定岗位:安远路均泰里附近的大同纱厂,胶州路余姚路附近的联合国善后救济总署仓库,康定路世界殡仪馆(国民党军队驻地)和康定路延平路口的大变电器,他们日夜轮流守卫,防止破坏。第二,协同人民解放军搜缴沪西国民党的溃散部队武器。世界殡仪馆驻有国民党被打散的部队,人民保安队趁他们吃饭之时,派人进去劝降,收缴步枪31支,子弹500余发,指挥刀1把,电台1部,电话机2部,及一批大米和医药用品等。还缴获国民党义务警察马牌枪

---

① 《上海市沪西地区城市贫民革命斗争史资料》(内部资料),第48—49页。

10支,多支手枪。①。

沪西英华里、梅芳里、药水弄、时应里及闸北大洋桥棚户区党组织相互配合,组织人民保安队,利用贫民工作之便(即从事卖菜、踏三轮车、卖报、修自行车等业)和熟悉地方情况,把见到、听到的国民党军、警、宪、特有关情况,及时向党支部反应,将国民党水电设备、工厂、机关、军警驻地,绘制成图,交给党组织,提供大量珍贵的情报。

保安队员还利用送报或邮寄等方式,把油印宣传品发到保长、特务、流氓家中,进行宣传和策反活动,起到警告分化瓦解的作用。队员们充分利用熟知本地情况的优势,除了协助解放军收缴国民党散兵游勇的枪支弹药外,还破获冒充解放军的国民党武装力量。如闸北广肇路人民保安队2名队员张步崐和谢德洪成功抓获20多名藏匿在广肇山庄、冒充"人民解放军先遣军"的武装团伙,缴获多支短枪和一辆吉普车。人民保安队还协助解放军抓捕南京西路大华路口一银行大楼里的国民党便衣特务及长寿路和丰里棉纺织六厂的特务分子……。②

人民保安队的工作持续到5月底。随后,党组织把200多名贫民团员分期培训,提高其文化水平和政治素质。培训结束,他们中的一批人被抽调到部队、公安、政法、工会、劳动、市消费合作社等部门工作,其余人在区接管会领导下,参与组织沪西区居民互助会、冬防大队、装给水站、创办消费合作社、青年夜校等工作,为解放初期上海社会的稳定和发展作出了重要贡献。

本章以沪西棚户区贫民为研究对象,苏北人集中的上海其他地区情形与沪西区大体相似。在中共基层地下组织的影响、宣传和组织下,苏北贫民的素质有所提高,尤其是青年人纷纷加入到革命队伍之中,涌现出不少贫民英雄,江苏涟水人王渔书是典型代表。

江苏涟水,地处淮河流域,靠近淮安。王渔书家住金家巷同仁村140号,父亲早逝,老母基本失明,家境贫寒,他平日靠做小工和顶"野鸡"班头③踏三轮车维持母子生计。他们和大多数上海苏北贫民一样,过着朝不保夕的穷困生活,还经常受地痞流氓的敲诈勒索。

---

① 《上海市沪西地区城市贫民革命斗争史资料》(内部资料),第50页
② 《上海市沪西地区城市贫民革命斗争史资料》(内部资料),第95—98页。
③ 所谓"野鸡"班头,就是利用固定上班的三轮车车夫休息的间歇拉车,工作时间不固定。

第四章 近代上海苏北苦力的政治诉求

民校进驻棚户区后,民校地下党对穷苦人无声的帮助得到苏北人贫民的好感,逐步向民校师生靠拢。1948年4月,金家巷发生大火,王渔书家棚户被火吞没。国民党当局不但不救济灾民,反而要收回地皮,派来荷枪实弹的警察(飞行堡垒)镇压重建家园的贫民。而余姚路的民众夜校和福利站地下党,发动附近居民和工厂工人开展穷帮穷活动,及时送来食物、衣被、碗筷等应急物资,渡过难关,帮助灾民对抗国民党警察的弹压,并获得胜利。

王渔书亲眼目睹并亲自参加了这场斗争,这位平素忠厚老实的贫民在这次活动中受到很大启发,懂得穷人只有团结起来才有力量;民校师生关心穷苦人,是穷人的朋友。

不久,中共地下党到金家巷开展工作,创办识字班、民众夜校,办儿童福利站,提供免费医疗等,把满腔热情倾注到为贫民切切实实的服务之中,与贫民打成一片。王渔书看在眼里,记在心中,他经常在三轮车交换班地点听到一些地下党员和贫民团员谈论形势,讲国民党腐败和"山那边"(即共产党辖区的隐喻)如何好,劳动人民要团结起来迎接上海解放等,给他留下深刻印象,了解共产党、解放军是解放穷人的,国民党快要完蛋,上海马上解放了。他的心也更倾向中国共产党。

1949年4月6日午,余姚路487弄兴华里棚户失火,当时正吹南风,棚户草棚易燃,火势瞬间蔓延,487弄一片火海。金家巷地下党支部闻讯,带领义务消防队带着梯子、长钩、水桶赶赴火场救火,王渔书立即放下手头事,自觉跟随金家巷消防队奔赴火场。这时,国民党的救火消防车也开到,但他们见火不救,把持水龙头趁火打劫,索要金条。眼看又一片棚户将被大火吞没,义务消防队员见状义愤填膺,王渔书按捺不住怒火,一跃跳上国民党的消防车,夺下消防队员的水带龙头,向火头喷射。义务消防队和国民党消防队为此发生冲突,余姚路警察岗亭值班警察,不但不支持奋勇灭火的群众,却用警棍把王渔书击倒在地,王触上被烧断的高压线,当即身亡,年仅24岁。①

王渔书是棚户区苏北贫民的缩影。他们在艰难度日,备受歧视;文化水平不高,视野狭窄,迷信胆小。但民校地下党在棚户区为贫民谋利益的行动赢得了他们的信任,他们对民校教师产生了朴素的感激之情和信赖之感,苏北贫民成为解

---

① 《上海市沪西地区城市贫民革命斗争史资料》(内部资料),第52—53页。

放战争时期不可忽视的一支力量。

小结：

苏北苦力在近代反帝反封建斗争中发挥了重要作用，但苏北苦力的斗争又表现出明显的不足。

近代上海的苏北苦力进行了一系列经济政治斗争，经历了由"自发"逐渐到"自觉"的过程。他们虽然是上海社会的边缘群体，但苏北地区爱国文化和讲义气的性格特质使得他们成为历次反侵略的重要力量。五四运动、五卅运动及20世纪30—40年代的抗日斗争，他们留下了可贵的身影。

抗日战争期间，在民族利益的感召下，苏北苦力表现出忘我的爱国精神，不仅拒绝为日本人服务，还自觉为抗战捐款。"八一三"事变后，上海掀起了民众捐款捐物支援抗战的热潮，"码头工人、黄包车夫甚至娘姨都自愿地把自己千辛万苦赚来的一点工资捐给抗日事业"。①

这样的事例不胜枚举，苏北苦力在近代上海革命运动中，与产业工人一样，同属中国共产党的阶级基础，他们谱写了一篇篇反帝反封建的爱国篇章。

由于苏北苦力文化程度低，来自农村，身上带有浓厚的小农意识和胆小怕事、自私狭隘的观念。所以，在近代上海革命运动中，他们的斗争突出存在着"只问面包，不问政治"现象。如五卅运动时期，许多苏北苦力是在运动组织者承诺参加罢工可得到补偿后才同意罢工的。② 他们在罢工斗争中也存在着缺乏坚定性和理性。"上海总工会利用码头工人，捣毁总商会，而上海总商会复利用码头工人骚扰上海总工会。"③8月12日，码头工人到总商会要求补发款项，把饭厅上"食余菜碗，打毁殆尽"，吃尽"预备之夜饭菜"；傍晚，"各工人结对至老西门内及大东门内肇家浜路等，见有食物店，即取吃食，是以各该处食物店，纷纷闭门休业"。④ 苦力工人的自由散漫、恣意行事不计后果，容易为利益和党派驱使，可见一斑。

---

① 《中国工运史料》1958年第3期，第42页。
② ［美］裴宜理著，刘平译：《上海罢工——中国工人政治研究》，江苏人民出版社2001年版，第319页。
③ 《中共中央关于工人运动文件选编》（上），档案出版社1985年版，第123页。
④ 《申报》（影印本）第215册，上海书店出版社1983年版，第271页。

解放战争时期,中国共产党在苏北人为主的贫民区的革命动员并非一帆风顺,经历了颇多波折和挫折。1949年4月26日和5月上旬,上海解放处于胜利的前夜,由于走漏风声,沪西公社和金家巷党支部连续遭到破坏,多名党员被捕①,部分支部工作无法正常开展,只好分散隐蔽,部分支部不得不合并。这固然与上海即将解放、基层领导头脑缺乏冷静所致,也不得不考虑以苏北人为主体的人民保安队保密意识不强所致。

---

① 《上海市沪西地区城市贫民革命斗争史资料》(内部资料),第21—22页。

第五章　苏北旅沪同乡团体与上海革命运动

上海是中国共产党的诞生地,亦是中共中央早期的大本营和重要的活动基地。中国共产党是代表无产阶级利益、以实现共产主义为目标的政党[①];作为无产阶级政党,只有对产业工人开展革命动员,才具典范性。

笔者在梳理苏北旅沪同乡社团资料时发现,1924—1949年,中国共产党在群众动员实践中,动员一切可资利用的社会资源,与同乡会等社会团体及帮会势力也建立了合作关系。从20年代后期至上海解放,中共对江淮旅沪同乡会理事长即青帮苏北首领顾竹轩,及理事朱绍文等关键人物,成功地进行动员,进而影响到整个社团的政治倾向,展示了另一种群众动员模式。

关于近代上海青帮和中国共产党的关系,周育民、刘明逵、蔡少卿等都做过开创性的研究,如刘明逵、唐玉良对早期工人的秘密结社进行了探讨,周育民、蔡少卿等论述革命时期帮会与工农运动的关系,及中国共产党在各个时期对会党的政策方针[②],这些成果大多是宏观的历史叙事;上海人民出版社1986年出版的《旧上海的帮会》为研究上海各派青帮势力提供了珍贵的史料[③];澳大利亚学者布莱恩·G.马丁(Brian G.Martin)对青帮的源流、组织结构、上海青帮的派别作了详细的研究,他虽然提到20年代苏北青帮与共产党的合作,但其研究的重点

---

① 《中共中央文件选集》(1),中共中央党校出版社1982年版,第1页。
② 刘明逵、唐玉良主编:《中国工人运动史》(1—6),广东人民出版社1998年版;周育民、邵雍:《中国帮会史》,上海人民出版社1993年版;蔡少卿:《中国近代会党史研究》,中国人民大学出版社2009年版;《中国秘密社会》,浙江人民出版社1990年版;苏智良、陈丽菲:《近代上海黑社会研究》,浙江人民出版社1991年版;胡训民、贺建:《上海帮会简史》,上海人民出版社1991年版;郭绪印:《旧上海黑社会秘史》,上海人民出版社1996年版。
③ 《旧上海的帮会》,上海人民出版社1986年版。

第五章　苏北旅沪同乡团体与上海革命运动

是租界,尤其是法租界的青帮与上海政界错综复杂的关系。① 美国学者裴宜理(Elizabith J.Perry)及韩起澜(Emily Honig)对上海青帮与国民党政权的关系亦进行过研究,但对江淮旅沪同乡会及苏北青帮缺乏系统的关注。②

本章拟从移民史视角,以江淮旅沪同乡会为研究个案,利用旧青帮成员的回忆录、上海市档案局江淮旅沪同乡会资料及相关研究资料,对江淮旅沪同乡会理事长顾竹轩和理事朱绍文(德轩)等作重点剖析,总结民主革命时期中国共产党对上海同乡社团进行动员的历史经验。

要达到上述目的,必须解决以下几个问题:苏北旅沪同乡会何时建立、其性质和功能如何? 中国共产党何时开始与苏北旅沪同乡会接触,如何进行政治动员? 双方发生互动的内在动因是什么? 如何评价江淮旅沪同乡会的历史作用?

第一节　近代苏北各旅沪同乡会及其演变

苏北旅沪同乡会是由苏北移民组织的以地缘和业缘为纽带的社会团体,它们是上海经济贸易长期发展的产物。康熙二十三年(1684)清政府下达了"弛海禁令",上海迅速发展为沿海贸易城市;上海开埠后经济发展更加迅速,不到50年时间,由一个小渔村发展为百万人口的国际化大都市。上海的繁荣吸引大批苏北人来沪贸易和就业,基于经济互助、维护利益、情感相依等实际需求,成立同乡会。

一、苏北旅沪同乡团体的历史演变

笔者统计,经地方政府相关部门同意成立、有案可查共有22个苏北旅沪同乡会。③ 这些同乡会大致分为三个历史阶段。

(一)商人为主体的同乡会

笔者在第二章对苏北同乡社团已略有所述,自20世纪初至20年代,苏北旅

---

① [澳]布赖恩·G.马丁:《上海青帮》,周育民等译,上海三联书店2002年版。
② [美]裴宜理,刘平译:《上海罢工——中国工人政治研究》,江苏人民出版社2001年版;韩起澜:《苏北人在上海(1850—1980)》,上海远东出版社2004年版,第66页。
③ 抗战胜利后,苏北地区还有三个组织向上海市社会局请求批准成立,分别是盐阜同乡会、启东同乡会、苏北各属回教教胞旅沪同乡会,社会局以重复设置为由不予成立,本书不列入研究范围。上海市档案局:Q6—5—1064、1006、956。

沪移民成立了第一批同乡会,即江淮旅沪同乡会、通如崇海启同乡(会馆)、扬州七县旅沪同乡会(扬州公所)、徐州八县旅沪同乡会,一般以清代的府为单位,财力较雄厚。

苏北第一个旅沪同乡会,是由江淮商人创办的江淮旅沪同乡会,包括淮安、淮阴、盐城、阜宁、涟水、泗阳六县,旧属淮扬道,建于清朝光绪三十二年(1906),它和建于光绪三十年(1904)的江淮公所是同一个实体。

第二个是通如崇海启旅沪会馆(同乡会),成立于1908年,由南通、如皋、海门、启东和崇明五县富商捐款建造,从慈善招待所逐渐发展而来。先借大东门外大码头民房设通、崇、海轮埠招待所,雇佣招待夫4名,常驻码头照应上下船同乡旅客;民初,南通商人毛凤池、许蓉芳捐助斜土路9亩余基地一方,发起建造会馆,如皋县、如东县和启东县商人先后拆资加入,发展为"通如崇海启会馆"。

一般说来,会馆早于同乡会产生,通如崇海启旅沪会馆与通如崇海启旅沪同乡会能否互换使用?其实两者也是同一个实体。通如崇海启会馆档案中有一份"民国十三年修改"的《通如崇海启同乡会简章》,与1950年该会馆向上海市上级主管部门上报的材料放在一起,表明同乡会在1924年之前就存在。但同年8月,通如崇海启会馆填具的《公所会馆山屋调查表》又说,通如崇海启同乡会是通如崇海启会馆于1929年"遵照上海特别市社会局指示组织"的。这到底怎么回事?好在材料里有一份同样写于1950年8月的《通如崇海启五县旅沪同乡会概况》报告,回顾同乡会的历史沿革,与调查表内容完全一致。原来,通如崇海启会馆和同乡会是一个机构的不同名称,皆于1908年成立。①

扬州七县旅沪同乡会亦是与公所为一体的社团。1915年成立的扬州公所,由瓜洲商人沈鼎臣在沪商人创办,后称"扬属旅沪同乡会",民国十四年,同乡会呈奉前江苏省长核准立案。抗战胜利后奉令改为"扬属七县旅沪同乡会"。②

徐州旅沪同乡会包括铜山县、丰县、沛县、睢宁县、萧县、砀山县、邳县、徐州市,成立于1919年,会馆及相关资料全部焚于"一·二八"和"八一三"事变的战火中,详情无从得知。③

这时期的同乡会皆由苏北各地区实力雄厚的旅沪富商捐资或捐地创建,都

---

① 上海市档案局:Q117—19—1。
② 上海市档案局:Q6—5—949;《上海慈善机关概况》,民国三十年五月许晚成编。
③ 上海市档案局:Q6—5—955。

拥有相当规模的会馆（含殡舍）。该时期成立的苏北旅沪同乡会理事会都是富商，不仅能维护同乡权益，也有财力和物力为同乡提供就业机会。

(二) 灾民为主体的同乡会

第二个批同乡会成立于20世纪20年代至抗战前夕，共6个。20世纪后，苏北地区来沪人数逐年剧增，在原来同乡会基础上，又成立或分立出南通旅沪同乡会、赣榆旅沪同乡会、泰县旅沪同乡会、淮安旅沪同乡会、泗阳旅沪同乡会和靖江旅沪同乡会。

南通旅沪同乡会创办于民国十年（1921），会所及丙舍设在闸北八字桥，曾先后向宝山县政府及上海市社会局备案。一·二八战祸爆发，属会房屋炸损甚多，旋经修筑恢复旧观。①

赣榆旅沪同乡会创于20年代，并"报经官厅核准备案"。会址设在虹口，平时联络互助，福利乡邦，陆续在江湾购置地段，为旅沪同乡丧葬之用。会员多集中于公和祥码头、招商局码头、外滩码头、黄浦码头等。②

濒临长江的泰县移民于民国二十二年（1933）组织旅沪同乡会，曾遵照法令报经主管机关立案。20世纪40年代会员中，大学、中学学历居多，亦有高小、私塾毕业，散居市内。多在上海地方法院、政府部门和教育系统任职，在校大学生如大厦大学、交通大学，约占五分之一。商人多开货栈和商店，集中于劳勃生路。③

淮安旅沪同乡会，于抗战前成立，并经社会局许可。会员多数粗识文字或不识字，苦力居多。亦有少量的国民党党政人员、银行职员及商人。④

泗阳旅沪同乡会于民国二十三年（1934）秋创办。翌年春设立会所，设在闸北新疆路天宝里三号。并附设泗阳旅沪小学，分别至社会局及教育局登记并备案。⑤

靖江原是长江中的沙洲，后与北岸陆地相连，在明代设县。因其地理位置特殊，频繁地隶属于不同地区。靖江曾长期是扬州八邑旅沪同乡会之一员。1933

---

① 上海市档案局：Q6—5—978。
② 上海市档案局：Q6—5—982。
③ 上海市档案局：Q6—5—992。
④ 上海市档案局：Q6—5—993。
⑤ 上海市档案局：Q6—5—1002。

年靖江县改属南通地区后,旅居上海的靖江人脱离原同乡组织,于抗战前独立组织同乡会,会所设在南市中石皮弄11号,成员多手工业工人。①

该时期的苏北旅沪移民以灾民为主,尤其是江淮和扬州地区地势较低洼的阜宁、盐城、淮阴、淮安、泗阳县和江都、泰州、兴化、东台等县,自宋代黄河夺淮入海以来,尤其是黄河1853年改道后,水系紊乱,且长久失修,一有淫雨便成巨灾,该地人民长期饱受自然灾害之苦。1911、1921、1931年的水涝遭害,皆有数以几万计的苏北破产农民纷纷南移来沪。随着苏北移民剧增,县级旅沪同乡会纷纷涌现。

(三)难民为主体的同乡会

第三批苏北旅沪同乡会成立于抗战胜利后,也是同乡会成立的高峰期,其成员大多是逃战争之灾的难民。

抗战爆发后,几乎所有的同乡会奉国民党政府命令停止活动,多数会员返乡避难,建于闸北区和虹口区的会馆都惨遭日军轰炸,会务陷于停顿。抗战胜利后,主管同乡团体的上海市社会局1946年1月下令要求所有公益慈善团体重新登记,10个抗战前成立的苏北旅沪同乡会先后恢复组织。

自1946年6月,国民党发动内战,苏北解放区成为主战场,加上自然灾害,苏北地区再次掀起来沪移民潮,这次移民数量远胜于之前的任何时期。据学者忻平研究,1946年上海人口增至383万,比1945年337万增长13.65%;1947年达449.4万,比上年增长17.37%。② 又据张开敏等统计研究,1946—1947年上海人口比1945年增加34个百分点,这样的人口增长速度是古今中外罕见的。③ 两个数据差别不大,是可信的。虽然增长的人口并非全是苏北人,但苏北人最多。江淮旅沪同乡会统计,1946年春夏至1947年2月,该地区来沪难民达5万余众,江淮旅沪同乡会增至十多万人。④

随着苏北移民剧增,12个新同乡会又相继成立:海属旅沪同乡会(1946年6月)、泰兴旅沪同乡会(1946年12月)、宝应旅沪同乡会(1946年12月)、阜宁旅沪同乡会(1947年8月)、如皋旅沪同乡会(1947年12月)、兴化旅沪同乡会

---

① 上海市档案局:Q6—5—989。
② 忻平:《从上海发现历史》,上海人民出版社1995年版,第41页。
③ 张开敏主编:《上海人口迁移研究》,上海社会科学院出版社1989年版,第32页。
④ 上海市档案局:Q6—5—954。

第五章　苏北旅沪同乡团体与上海革命运动

(1948年元月)、沭阳旅沪同乡会(1948年4月)、宿迁旅沪同乡会(1948年5月)、淮阴旅沪同乡会(1948年6月)、东台旅沪同乡会(1948年9月)、高邮旅沪同乡会(1948年10月)、海门旅沪同乡会(1948年12月)。①

第三批苏北各同乡会会员中，除了逃难的平民外，也有大批国民党党团分子及大、小地主等。

二、苏北旅沪同乡会的章程及功能

上述22个同乡会中，除了除泗阳、东台、泰县、徐州沪同乡没有章程外(但这并不意味这几个同乡会没有制定相关章程，如徐州旅沪同乡会理事长朱遐九在回复上海市社会局的公函中说："八一三"淞沪战役中同乡会馆和所有文件被日军炮火毁于一炬②)，其余18个同乡会都制定了内容几乎雷同的章程。章程一般分为总则、入会条件、任务、组织、会议等项。

1. 总则从宏观阐明同乡会组织的宗旨。各同乡会除了"联络乡谊、谋取同乡福利、促进乡里建设"目的外，江淮同乡会、靖江同乡会、高邮同乡会还加入了"奉三民主义与政府法令"，"推进社会建设"，"培养国民道德，发扬大国民风度"等内容。说明同乡会团体的视野已经突破狭隘的地域界限，能够关注国家和社会发展。

2. 关于任务，各同乡会着重以下几项内容：对同乡子弟的教育、辅导和救助；对同乡经营事业的利弊得失进行辅导；对于同乡的失业或失学，进行救助和扶持；筹办同乡公益慈善事业；职业介绍；对同乡中有生命财产的损害，进行公共援助；调解同乡间纠纷；指导同乡正当娱乐等，后面将详细介绍。通如崇海启同乡会、南通同乡会和靖江同乡会，还注重改进同乡不良习俗，调查同乡人数，促进家乡的政治、经济和教育实业等地方建设。

3. 关于入会条件。多数同乡会规定，有两个或两个以上会员介绍，经理事会同意，遵守章程，缴纳一切会费，可成为该同乡会会员。江淮等经济相对落后地区的同乡会放宽条件，对交不起会费、经理事会审核后情况属如实，可免予交费。

靖江同乡会、宝应同乡会、泰兴同乡会、兴化同乡会等强调会员不分性别。

---

① 上海市档案局：Q6—5—955。
② 上海市档案局：Q6—5—955。

这一点同样显示同乡会组织的现代气息,体现男女平等观念。

靖江、宝应、扬属七县同乡会、海属同乡会,对会员的要求非常严格。规定会员必须"品行端正,有正当职业",但把"不遵守同乡会章程、被剥夺公民权或无行使行为能力、宣告破产和思想不端正"和"别有用心"的人排除在外。

4. 各同乡会都明确规定会员的权利和义务。权利包括发言权、表决权和被选举权;遵守大会的章程以及决议案,缴纳会费,担任大会指派的职务等。

5. 关于组织制度。所有同乡会都采取理监事会制:会员大会用无记名方式投票,按票数的多少顺次选出理事和监事,组织理事会和监事会。依据同乡会不同规模,理事和监事的人数不等。一般说来,理事15—25人,候补理事5—7人;监事5—7人,候补监事2—5人。在理事中选出常务理事,在监事中选出常务监事。常务理事3—7人,常务监事1—5人。最后,常务理事投票选出理事长。

有的同乡会为同乡的福利计,特聘请年龄较大,在社会上有一定名望、德高望重的人任名誉理事长。这种层层推选同乡团体领导人的程序,比之会馆或公所个人把持的"领导职务终身制"是一大进步。

大多数同乡会都规定了理事会、监事会和会员大会的职权:会员大会是最高权力机关,审议理事会和监事会会务,通过同乡会章程,选举同乡会理事会和监事会,决定经费预算。

理事会的职权是:对外代表同乡会,对内处理一切会务,召集和核准会议,执行会员大会决议,办理监事会移付执行案件。常务理事的职权:执行理事会决议,办理日常事务,召集理事会议。

监事会主要办理:监督会员执行义务等事项,进行经济稽核。常务监事主要执行监事会决议,召集监事会会议,办理日常事务。

理监事和理事长的任期一般是1—2年。这种比较完备的选举制,再次表明同乡会组织仿照西方代议制政治,是上海城市现代化的标志。

6. 各同乡会对于各类会议也有明确的规定:会员大会一年召开一次,理事会监事会1—3个月一次,常务理事和常务监事会一般一个月召开一次;当10%的会员要求时,可召开临时会议或联席会议。①

---

① 张玲:《老上海的苏北旅沪同乡会研究》,《上海研究论丛》(第十四辑),上海社会科学院出版社2004年版,第152—153页。

由此可见,随着上海城市现代化的发展,苏北各地旅沪移民组建了现代意识浓郁的组织,它们具备社会慈善组织的救济功能、非政府组织的自治功能、传承本乡习俗的文化教化功能。同乡会作为社会组织,必然与现实政治发生或多或少的联系。自20年代中后期始,江淮旅沪同乡会长期游离于国民党和共产党之间,这为中国共产党与其产生互动提供了发展的空间。

第二节 江淮旅沪同乡会及其政治倾向

一、江淮旅沪移民与上海青帮

江淮地区地处苏北,旧属淮扬道,包括淮安、淮阴、盐城、阜宁、涟水、泗阳六县,六县近江濒海、河湖交叉,水运交通发达。京杭大运河纵贯淮阴、淮安、泗阳,淮安明清以来是漕运枢纽、盐运要冲,驻有漕运总督府。淮河横联涟水、阜宁,盐城东临黄海,是著名的两淮盐区,盐城以"环城皆盐场"而得名。江淮地区亦是近代青帮的发源地。

江淮地区早期来沪移民多是运河沿岸的漕运水手和商人。漕运水手因漕运衰落而涌入上海,他们与曾活跃于京杭大运河沿岸的青帮密切相关。青帮,据传约在乾隆年间为承运运河漕粮而逐步形成。雍正三年,漕政失理,运河上械斗争抢成风,清政府招贤管理,翁岩、钱坚、潘清①三人献策,用帮会条规,附以禅宗教义,用社会团体的组织形式实施民间管理,以后逐渐垄断了运河漕运。

19世纪中叶,随着太平天国运动兴起及黄河改道,漕运停滞,大量水手失业,加入两淮地区的贩私盐行列,并与当地专业私盐贩组成新的组织——安清道友,这是青帮的前身。② 太平军和捻军被镇压后,19世纪70—80年代,安清会从"淮海一带,千百成群,今则蔓延到江南北各郡,无地无之",③其活动区域扩展到扬州和太湖地区。

---

① 翁、钱、潘被青帮认为始传三祖,称"后三祖"。三人原是天地会的道友,属洪门,后都投奔在著名佛师——青帮"前三祖"之一的陆逵门下,从陆逵处得到祖传的二十四"字派"作为家谱(清净道德、文成佛法、能仁智慧、本来自性、圆明行理、大通无学),广招门徒。陈国屏:《清门考源》,上海道德善堂1939年版,载张仲礼:《近代上海城市研究》,上海人民出版社1990年版,第844页。

② 马西沙、韩秉方:《中国民间宗教史》,上海人民出版社1992年版,第292页。

③ 《申报》1876年6月15日。

苏北人与上海革命运动(1921—1949)

　　同时,安清道友与战后留在苏北的原湘军中哥老会成员融为一体。当时哥老会渗入湘军,许多官兵都成了袍哥。两个组织合作贩私盐,双方头目互相加入对方组织,实现"青红帮"合流。其中最重要的人物是扬州人徐宝山,他在苏北地盘上控制着这两个组织。①

　　光绪十八年(1892)漕运重开,一百二十八帮半中犹能振兴者,只剩江淮泗、兴武六(浙江)、兴武四(上海)、嘉兴卫(安徽)、嘉海卫、嘉白六大帮②,这六支船帮为近代青帮组织制度提供了一种关键因素,是青帮组织初步形成的标志。③

　　光绪二十九年(1903),漕粮海运,先由沙船,后改用蒸汽船,上海成了江浙漕粮的重要转运点和南方海运中心。"旋部议改作银两解京,漕运遂废,一般在帮人前人乃另图他种职业。"青帮首领及其成员纷纷上岸。在全国弃码头奔商埠的潮流中,上海和天津成为运河两端最有吸引力的城市。进入上海的主要是兴武六、兴武四、江淮泗系统。

　　轮船招商局成立后,逐步垄断了漕粮运输。为了在码头、沙船、轮船上工作,江淮地区原在运河从事漕运的水手及与运河体系有关的人,蜂拥而至;到20世纪初,轮船招商局在上海的轮船及其码头成为青帮特别活跃的中心。④

　　布赖恩·G.马丁认为,上海近代青帮组织在20世纪20—30年代才正式形成,但该组织并非单一的、一体化的、受一个最高首领支配的组织,每个组织成员并不来自固定的区域,其规模大小取决于青帮首领的实力和影响力。20世纪20年代,上海青帮形成三四个大集团,其中之一是顾竹轩为首的苏北帮,其势力初在闸北和虹口。⑤

　　顾竹轩(1886—1956),江苏盐城人,因家乡灾荒频繁,光绪二十八年(1902)随母驾小船逃荒到上海。先拉黄包车,当过公共租界巡捕,后靠开黄包车行起家。大约在1916年,顾竹轩拜了当时上海青帮第二大支派兴武四"大"字辈、江苏泗阳人刘登阶为"老头子"(师傅),又在黄金荣名下当徒弟。顾后因失职被租

---

① 胡训民、贺建:《上海帮会简史》,上海人民出版社1991年版,第144页;胡珠生:《青帮史初探》,《历史学》1979年第3期。
② 张仲礼:《近代上海城市研究》,第864页。
③ [澳]布赖恩·G.马丁,周育民等译:《上海青帮》,上海三联书店2001年版,第8页。
④ [美]费维恺著,王庆成、虞和平译:《中国早期的工业化:盛宣怀与洋务企业》,中国社会科学出版社2002年版,第157—158页。
⑤ [澳]布赖恩·G.马丁著,周育民等译:《上海青帮》,上海三联书店2001年版,第20—31页。

借警务处开除后,进入虹口——闸北地区的娱乐行业,后取得天蟾舞台的经营权。他与公共租界虹口巡捕房的警察和暗探,会审公廨、消防队的官兵关系皆密切。

顾竹轩20年代被选为江淮旅沪同乡会理事长。他利用青帮和同乡会组织,介绍众多逃难来沪的江淮一带男性青壮年加入人力车夫行列,成为"旧上海最大的人力车霸主",在杨树浦、闸北一带广收门徒,势力扩展到公共租界和南市一带。如果加上他在苏北地区的徒弟,估计有六七千人(还不包括其徒弟之徒弟),他成了上海滩苏北帮最大头领。①

就上海青帮成员数量看,苏北地区绝对数量最多;江淮旅沪同乡会既是人力车夫又是青帮的大本营。20世纪30年代青帮通草汇编中的青帮头目名单亦可说明这一点,居住在上海的绝大多数青帮头目(62%)来自苏北、山东和宁波。②

二、江淮旅沪同乡会的社会影响及其政治态度

近代上海是一个三界四方并存、华洋交汇、五方杂处的移民社会,上海总人口中,江淮地区的苏北人最多,旅沪江淮移民最早建立的同乡社团是淮扬公所。民国前后,苏北江淮地区来沪移民增多,1904年江淮旅沪工商界人士王保相等人在闸北新民路建立了江淮公所,两年后,江淮同乡会在闸北中山路成立。③

民国之后,苏北地区生存条件持续恶化,尤其是水患不断,地处淮河下游、地势低洼的淮安和盐城地区的大量破产农民,以数万、十几万计的规模涌入上海,江淮同乡会人数剧增。抗战前,淮安和泗阳县各自成立同乡会,从江淮同乡会中分离出来。

抗战胜利后国共两党内战时期,江淮地区成为两党争夺的主战场,大批难民及大小地主逃亡上海,江淮同乡会人数一度增至十多万。④ 为方便救济,来沪人数最多的盐阜等地移民又开始从江淮同乡会中分离,1947年和1948年,阜宁、淮阴两县又相继成立同乡组织。这些新成立同乡组织的规模一般不超过

---

① 薛耕莘:《我接触过的上海帮会人物》,《旧上海的帮会》,上海人民出版社1986年版,第95—96页。
② [澳]布赖恩·G.马丁著,周育民等译:《上海青帮》,上海三联书店2001年版,第22页。
③ 张玲:《老上海的苏北旅沪同乡会》,林克主编:《上海研究论丛》(第十四辑),上海社会科学院出版社2004年版,第156页。
④ 上海市档案局:Q6—5—954。

苏北人与上海革命运动(1921—1949)

2,000人。

江淮地区虽然先后成立众多同乡社团,因江淮同乡会规模最大、实力最强、救济同乡最得力、社会影响最广,所以,它仍保持"龙头老大"的地位。江淮地区后来成立的同乡组织的理事长,同时兼任江淮旅沪同乡会的常务理事,或是理事,与江淮旅沪乡会关系密切,仍受江淮旅沪同乡会的影响。如阜宁旅沪同乡会理事长金九龄是江淮旅沪同乡会的常务理事,也是顾竹轩的儿女亲家;淮阴旅沪同乡会理事长朱德轩(绍文)是江淮同乡会理事,在重大救灾事务或关乎江淮人利益的政治事件中,这些新组织仍听从江淮旅沪同乡会的调遣,与江淮同乡会保持一致。①

自20世纪20年代苏北青帮头子顾竹轩担任江淮旅沪同乡会理事长后,它与政党政治如影随形。

其实,在全国各地旅沪移民同乡社团中,江淮旅沪同乡会并非是参与上海革命运动的唯一社团。如会址位于黄浦区半淞园路239弄31支弄15号(今由中山南路1551号出入),由福建福州农村经营果橘业的农民和商人创建的市南三山果橘会馆,在民国16年(1927)上海工人第三次武装起义时成为南市工人纠察队总指挥部。3月23日,沪南工人纠察队总指挥部召开了成立大会,周恩来参加了大会并慰问了全体纠察队员,还同纠察队负责人谈话,要求他们在积极分子中发展共产党员,进行军事训练。事后,在三山会馆成立了共产党支部。②再如,山东会馆与山东旅沪同乡会,在日军侵占上海之后,冒着极大的风险,掩护留守沪南的国民党政府军55师和警察大队,脱离险境,其中的一部分辗转加入了新四军。③ 福建漳泉会馆创办的漳泉中学,成为国民党白色恐怖时期中国地下党的活动基地之一。民国十八年(1929)十一月十八日,中共江苏省委"二大"在此召开,中共中央代表李立三、周恩来,省委常委李维汉、李富春、陈云、任弼时等36人参加了会议。④

在苏北地区旅沪同乡社团中,南通地区的通如崇海启同乡会创办的创制中

---

① 上海市档案馆局:Q6—5—956、991、993、1002、1003、1006。
② 郭绪印:《老上海的同乡团体》,文汇出版社2003年版,第871—872页。
③ 《卢湾区志》,上海社会科学院出版社1998年版,第1065—1066页。
④ 《卢湾区志》,上海社会科学院出版社1998年版,第454页。

学曾一度成为宣传马克思主义思想的阵地。1932年11月,校教务主任宋安宣传革命思想,他讲授社会学课程时颂扬马克思主义的唯物史观及工农革命,他的言行影响了学校部分教职员工及学生,校内墙壁上张贴着"打倒国民党"、"打倒刮民党"、"加入红军"等标语。

在学生自治会成立纪念周上,他公开演说"只有无产阶级可救中国"。同年11月14日,宋安在创制中学组织了"社会科学研究会",在演说中公开提出"我们要打倒帝国主义,必先打倒单边主义走狗国民党所组织的政府"等语;1933年1月20日在学生自治会上,他报告福建人民革命政府的消息,又多赞扬之词,他利用同乡关系得到部分校董的支持。

宋安的举动遭到校长汤景宗、训育主任季九余和部分右倾学生的强烈反对,1932年11月26日,他们以学生自治会名义要求校董会制裁宋安,最后宋安遭到罢免、部分学生被开除学籍;汤景宗等人又致信上海市公安局,要求公安局对宋安等人"查拿归案法办",结果,二三十名学生遭拘捕。

创制中学由此形成针锋相对的两派。翌日校会上,两派大打出手。1932年12月28日,宋安等师生在学校张贴"拥护我们的宋安复职"、"打倒资本家走狗缪镛楼①"、"打倒国民党的走狗汤景宗"、"我们暴动起来、武力恢复我们的学籍"、"同学们,暴动起来"、"我们团结起来,扩大学潮"等标语。1933年12月初,宋安等师生亦致函上海市公安局,揭发校长曾参加红军、贪污公款、才能平庸等十大罪状及训育主任生活腐化等事实。最后,上海市公安局把双方人员都逮捕法办,学校无法继续举办。②

宋安的言论过于激进,行动也比较激烈,没有意识到长期、细致工作的重要性,这既折射出上海地下党乃至中共中央执行了激进主义政策,也真实反映了当时城市中笼罩着越来越严重的白色恐怖。宋安事件在通如崇海启同乡会中掀起的政治波澜很快就消失,笔者没有发现更多的相关史料。

比较而言,江淮同乡会及主要成员与中国共产党合作时间最长,自1925年至1949年几乎一直保持联系,并在上海革命运动中留下了浓厚印记。

同乡会具有地域的狭隘性,帮会向来被认为"破坏性比建设性大"的社会势

---

① 缪镛楼,通如崇海启同乡会的会馆委员会主任。上海市档案馆藏:Q117—19—1。
② 上海市档案馆藏:Q235—1—15,通如崇海启同乡会创制中学关于迫害创制中学教务主任宋安事件。

力,更具封建、落后性,其中充斥着暴徒、流氓、无赖,是社会一大毒瘤,但其中工人阶级也人数甚众。中国共产党为了实现组织工人阶级的政治策略,不得不考虑被青帮控制的劳工阶层。那么,这些组织及其成员能否被动员、怎样动员?这是政治动员实践中遇到的一个新课题。

建党初期,中国共产党与帮会的关系经历了由排斥打击到团结的过程。"第一次搞工人运动时不理青帮,结果资本家利用青帮使浦东日华纱厂的斗争失败了。第二次李启汉就加入了青帮,但过于相信青帮,结果被青帮头子出卖,也失败了。"第一次国共合作实现后,李立三等人根据上海工人的实际情形,开始和"流氓"(帮会头目)进行个别联络,采取机动灵活的策略与之打交道,并取得初步成效,他颇感自豪地说,"五卅时保护我的都是青帮的徒弟"。①

1926年始,中共上海区委和工会对帮会转变态度,基本采取联络策略,"最初为被绑票时期,他们要抓我们。第二时期为奋斗时期,我们都不怕。第三时期为联络时期,他们也知道我们无钱,现各工人区域、各码头、法兰西(指法租界)都有相当进行的联络"。② 1926年9月7日的区委主席团会议记录:要注重找流氓、包探,要利用他们的组织。③ 上海职工报告也指出:"在工人本身方面的联合战线,在小沙渡曾由上总宴请包探与流氓,结果对上总表示服从,允许帮忙;在码头工人方面,也与码头包探及较有势力的流氓与工头周旋,结果也很好。"④在第一次国共合作的大背景下,中国共产党扩大了社会联系,与上海青帮结成暂时的统一战线。

在国共两党严重对峙的1927—1949年间,江淮旅沪同乡会虽然游离于两党之间,但与中国共产党仍保持不间断的联系,个中原因错综复杂,

为什么中国共产党能在江淮同乡会中有效地推进马克思主义大众化的工作,内在原因何在?中国共产党通过什么方式影响和动员江淮旅沪同乡会呢?

---

① 《李立三同志对二月罢工和五卅运动的回忆》,《五卅运动史料》第一卷,第143—144页。
② 《上海区委召开党的活动分子会议记录》(1926年6月12日),《上海革命历史文件》乙2,第243—244页。
③ 《上海区委主席团会议记录》,1926年9月7日,《上海革命历史文件汇集》乙3,第364—365页。
④ 《上海工委宋林关于最近五月来上海职工运动的报告》,1926年10月1日,《上海革命历史文件汇集》甲3,第472页。

第五章　苏北旅沪同乡团体与上海革命运动

第三节　中国共产党与江淮旅沪同乡会的互动

一、中国共产党借助地缘关系动员核心人物，影响整个社团的政治态度

近代上海移民为了生存需要，自发组织了各种同乡团体，承担着维护同乡利益的服务角色，成员间形成了一荣俱荣、一损俱损的关系。因而，上海的行帮、帮口势力很大，近代中国城市移民的职业与移民的籍贯密切相关。20世纪初，沿运苏北青帮势力进驻上海，江淮旅沪同乡会与苏北青帮成为两位一体的社会组织，上海苦力行业的主体——苏北籍码头工人、人力车夫、纱厂男工及"大部分巡捕，全部包打听"，90%左右加入青帮组织。[①]

青帮以虚构的血缘关系为纽带、模仿家族辈分的世系结构代代相传，共24辈分。高一辈的头目为"师傅"或"老师"，可以招收徒弟；新成员入会时可获得相应的辈分，帮中形成了等级层阶。青帮还制定了非常严格的帮规，成员一旦违背就会受到严厉的肉刑，甚至处死。最重要的帮规是"十大帮规"，严禁门徒欺师灭祖，鼓励成员尊敬帮中辈分高的人，遵守江湖规矩，公平对待其他帮会成员，保守秘密，禁止通奸与偷盗等。[②] 这些帮规是有效维系组织及其精神的重要保证。

在青帮中，成员之间建立关系网的主要方法是兄弟结义，青帮头目通过这种方式与政客、富商们建立起广泛的社会联系。

中国共产党在上海开展工人运动，离开这些社会组织而深入工人内部，简直是不可能的。青帮组织严密的等级结构及帮规，其成员必须听命于青帮头目，如果争取到这些社会团体头目的支持，那么就等于动员了整个团体成员。所以，要打开江淮旅沪同乡会的缺口，争取青帮头目是政治动员的关键。

中国共产党早期工人运动领袖邓中夏曾著述：中国共产党成立后在上海做职工运动，"但总做不起来，做起来一点，便又覆灭"，不得已先做帮会头目的工

[①] 胡林阁、朱邦兴等编：《上海产业与上海职工》，上海人民出版社1984年版，第677页；陈独秀：《四论上海社会》，《独秀文存（卷二）·随感录》，亚东图书馆1934年版，第104页。

[②] 《旧上海的帮会》，上海人民出版社1986年版，第56—57页。

苏北人与上海革命运动(1921—1949)

作。① 当时李立三、李启汉等工人运动领袖,都是加入青帮组织后才能在工人中开展工作。② 在民主革命时期,中国共产党与江淮旅沪同乡会的互动,最早从江淮同乡会理事长、苏北青帮大亨顾竹轩,及理事顾叔平、朱绍文开始。

中国共产党与江淮旅沪同乡会的关系,最早可追溯到风起云涌的五卅运动时期。运动起因于在日商内外棉五厂的江苏盐城籍工人顾正红被日人枪杀,随即在全市范围内掀起50万民众的反帝爱国运动。五卅运动中,中国共产党工人运动早期领导人、时任上海市总工会委员长的李立三,成功地与闸北的青帮团体进行了合作,共产党和总工会十分策略地与顾竹轩及江淮旅沪同乡会结成了联盟。

在五卅运动高潮时期,民族情感空前高涨,上海各阶层民众行动起来,而江淮旅沪同乡会作为上海江淮人的总部,对于盐城同乡顾正红被害,责无旁贷参加了反日、反英的抵制运动,也与共产党、总工会达成合作。

但中国共产党与江淮旅沪同乡会的合作并非一帆风顺,在"四一二"政变中,顾竹轩也发动人力车夫参与到"剿杀"共产党的行列中。③

中国共产党与顾竹轩的再次合作,是"四一二"政变后。时任上海市工人运动大队长——江苏盐城籍中共党员姜维新,在发送罢工工人安置费时被租界巡捕逮捕,递解至淞沪警备司令部。上海地下党通过姜维新的兄长姜维山做顾竹轩的工作。姜维山是顾竹轩的侄女婿,在顾所开的天蟾舞台工作。姜维山利用亲戚关系请顾竹轩出面营救,顾欣然接受。顾竹轩假称姜维新为天蟾舞台职工,并疏通了华籍警员,最终将姜维新保释出狱。据姜维新回忆,当时被抓的有二三十人,只有二三人获救。④

中国共产党在大革命失败后的白色恐怖环境中,利用顾竹轩与姜维新既是同乡、又是亲戚关系,使姜最终转危为安,这是较便捷、有效的方法。后来的历史证明,这种动员方式是非常可行、可靠的。

全面抗战爆发后,民族矛盾上升为主要矛盾,国共两党实现第二次合作,抗

---

① 邓中夏:《中国职工运动简史》,人民出版社1979年版,第136—137页。
② 周育民等:《中国帮会史》,上海人民出版社1993年版,第494—497页。
③ 熊月之主编:《老上海名人名事名物大观》,上海人民出版社1997年版,第131页。
④ 盐城:《盐城文史资料选辑》(第六辑),盐城市政协文史资料研究会出版社1987年版,第40页;吴磊:《"江北大亨"顾竹轩》,《人物》杂志2008年11月。

第五章 苏北旅沪同乡团体与上海革命运动

日民族统一战线正式形成。1941年,中国共产党开辟了盐(城)阜(宁)区抗日民主根据地,广泛开展上层统一战线工作,在爱国旗帜下,中国共产党继续通过同乡和亲属关系,影响和团结了更多的江淮旅沪同乡会理事会成员。

顾竹轩的嫡亲侄儿顾叔平住在射阳。顾叔平,圣约翰大学毕业,早年参加革命,时任区参议会常务委员,县参议员等职。新四军通过顾叔平做其四叔顾竹轩的工作。

1943年春,盐阜区党委书记喻屏夫妇由盐城去延安,先由顾叔平护送至沪,路途两次遇险,皆得到顾竹轩徒弟的解救;到沪后,顾竹轩亲自设家宴招待他们;顾竹轩还特地安排人一路照应,直至他们安全到达延安。

1945年3月,顾竹轩又帮助中共射阳县领导妻子治病,并接回家休养了十多天;顾竹轩还让自己的幼子顾乃锦(瑾)参加新四军,并帮助苏北新四军买了武器、药品等急需物资。①

在盐阜区抗日民主根据地,中国共产党还动员、团结了爱国民主人士朱绍文。朱绍文(1878—1951),字德轩,淮阴马头镇人。两江法政学堂毕业,民初任两江政法大学校长,省议员,议长,时任江淮旅沪同乡会常务理事、理事。1948年6月,淮阴旅沪同乡会成立,朱绍文被选为理事长。②

1937年底,朱绍文随江苏省政府回到家乡,为第三战区动员委员会常委,淮阴县长。此时,淮阴籍共产党人宋振鼎、吴觉、谢冰岩、李干成等从外地纷纷回到家乡,开展抗日救亡活动,联系各县爱国民主人士召开座谈会,共产党人的抗日主张得到包括朱绍文在内部分国民党员的赞成。

1938年2月初,宋振鼎、吴觉、谢冰岩等人准备组织苏北抗日同盟总会,却遭到江苏省主席韩德勤等国民党顽固派的抵制。宋振鼎等得知朱绍文与国民党第五战区司令长官李宗仁私交甚好,就请朱给李写信。不久,苏北抗日同盟总会在淮阴正式成立,朱绍文的介绍信起了关键作用。

抗日同盟总会骨干吴觉等还帮助国民党建立了"淮阴县抗日动员委员会",朱绍文担任主任兼任组织部长,聘请了一批坚决抗日、办事能力强的社会知名人士为委员。苏北全民抗战局面形成,苏北地区共产党组织得以迅速重建。

---

① 《盐城文史资料选辑》(第六辑),盐城市政协文史资料研究会出版社1987年版,第42页。
② 上海档案局藏:Q6—5—1003。

苏北人与上海革命运动(1921—1949)

抗战胜利后,中共党组织派顾叔平到上海工作。在顾竹轩的安排下,顾淑平被选为江淮旅沪同乡会理事,在上海站稳了脚跟。① 在顾叔平的积极影响下,顾竹轩继续为党工作。1946年,中共上海局城市工作部成立"帮会工作委员会",顾叔平负责青帮工作。顾淑平将天蟾舞台二楼经理室作为秘密开会的场所,并帮助不少中共党员取得合法身份。顾叔平接到上级组织的指示,要求利用顾竹轩的社会关系,竞选上海榆林区副区长。顾竹轩全力助选,发动杨树浦一带的苏北帮门徒和江淮同乡会成员,一起参加投票,使侄儿成功当选。

经顾竹轩介绍,顾叔平还与国民党党、政、军中江淮籍要员,如马树礼、胡敬安、吴仲达等结拜为兄弟,收了300多徒弟。顾叔平利用自己的身份,获取了国民党政府许多重要情报;上海解放前夕,顾叔平发动起门徒到处搜集国民党的驻防情况,为迎接上海解放作了准备。②

1949年1月至上海解放前夕,面对解放战争战场上国共两党越来越明朗的结局,全国各省市县旅沪同乡会,在宁波旅沪同乡会主持下多次召集会议,商讨对策,以图上海市为非武装区。但响应者并不多,57个受邀单位,只有22个出席;苏北地区25个旅沪同乡会,只有南通旅沪同乡会和扬属七县旅沪同乡会参加。③ 此时,顾竹轩等在中共上海地下党领导下,动用其社会关系,帮助地下党和解放军做好接收工作,有效地维持了社会治安。上海解放后,陈毅亲自到天蟾舞台看望顾竹轩;1949年8月,上海召开第一次人民代表会议时,顾作为特邀代表参加了会议。④

由此可见,中国共产党在动员同乡会等社会团体时,争取其核心人物是关键,"牵牛要抓住牛鼻子"。这是中国共产党对同乡社团最有效的群众动员方式。

二、国民党统治日益腐朽,加速江淮旅沪同乡会接近中国共产党

江淮旅沪同乡会及其核心成员在抗战胜利前与中国共产党进行合作,并不意味他们在政治上完全倾向共产党,他们与国民党的关系更密切,受到国民党政

---

① 上海档案局藏:Q6—5—954。
② 《旧上海的帮会》,上海人民出版社1986年版,第365页。
③ 上海档案局藏:Q117—42—5;Q117—29—7。
④ 《盐城文史资料选辑》第六辑,盐城市政协文史资料研究会出版社1987年版,第42页。

府器重,并担任多种社会职务,如顾竹轩长期担任上海市参议员、与国民党高官顾祝同一直保持密切关系等。同乡会的青帮领袖人物与共产党打交道,有"狡兔三窟"之嫌。

但抗战胜利后,国民党政府的种种倒行逆施,如接收大员的贪赃枉法、损公肥私;不顾民意,悍然发动内战,物价一天天飞涨;对众多逃难来沪的江淮地区难民不问不顾;国民党政府对帮会人物态度的转变等,使江淮旅沪同乡会与国民党政府渐渐离心离德,其核心成员逐步改变政治态度。

抗战胜利后,社会各界人士,密切关注国共关系,关心国家前途和民族出路,经常聚在一起谈论政治。江淮旅沪同乡会理事朱绍文因不满国民党官场腐败,归隐沪上做律师,因与中共地下党员王绍鏊住所相邻,两人交往日益密切。王绍鏊(1888—1970),中国民主促进会创始人之一,曾就读于江苏省教育总会法政讲习所,民国后当选为第一届国会众议院议员、宪法起草委员会委员;后在共产党人侯绍裘等人影响下,于1933年加入中国共产党。朱、王二人皆学法律出身,同为江苏社会名流,曾为民意代表,是旧相识。

1945年冬,上海地下党工委领导人张执一约见王绍鏊,布置王广泛团结民主人士,开展民主运动。王绍鏊在其住所附近联系一批包括朱绍文在内正直爱国的工商、文教界人士,他们每星期一在北京西路广和居饭馆楼上集会座谈,分析国内外形势,揭露和批判蒋介石的独裁专制,学习、研究共产党的主张。这批人在该年底建立了中国民主促进会。朱绍文在上海地下党和诸多爱国人士的进一步影响下,利用其社会关系,广泛联系苏南、苏北各界人士,无情地揭露国民党内战、独裁、腐败的本质,在其周围又形成新的反蒋反国民党阵线。

他多次撰文揭露国民党政府的种种不当措施,预言蒋介石政权必败。1945年12月,朱绍文借国民党中央宣慰大使①到沪听取各方意见的有利机会,多方联络,"本地知交,及江南北旅沪老友,多踵门而来",写了《江苏各县旅沪同乡联合通讯处及江苏自治促进筹备会对于中央特派宣慰大员之答案》(以下简称"答案")。②

---

① 《申报》1945年12月13—14日。
② 朱绍文:《江苏各县旅沪同乡联合通讯处及江苏自治促进筹备会对于中央特派宣慰大员之答案》,1945年12月,现藏于上海图书馆。

他在文中淋漓尽致地痛斥国民党政府对原沦陷区民众的掠夺、歧视、压榨的丑恶行径,揭露国民党接收大员的种种贪腐行为,而对苏北共区大加赞赏;从法律角度对国民党政府强加于沦陷区人民头上的罪名逐条批驳;依据法律把国民党政府列为被告对象,提起控诉。①

"答案"共三部分,包括事实、理由和办法。三个部分逻辑关系紧密,首先罗列国民党政府对沦陷区民众种种剥削和歧视政策,然后从律师角度对这些不合理、合法政策进行反驳,最后提出解决的办法。其中,第一部分篇幅最长。

(一)控诉国民党政府对沦陷区民众的经济勒索

1. 伪币与法币兑换比率不合理。1945年9月10日国民党南京政府和陆军总部联合发出公告,"政府机关及国营事业,以及一切税款之收支,自我政府所派人员接受后,即完全使用法币,不得再用伪钞";京沪区及各银行,9月12日起不得用伪钞交易。② 13日,上海市邮政管理局率先使用法币,并规定伪币和法币兑换的比率200∶1。

朱绍文认为,该兑换政策,在道德上是市侩、欺诈和背信的行为;在法律上犯了刑法上的背信罪。将敌伪财产和银行资产全部收归中央银行所有,却不去将它们应负有的有限或无限责任,给持有伪币的民众以合理补偿,这犯了刑法上的侵占罪。

"答案"还揭露,国民党政府在生活待遇上有意"抬高官价,降低民价"。1945年9月底,到沪接受半月有余的上海市政府公布:火车费加价10倍,邮费加价10倍,让伪币持有人的生活水准降低了2000倍。对此,朱绍文讽刺道:"国民政府,是民国的政府。而非持有法币之重庆官僚与重庆商民之政府。亦非发行法币之中央银行之政府。"作为政府,应当处于超然的位置,行使其指挥监督权利,不应厚此薄彼,背弃信义,辜负了蒙难8年不但不怨恨政府,而且热望政府回归、欢迎政府的普通民众。

2. 政府官员徇私枉法。"答案"控诉国民党当局不分情由,不顾民众死活,查封所有物资,致使生活必需品奇缺,米面油煤等日用品,1个月内飞涨4—5倍;政府封闭工厂,百姓失去工作,没有生活来源,民众怨声载道,政府纯属"撕

---

① 张玲:《苏北旅沪同乡会研究》,林克主编:《上海研究论丛》第十四辑,上海社会科学院出版社2004年版,第161—166页。

② 《申报》1945年9月12日。

破国法";而政府官员却肆意盗卖侵占物资,中饱私囊。

通货膨胀越来越严重,报纸等媒体亦连篇累牍地揭露社会两极分化及民众生活之艰辛:"自9月半以来,上海的物价继续起着剧烈的波动","一般市民均感到生活的负担"。①《申报》"每日画刊"登一幅漫画,一个苏北流亡者叹道:流亡到了上海,却面对两个截然不同的世界:苏州河北岸一幢幢花园别墅;南岸难民遍地,瓦砾堆上到处是粗陋草房。② 一条苏州河,把人分成两个等级。

"答案"对国民党的大小官僚及工商领袖进行了无情谴责。他说,即使在日伪统治时期,"现在被认为是犯罪的伪官、伪商,尚能为民交涉,使其停收军粮、发仓平卖,抑低物价",而"我们国民的政府官僚来了,反而将所有物资,一律封锢"。大小官吏对此漠然视之,无动于衷;有名望的工商界领袖,以"耶稣救世,释迦说佛"的语调,苦劝弱小工商业者要崇尚商业道德,低价出售物资,不仅不敢向当政者为民请命,前两次行政院长和各部部长来沪宣慰时,当问及物价上涨原因时,竟无心肝地说是交通不便,人民因胜利兴奋、生活奢侈所为。公然为违法官僚掩护。

国民党接收大员不独查封所有物资,还封闭所有工厂,不管这些工厂是原敌伪,还是民营的。这对中小工商业资本家打击非常之大,因其生产的产品中,民用的轻工业品居多,苏北同乡团体中中小工商业主占亦相当大比例。

"答案"总结说,国民政府的行为,"实属违法、失职、破坏生产,刺激物价,属出常理之外"。朱绍文对国民党倒行逆施行为的愤怒力透纸背,真切反映了民众的生活状况、道出了百姓的心声。

3. 地方政府强行摊派太多,人民不堪重负。朱绍文不独关心旅居上海的同乡,还关心家乡建设和父老乡亲的生活疾苦;他不仅是出色的律师,还是个思想先进,具有洞察力和先见之明的革命同情者。

他对国民党无情地鞭挞,而对共产党非常同情甚至赞赏,实属难能可贵。对照其他同乡团体的档案资料,他们对共产党一般用"匪党"、"匪乱"等怀有敌意的词汇,独朱绍文例外。他比较日伪和国民党政府的征税数目,痛斥国民党政府的横征暴敛:"在日本人统治时,吾苏各县,除共产区外,无不感受伪军摊捐之

---

① 《申报》1945年11月23日。
② 《申报》1946年6月8日。

苦",在常熟、高邮等县,每日要交伪币达 800 万元,折合法币 4 万元。而在国民党统治时,南通县政府(1945)11 月的经费共需 1,300 万(法币),商会分摊 600 万元,第一、第五区各 2,500 万元,因为其余各区,被"匪军"占据,无法摊借,只好全由三方负责。① 合每日 430 万法币,折合伪币 4,600 万,比日伪的摊派要高出 100 倍。11 月份如此,以后可知;南通如此,其他县可知,国民党之横征暴敛可见一斑。他清楚地看到,国民党政府高额征税是为了准备打内战。"假如内战继续打下去,是县政府能支持呢,还是老百姓能支持呢","老百姓不会造出法币的。"②

他一针见血地指出,"就是军事胜利,恐怕政治要失败的"。他非常有远见地意识到蒋介石国民党发动内战,是违背人民意愿,失民心者必亡。国民党的最终结局被朱绍文言中了。

(二)抨击国民党政府的政治压迫

1. 抗议国民党政府的惩奸条例,使民众成为惊弓之鸟。

国民党政府还政后,不但不安抚沦陷区民众,却以胜利者自居,在各界民众头上扣上"伪"头衔,予以人格歧视,军警肆意滥捕无辜,任意扩大打击面。不仅认定伪政府中的原党国要人是汉奸,加以惩处;还认定所有的伪官、伪商,都是通谋日本、反抗本国的汉奸,要受国家制裁;伪教员、伪律师等职业者都是附逆,不能受国家法律平等待遇;伪学生、伪市民、顺民,都受过奴化的,应该分别提起来,放下去,加以人格感化和限制;哪怕只经过沦陷区的人,也要给个罪名。如 1945 年 9 月 20 日国民政府颁布《收复区中等以上学校学生甄审办法》,把上海的 6 所院校学生划为伪学生。③

"上好焉,下必甚之"。于是锄奸队、捕奸团纷纷出笼,军警经常随意捕人,捉去少则一两天,多则一个月。使 8 年来饱受日人蹂躏,早成惊弓之鸟的沦陷区民众,更是人人自危。沦陷区民众不仅政治资格低下,在职业待遇上也是如此:重庆来的人"按年次给俸",上海的人只给"起码俸",一律以办事员、实习待遇。朱幽默地谈到,来自重庆的人把中国社会分为四个等级,沦陷区人为第四等级,

---

① 《大公报》1945 年 12 月 13 日。
② 张玲:《苏北旅沪同乡会研究》,林克主编:《上海研究论丛》第十四辑,上海社会科学院出版社 2004 年版,第 161—166 页。
③ 《上海交通大学志》,上海交通大学出版社 1996 年版,第 701 页。

第五章　苏北旅沪同乡团体与上海革命运动

即奴隶阶级,但自认为是国民中坚韧者;沦陷区人反唇相讥重庆人是"恐日症,自了汉和信天翁"的结合体。

朱绍文认为政府官员的所作所为是"隔岸观火,隔皮猜瓜",他反问:沦陷区民众由自由身变为奴隶,难道是百姓的过错吗?谁肯以优越的地位、自由之身而沦落为无人保护的孤岛上的难民?沦陷区人的血和自由区人的血一样热烈、沸腾,日夜盼望国军抗日成功;是别人让他们沦陷的,不是他们愿意沦陷的。"别人",就是国民党政府。

朱绍文一语中的地指出收复区民众遭受种种遭遇的原因,并用犀利的语言连用5个排比句批驳国民党政府对沦陷区民众歧视的不合法、不合理。

他认为沦陷区民众遭当局歧视的主要根源是因为国民党政府以收复者自居,高高在上地认为收复区是其征服地,所有人都是被征服者,任由他们摆布。朱绍文用五个"假如"层层推进进行驳斥。第一,阐明沦陷区的人为什么不守节去死,而是屈辱地苟活下来。"假如是君主时代",国土沦陷,"我们男子应该到明伦堂上去上吊,女子要投河投井的",没有生存权。而现在是中华民国时期,国民不仅不是政府所有,政府反而归国民所有。虽然国土沦陷了,但不是国民自己要沦陷的,"在法律上,国民无应死之罪,在事实上政府亦无处死之方法"。既然国民无罪,谁该当罪呢?第二、第三个"假如"回答了该问题。

"假如像天津、徐州、长沙等地,经过作战失败了才沦陷的,那是国防军队已经尽了责任,也能教人心服",而我们的国军,还没有听见敌人的炮声,没有看见敌人的影子,就"一弃几十城,一退数百里"。这场战争(抗日战争)"假如发生在十六年(1927)、二十年(1931)、二十一年(1932)就不战而退",还能原谅因没有充分的军事训练和准备。到了1937年,中间经过九·一八和一二·八的警告,结果还是不战而退,"只能说是政府失职,军队犯罪"!

第四个假如,朱绍文质问国民党政府对待伪军和沦陷区的民众为何态度有别?按重庆要人的心理倾向,沦陷区人民不应该生存,但为什么又派来组织伪政府,又为什么伪政府下面直辖的将、校、尉官及伪军,都是第三战区的直属官员,带队去投降。如,首先率队投诚的是某集团军司令下工作人员也要用伪军的番号?为什么就不许各界民众在敌战区生活,伪军和伪文官、伪法官、伪教员、伪工商业职员有何本质的不同?许多所谓的伪官、伪商之间有何本质区别?为什么要区别对待,一褒一罚?假如我们的胜利是"国军反攻克复的","就是教我们子女做他的奴隶也是情愿的"。然而他们是"寇至则去,寇退则反",有何资格做征服者!

而政府赏罚不公不当,弃地不守可以不受惩罚,未经反攻却以征服者自居;而沦陷区的所有官吏及各种社会职业者,不管暗地里做了许多好事,却不去仔细调查,反而加罪。长此以往,国家万一将来再有难,可能会出现以下情形:国军大可以逃避到国外去静等国土复归;人民可能会出现以下遭遇:一是放弃反抗,由敌人直接统治;国家失去民族精神,陷入无政府状态,相互戮杀;好人明哲保身,由汉奸统治,坏人当道,以敌国的利益为重。如此下去用不了14年(日本人统治东北时间),恐怕用不了8年(抗日战争时间),"不独亡国,而且灭种"。

朱绍文愤怒地指出,国民政府各部官员,不了解社会心理学上的"刺激与反应"学说,人的心理行为,施加多大压力和刺激,就有多大反抗,政府反而主观错误猜测民众心理,认定在沦陷区中苟活者,都是自甘堕落的人,是受过奴化教育的,需要严加纠正和感化,全力限制。

国民政府的种种倒行逆施,使沦陷区民众对政府的态度由热望转向失望再到反抗。

2. 抗议国民党政府把持江苏各县的民间机关,践踏民意。抗战之前,地方都设有民间机关——参议会、议长、议员和秘书皆由民选。抗战胜利后,政府接收完毕,本该还政于民,但江苏各县参议会的议长都是政府指派,连秘书也是政府委任。从而引起人民极大愤慨:"这样可以说是官立机关,老百姓要它做什么","何苦再玩这样傀儡戏呢"。把国民党的专制独裁嘴脸刻画得入木三分。

(三)揭露国民党政府的社会压迫

谴责国民政府对沦陷区实施的严厉书报检查制度,"萎缩舆论",严重侵犯了人民的言论自由及出版、集会、结社自由。表现之一是对报纸内容严加控制,事关人民生活的内容不见踪影,居民自来水断了,人力车和电车罢工几天了,报上一字不提;只是传达些"建生祠,打死虎,扑苍蝇"的事,最多也"不过能问问狐狸,那些吃人的豺狼,哪个敢去踢他一下呢?"第二,报纸的种类也不断减少,经常读到一份份报纸向读者的告别辞。

朱绍文乃江苏各界旅沪人士及苏北同乡团体的代表,其表达并非个人观感,而是客观反映收复区一般民众的心声。他最后特别申明,他所列举的诸种事实和理由,"是会内会外的熟人,见面常常说的,所以耳熟能详"。由此可见,此时,收复区民众开始和政府离心离德。

当然,朱对政府的处罚根本不可能实现,但其文风泼辣,讽刺犀利,嬉笑怒骂中把国民政府批得体无完肤,为沦陷区百姓出了一口怨气。

1945年底,朱绍文加入中国民主促进会,为创始人之一。1946年8月又写了言辞激烈的《为不能陈述心事的国民向国民参政会请愿书》。他再次断言,国民党"即使军事胜利,但政治怕要失败"。朱绍文的政治态度必然影响江苏旅沪各同乡组织的主要成员及旅居上海的江苏各界社会名流。

国民党发动内战,步步把自己逼入死胡同,也把流落上海的江淮难民逼向死路,江淮旅沪同乡会逐步倾向共产党。

1946年5月始,苏北阜宁、盐城等地为国共两党内战的主战场。该地区略有家产的青壮年,因不了解共产党的政策,自发地络绎不绝逃亡来沪,也有大批难民随国民党绥靖部队辗转来沪,"以纯洁之心向政府治安区,以求生路"。难民来沪后,有的投靠亲友,有的寄住在江淮旅沪同乡会内,有的强行栖身庙宇和各地旅沪同乡会公所停尸房内,更多的人露宿街头,沿街满巷,食宿无依,形同流丐,凄惨万状,目不忍睹。

而国民党政府却借口这些人户籍不在上海而拒绝救济,让难民备感心寒。居住在闸北中山北路普善路口的江淮旅沪同乡会内的大场区阜宁县乡区流亡难民所第一区王孝和等,代表729名难民,激愤谴责市社会局和上海市政府冷酷无情、歧视苏北难民,道出了十几万难民的心声:民等原投靠政府而来,现却被政府"为鹰驱雀"般赶回原籍;市政府改组救济方法,却把苏北难民排除在外。

他们质问:"救济事业目的在于救人不在救地,在上海亦救济,在苏北亦救济,同一救济,只问是否难民,是否苏北难民,何能因留居区域之不同而遽加歧视。"民等"今则救济中断,告贷无门,加之物价飞腾,米珠薪桂,诚所谓欲死不能、求生不得"。"目前难民等数百人之生命已至爱则生、弃之则死之时,生死两途专系于救济二字。"政府坐视不管是"复置难民等于死地","则不独失我难民投靠之本旨,亦非政府救济难民之本旨"。①

1947年9月,该处难民代表再次致函社会局请求救助,长期"奔走号呼,舌敝唇焦,仅得儿童福利促进会发放罐头一次",难民所人数已减至597人。他们

---

① 上海市档案局藏:Q6—5—954。

恳求市社会局长"遵循国府之法令,下恤难民之痛苦,迅以救助,以拯难民之生命。"他们悲愤地呼喊:"已来者已无法生存,未来者将何所信仰而来归!"① 面对政府的冷漠,苏北流亡难民对政府极度失望,怨声载道。

江淮旅沪同乡会尽其所能救济数以万计的同乡难民,而政府却忙于内战,无暇顾及;同乡会不顾政府禁令,要求市政府组织以工代赈工程,为同乡谋取生存条件。1946年6月,南京市工务局从清凉山难民收容所调苏北难民入燕子矶修堤,其间,在盐阜区充任乡镇长马定球等人发动暴乱。国民党南京市党部于8月初致函设在上海的苏北难民救济会议,转呈苏北旅沪各同乡会严加防范,还称,"现上海闸北新闸桥大统路一带已发现中共冒牌难民将灾荒地皮占据搭满棚户……严密注意防范为要"。② 江淮旅沪同乡会接到通知不到10天,即致函上海市市长吴国桢,请求以工代赈,如新建道路、机场等,安排更多的江淮难民。③ 上海市政府当即否决,江淮旅沪同乡会对国民党政府日益不满。

"臧大咬子事件"使江淮旅沪同乡会及难民对政府愈加愤懑和失望。1946年9月22日,美国水兵无故将盐城籍人力车夫臧大咬子打死,国民党上海市党部不敢得罪美国军方,凶手一直逍遥法外,舆论哗然。此惨案尚未平息,同年12月北平又发生美军强奸北京大学女学生事件,激起全国人民的愤怒。其时,美国士兵在上海肇事达800多起。上海地下党通过学委,当即公开成立"上海市学生抗议驻华美军暴行联合会",举行抗议美军暴行大游行,社会各界人士一致加入抗议美军行列。④

在中国共产党领导反美、反蒋的浓厚氛围中,以江淮旅沪同乡会为主体的人力车、三轮车夫及"苏北难民救济协会",也行动起来,为学生行为叫好、捐款支持,还举行"抑物价、求生存"的游行请愿。⑤

此时,国民党政府惶惶如惊弓之鸟,为强化其专制独裁统治,对进步社会团体严加控制和打压。1948年8月,苏北各属旅沪同乡联合会和江北旅沪同乡服务社联合办事处主任朱华,副主任顾竹轩,致函社会局,准备在天蟾舞台召开同

---

① 上海市档案局藏:Q6—5—954。
② 上海市档案局藏:Q117—10—12。
③ 上海档案局藏:Q119—2—566。
④ 《上海出租汽车、人力车工人运动史》,中共党史出版社1991年版,第105—108页。
⑤ 《申报》1946年10月15日、11月3日。

乡节约动员大会。国民党社会局如临大敌,借口擅自开会"于法不合",并致函警察局"前往取缔"。①

国民党社会局明令禁止苏北同乡团体的正常活动,说明国民党政府已对该团体的政治立场开始怀疑,愈益激化了江淮移民对国民党独裁统治的对抗。此时,江淮旅沪同乡会重要领导人的政治态度发生根本转变,倒向共产党阵营。

三、挖掘江淮人讲义气、爱憎分明的性格特质,顺利实现动员

江淮地区原本是青帮的发源地和活动中心,帮会文化浓厚,很多人加入青帮组织,他们在迁入上海时也将各自的青帮组织形式带到了上海。② 青帮也用儒家道德规范中的"仁"、"义"、"礼"、"智"、"信"及大量附加规范和禁令来约束其成员,调解成员间的争斗、加强成员的互助及门徒对师傅的义务等。③ 这些规则不仅增强了青帮组织的凝聚力,也形成了"侠义"文化,其成员自视为"路见不平、拔刀相助"的英雄,有替天行道的意识。

所以,青帮文化中有讲义气的一面,尤其在中华民族面临外国列强侵略时,有强烈的爱国情感和民族气节。该地移民大多来自农村,民风淳朴,性格耿直爱冲动,却比较团结。这些性格特质为中国共产党进行有效的政治动员提供了有利的条件。

江淮旅沪同乡会有悠久的爱国传统:五四运动爆发前夕,多次致电巴黎和会和中国谈判代表,要求妥善解决山东青岛问题;五四运动爆发后,多次电促北京政府和教育部,尽快释放被捕学生;运动转移到上海,又积极参与"六·三"大罢工运动④;1925年跻身于轰轰烈烈的五卅爱国运动中,为同乡顾正红烈士举行追悼会。

八一三事变后,江淮旅沪同乡会加入政府和民间组织的爱国团体,支援国民党军队作战,救援难民。1937年9月,报纸报道居住闸北的江北人有抢劫财

---

① 上海档案局藏:Q6—5—948。
② [澳]布赖恩·G.马丁著,周育民等译:《上海青帮》,上海三联书店2001年版,第22页。
③ 《旧上海的帮会》,上海人民出版社1986年版,第57—59页。
④ 顾德曼:《新文化,旧习俗:同乡组织与五四运动》,《上海研究论丛》第4辑,上海社会科学院出版社1990年版,第277页。

物、为非作歹,及投敌为奸、帮助日本侵略者查岗搜身等不轨行为,顾竹轩即在《申报》刊登《顾竹轩正告江淮同乡》公告,严厉警告同乡不要为虎作伥。

他一针见血地对同乡申明大义:日寇"俯为公敌,仰为私雠",中国人与之有不共戴天仇恨,只有"与之作殊死战,方能有济"。他与同乡约法三章:"谨与诸同乡约,在此国难当头,宜各竭其心力,对国家尽一份责任,即是对自己泄一分私愤,最要帮同政府,清除汉奸。凡有丧心病狂、甘为敌寇效死,暗中为敌方作鹰犬者,无论是何骨肉至亲,绝对举发,使难逃国宪。而我前敌阵线,乃愈加巩固,始不愧为中国国民,始可对我列祖列宗。"①

顾在江淮移民中影响很大,其公告有一定的威慑作用。过了4天,《申报》登出了《南市、闸北、沪西汉奸敛迹》的报道。② 顾竹轩的影响力和爱国感召力功不可没。

顾竹轩很讲江湖义气,经常为同乡慷慨解囊。江淮旅沪同乡会在闸北创办江淮小学时,顾不仅献出了在大统路的宅地,还捐赠了一大笔钱为创办基金。1911年、1929年和1931年,苏北遭受严重的自然灾害,顾竹轩发动同乡及徒子徒孙筹集善款,甚至变卖自己的资产天蟾玻璃厂。"一二·八"淞沪战争和"八一三"事变爆发后,他将自己经营的天蟾舞台作为同乡避难之所,运送同乡回乡,各历时两三个月之久。③

顾竹轩乐于助人的性格亦让他代国民党政府受过。1948年9月15日,平江公所义民所、扬州公所义民所、江淮同乡会义民所、沪太路十八间义民所、江浦路义民所难民代表张如愚等人,代表17,000余名盐阜难胞,联名给上海市市长、社会局和国防部写信,控告顾竹轩贪污,请求"勒令江淮同乡会理事长顾竹轩克日发给所欠难民配米"。事情的原委如是:1947年12月,江淮旅沪同乡会理事长顾竹轩为解决流亡难民的食米,多次与上海市社会局、上海市民食调配处和上海市民政局接洽,社会局答应配给难民大口配米二斗,小口一斗,为一万七千余名难民同乡争取了三万五千石配米。④

顾竹轩1948年2月才从闸北公所领到难民配米证大口7,469张,小口

---

① 《申报》1937年9月11日。
② 《申报》1937年9月11日、9月15日。
③ 吴磊:《"江北大亨"顾竹轩》,《人物》杂志2008年11月。
④ 上海市档案局藏:Q—6—5—954。

1,223张,收每名难胞大口48,000元,小口24,000元。当年3月,配米只发半数。饥饿难耐的灾民迟迟等不到剩余食米,苦苦向顾追讨,屡次索讨无果,便把一腔怒火泻向顾竹轩,状告他中饱私囊。

后经国防部、民政局、市民食调配处、闸北区公所及社会局多方查证,顾竹轩事实上只领到配米1,641石一斗,"每大口发一斗,小口五升,共计1,641石1斗,均完全发完。因粥少僧多,故先发半数后会再请吴市长吴局长补配半数,未蒙批准,附分发确数及单位账单二纸"。① 由于物价飞涨,半年前的米价已无法买到相应数量的食米了。顾竹轩哑巴吃黄连,出力不讨好,这实则国民党政府的过错,顾竹轩却受到国民党党政系统的多方查证,备感国民党当局对自己的不信任,心境颇感凄凉,也使他对国民党当局愈加不满。

顾出身下层,别人求他办事,觉得是看得起他。他曾说过,"只要瞧得起我顾四,脱裤子当当也来"。② 抗战时期,顾叔平向顾竹轩宣传中国共产党的政策和民族大义,能够得到他的积极响应,甘冒风险为中国共产党服务。受到顾竹轩帮助的喻屏曾称赞顾"为人很好,有政治头脑,有正义感,肯帮助人"。③ 周恩来也评价说,"顾竹轩为人还是可靠的"。④

江淮旅沪同乡会常务理事朱绍文亦疾恶如仇,爱憎分明。他早年任江苏省参议会议员时,为了伸张民意,曾当众焚毁省军政某要员贿赂其银票数十万,因此被推举为议长。抗战胜利后弃官来沪,他与正直、爱国民主人士王绍鏊等人交往甚密,共同组建了反蒋、爱国、拥共的中国民主促进会,成了中国共产党的诤友。

江淮人具有直爽的性格禀赋,易交流,也利于进行政治动员。中国共产党充分挖掘和利用这些能动的因素,以国家、民族大义启发江淮旅沪同乡会核心成员,使之为民族独立、人民解放的革命运动出力,进而影响这个庞大民间组织的政治倾向。

小结

1925—1949年,中国共产党在城市动员民众时,不拘泥于既有的理论,而是

---

① 上海市档案局藏:Q—6—5—954。
② 陈衡志:《"江北大亨"顾竹轩生平琐记》,《旧上海的帮会》,上海人民出版社1986年版,第3页。
③ 《盐城文史资料选辑》第六辑,盐城市政协文史资料研究会出版社1987年版,第42页。
④ 《盐城文史资料选辑》第六辑,盐城市政协文史资料研究会出版社1987年版,第40页。

苏北人与上海革命运动(1921—1949)

从中国实际出发,为政治动员探出了一条新路。

产业工人是中共早期发展的重点对象。上海是中国第一大城市,也是全国产业工人最集中的地方。但中共在上海开展工人运动最初并不顺利。党的早期工运领袖李立三感触很深:"上海工人工作最大问题是青帮问题";"一九二四年我到上海时,上海只有几十个党员,只有两个工人党员,还不是纱厂工人"。① 近代上海是移民城市,移民的职业与其籍贯密切相关,工人几乎受工头的严格控制。为了获得职业和安全保障,许多工人加入帮会或同乡会,尤其是社会底层苦力,加入同乡会和帮会的比重很大,苏北籍苦力工人大部分加入青帮组织。②

中国共产党与江淮旅沪同乡会的关系并不是单向度的,而是互动关系,既有前者对后者的动员,也有后者基于多种利益考虑而对前者的积极回应。对于江淮旅沪同乡会及苏北青帮来说,与中国共产党长期保持合作关系,是由多种因素决定的:

首先,江淮旅沪同乡会是地缘社会的产物,中国共产党充分利用血缘、地缘、亲缘、业缘等关系,对江淮旅沪同乡会领袖人物做有效的动员工作,进而影响这个城市边缘群体占主体的团体的政治态度。该团体亦是苏北青帮的大本营,而青帮内部实行家长式的组织管理模式,青帮头目社会联系广,有一定的权威和威慑力,要把该组织的消极因素化为积极因素,动员和争取帮会头子是至关重要的一环。如在解放战争时期,中国共产党通过顾竹轩管束沪西有名的地痞柏文龙(外号"小白龙"),使之有所收敛,减少该地区共产党工作的阻力。③

其次,抗战胜利后,国民党集独裁、内战、卖国、腐败于一体,日益失去民心;上海租界不复存在,青帮也失去了联系华界与租界关系的作用,蒋介石以推行法制、权归中央政府为名,把战前让青帮分肥的党、政、军、警等大权收回,逐步抛弃帮会势力④顾竹轩等帮会势力也会为自己找寻另一政治出路。此时,顾竹轩只挂着上海市参议员的空头衔,逐步受到国民党当局的打压,就与共产党走得更近

---

① 《李立三同志对二月罢工和五卅运动的回忆》,《五卅运动史料》第一卷,上海人民出版社1981年版,第142—143页。
② 胡林阁、朱邦兴等编:《上海产业与上海职工》,上海人民出版社1984年版,第677页;陈独秀:《四论上海社会》,《独秀文存(卷二)·随感录》,上海亚东图书馆1934年版,第104页。
③ 中共上海市委党史资料征集委员会主编:《上海市沪西地区城市贫民革命斗争史资料》(内部资料),第41页。
④ 朱学范:《旧上海帮会二三事》,《旧上海的帮会》,上海人民出版社1986年版,第242页。

了,其核心成员,带领该社团逐步加入到中国共产党领导的国统区第二条战线行列。

最后,中国共产党充分挖掘和利用江淮青帮文化,经过艰苦细致的工作,激发他们的爱国热情和正义感,使之成为革命阵线中的一员。他们虽然粗鲁,但比较豪爽,再加上抗战时期新四军在苏北开创了革命根据地,江淮人对共产党军队及政治主张了解较多,有一定的认知基础。

在上述动员中,第一条贯穿政治动员过程的始终。江淮旅沪同乡会作为一个成分复杂的社会组织,大部分成员农民出身,文化水平很低,思维简单,认知能力很差,一般只听命于同乡会和帮会头目的调遣。对此,陈独秀曾深有体会地指出:"他们(青帮)的组织上海没有别的团体能比他大。他们老头子的命令之效力强过工部局。"①所以,动员该组织的领袖是政治动员的关键。

当然,中国共产党动员江淮旅沪同乡及青帮势力,并不是肯定这种社会组织,而是用迂回的方式影响它、动员它并改造它。解放后,帮会、同乡会等旧社会组织统统被取缔。

中国共产党对江淮旅沪同乡会的政治动员,是中国共产党在具体革命实践中灵活运用统一战线的一次有益尝试,动员一切可以动员的力量加入到革命队伍中来,扩大了党的群众基础,丰富和发展了马克思主义统一战线理论。从1924年始,中国共产党已开始走出狭小的圈子广泛地接触民众,为抗日战争时期形成系统的统一战线理论和策略提供了经验。

---

① 陈独秀:《四论上海社会》,《独秀文存(卷二)·随感录》,上海亚东图书馆1934年版,第104页。

结　　语

一、研究结论

（一）上海革命运动中，苏北人是一支不容忽视的重要力量，不但有大批知识分子出身的中国共产党领导人，还有更多的工厂工人、人力车夫、码头工人等底层民众，他们默默无闻，却在上海革命史上作出了重要贡献，并非海外学者所言苏北人无足轻重。顽固的社会偏见把上海苏北人的历史功绩湮没了，这是不公平的。

裴宜理的研究及结论存在一些缺漏，一是研究材料相对不足，她没有利用内容丰富的上海和江苏革命文件资料，这些资料除了上海地委（区委）和江苏省委的会议记录，还有群众团体如上海工会联合会的活动，而苏北人在工厂工会中人数甚多，尤其在白色恐怖环境中发挥了重要作用，这是裴宜理的重要缺失。

二是研究范围有限，她只关注近代苏北人为主体的人力车夫和码头工人等苦力群体，并未重视苏北籍知识分子及现代化工厂的苏北工人尤其是男工的研究。笔者推测，之所以造成这种状况，她可能把所有苏北人看作是同质的苦力群体——落后、散漫、鄙俗，"只问面包而不问政治"。其实苏北工人不是铁板一块，她的"分裂式"分析方法恰是裴文的创新之处，她却并没有用此方法分析苏北工人，所以，不能排除她对苏北人没有偏见。

三是单纯依赖罢工统计容易忽略重要细节。裴文以罢工事件为分析对象，得出有技术的宁波人罢工有效，是中国共产党倚重的力量，而半技术和无技术苏北人效果不大、得不到共产党重视的结论，这个结论有一定道理，但并不全面。因为单从统计数据和重大罢工的结果看宁波人和苏北人的作用，前者罢工确实有效，但近代工人运动的表现形式并不仅仅表现为罢工，还有集会、游行示威等其他活动。诸如"共舞台事件"等集会活动，并不在罢工之列，无法进入裴氏统计范围。另外，工人集会活动等丰富的资料包括参加者的籍贯、在党团和工会内担任的职务、职业、经历等,皆散布在上海市及各区县和苏北各市县档案局,而裴宜理只利用上海市档案局中的部分资料,研究时间限于30年代之前。因此,其研究结论有待商榷。

从研究可知,在近代上海工人运动中,苏北人尤其是接受共产党启蒙的苏北籍工厂男工发挥了不可替代的作用,他们冲锋陷阵,无所畏惧。

(二)近代上海革命运动中,苏北人在中共工人学校中接受先进文化启蒙,工人学校在传播先进思想、动员和组织苏北工人中起到至关重要的桥梁作用。

中国共产党在近代上海工厂区创办的工人学校为提高苏北人高文化素养、尽快融入现代化大都市提供了桥梁,形成独特的群众动员模式。工人学校在中国共产党联系苏北工人群众过程中,起着纽带的作用。

通过办学,一方面中国共产党员深入到工人中间,与工人群众打成一片,了解到工人的疾苦和试图改变命运的诉求;另一方面,对于苏北人来说,工人学校给他们提供免费教育机会,让他们快速溶入大都市之中,他们也开阔了眼界,懂得自己受苦的根源及自身解放的方式。这样,工人学校达成了中国共产党和苏北人的意图,找到了两者的结合点。

在中国共产党的引导、动员下,部分苏北籍工人通逐步认识到工人阶级的历史地位和历史使命,提高政治觉悟,激发了阶级意识、民族意识。如此一来,先进知识分子的革命理论有了实践的基础,为领导工人运动积累了实践经验。中国共产党逐步形成了"工人学校动员模式"。

所谓"工人学校动员模式",就是中国共产党通过到工人群体中兴学办教,广泛地、紧密地联系和团结工人阶级和城市民众,施以教育、施加影响;在兴学办教的过程中重点考察和培养积极分子,组建工会组织;发展党员,建立基层党支部,形成联动效应。这个动员模式对上海革命乃至中国革命都产生了重大影响。

(三)苏北人和非苏北人都是中国共产党团结、教育、依靠的对象,并不是越穷越革命。

对于近代中国民众参与革命的动机,惯常的思维认为"越穷越革命"。本书在研究中发现,近代上海苏北人成分复杂、文化水平偏低、贫穷落后者居多,生存是第一需求,改变现状只能是生活中挣扎者在极度穷困中的奢望,他们有改变现状的强烈诉求,但无法自发地找到彻底改变自身境况的出路,而只有以"改造社会"为目标、放眼世界的先进知识分子才为他们找到了先进的指导思想——马克思主义理论,确立了奋斗目标。

近代中国革命是知识分子发起的、以实现中华民族复兴为目标的后发型政治运动,政治信仰是坚定革命者的必备素质。知识分子出身的中国共产党早期领导人陈独秀、李大钊、邓中夏等,并非工人阶级出身,皆来自富裕家庭,受过高等教育,他们是在寻求改变近代中国积弱积贫状况、反思辛亥革命失败的社会历史背景下接受马克思主义,并使之作为改造中国的理论武器。马克思主义是工人阶级解放斗争学说,他们党接受马克思主义,其思想境界超越个人利益,竭尽全力地为传播马克思主义、建立人类先进的社会制度而奋斗,献身于全人类的解放事业。

中国共产党成立后,中共党团先后派成员到沪西、沪东等工厂区开办工人学校传播革命思想。前文所述,李启汉(湖南江华)、李震瀛(天津)、项英(湖北武昌)、刘华(四川宜宾)、徐玮(江苏海门)等是沪西工人运动先驱;蔡之华(湖南)、杨之华(浙江萧山)、蔡畅(湖南湘乡)、张琴秋(浙江桐乡)、吴先清(浙江临海)等在沪东工厂学校任教。中共领导人陈独秀(安徽)、瞿秋白(江苏武进)、邓中夏(湖南宜章)、李立三(湖南醴陵)等经常到校讲课。中国共产党的教育启蒙,使大批工人思想觉悟,涌现出众多积极分子。

因此,近代工人运动的引领者是先进知识分子,在传播马克思主义过程中,无论上海苏北人、宁波人,还是来自其他地方的民众;无论是知识分子,还是劳动群众,甚至是灰色社会团体都是中国共产党动员团结的对象,并非厚此薄彼。恰恰相反,中国共产党为此做了大量教育和安抚工作,极力弥合受不同帮口控制的工人,使他们打破地域界线,消除隔阂,团结一致。

中国共产党借助工人学校或社会办学机构,对近代工厂工人进行文化普及、启发其阶级意识,培育了大批苏北工人骨干,很多苏北人成长为坚贞不屈的革命者,在上海工人运动中承担着主力军角色。

(四)上海工人运动中的苏北人实现了从被动员者到领导者的角色转换。

20 世纪 20 年代至 30 年代初,上海苏北男工被动员起来,成为工人运动的先锋。但是,1933 年中共中央撤离上海后,许多工人学校被迫关闭,共产党的白区工作受到重大挫折,党员数量锐减,进入工人学校读书的苏北人越来越少。直到 30 年代后期,民族矛盾上升,中国共产党建立抗日民族统一战线,在城市中提倡"隐蔽精干,以待时机"、"勤学、勤业,交朋友",坚持合法的经济斗争,依靠基督教青年会女工夜校和众多工厂夜校,培养了大批有才干的苏北女工领袖如刘贞、汤桂芬、陈祥珍等,40年代的上海工人运动中,她们与男工骨干朱俊欣、佘敬成、周国强等成了中流砥柱。

(五)近代上海苏北人的性格特质即斗争性强、讲义气、比较忠诚等,对上海革命运动有重大影响。

苏北人身上既有农民的保守、狭隘,亦有农民朴素的情感,思维简单、真诚、知恩图报,是块可以雕琢的璞玉,接受不同的影响就相应产生不同的结果,有的接受中国共产党领导,有的倾向国民党政府,有的加入青帮组织等。

近代苏北地区,尤其是徐淮地区,民风强悍,好勇斗狠,思想顽固,迷信鬼神,秘密集会、结社之事甚多。因此,来自上述地区的近代上海苏北人,身上烙着地方文化的印记,比较讲义气,容易抱团。这些文化特质,经过中国共产党的改造,在近代上海工人运动中成了优势。

由于贫穷落后、被上海社会边缘化,近代上海苏北人为了生存和自保,其帮会文化和好勇斗狠的民风不仅未受到吴越阴柔文化的浸润,反而因社会地位低下得到进一步加强:苏北人对近代上海的帮会组织有天然的文化归属感,也弘扬了"义"文化。接受先进思想启迪的苏北人在工人运动中比较忠诚,比较讲革命"义气",其忠诚对象实现了转换。

另外,近代上海苏北人为对抗本地人的歧视和可能的侵犯(冒犯),他们自觉习武,比较好斗,装扮出"不好惹"、"不能惹"的形象,加之他们以血缘和地缘为纽带群居,形成"一人有难,全体齐上"的应激反应,在社会上颇有势力。所以,参加工人运动的苏北人斗争勇敢,敢打敢拼。

近代上海苏北人可塑性很大,接受中国共产党启蒙教育的苏北人在近代上海工人运动中最大可能地发挥了其地域文化优势,其非理性、粗暴等不利因素得到遏制和改造。

五卅运动之后,资本家大量招入"养成工",逐渐取代斗争性强的男工。抗日战争和解放战争时期涌现的苏北工人领袖,文化水平较高,大多采用机动灵活的斗争策略,蛮干现象有所减少,获得群众的信赖和赞誉。

(六)近代上海政治运动中的苏北人地位和作用要作恰如其分的估量,既不能抹杀其历史功绩,亦不可过高估量。

近代上海纱厂和市政公用事业中,外商纱厂和电车公司中,因苏北人人数众多,在近代上海工人运动中作用很大,涌现出大批工人骨干和领袖,前文已述。

但在机器厂、造船厂、电厂、电话公司和民营纱厂、烟厂、缫丝厂等,苏北人的影响力较小。因上述机器厂、造船厂和电厂对工人文化要求高,属技术工种,苏北工人很少;民营纱厂有地域偏见,工人中以苏南人和浙江人居多。

烟厂工人中,包装工、熟练工人以宁波人为主,罢工积极分子多;因卷烟车间的工头是苏北人,所以在烟厂卷烟车间和烟叶部,苏北人居多,从事无技术的脏、累工作,但在工人运动中影响较小。20年代烟厂工人罢工断断续续,受地方帮口影响较大;1939年中共上海工人运动委员会派湖北武昌人马纯古到颐中烟厂,开展重建党组织的工作,他主要联系宁波籍工人,史料中并未提及苏北人。①

在苏北人数较多的近代纱厂和市政公用事业中,早期的工人领袖和骨干多是本地人、宁波人、苏南人及其他省份人,而苏北人后来居上,30—40年代成为工人运动主力,众多默默无闻的苏北工人群众积极参与运动。

如20年代上海苏北人占半数以上的日资纱厂和市政工厂中,早期的工人骨干分子中浙江籍和其他省籍居多:沪西内外棉厂的工人骨干是南京人孙良惠和来自湖北的陶静轩。沪东大康纱厂1925年10月前已成立以浙江人张佐臣②为书记的党支部,成员以江浙人为主。

中国共产党开办工人学校后,大批苏北工人经过教育成长为积极分子,如沪西纱厂的戴器吉、姜维新、顾正红、汤桂芬,沪东朱英如、吴启吉、佘敬成等,在他们影响和动员下,苏北人被动员起来。

再如近代上海市政公用事业中的英商电车、法商电车公司,苏北人在人数最多的车务部占绝对优势,但在工人运动早期,车务部工人的罢工次数、斗争的有效性皆不如人数较少的机务部的宁波人;40年代初期的罢工斗争,车、机两部总人数悬殊大但选出的罢工代表人数相同,亦可说明问题。

---

① 《上海卷烟厂工人运动史》,中共党史出版社1991年版,第37、112—145页。
② 张佐臣(1906—1927),男,浙江平湖人。1925年二月罢工中领导大康纱厂4000多人工人响应,是当时22家厂、4万多人罢工的组织者和领导者之一,并作为6位工人代表之一参与谈判。同年5月,他和邓中夏、孙良惠等作为上海工人代表出席第二次全国劳动大会。顾正红遇难后,张任上海日商纱厂工会联合会主任兼募捐主任之职。7月,任上海总工会第三(浦东)办事处主任。8月20日,被选为拥有12万会员的上海纱厂总工会主要负责人之一,21日,被中央指定为新成立的中共上海区委候补委员,分管群众工作。1926年5月带领上海工人代表参加第三次全国劳动大会,当选为中华全国总工会执行委员。《上海第十二棉纺纺织厂工人运动史》,中共党史出版社1994年版,第48、289页。

结　语

苏北苦力工人如人力车夫和码头工人,整体纪律性较差,文化水平偏低流动性大,缺乏理性和长远的政治诉求,被时人和研究者诟病。这虽然不能代表苏北工人全体,但由于其人数众多且在社会上形成了刻板印象,无人细究近代苏北工人的具体状况。

此外,近代上海工人运动中,资产阶级及帮会势力在上海工人罢工所起的调停作用也不容忽视。中国共产党在民主革命时期是在野党,长期处于地下状态,在大范围的工人运动中需要与可能团结的力量结成统一战线,才能获胜。在苏北人参与的罢工斗争中,大体少不了上海总商会及顾竹轩、杜月笙等帮会势力的调解。所以,不能过于夸大上海苏北人的历史作用。

二、中国共产党对近代上海苏北人教育、动员的历史经验

回顾1921—1949年上海苏北人在上海革命运动中留下的印迹,可以发现苏北籍产业工人起着重要作用。长期的社会偏见把苏北人的历史功绩湮没了,美国学者裴宜理等人只看到苏北苦力工人在工人运动中的消极一面,忽视了苏北工厂工人和知识分子在上海工人运动中用忠诚和鲜血写就的历史篇章。

历史的车辙距今愈来愈遥远,但其印迹却仍是鲜活的,给后人提供总结历史经验的丰富素材。固然,在民主革命时期,中国共产党探索出了"农村包围城市,武装夺取政权"的道路,但城市工作与农村工作遥相呼应,是实现"农村包围城市"的重要环节。1921—1949年间,以灾民和难民为主体的上海苏北人之所以能够在上海革命史上留下深深的印记,与中国共产党正确地贯彻了群众路线有关。

(一)贯彻历史唯物主义世界观,始终依靠群众、维护人民群众的利益

中国共产党取得民主革命胜利,主要原因有二:理论上,中国共产党是按照马克思列宁主义原则建立起来的新型无产阶级政党,这个政党的哲学基础是历史唯物主义,坚信人民群众是历史的创造者,党必须尊重群众、动员群众、发挥群众的主动性、积极性和创造性,超越资本主义,建立一个切实维护群众利益的公平、公正,没有剥削和压迫,每个人的价值可全面实现的社会主义社会,这是人类社会发展的高级阶段,这个理想目标与当时绝大多数处于受剥削的人民群众,尤其是与上海苏北人的需求是一致的。所以,中国共产党员在工人学校中一经宣传、启发包括苏北人在内的工人群众,先进理论就能获得他们的认可。

苏北人与上海革命运动(1921—1949)

　　实践上,中国共产党是广大人民群众根本利益的切实代表者。中国共产党的先进性,不是意识形态的独断,而是具体地体现在其全部政治实践中,获得人民群众的共鸣和认同。因为人民群众的根本利益,从来不是虚幻的远景或空洞的断言,总是表现为切身利益、实际利益,既包括经济利益,也包括政治利益。在民主革命时期,中国共产党的政治资源和社会资源极少,通过开办免费工人学校(夜校),利用启发式教学、开展丰富多彩的实践活动,成功地传播马克思主义理论,获得群众的广泛认同。共产党员还在日常生活中帮助工人写信、带孩子、做家务,和他们谈心,解思想疙瘩等。这样,传播者和被传播者感情上建立起亲密关系,容易沟通,群众的政治觉悟得到提升。

　　在上海革命运动中,中国共产党充分利用合法的、公开的斗争方式维护群众利益,如领导工人向资方发起提高工作待遇和生活保障等;争取建立工会组织的权力,抗议残杀工人(五卅运动抗议顾正红被日本资本家残杀),维护民族尊严,反对镇压群众运动等。中共地下党也不放弃秘密工作方式,用非政治色彩的形式将群众组织起来,启发、引导他们开展维护自身权益的活动和斗争,一旦取得成功,党组织可以顺利开展政治宣传教育,让群众感到共产党的奋斗目标与自己的利益一致,相信共产党才是他们利益的真正代表,增加党组织的归属感和凝聚力。

　　(二)联合一切可以联合的力量,建立最广泛的群众统一战线

　　民主革命时期的中国共产党,基本没有合法地位,她诞生于军阀统治环境之中,继而被掌握政权的国民党污蔑为"匪党",遭到严厉镇压,即使在国共合作的民族抗日战争时期,她也没有可靠的合法地位。因此,中国共产党在这种严酷的政治环境中要实现自己的政治目标——建立全新的社会,必须充分动员和组织最广大的人民群众,建立自己的执政基础。

　　由于缺乏合法性,城市中的中国共产党必须利用城市生活特点建立特殊的群众工作模式,利用各种方式如公开、合法的方式或秘密的方式,动员一切可以动员的力量加入革命行列。

　　近代上海是地缘社会,是由来自不同省份和地域的移民组成,上海社会是由一个个因亲缘、地缘、业缘为纽带连接起来的相对独立的社会子系统组成。因此,上海的工人也不是铁板一块,分散在形形色色的上海组织和团体之中。中国国共产党要宣传自己的政治理念,必须打入众多的社团中,甚至是同乡会、帮会

结　语

等灰色社团中开展工作。

中国共产党对江淮旅沪同乡的群众动员就是成功一例。同乡会、帮会等社团虽然维系方式是落后的,却有着深厚的群众基础,为了争取群众,必须借助各种手段影响它。中国共产党立足上海的地缘文化环境,通过同乡关系影响苏北最大的同乡团体——江淮旅沪同乡会的理事长及常务理事、理事,通过他们影响整个团体的政治态度,与这个社会团体结成统一战线,长期合作,形成了独特的教育动员模式。近代苏北同乡团体在近代上海革命中发挥了一定作用。

在民主革命的各个历史时期,中国共产党充分利用社会组织来凝聚社会力量,这不仅是上海地下党秘密斗争模式的明智选择,更是党扩大社会基础和影响力的重要方式。

（三）共产党员无私奉献和引领示范,赢得了群众的信任

近代上海苏北人之所以能接受马克思主义理论,与中国共产党党员和共青团员在工作中表现出来的崇高人格力量密切相关。这些理论传播者,具有坚定的政治信仰和高度的献身精神,他们的行为对被启蒙者起到示范作用。比如,上海工人运动早期活动家李启汉,1922年1月、2月,两次被租界警方拘留、传讯,但李启汉毫不畏惧,继续活动,直到当年6月被判刑入狱。他的献身精神让审判他的法官震惊不已,对这个很有学问的被告表示同情:被告应为国家做些有益的工作,何以对煽动工人罢工和引起纠纷感兴趣?①

前文多次提及,深入工人群众工作的党的早期领导人邓中夏、陈独秀、瞿秋白、李立三、杨之华、项英等,不仅给工人免费上课,提高其文化素养,还常到工人家中,帮助他们解决生活问题,与他们促膝谈心,拉近与工人的距离。"桃李不言,下自成蹊",他们对群众有示范和引领作用。

许许多多战斗在基层工作一线的苏北籍中国党员、共青团员更不胜枚举,其举动更令人唏嘘感动:在小沙渡开办工人补习学校的江苏海门大学生嵇直,他不仅学识渊博,对待工人和蔼可亲,经常无偿帮助工人写信、解决生活困难,还免费施教,讲课通俗易懂,深得工人的喜爱和尊重。②

---

① 《中国劳动组合书记部在上海》,知识出版社1989年版,第138页。
② 《上海英烈传》第3册,百家出版社1997年版,第64页。

苏北人与上海革命运动(1921—1949)

白色恐怖严重的30年代,沪南区市政工会委员长是个黄包车夫,穷得晚上只能睡在弄堂里,还欠了几十元高利贷,却按组织要求成功地发动了一次车夫的罢工。① 所以,共产党员、共青团员不顾安危、为了人民解放事业的奉献精神和献身精神深深感染着身边的群众。

当然,中共党员如果不以身作则,只顾个人或小团体利益,贪图享受,就会引起群众反感和疏离。法电工人运动中就出现这样的例子。"大请客"胜利后,法电工会在工人中树立了威信,资方对工会也不得不有所收敛,法电资方亲信郭士元看到工会势力日益壮大,为免遭打击,也来讨好工会领导人,拉拢车务部苏北人,组成"二十四股党";机务部的资方亲信也拉了工会的人组织"关帝会"。一些工会负责人未能警觉,反而轻率地接受他们的邀请参加聚餐。有的工会干部甚至接受他们的"小票子"(凭"小票"可以介绍人员进公司,取得一笔介绍费,这是资方收买的手段)。工会领导人虽解决的是亲友困难,也不收财礼,甚至是介绍在其他单位暴露的中共党员就业,但群众对此做法很反感。

法电民主公会成立后,干部轮流驻会办公,有些干部作风上也滋长一些毛病。机务部有的干部借口工会工作忙、会议多,一直不下车间做工,被群众称为"小官僚";车务部有的干部要因常要参加谈判和对外活动,也经常排"后差班头(售票中最舒服的班头)",也引起工人不满。个别工会干部以家长式对待工人,如工人到工会玩,把椅子放得重了些,或者泡了一杯茶只喝一半,就会被教训一顿;工人踢球无意打坏一小块玻璃,也要赔偿。加上1946年"六·二三"大游行后国民党加紧压迫工会,工会领导人感到工作有压力,每当工人提出要求时,有些工会干部强调工会处境的困难,拒绝群众的意见,久而久之,群众慢慢疏远工会成员,称工会是"殡仪馆",工会威信大为低落。②

针对这种情况,党和工会干部深感忧虑,在市工委领导下,法电区委和工会党团开始整顿干部作风,批判脱离群众的现象。会议决定从朱俊欣开始,都要有足够的时间到车间,到线路上劳动,用各种关系广泛联系群众,把几个工会领袖值班制度改为所有理监事轮流值班。同时,工会决定大力举办各种福利事业,广泛开展各种文娱、体育活动,让每个人受益。经过整顿,工会威信再次树立

---

① 《江苏革命历史文件汇集》,甲13,中央档案馆、江苏档案馆1986年编印,第385页。
② 《上海法电工人运动史》,中共党史出版社1991年版,第260—261页。

起来。①

  再如苏北籍工人运动领袖如汤桂芬、朱俊欣、周国强等中共党员,对工人群众倾注爱心,与工人结成荣辱与共的牢固关系,工人领袖可达"一呼百应"效应。这些关怀使长期遭受社会歧视近代上海苏北人的心理受到强烈震撼,感激之情油然而生,由感激而产生的好感产生联动效应,工人学校的苏北工人介绍更多的同乡入夜校学习,革命队伍不断壮大;由于他们出身农民,性情淳朴,一旦接受中国共产党的文化启蒙,多数人便对自己的信仰忠贞不渝。

---

① 《上海法电工人运动史》,中共党史出版社1991年版,第263页。

部分上海苏北革命者简介

(按汉语拼音排序)

陈处泰

陈处泰(1910—1937),男,江苏宝应县人,又名悯之、望之、道之、开泰、处慈、舒迟、成等。1928年,他在安徽大学求学时,秘密组织了"马克思主义研究会"。是年11月,安庆地区爆发学潮,蒋介石正在安庆视察,陈处泰被推举为学生代表,与蒋介石面对面争辩,后遭开除学籍、通缉。1929年底入上海政法学院就读,参加了中国共产党领导的左翼社会科学联盟,并在沪东从事工人运动。"一·二八"淞沪战争爆发后,他设法筹资开办公道印刷厂,承印《红旗》等秘密刊物。1932年3、4月间,他在沪东因叛派出卖不幸被捕,因当局未掌握切实证据,将其释放。1934年,他加入中国共产党;次年2月任"社联"党团书记;1935年11月再被捕,遭严刑逼供,他始终坚贞不屈,1937年"七七"事变后,被国民党秘密杀害于南京。

陈淦庭

陈淦庭(1913—1949),男,江苏南通人,原国民党海军舰长。他在渡江战役前准备起义,因消息泄露被捕,1949年5月牺牲于上海。

陈山

陈山(1904—1932),男,江苏宿迁人,又名曾太功。中国共产党党员。曾任中共沪西区委宣传干事、内外棉三厂党支部书记。1932年7月17日在共舞台参加集会被捕,为"沪西共舞台事件"十三烈士之一,年仅28岁。牺牲时遗有妻及3岁孩子。

陈祥珍

陈祥珍(1930—),女,江苏东台人。工人家庭出身。其父辈皆工人,累死、病死。她11岁入毛纺厂做工,3年后工厂关门,回苏北老家;家中亲戚多人参加新四军,她亦充任儿童团长。她后因生计返回上海,进入寅丰毛纺厂做工,入基督教女青年会女工夜校读书,受党员教师教育,大量阅读进步书籍。1947年加入中国共产党,任寅丰毛纺厂党支部书记。上海解放之前,因身份暴露,多次化名考入其他纺织厂。解放后曾任全市毛纺行业党委书记。离休后任上海女青年会女工夜校校友联谊会会长。

程常荣

程常荣(1921—1949),男,江苏省沭阳县桑墟镇元兴村人,中共党员,解放高桥三烈士之一。他1940年参加革命,1942年加入中国共产党,先后任地方部队分队长、独立营排长、连长。1948年由地方部队转为野战兵团,任第三野战军九兵团三十军八十八师二六二团一营副营长,参加淮海战役淮阴战斗。1949年5月,解放上海战役中,一营奉命为全军尖刀直插高桥。高桥敌军在海军、空军的炮火掩护下向人民解放军阵地猛烈反扑。他率部冲锋在前,在夺取陆家宅战斗中牺牲,时年28岁。

崔阿二

崔阿二(1889—1932),男,江苏阜宁人,又名崔四。码头工人,工会骨干。曾参加过五卅运动、上海工人三次武装起义,20年代被中共党组织送到法国留学。九一八事变后,他发动和组织闸北码头工人反日救国会,领导码头工人反日大罢工。1932年7月17日在共舞台参加集会被捕,被移解南京警备司令部。10月1日殉难,为"沪西共舞台事件"十三烈士之一,牺牲时刚刚结婚。

崔兆鹤

崔兆鹤(1901—1949),男,江苏江都人,上海贫民。1949年在解放上海战斗中为解放军带路时牺牲。

戴器吉

戴器吉(1900—1927),男,江苏阜宁县人,又名戴三、戴起甲。他幼年丧父,兄弟三人全靠母亲一人拉扯。20年代初家乡水灾,随母逃荒至沪,进内外棉五厂粗纱间做工。1922年,共产党在沪西一带工开办工人补习学校,戴在补习班里学习文化,并在邓中夏悉心培养下,1924年,戴加入中国共产党,成为内外棉五厂第一个中共党员。他参加了沪西工友俱乐部的筹建和发动工作。他曾是上海区委候补委员,是工人运动的主要骨干。

1925年的二月罢工,他率先带领内外棉五厂粗纱间工人冲出车间,实现同盟大罢工,因表现突出而被警察厅关了半个月。顾正红惨案发生后,他不顾个人安危,散传单,把口子,鼓动工人坚持罢工斗争。1926年5月,他作为工人代表,出席了在广州召开的第三次全国劳动大会,又参加了全国总工会主办的工人运动讲习班。回沪后,他重建了内外棉五厂的工会组织(1926年8月大罢工后,五厂工会骨干大部分被开除,工会组织被破坏)。这些活动引起了当局注意,暗探跟踪并试图逮捕他。1927年1月,正当戴器吉在南英华里与工人代表开会时,遭遇暗探突然袭击。为掩护工友撤退,戴与敌人展开搏斗,但终因寡不敌众,身中数弹,壮烈牺牲,年仅27岁。内外棉纱厂工人特赠"死有余荣"横匾一副。

顾正红

顾正红(1905—1925),男,江苏阜宁(今属滨海)人。五卅运动烈士。1921年家乡遇水灾,他随母流落上海,先后在上海日商内外棉九厂、七厂当工人。1924年夏,顾正红参加中国共产党在上海举办的工人夜校的学习和沪西工友俱乐部活动,成为俱乐部的积极分子。

1925年2月,上海22家日商纱厂工人先后举行罢工,顾正红参加了工人纠察队和罢工鼓动队,积极投身罢工运动。不久,加入中国共产党。5月15日,日本资本家宣布内外棉七厂停工,不准工人进厂。顾正红率领工人冲进工厂要求复工和发工资,遭到日本资本家枪杀。顾正红献出了宝贵生命,年仅20岁。

新中国成立后,党和政府在上海和江苏省滨海县分别建立了顾正红烈士纪念馆,其家乡被命名为正红乡、正红村。

黄竞西

黄竞西(1897—1927),男,江苏江都(今宝应县)人。化名丽华、吴福民。1909年随父移居丹阳县,先后就读于私塾和公立小学。1917年父病故,继承父业,经营"种德堂"中药店。

第一次国共合作时期,与国民党上海执行部负责人胡汉民、毛泽东接触。同年夏参加中国国民党,奉命在丹阳发展党员,建立区党部,后发展为县党部,所需经费大部分从自营的中药店抽资捐助。

1925年4月,经侯绍裘、刘重民介绍加入中国共产党,成为丹阳地区中共党组织创建人之一。同年5月,中共上海地委决定他等13人为中共代表,参加即将成立的国民党江苏省党部的领导工作。8月,省党部在上海成立,当选为执行委员兼农工部副部长、总务主任干事。后省党部增设商人部,兼该部部长。9月,中共丹阳支部改建为独支,任临时书记,11月为书记。1926年3月,奉调至上海,参加中共驻国民党江苏省党部的党团领导工作。

1927年3月,参加周恩来、罗亦农领导的上海工人第三次武装起义,以商人身份为掩护,运送文件或武器弹药。他加入攻打制造局战斗。4月初,他随国民党江苏省党部迁往南京工作。四一二政变前夕,蒋介石在南京指示流氓打手捣毁省、市党部,黄竞西等30余人被捕。不久,他被营救出狱。他不顾个人安危,返回上海找到了江浙区委,报告南京等地情况。江浙区委命他重建国民党江苏省党部(左派)组织。他在沪宁线上寻找失散同志,担任中共党团书记,党的活动经费匮乏,他又从自家药店拨出300元。

他参加了中共江苏省委的筹建工作。1927年6月26日,江苏省委在上海成立,黄竞西被选为委员。当天下午省委开会,遭到包围,黄竞西等英勇拒捕,与敌人展开殊死搏斗,"厮打一个多小时",以至"筋疲力尽,皮破血流,衣服等均为之撕破",有2名同志脱险,他与省委书记陈延年等4人被捕。国民党视其为"共党要犯",严刑拷打,威逼利诱。他宁死不屈,于29日深夜写下6封遗书,7月4日,被国民党杀害于上海龙华枫林桥畔。

黄逸峰

黄逸峰(1906—1988),男,江苏东台人,原名承镜,又名澄镜、澄静,化名王如飞、张文果、黄国材等。早年就读于暨南大学,参加五卅运动,1925年10月加入中国共产党。1927年参加上海工人第三次武装起义,时任中共闸北区委委员,虎口营救周恩来。后历任中共南京市委书记、南通特委书记、江苏省委候补委员、全国铁路总工会秘书长等职。1934年回上海,任沪江大学、立信会计专科学校教授,并任上海职业救亡协会组织部长。

抗日战争爆发他先去广西大学任教,后奉命去苏北从事抗日民族统一战线活动,历任新四军联抗部队司令、苏北参议会议长、中共兴东泰特区地委书记、苏中军区一分区司令员等职。抗战胜利后,任北平军调处执行部交通处长。1946年后任东北铁路总局副局长、东北人民解放军铁道纵队司令员兼党委书记等职。

1949年后,历任上海铁路局局长兼党委书记、华东军政委员会交通部长兼党组书记(1951年8月兼任上海航务学院(今上海海事大学前身)院务委员会主任委员)。1950年,主持创建国营华东联运公司,兼任交通大学教授、华东交通专科学校校长、中国科学院上海经济研究所副所长等职。1978年,任上海社会科学院院长、院党委副书记、学术委员会主任、名誉院长以及市政协常委等职。1988年11月27日逝世。著有《工厂管理基础知识》、《中国近代经济史论文集》,主编《荣家企业资料》、《江南造船厂厂史》等。

季小四子

季小四子,男,江苏盐城人,生卒不详。中共党员,1924年入沪西工人补习学校学习,积极参加1925年的二月罢工和五卅运动,是20世纪20年代工人运动骨干。

姜化民

姜化民(1903—1949),男,又名姜汉卿,江苏沭阳人。中国民主建国会上海分会理事。大厦大学毕业。1927年参加中国共产党。抗战胜利后在上海中纺十七厂工作,从事爱国民主运动,发动和组织工人参加反内战、反饥饿、反迫害斗争。1949年5月14日在领导护厂时不幸被捕,5月20日被害于上海宋公园(闸北公园)。

江上青

江上青(1911—1939),男,江苏扬州人,原名江世侯。1927年考入南通中学高中部,受刘瑞龙、顾民元影响,加入中国共产主义青年团。1928年转入扬州高中,同年冬被国民党当局以学运骨干分子逮捕入狱。1929年6月出狱后,改名江上青。秋,考入上海艺术大学文学系,旋即加入中国共产党,担任上海"艺大"地下党支部书记,从事地下学运工作。1929年冬,江上青在上海参加党组织的秘密会议时再次被捕,1930年冬出狱。1931年8月,受党组织派遣,到上海暨南大学社会学系学习,继续秘密从事学生运动。1932年2月,回扬州创办《新世纪周刊》。1936年,与于在春、顾民元等人创办《写作与阅读》杂志,宣传抗日。抗战爆发后,发起组织"江都县文化界救亡协会",编辑出版《抗敌周刊》。1937年11月,和陈素、莫朴等人组织"江都县文化界救亡协会流动宣传团",辗转4省17县开展抗日救亡宣传活动。1938年11月起,利用国民党安徽省第六行政专员公署秘书、第五游击区政治部主任身份,在皖东北秘密发展中共党员,建立党的基层组织,并担任中共皖东北特别支部书记。1939年3月,任中共皖东北特委委员,协助中共豫皖苏省委书记兼八路军、新四军驻皖东北办事处主任张爱萍等,共同建立皖东北抗日根据地,1939年8月牺牲,年仅28岁。他是新中国成立作出突出贡献的"双百英雄模范"人物。

姜维新

姜维新(1899—1984),男,江苏省建湖县人,又名郑承、张云清。幼时,因家乡水灾随父逃荒至上海,住在老西门太平桥。12岁乞讨维持生计。1911年,姜维新进入上海裕通纱厂做童工,后因纱厂火灾,又至华商裕源纱厂做工。1917年,进日商内外棉五厂做工。1924年下半年,姜进入沪西工人补习学校,接受教育。1925年参加了上海日商纱厂的二月罢工,并于同年经邓中夏、李立三介绍加入中国共产党。因在五卅运动中勇于斗争而被厂方开除。先后参加了上海工人第一、二、三次武装起义,率队参加攻打闸北警察公署和援助高昌庙战斗,曾任上海工人武装纠察队第三大队大队长等职,1927年随周恩来赴武汉,在李立三处当机要员,参加中共中央特三科"打狗队"。后又任武汉苏联领事馆警卫。1927年因病回沪。

1928年3月8日,姜维新任纪念国际劳动妇女节大会总指挥时被捕。1930年刑满释放到农村养病。1931年底回上海任中共闸北区委组织部长。1932年6月任中共法南区委书记,不久因叛徒出卖被捕,判无期徒刑。1935年,在狱中带头组织绝食斗争。1945年汪伪第三次大赦,姜获释,在中共华中局城工部工作,后又返回上海搞地下斗争。9月,再次被国民党逮捕。1947年出狱后,到中共华东局城工部工作。

解放后,任上海监狱狱长。赴苏北大丰海滨开辟劳改农场,任大队长。1951年因病回沪,筹建上海市干部疗养院并任院长。1956年调任上海药材公司中药切割厂厂长,1965年调至上海市卫生局药品检验所工作。1981年离职休养。1984年因病逝世。

焦伯荣

焦伯荣(1922—1948),男,江苏涟水人。"利群书报案"牺牲的七烈士之一。抗日战争时期,焦伯荣随就读的中学前往重庆,中学毕业后,考上中央大学历史系,积极参加学生运动;1948年春末到上海,担任农工民主党青年委员兼"新青联"副主任委员,负责"新青联"刊物《新青联丛刊》的编务。

1948年10月,因"利群书报案"的牵连,焦伯荣去通知同校一名"新青联"成员时,被守候的特务抓捕。焦伯荣被捕后,备受种种酷刑,英勇不屈,牺牲时年仅27岁。

苏北人与上海革命运动(1921—1949)

李干成

李干成,(1910—1993),男,江苏涟水人,化名李慈、张裕民。1930年加入中国共产党,曾任沪西共青团区委书记。1932年12月被捕,关押漕河泾监狱。1936年6月获释。后历任共青团河南省委书记、中共泗沭、宿迁县委书记,淮海区第二中心县委书记。中华人民共和国成立后,任苏州专署专员,中共常州地委第一副书记、上海市市政建设委员会副主任、中共上海市委市政交通工作部长、副市长、市政协第五届副主席,中共上海市委顾问等职。

李锡佑

李锡佑(1917—1949),男,江苏沛县人。中央军校第15期政治科、陆军大学将官班乙级第2期毕业。1948年任第14绥靖区第4处处长,后任第6兵团第3处处长兼暂编第1纵队少将司令,1949年5月在上海组织起义失败被捕,受尽折磨,手臂和腿皆被打断,仍坚贞不屈,于5月21日在上海被国民党杀害,时年32岁。

刘家栋

刘家栋(1910—1949),男,江苏泗阳人。"警委(中共警察系统委员会的简称,是解放前中共在上海地区警察系统的地下组织)"四烈士之一。刘家栋19岁到上海,他当过雇工和上海滩的苦力。当了巡捕后,他经常阅读进步书籍。1945年经警委书记介绍,他加入中国共产党。上海解放前夕,刘家栋积极配合警委开展立功活动,参加攻心战,要求警察互相保证、监督,不做危害人民的事情,保护好档案物资,维持上海治安,迎接上海解放。

1949年4月25日,毛泽东、朱德联名发布《中国人民解放军布告》,警委油印两千多份,并附上警告信,寄送到反动警官和特务分子家中。5月13日,刘家栋等四人被捕,17日,他们被折磨后被害于宋公园。

刘临沧

刘临沧(1922—1949),男,江苏江都人,上海工人地下军的优秀代表。

他生于上海。14岁起先后进裕丰、大康、同兴等日商纱厂做童工。他从小胆大,敢于顶撞日本领班,甚至与之对打。1940年,他进日商第三机械所(解放后新沪钢铁厂二分厂)做工,受中共地下党员张志洪影响。1944年入日商第五机械制作所做工,1945年7月,中共党组织选送他到苏北新四军根据地城工部武工队学习。1945年8月,他奉命携带朱德总司令颁布的限令日伪军缴械投降的通告,急速返沪,交上海地下党组织。回沪后,他即参加沪东区工人地下军的活动,受命处决大厂机场一汉奸翻译。10月,上海工人地下军奉命转移到青浦编入新四军淞沪支队。不久,他奉命回沪扩军,动员原地下军张步昌、张银根、王宝根、陆荣等人,一起到达青浦诸翟镇时,不幸遭国民党军队逮捕,关押在保密局南市车站监狱。他后被秘密押送南京监狱,国民党对他刑讯逼供不成,又将他押回上海。当火车驶至苏州浒墅关时,他越窗跳车,他因戴着手铐脚镣,行动不便,手骨被折断,流血过多而昏厥,再次被捕入狱。1949年5月20日,当上海即将解放时,他被敌人活埋在闸北宋公园,年仅27岁。

柳日均

柳日均(1902—1932),男,又名柳栋臣,江苏阜宁人。中国共产党党员。上海黄包车工人,市政总工会负责人之一。闸北人力车工会负责人。1932年7月17日在共舞台参加集会被捕,为"沪西共舞台事件"十三烈士之一,时年30岁。

刘瑞龙

刘瑞龙(1910—1988),男,江苏南通县人,曾化名石钧、李世萍、王大舜、张云生。1924年就读于南通师范学校,参加过进步学生运动。1926年加入中国共产主义青年团。1927年9月加入中国共产党,任支部副书记。1928年春任中共南通县委委员兼城区区委书记。1929年任中共南通中心县委书记、省委委员。1930年春任中共通海特委书记,参与领导苏北农民武装起义,成立了红军第十四军。失败后到上海,同年冬,任中共江苏省委外县工作委员会书记。1931年后历任中共上海法南区委宣传部部长,中共江苏省委巡视员,中共江苏省委农民运动委员会书记兼军委委员等职。

1933年3月到川陕革命根据地,任陕南红二十九军政治部主任、中共川陕省委宣传部部长。1935年5月随红四方面军参加长征。抗日战争时期历任中央安吴青年干部训练班副主任,中共豫皖苏省委委员,皖东北军政委员会书记,中共淮北区党委副书记兼淮北行政公署主任等职。解放战争时期历任中共中央华中分局民运部部长兼苏皖边区政府副主席,华东北线后勤部政治委员,华东野战军副参谋长兼后勤司令部司令员,华东野战军前委委员,豫皖苏财经办事处主任,第三野战军后勤司令员兼政治委员,中共上海市委委员、秘书长等职。参与领导了华东战场人民解放军的后勤保障工作,动员组织几百万民工支援淮海战役。

中华人民共和国成立后,历任中共中央华东局农业委员会书记兼华东军政委员会土地改革委员会副主任,政务院农业部副部长、党组副书记,中共中央华东局农业办公室主任,中央农业行政干部学校校长,中共中央华东局委员兼太湖流域水利委员会副主任,国务院农业部顾问等职。第五届全国政协常务委员,第六届全国人大常务委员,《中国大百科全书》编辑委员会副主任。著有《回忆红十四军》。

刘贞

刘贞(1919—2000),女,江苏靖江县人。原名刘顺娣,曾用名刘仁娣、刘顺弟、刘美芳、刘明贞。中共七大正式代表。原上海市纺织局副局长、党委委员。

贫苦的手工业工人家庭出身。7岁丧父。随母亲到上海谋生。10岁始当童工,到被服厂缝衣、书局订书。1932年起进上海申新九厂、永安二厂、日商上海二厂等工厂做工。参加女青年会沪东女工夜校学习,受到抗日救国等进步思想影响。1936年11月在党组织的引导帮助下,参加发动沪东日本纱厂工人大罢工。在罢工中勇敢斗争,无所畏惧。同月罢工胜利后加入中国共产党。随后被党派到上海沪西鸿章纱厂开展工作,担任党支部书记。

抗战爆发后,参加女青年会的抗日救亡工作,1938年8月至1939年11月担任中共江苏省委工委沪西中国纱厂委员会书记。1939年11月当选为中共七大代表,与另外6名代表一起离开上海到延安。1940年12月到达延安后,因七大延期召开,入中央党校学习。参加延安整风运动。1945年4月至6月作为华中代表团成员出席中共七大。抗战胜利后,奉命南下,9月到中共中央华中局城工部南京工作部工作,后派往南京,协助中共南京市委情报部部长工作。1949年5月担任南京市公安局第二处机关保卫科科长。

1950年8月任中共华东局公安部经保处副科长。1954年11月任华东电业管理局保卫处副处长兼人事处副处长。1955年7月至1959年3月任上海市公安局交通保卫处副处长、机关党委副书记兼团委书记。1959年4月任上海裕华毛纺织厂党委书记。1960年10月任中国科学院华东分院机关党委副书记、政治部副主任、党委委员。"文化大革命"中受迫害。1979年4月至1983年8月担任上海市纺织局副局长、党委委员

1983年12月离休后,主持成立上海纺织系统离退休职工协会,创办上海申劲纺织技术咨询服务部,担任纺织局机关离休支部书记。同时担任上海市工运

史、党史资料征集委员会和《上海纺织工运史》编写组的负责人,领导的上海纺织局工运史办公室获得全国党史工作先进单位称号。2000年1月19日因病在上海逝世。

骆何民

骆何民(1914—1947),男,江苏江都人,名骆何敏。"文萃三烈士"之一。1927年加入共青团,后转为中国共产党党员。1929年因参加革命活动被捕,出狱后于1930年到上海。曾赴苏北参加红十四军,不久负伤回上海,曾任共青团沪西宣传部长、组织部长,多次被捕。1932年1月27日在闸北北火车站宣传时被警察抓捕,因淞沪抗战,警察急于逃命放了他。同年5月,他在中国中央军委任职,参加集会时又遭被捕,押淞沪警备司令部看守所,受酷刑,经营救获释。同年11月1日,骆何民化名何福林,担任共青团沪西区委组织部长,参加团区委会议时又遭逮捕,被判刑5年,送漕河泾监狱服刑。1936年春,被关押到江苏省反省院,同年11月出狱,归家休养。抗战爆发后,他到上海参加抗日救亡工作。上海沦陷后,他先后在武汉、长沙、桂林、福建等地从事新闻出版工作,宣传抗日统一战线。1945年至上海参与《文萃》编辑印制工作。1947年7月被捕,翌年12月27日在雨花台殉难。骆何民因前后七次被捕而脱党,1949年7月11日被追认为中国共产党党员。中华人民共和国成立后,被追认为烈士。

钱相摩

钱相摩(1920—1949),男,江苏阜宁人。原名钱宝善,出身于大地主家庭。他先后读过私塾、城中小学、阜宁县初级中学和盐城应用化学科职业学校。抗战爆发后,他赴上海,1941年考入上海大同大学。

太平洋战争爆发后,他不愿在汪伪统治下的学校读书,回到家乡。1944年春,参加中国共产党领导的宣传工作。他酷爱戏剧艺术,且多才多艺,利用群众喜闻乐见的文艺形式,宣传抗日救亡和反内战斗争。1945—1946年间,编写淮剧剧本《新状元》、《哪个力量大》等二十多部。1947年5月,调阜东县委敌工部工作。同年秋批准为中共特别党员,先后到泰州、镇江、崇明、上海等地开展地下工作。上海解放前夕,由于叛徒告密,被秘密逮捕,壮烈就义,时年29岁。

邱文治

邱文知(1909—1932),男,江苏徐州人,又名邱文治。中共沪西"特科"成员,罢工斗争中最勇敢。1932年7月17日在共舞台参加集会被捕,坚贞不屈,是同案中被吊打、受刑最重的一个,为"沪西共舞台事件"十三烈士之一。年仅23岁。

佘敬成

佘敬成(1916—1980),男,江苏江都人。出身工人家庭。民国18年(1929)进日商大康纱厂做工。他积极投入民国25年(1936)的日商纱厂反日大罢工,后又参加抗日救亡运动。民国27年(1938)春,加入中国共产党。同年8月,担任重建后的大康纱厂党支部书记。

民国二十九年(1940),佘以车间副领班的身份,向厂方建议开办工人夜校。他还通过党员和积极分子,组织了各种兄弟会、姐妹会、读书会、互助会,团结了一大批工人。到抗战胜利前夕,党支部已拥有党员52人,成为当时沪东地区党员最多、战斗力最强的基层党组织。

民国34年(1945)8月日本投降,为了维护工人的切身利益,佘敬成率先在大康纱厂成立了民主工会。同年10月,又联合其他厂成立沪东棉纺印染联合工会筹备会,佘被选为常务理事,支持和促进其他各厂筹建工会。

1945年10月复工斗争中,十二厂工会在佘敬成的领导下,坚持老工人无条件复工,迫使经济部接收人员同意;在争取发生活维持费的斗争中,佘敬成决定在十二厂采取捉日本大班,并带动了13家纺织厂共同行动,把日本大班关押在工会,有3000多工人主动来保护工会,与国民党军警斗争了三天三夜,轰动了整个上海,迫使日方发放3个月的生活维持费。1947年4月4日,国民党打手行凶毒打工会积极分子,佘挺身而出,打死两名企图夺枪的打手。佘被捕后,沪东纺织工人纷纷声援,几千人签名要求放人。法院审讯当天,沪东工人两千多人到法院门外声援。

1949年5月上海解放,佘敬成出狱,先后在市纺织工会、市总工会劳动工资部等部门担任领导工作。

沈鼎法

沈鼎法(1906—1949),男,江苏省崇明人,又名生祥,曾用名沈志明,是崇明早期的共产党员之一。他1927年参加中国共产党,是年秋回崇明后,组建中共党支部。抗日战争时期,他先后担任"崇明县民众抗日自卫总队"政训处主任、苏四区游击指挥部第三旅六团团长,崇明警卫团团长,解放战争时期,为苏北解放区运送军火、营救被捕同志,并为迎接上海解放做了大量的工作。1949年5月14日,沈鼎法遭国民党特务机关逮捕,5月24日被敌人杀害于国民党上海市警察总局,时年43岁。

施章

施章(1893—1940),男,江苏省崇明人,原名施五郎,海员。1907年,他到上海驳船厂当学徒,后在英商汇德丰驳船公司当船工。1922年,他参加上海海员工人大罢工。1924年发动汇德驳船公司166只驳船的1800多名海员罢工。1925年,组织工人参加五卅大罢工,并加入了中国共产党。1926年,施章在广州召开的中国海员第一次代表大会上被选为中国海员工会总会宣传委员。

1927年8月他参加"八一"南昌起义,在政治保卫处工作。10月,参加海陆丰农民武装起义,12月,参加广州起义,起义失败后,移居香港。不久返崇,变卖家中土地,携带妻儿到上海继续从事革命工作。1930年上半年,施章从苏联学习6个月回国后,到海员中开展秘密工作。1931年,领导汇德丰驳船公司50余艘驳船工人罢工。

"九一八"事变后,他积极投身抗日救亡运动。1933年8月,他在参加浦东烂泥渡会议的归途中,因叛徒出卖而再次被捕,被押送到南京国民党中央陆军监狱,以"危害民国"罪判刑10年。

1937年8月29日,施章经党的营救获释后,即去延安,先后在中共中央组织二科、枣园二室、中共中央社会部工作,曾任中共中央敌占区交通部负责人,还负责八路军的军饷供给工作。因多次被捕,他的身体受到严重摧残。1940年10月4日,因肺结核咯血,逝于延安枣园中央医院,终年47岁。党中央和延安人民为他举行了隆重的追悼会。1951年2月,中央人民政府内务部追认他为革命烈士。1982年10月,施章墓迁入延安市革命陵园。

孙民臣

孙民臣(1899—1927),男,江苏淮阴人。民国十年(1921)来沪进内外棉十四厂做工。1924年夏参加沪西工人补习学校学习,后参加工友俱乐部活动。次年,孙带领工友积极投入二月罢工和五卅运动。是年秋,参加共产主义青年团和中国共产党,被推选为共青团小沙渡支联会干事,负责宣传工作。10月被推选为共青团上海地委候补委员。12月,任中共小沙渡部委组织部主任。1927年大革命失败,英勇牺牲。

汤桂芬

汤桂芬(1918—1964),女,江苏扬州人,生于沪西贫苦工人家庭。父汤志忠在日商内外棉四厂做打包工时,参加过上海工人武装纠察队。母亲林金秀,曾是纱厂工人。汤桂芬7岁入沪西水月华童小读书,9岁时因家贫被迫辍学,挑起家庭重担,先后在内外棉五厂、十四厂、统益纱厂、永安三厂、大康纱厂、同兴军服厂做工。

1939年12月,她在永安三厂第一次参加了地下党领导的为争取年奖的罢工斗争,她因表现突出,被资方以"聚众闹事"为由开除。

不久,她再次进入沪西统益纱厂当验布工,入三和里女工夜校读书。她参加了地下党组织的"八一三姐妹会"。

1940年10月,统益纱厂党支部正式吸收汤桂芬为中国共产党。次年7月,汤桂芬由支部委员改任支部书记。1941年底,日军侵占上海租界,统益纱厂关闭。汤桂芬到沪东大康纱厂协助中共党员佘敬成开展工作。

1944年年初,汤桂芬考入同兴军服厂,担任地下党支部书记,采用"无头斗争"方法,打击了日本资本家对中国工人的压榨和非人待遇,积极宣传抗日。

1945—1946年,汤桂芬领导工人进行复工斗争和改善生活待遇斗争。1946年3、4月间被选为国大代表和工界参议员。1946年6月23日,她带领统益纱厂工人到北站欢送"上海人民和平请愿团",还担任沪西游行总指挥,《文汇报》曾专题报道。1948年2月,汤桂芬在三区纺纱厂工会理事会议上,支持申九工人斗争。

1948年3月,汤桂芬遭到国民党当局监视,被迫撤离统益纱厂。8月赴哈尔滨参加第六次全国劳动代表大会,介绍"上海女工英勇斗争"。

上海解放前夕随军南下。汤桂芬相继任轻工业大队大队长、上海总工会筹委会常委和女工部长、纱厂工会主席。1950年当选为中国纺织工会副主席、上海纺织工会主席。1964年2月因病去世。

汤景延

汤景延(1904—1948),男,江苏如皋人,新四军著名敌工干部。1924年旅沪求学。1930年7月参加中共江苏省委领导的"如西暴动"被捕,9月出狱。抗日战争期间,他曾任通海人民自卫团团长、"联抗"副司令、如皋独立总队长。1943年,他率一个团打入伪军内部开展惊险的特殊战斗。汤景延的这一壮举被誉为

"汤团行动",而他本人从此成为传奇人物。解放战争时期,曾任苏中海防总队副司令、江南人民自卫纵队司令兼政委。1947年汤到上海青浦游击活动时被国民党逮捕,1948年5月14日被害于江湾刑场。

王体然

王体然(1918—1949年),男,江苏铜山人(一说江苏沛县人),又名王体元,解放高桥三烈士之一。从小父母双亡。1938年参加抗日游击队,历任班长、排长、连长、团作战参谋、营长、副团长。1943年到徐州敌占区做策反工作,使敌军之一部分起义投诚。解放战争中,曾带领所部配合兄弟团攻占某镇中俘虏敌军一个团。1949年5月,任中国人民解放军30军88师262团副团长,在解放上海的高桥之战中,一天内打了七次冲锋战,向敌人核心碉堡发起总攻时,中弹牺牲。

王贤郎

王贤郎(1911—1939),男,江苏宝应人,1932年7月17日因"共舞台事件"被捕,被判有期徒刑六年。获释后参加抗日武装游击队。1938年9月在崇明南堡镇战斗中牺牲。

王渔书

王渔书(1925—1949),男,江苏涟水人。他住沪西金家巷同仁村140号,家境贫寒,平日靠做小工和踏三轮车维持生计。1948年初上海地下党创办的民校进驻棚户区后,他逐步向民校师生靠拢。1949年4月6日,余姚路487弄兴华里棚户失火,王渔书随金家巷地下党组织的义务消防队赴火场救火;国民党的救火消防车见火不救,却趁火打劫,索要金条。王渔书夺下消防队员的水带龙头,向火头喷射。义务消防队和国民党消防队为此发生了冲突,当时余姚路警察岗亭值班警察,不但不支持奋勇灭火的群众,却用警棍把王渔书击倒在地,王触上被烧断的高压线,当即身亡,年仅24岁。

温济泽

温济泽(1914—2001),男,江苏淮阴人,化名温谅文。1930年4月加入共产主义青年团,曾任"民联"青年部长、复旦大学共青团支部书记。1932年因"共舞台事件"被捕入狱,被判有期徒刑12年。1936年加入中国共产党。曾任陕北公学教员,延安中央研究院研究员,《解放日报》编辑、副刊主编。中华人民共和国成立后,任中央人民广播电台副总编辑、中央广播事业局副局长。曾错划为"右派"。后任中国社科院研究生院院长等职。还兼任中国新闻教育学会会长,中国科普创作协会理事长、中华炎黄文化研究会副会长等十多个社会团体职务。著有《征鸿片羽集》,曾主编《革命烈士传》10卷、《瞿秋白文集》等。

吴启吉

吴启吉(?—1927),男,江苏南通人。幼时随父母从苏北逃荒至沪,后进老怡和纱厂做工。1924年进入杨家宅平民夜校读书。1925年五卅运动后,老怡和成立罢工委员会,后改组为工会,他担任理事。8月参加中国共产党,是老怡和纱厂的第一批党员。1926年春,因保护厂里童工,遭英国大班哈尔波和印捕毒打,打掉两颗门牙。党支部因势利导,发动全厂罢工。厂方不得不同意工人提出的三项条件:不准打骂工友;向吴启吉赔礼道歉,承担一切医疗费用;补发停工期间工资。1927年2月,吴担任中共老怡和纱厂支部书记。3月21日上海工人第三次武装起义中,老怡和成立工人纠察队,他任中队副,带领老怡和工人,与沪东工人纠察队一起冲到虹镇警署、胡家木桥三区五分署与敌人激战,缴枪30多支。7月,沪东区成立"打狗队",决定首先惩处"沪东共进会"会长、杨树浦巡捕房包打听头目、专门破坏工人运动的程海彪,由他和李时民、刘泽芝三人执行,任务完成撤退时,不幸被抓,被特务一连几天严刑拷打,壮烈牺牲。

肖明

肖明(1916—),女,江苏阜宁人,化名王小宝,肖万才之女,共青团闸北区委妇女部长,1932年7月17日因"共舞台事件"被捕,被判有期徒刑18年,押南京老虎桥模范监狱、反省院。1937年9月25日释放。20世纪90年代撰文回忆在狱中受到钱瑛等革命家的启迪及共同战斗的经历。

肖万才

肖万才(肖志义)(1880—1932),男,江苏阜宁人。在"共舞台事件"中因叛徒供认,被捕入狱。同时被捕的有其妻子肖郎氏、儿子肖明山。担任中共上海南洋肥皂厂党支部书记、闸北区民众反日救国会分会发行部长等职。1932年10月1日在雨花台殉难。为"沪西共舞台事件"十三烈士之一。时年52岁。

徐阿三

徐阿三(1908—1932),男,江苏盐城人,又名潘阿二。中国共产党党员。曾任中共上海同兴纱厂支部书记,领导同兴纱厂反日救国会工作。1932年7月17日在共舞台参加集会被捕,为"沪西共舞台事件"十三烈士之一。年仅24岁。

许金标

许金标(1907—1932),男,江苏靖江人,又名徐子明。中国共产党党员。曾任中共上海闸北营造业党支部书记,是上海闸北区工人反日救国会的组织者和领导者。1932年7月17日在共舞台参加集会被捕,为"沪西共舞台事件"十三烈士之一。年仅25岁。

徐清如

许清如(1907—1931),江苏阜宁人。共青团员。互济会成员。上海老闸捕房巡捕。1932年7月17日在共舞台参加集会被捕,为"沪西共舞台事件"十三烈士之一。年仅24岁。

徐玮

徐玮(1903—1928),男,江苏省海门市磨框镇人,原名宝兴,化名秦明、谢公弢、胡公达,出身于农民家庭。1914年,入海门县立高等小学。1916年秋,升入私立海门中学,因宣传抵制日货、取消"二十一条"被学校开除。1920年考取苏州东吴大学预科,因宣传无神论又被开除。1922年徐玮进入上海南方大学读书,协助负责沪西工人和学生运动的青年团第三支部书记稽直,创办工人夜校。

1923年,徐玮在上海沪西区参加社会主义青年团,次年转入中国共产党。这一年,他与稽直等又创办了"小沙渡工人补习学校",又成立"小沙渡沪西工友俱乐部",徐玮任干事。1925年,他参加五卅运动。11月,任上海沪西区小沙渡共青团部委书记。1927年1月,当选为共青团江浙区委员会书记。上海工人第三次武装起义胜利后,徐玮作为共青团的代表出席了上海临时市民代表大会,当选为执行委员。上海特别市临时政府成立,徐玮又被选为委员,分管宣传工作。

1927年4月27日,徐玮出席了在武汉举行的中国共产党第五次全国代表大会。接着又出席了共青团第四次全国代表大会,被选为中央委员,会后留在武汉中央军事科工作。八月,调往杭州,担任共青团浙江省委书记,化名谢公弢。同年11月省委军委地下机关突然被搜查,团省委机关也遭到破坏,徐玮和团省委秘书长曹仲兰等同时被捕。他们先被关在杭州市柴木巷看守所,不久转押到浙江陆军监狱。被捕后,徐玮即化名胡公达。1928年初,由于叛徒出卖,徐玮1928年5月3日被杀害。

杨小二子

杨小二子(1912—1932),男,江苏阜宁人,又名杨小儿子。共青团员。共青团闸北区委秘密交通。曾接受组织指派,带人进入苏区,因长途交通负责人被捕而返回上海。一说从中央苏区来沪。1932 年 7 月 17 日在共舞台参加集会被捕,为"沪西共舞台事件"十三烈士之一。年仅 20 岁。

俞保元

俞保元(1905—1930),男,江苏崇明人,化名蔡昌,出生于贫民家庭。16 岁进陆伯良布庄当学徒,在陆铁强、俞甫才的引导下走上革命道路。

1927 年初,俞保元由叔父俞甫才介绍加入中国共产党。不久到武汉国民党江苏省党部党务训练班学习,6 个月后回上海。不久遭国民党军警逮捕。后经中共党组织营救回崇。

1928 年 8 月,中共江苏省委农民部派杨思公和严震来崇担任临时县委负责人。杨、严与俞保元等人组织雇农会,恢复党组织,在东部地区建立了 3 个党支部。1929 年 12 月,俞保元化名蔡昌,任中共崇明县委书记,并兼一区的工作。

1929 年底,俞保元和县委委员施季麟等秘密去堡镇大通纱厂,发动工人罢工;在农村,组织农民开展"减租减息斗争"。

1930 年,中共江苏省委指示县委在"五一"国际劳动节组织暴动。4 月 12 日晚,县委在堡镇西海界宅召开全县工农兵代表会议,由于地下党员刘金甫叛变,突遭国民党军警袭击,到会 48 名代表全部被捕。俞保元、施季麟、郁志翘等 12 人被押往上海淞沪警备司令部,监禁于漕河泾监狱。

俞保元被判 9 年徒刑,因组织难友越狱失败,于 1930 年 9 月 9 日在龙华英勇就义。

赵寿先

赵寿先(1923—1948),男,江苏扬州人,又名赵毅、刘志宏。"利群书报案"牺牲的七烈士之一。

赵寿先 6 岁入学,1935 年小学毕业,考入扬州中学。1937 年底日寇占领扬州,赵寿先赴上海考入水路测量局当练习生。1942 年赴重庆,翌年考入中央大学工学院航空工程系。1944 年参加青年军,施即返校。1945 年初,中共南方局在中大成立新民主主义青年社,赵倾向革命。1946 年在重庆加入中国民主同盟。

战后,中大迁回南京。1947 年 5 月 20 日,赵寿先在南京参加京沪杭苏 16 个以上专科学校 5000 多名学生举行"反饥饿、反内战,挽救教育危机"大游行,即

"五二〇"运动。1947年6月15日,被选为全国学联理事,负责南京学联与全国学联的联络工作。

1947年,赵寿先毕业,在国立上海高级机械学校任教。同年10月,他加入中国共产党。1947年底,他担任上海市农工民主党青年委员会主任。同时期,中共党组织成立新民主主义青年联盟会(简称"新青联"),赵寿先任主任委员。

1948年10月,他因受"利群书报案"牵连被捕。

国民党以为抓到学联骨干赵寿先,企图从他身上打开缺口,一举破坏上海和全国学联组织,破坏学生运动。赵寿先严守秘密,悄悄卸下所戴眼镜,把镜片掰成两半吞下,被送至医院抢救。赵寿先被救活后,国民党特务夜以继日地对他进行惨无人道的逼供,如用针戳十指、坐老虎凳、坐电椅等。赵寿先始终没有屈服。1948年11月20日晨4点,他趁看守打盹一瞬间,爬上窗台,奋身一跃,从三楼凌空而下,献出了年轻的生命。

张丕烈

张丕烈(1898—1950),号伟军,江苏崇明北义乡人。张原是教师,后经同乡介绍到轮船当练习生。抗战爆发时,张已升任招商局庆宁轮船长,响应国民政府西撤命令,并沉船于汉口马当一线,阻止日军顺江西进。张率轮沉船后流落上海,多次拒绝日本人的重金聘任,在苏州旅沪小学当教师,后任私营华兴轮船公司承租的蒲露陀号货船船长。战后,张重回招商局,先后任海皖、海列轮船长。

解放前夕,张之好友海辽轮船长方枕流秘密接受共产党指示,准备率船起义。在方的启发下,张的思想日趋进步。1949年初春,张率海辰轮撤离上海赴台。10月初,张收到海辽轮的起义通电,便联络船员,组织骨干,秘密研究起义行动计划。

1950年1月,海辰轮离台湾驶日本吴港,张召集全体船员举行归航祖国大陆的誓师大会。由于动摇分子的泄密,海辰轮在归返途中遭国民党军舰拦截。3月22日,张被台湾国民党当局逮捕。5月30日,宪兵司令部军事法庭以"准备发动叛乱罪"判处张死刑。同年7月11日晨5时,张丕烈在台北马场町刑场英勇就义,时年52岁。1951年,华东军政委员会批准张丕烈为革命烈士,并在上海万国公墓召开追悼会。

张如松

张如松(1928—1949),男,江苏宝应人,上海沪西中国第三棉纺织厂工协委员。1943年参加革命。上海解放前夕,根据中共地下党的指示,把完整的上海交给新中国,张如松利用工协会员的公开身份,组织工人组成护厂队,开展了护厂、护物资斗争,挫败了国民党的掠夺物资计划,完成了地下党交给的任务。1949年5月23日,因叛徒告密在上海被捕,翌日,壮烈牺牲,年仅21岁。

周恩来

周恩来(1898—1976),男,祖籍绍兴,生于江苏淮安(现江苏省淮安市淮安区)。无产阶级革命家、政治家、军事家和外交家,中国共产党和中华人民共和国主要领导人之一,中国人民解放军创建人之一。

1917年在天津南开学校毕业后赴日本求学,接触马克思主义;1919年回国,在五四运动中成为天津学生界的领导人,参与组织进步团体觉悟社。1920年去欧洲勤工俭学。1921年加入共产主义小组,1923年被国民党本部委任为国民党巴黎分部筹备员、国民党驻欧支部特派员和代理执行部长等职,主持国民党驻欧支部的工作。

回国后,担任黄浦军校政治部副主任、主任。第一次国共内战期间,担任中共苏区中央局书记、中国工农红军总政委兼第一方面军政委、中央革命军事委员会副主席,参与中央苏区反"围剿"战争,并指挥长征。西安事变中,他代表中共中央与中国国民党签订合约,共同对日作战。抗日战争期间,他担任国军政治部副主任兼第八路军驻渝办事处主任,负责国共双方军事与政治调停,战争结束后,陪同毛泽东前往重庆谈判。第二次国共内战期间,担任解放军代总参谋长,并代表中共进行北平和谈。中华人民共和国成立后,周恩来任中华人民共和国国务院(1949年至1954年间称中央人民政府政务院)总理直至1976年逝世。1949年至1958年间,兼任外交部部长。此外,他历任中共中央副主席、中共中央书记处书记、中共中央军委副主席、全国政协主席等党、政、军重要职务。

周国强

周国强(1909—1979),男,苏北高邮人,出身贫寒,初小辍学,1926年入法电当售票员,在上海工人第三次武装起义中当过纠察队员;大革命失败后参加1928年法电的24天大罢工和1930年徐阿梅发起并领导的57天大罢工;"八一三"事变后,他隐蔽作战,广交朋友,组织了群众小团体"信义储蓄会"。他还组织工人读书班"吃酒会",参加"联谊会"等活动,团结和培养了一批抗日积极分子。为他40年代在车务部工人乃至法电工人中有效组织工人罢工打下了坚实基础。

抗战胜利后,周国强当选为民主工会副理事长,他和朱俊欣多次成功领导法电工人罢工斗争。1947年"九二七"大罢工后,周国强撤出法电,服从组织安排到香港学习。1948年去苏北解放区,在华中党校担任工作队支部组织委员。

解放后,周国强先后担任上海总工会总务处处长、市政工会副主席、公用局副局长、上海市人委参事室参事等职务。他始终保持工人阶级本色,上班不坐配备的小轿车,甘愿挤公共汽车;为三轮车工人送茶水等。"文化大革命"中受到迫害;"文化大革命"后,他担任市公用局顾问。1979年病逝。

周昌贵

周昌贵(1908—1948),男,江苏阜宁人。1936年进英商上海电车公司工作,任16路42号驾驶员。他为人正派、待人热情,组织司机互助会,树立了威信。抗战爆发后,他投入抗日救亡运动。1938年初与王宝奎、李定勇等人响应中共江苏省委"节约救难"号召,以互助会名义开展募捐活动。1941年由李定勇介绍,加入中国共产党。1948年在"三二〇"事件中遭国民党政府逮捕。周被捕期间,曾被审讯三次,坚贞不屈,严守党的秘密。因狱中被折磨致病,周昌贵于1948年11月27日由家属保释就医,出狱第二天死亡。

朱俊欣

朱俊欣(1912—1968),男,江苏靖江人,父亲种田兼做裁缝,10岁时仅读半年书因家境贫寒被迫辍学。1928年因生活所迫学弹棉花。1932年春,他由亲戚介绍到上海,在闸北仁和洋伞原料厂当学徒,1935年进法电机务部新车间当小工。1940年秋,法电爆发大罢工,朱俊欣被选入纠察队。1940年7月,朱俊欣加入中国共产党,半年后他被推为党小组长。

太平洋战争后,朱俊欣遵照党的"勤学、勤业、交朋友"指示,深入细致在工人中开展工作,访贫问苦,广交朋友。1943年,他担任法电机务部党支部书记,率先在新车间发起成立联谊储蓄会,会员成为机务部工人的骨干力量。

抗日战争胜利后,朱俊欣领导法电工人进行了一系列斗争,他勇敢顽强,老练沉着,经验丰富,成为法电工人公认的领袖。

1946年法电工会正式成立时,他被选为工会理事长,还兼任工会党团书记。朱俊欣在40年代法电工人运动中充当了至关重要的领导核心。

1947年"九二七"大罢工后,他撤到香港学习,1948年7月参加全国第六次劳动大会,被选为中国全国总工会常务委员。12月,他作为国统区代表受到毛泽东、周恩来、刘少奇、朱德等党中央领导同志接见。

1949年5月,朱俊欣随军南下,解放后先后担任全国政协委员、华东军政委员会委员、上海市人民政府委员、上海市政协委员、上海市总工会副主席、上海失业工人救济委员会副主任、上海建筑工会主席、上海市建筑工程局副局长等职务。"文化大革命"中,朱俊欣受到残酷打击和迫害,1968年6月14日被迫害致死,1978年被平反昭雪。

朱瑞

朱瑞(1905—1948),男,江苏宿迁市宿城区龙河镇朱大兴庄人。我军解放战争时期牺牲的最高级别将领。

1918年,朱瑞进洋河公学读书,1920年入徐州培心中学,因发动学生罢课被开除。1924年夏赴沪,经上海大学学生、老同学马汝良介绍,加入社会主义青年团和国民党,同年秋考入广东大学。1925年秋考取莫斯科中山大学,1927年毕业后,入苏联炮兵军官学校学习,1928年加入苏联共产党,1929年回国。历任中央特派员、中共中央长江局军委参谋长兼秘书长,红军总司令部科长、红军学校教员、红三军政治委员等职。1932年底,调任红五军团政委。1934年8月,调任一军团政治部主任,旋即参加长征。第一、四方面军会师后,任第一方面军政治部主任。到陕北后,参加了东征、西征等战役。1936年12月任第二方面军政治部主任。

全国抗战爆发后,朱瑞任中共中央北方局军委书记。后调任八路军驻第一战区联络处处长,同时创办华北军政干部学校。1938年11月任北方局组织部部长。1939年5月任八路军第1纵队政治委员,与司令员徐向前赴山东,统一指挥在山东和苏北地区的八路军部队。后兼任山东军政委员会书记、中共中央山东分局书记。1943年12月入中共中央党校学习。1945年夏,被任命为延安炮兵学校代理校长。

抗日战争胜利后,朱瑞率延安炮兵学校师生开赴东北。1946年10月先后任东北民主联军和东北军区炮兵司令员,兼炮兵学校校长。1948年9月12日,辽沈战役开始,朱瑞指挥炮兵纵队参加攻克锦州以北国民党军坚固据点义县县城战斗。10月1日战斗即将结束时,朱瑞亲往城南突破口实地查看城墙被炮火破坏的情况,途中不幸触雷,壮烈牺牲,时年43岁。为纪念他,中央军委决定将东北军区炮兵学校命名为"朱瑞炮兵学校"。

朱英如

朱英如,女,江苏扬州人。3岁丧父,7岁做放牛娃,11岁给资本家当丫头。13岁到上海,先后在上海三新纱厂和英商老怡和纱厂布机间做工。1924年8月,进日商上海第三纱厂做领班。1925年,参加五卅运动。同年夏加入中国共产党,担任上海总工会第二办事处女工委员,负责引翔地区2万多工人的联系工作。1926年2月领导日商上海第三纱厂罢工,被厂方开除。后受中共组织委派至闸北丝厂开展工作,并任中共上海区委候补委员,同年3月任曹家渡部委妇女主任。同年5月,出席在广州召开的第三次全国劳动大会。回沪后任中共闸北部委妇女部主任、丝厂工会主任、互济会主任。同年6月,领导闸北35家丝厂工人举行总同盟罢工。1927年1月,任上海丝厂总工会委员长。在上海工人三次武装起义中,朱英如率领丝厂工人组织救护队和宣传队参加战斗。四·一二反革命政变后,她去浦东担任地下工会组织委员,并在第四次全国劳动大会上当选为中华全国总工会执行委员。同年11月被捕,1931年底出狱。后在上海教育用品社、振泰纱厂等处做工。八一三事变后,进难民收容所识字班工作。翌年,进中央化学玻璃厂做工。抗日战争胜利后,于1946年1月重新加入中国共产党,参加了六·二三等和平民主运动。

1949年7月进上棉十七厂,先后担任工会女工委员、女工宿舍管理员。1955年退休,同年被选为地区妇代会主任、里弄支部书记。1957年,参加周恩来在上海召开的上海工人三次武装起义座谈会。1958年,当选为市政协委员。1959年,当选为杨浦区政协常委。1961年,参加上海老工人讲师团,先后在上海、浙江、福建等地向工厂、农村、机关、学校、部队作革命传统教育报告。1964年病逝。

参考文献

一、档案

1. 上海市档案局,Q6—5—949。
2. 上海市档案局,Q6—5—954。
3. 上海市档案局,Q6—5—955。
4. 上海市档案局,Q6—5—956。
5. 上海市档案局,Q6—5—978。
6. 上海市档案局,Q6—5—982。
7. 上海市档案局,Q6—5—985。
8. 上海市档案局,Q6—5—989。
9. 上海市档案局,Q6—5—992。
10. 上海市档案局,Q6—5—993。
11. 上海市档案局,Q6—5—997。
12. 上海市档案局,Q6—5—954。
13. 上海市档案局,Q6—5—1001。
14. 上海市档案局,Q6—5—1006。
15. 上海市档案局,Q6—5—1064。
16. 上海市档案局,Q235—1—1086。
17. 上海市档案局,Q117—19。
18. 上海市档案局,Q117—10。
19. 上海市档案局,Q192—6—8。
20. 上海市档案局,Q235—1—15。
21. 上海市档案局,Q5—2—1012。
22. 上海市普陀区档案局,125—2—22。
23. 上海市档案局,B3—2—199—18。
24. 上海市档案局,Q5—2—1089。
25. 上海市档案局,Q5—2—1019。
26. 上海市档案局,Q117—42—5。

27. 上海市档案局,Q117—29—7。

28. 上海市档案局,Q119—2—566。

二、报刊

1. 《新中华报》1939年12月30日。
2. 《中国教育报》2011年5月20日。
3. 《热血日报》1925年6月23日。
4. 《北华捷报》1925年8月8日、15日;11月12日。
5. 《申报》1925年6月6日、1926年3月28日。
6. 《上海总商会月报》1925年5月。
7. 《工人之路》1925年10月,第102期。
8. 《民国日报》1925年5月、6月。
9. 《民国日报》副刊《平民之友》,1924年。
10. 上海《时报》1915年12月3日、1919年5月15日。
11. 上海《时事新报》1918年4月18、19日。
12. 上海《时事新报》1919年3月9日。
13. 上海《时事新报》1919年5月26日。
14. 《大公报》1945年12月。
15. 《申报》1946年10月15日、11月3日。
16. 《文汇报》1938年11月28日。

三、资料汇编、方志

1. 《上海纺织工人运动史》,中共党史出版社1991年版。
2. 《上海卷烟厂工人运动史》,中共党史出版社1991年版。
3. 《上海第一棉纺织厂工人运动史》,中共党史出版社1997年版。
4. 《上海第二棉纺织厂工人运动史》,中共党史出版社1995年版。
5. 《上海第十二棉纺织厂工人运动史》,中共党史出版社1994年版。
6. 《上海出租车业和人力车夫业工人运动史》,中共党史出版社1991年版。
7. 《上海工厂企业党史工运史丛书》,中共党史出版社1991—1997年版。
8. 上海社会科学院历史研究所:《五卅运动史料》第一卷,上海人民出版社1981年版。
9. 上海市档案局编:《上海工人三次武装起义》,上海人民出版社1983年版。
10. 中共上海市委党史研究室编:《中国共产党上海史(1920—1949)》上、下卷,上海人民出版社1999年版。
11. 《中国劳工运动史》,商务印书馆1942年版。
12. 《中共党史教学参考资料》第十七册,国防出版社1985年版。
13. 《"一大"前后——中国共产党第一次代表大会前后资料选编》(二、三),人民出版社1980—1984年版。

14.《中共党史参考资料》第三册,解放军政治学院党史教研室编,1979年。
15.《二十年来的中国》,独立出版社1933年版。
16.《中共中央文件选集(1921—1925)》第一册,中共中央党校出版社1982年版。
17.《中共中央文件选集(1926)》第二册,中共中央党校出版社1983年版。
18.《中共党史资料》第六十六辑,中共党史出版社1998年版。
19.《联共(布)、共产国际与中国国民革命运动(1920—1925)》第一卷、第二卷,北京图书馆出版社1997年版。
20.《上海监狱志》,上海社会科学院出版社2003年版。
21.《上海工运志》,上海社会科学院出版社1997年版。
22. 中共闸北区委中共党史资料征集办公室等编:《大风暴——纪念上海工人第三次武装起义胜利七十周年》,1997年。
23.《上海棚户区的变迁》,上海人民出版社1962年版。
24.《上海文史资料选辑》第二、三辑,上海人民出版社1979年版。
25. 中共上海市杨浦区党史办公室编:《杨浦革命史迹》,上海远东出版社2011年版。
26.《上海工会联合会》,档案出版社1989年版。
27.《上海革命历史文件汇集》,甲,1988年版。
28.《江苏革命历史文件汇集》乙,1988年版。
29.《上海金融史话》,上海人民出版社1978年版。
30.《二七大罢工资料选编》,人民出版社1983年版。
31.《盐城文史资料选辑》(第六辑),盐城市政协文史资料研究会,1987年。
32.《上海社会科学院工人口述史(1957—1963)》。
33.《上海研究论丛》(第四辑),上海社会科学院出版社1989年版。
34.《虹口区志》,上海社会科学院出版社1996年版。
35. 上海市社会局:《上海市人力车夫生活状况调查报告书》,《社会半月刊》第一卷第一期(1934年9月10日)。
36.《五四运动在上海史料选辑》,上海人民出版社1980年版。
37. 熊月之主编:《上海名人名事名物大全》,上海人民出版社2005年版。
38.《上海英烈传》(1—9册),上海人民出版社1986—1990年版。
39.《普陀区志》,上海社会科学院出版社1994年版。
40.《闸北区志》,上海社会科学院出版社1998年版。
41.《杨浦区志》,上海社会科学院出版社1995年版。
42.《静安区志》,上海社会科学院出版社1996年版。
43.《徐汇区志》,上海社会科学院出版社1997年版。
44.《长宁区志》,上海社会科学院出版社1999年版。
45.《南市区志》,上海社会科学院出版社1997年版。
46.《黄浦区志》,上海社会科学院出版社1996年版。
47. 刘庠:《同治徐州府志》第10卷,江苏古籍出版社1991年版。

48.《中国棉纺统计史料》,上海市棉纺工业同业公会筹备会,1950年。
49.《党史研究资料》(1),四川人民出版社1980年版。
50.《上海研究论丛》(4),上海社会科学院出版社1990年版。
51.同治:《续纂扬州府志》,(清)方浚颐修;晏端书、钱振伦等纂;清同治十三年(1874)。
52.《盐城市志》,江苏科学技术出版社1998年版。
53.《淮阴县志》,上海社会科学院出版社1996年版。
54.《南通县志》,江苏人民出版社1996年版。
55.《赣榆县志》,中华书局1997年版。
56.《上海港史话》,上海人民出版社1979年版。
57.(嘉庆)《两淮盐法志》,重刊本,扬州书局1870年(同治九年)刊,卷首一:《制诏》。
58.《上海碑刻资料选辑》,上海人民出版社1980年版。
59.彭泽益:《中国工商行会史料集》(上、下),中华书局1995年版。
60.《文史资料选辑》(第二辑),上海人民出版社1979年版。
61.《杨浦革命史迹》,上海远东出版社2001年版。
62.《上海市闸北区地名志》,百家出版社1989年版。
63.《20世纪上海文史资料文库》(1),上海书店出版社1999年版。
64.《上海法电工人运动史》,人民出版社1991年版。
65.《上海英电工人运动史》,人民出版社1993年版。
66.《中共上海党史大典》,上海教育出版社2001年版。
67.《解放后上海工运资料》,上海劳动出版社1950年版。
68.《清朝文献通考》卷十三,《钱币一》,《考》4966。
69.李文海主编:《民国时期社会调查丛编·城市(劳工)生活卷》(下),福建教育出版社2005年版。
70.上海市政府社会局编:《上海市工人生活程度》,中华书局1934年版。
71.《中国工会历次代表大会文献》,工人出版社1984年版。
72.魏宏运:《中国现代史资料选编》(2),黑龙江人民出版社1981年版。
73.《上海市沪西地区贫民革命斗争史资料》,内部版,1988年。
74.《上海交通大学志》,上海交通大学出版社1996年版。
75.许晚成编:《上海慈善机关概况》,1941年5月。

四、著作

1.《马克思恩格斯文集》第一、二、四卷,人民出版社2009年版。《马克思恩格斯选集》,人民出版社1995年版。

2.《列宁选集》第一卷,人民出版社1998年版。《列宁选集》第二、三卷,人民出版社1995年版。

3.《列宁全集》第三十一、三十二、三十九卷,人民出版社1986年版。

4.《毛泽东选集》第一、二卷,人民出版社1991年版。

5. 《毛泽东文集》第一卷,人民出版社 1993 年版。
6. 熊月之主编:《上海通史》,上海人民出版社 1999 年版。
7. 邓中夏:《中国职工运动简史》,人民出版社 1953 年版。
8. 刘明逵、唐玉良:《中国工人运动史》(六卷本),广东人民出版社 1998 年版。
9. 钱传水:《中国工人运动简史》,安徽人民出版社 1985 年版。
10. 胡林阁、朱邦兴等合编:《上海产业与上海职工》,香港远东出版社 1939 年版;上海人民出版社 1984 年版。
11. 沈以行、姜沛南等编:《上海工人运动史》(上、下),辽宁人民出版社 1991 年版。
12. 华岗:《中国大革命史》(1925—1927),文史资料出版社 1982 年版。
13. 《周恩来选集》(上),人民出版社 1980 年版。
14. 陈橹:《民国时期上海苏北人问题研究》,中国文史资料出版社 2005 年版。
15. 王知津等主编:《巾帼摇篮——上海女青年会女工夜校师生回忆》,上海人民出版社 2009 年版。
16. 埃德加·斯诺:《红星照耀中国》,新华出版社 1984 年版。
17. 华校生等主编:《不灭的星》,上海人民出版社 1991 年版。
18. 邹依仁:《旧上海人口变迁的研究》,上海人民出版社 1980 年版。
19. 朱学范:《上海工人运动与帮会二三事》,《旧上海的帮会》,上海人民出版社 1986 年版。
20. 周育民等:《中国帮会史》,上海人民出版社 1993 年版。
21. 郭绪印:《老上海的同乡团体》,文汇出版社 2003 年版。
22. 张玲等:《近现代上海苏北同乡公所、会馆研究》,《上海会馆史研究论丛》(第一辑),上海社会科学院出版社 2011 年版。
23. 陈独秀:《四论上海社会》,《独秀文存(卷二)·随感录》,外文出版社 2013 年版。
24. 任建树、张铨:《五卅运动简史》,上海人民出版社 1985 年版。
25. 吴必虎:《历史时期苏北平原地理系统研究》,华东师范大学出版社 1996 年版。
26. [英]安东尼·吉登斯著,赵旭东等译,刘琛、张建忠校译:《社会学》(第四版),北京大学出版社 2003 年版。
27. [日]中村三登志著,王玉平译:《中国工人运动史》,工人出版社 1989 年版;Jesn Chesneux, *The Labor Movement*, 1919-1927(Stanford University Press, 1968)。
28. [美]裴宜理著,刘平译:《上海罢工:中国工人政治研究》,江苏人民出版社 2001 年版。
29. [美]韩起澜著,卢明华译:《苏北人在上海,1850—1980》,上海古籍出版社 2004 年版。
30. Emily Honig, *Sisters and Strangers: Women in the Shanghai Cotton Mills*, 1911-1949(Stanford, Calif., 1986).
31. [澳]布赖恩·G.马丁:《上海青帮》,上海三联书店 2002 年版。
32. 刘秋阳:《近代中国都市苦力工人运动》,湖北人民出版社 2008 年版。

33. 张国焘：《我的回忆》第一册，东方出版社1998年版。
34. 张承宗：《解放前上海地下党的斗争》，《上海文史资料选辑》（第四十三辑），上海人民出版社1983年版。
35. 张仲礼：《近代上海城市研究》，上海人民出版社1990年版。
36. 李斗：《扬州画舫录》卷六，《城北录》，中华书局1960年版。
37. 《中国秘密社会史论》，上海古籍出版社2013年版。
38. 刘惠吾等：《近代上海史》，上海人民出版社1985年版。
39. 吴汉民：《上海360度》，上海古籍出版社2003年版。
40. 杨尚昆：《杨尚昆回忆录》，中央文献出版社2001年版。
41. 《解放战争时期上海工人运动史》，上海远东出版社1992年版。
42. 张义渔主编：《上海英烈传》(9)，百家出版社1997年版。
43. 陈港：《上海港码头的变迁》，上海人民出版社1966年版。
44. 《上海港志》，上海社会科学院出版社2001年版。
45. 池子华：《中国近代流民史》，浙江人民出版社1996年版。
46. 熊月之主编：《可爱的上海一百六十年知识问答》，学林出版社2004年版。
47. 卢汉超著，段炼、吴敏、子羽译：《霓虹灯外——20世纪初日常生活中的上海》，上海古籍出版社2004年版。
48. 吴健熙、田一平：《上海生活：1937—1941》，上海社会科学院出版社2006年版。
49. 李维汉：《回忆与研究》，中共党史资料出版社1986年版。
50. 《中国工人运动史》(1—6册)，广东人民出版社1998年版。
51. 蔡少卿：《中国近代会党史研究》，中国人民大学出版社2009年版。
52. 蔡少卿：《中国秘密社会》，浙江人民出版社1990年版。
53. 苏智良、陈丽菲：《近代上海黑社会研究》，浙江人民出版社1991年版。
54. 郭绪印：《旧上海黑社会秘史》，上海人民出版社1996年版。
55. 胡训民、贺建：《上海帮会简史》，上海人民出版社1991年版。
56. [美]费维恺著，王庆成、虞和平译：《中国早期的工业化：盛宣怀与洋务企业》，中国社会科学出版社2002年版。
57. 忻平：《从上海发现历史》，上海人民出版社1995年版。
58. 张开敏主编：《上海人口迁移研究》，上海社会科学院出版社1989年版。
59. 马西沙、韩秉方：《中国民间宗教史》，上海人民出版社1992年版。
60. [美]顾德曼著，宋钻友译：《家乡、城市和国家——上海的地缘网络与认同(1853—1937)》，上海古籍出版社2004年版。

五、论文

1. 张玉菡：《王剑虹——被忽略的中共早期妇运人物》，《党史文苑》（纪实版）2007年第4期。
2. 赵亮：《近代闸北的苏北人(1900—1949)》，上海师范大学2006年硕士学位论文。

3. 何金海:《"苏北人"——上海地方文化的一个问题》,《上海市建设职工大学学报》1999年第1期。
4. 谢俊美:《上海历史上人口变迁的研究》,《社会科学》1980年第3期。
5. 卢汉龙:《上海解放前移民特征研究》,《上海科学院学术季刊》1995年第1期。
6. 刘平:《还原:工人运动与中国政治——裴宜理〈上海罢工〉述评》,《近现代史研究》2003年第3期。
7. 胡悦晗:《政治博弈与"二月罢工"——以〈申报〉为视角的考察》,《衡阳师范学院学报》2009年第2期。
8. 马福龙:《关于1926年上海举行五卅周年纪念活动几点史实的辨正》,《上海党史与党建》2002年第9期。
9. 侯艳兴:《近二十年来民国时期上海帮会研究综述》,《社会科学》2008年第7期。
10. 何炳棣:《十八世纪中国商业资本的研究》,《中国社会经济史研究》1999年第2期。
11. 朱宗宙:《略论清代两淮盐商江春》,《盐业史研究》1991年第3期。
12. 王思治、金城基:《清代前期两淮盐商的盛衰》,《中国史研究》1981年第2期。
13. 胡银平:《沪西小沙渡研究(1899—1949)》,上海师范大学2008年硕士论文。
14. 陈正书:《上海近代工业中心的形成》,《史林》1987年第4期。
15. 庄红娟:《近代日本的对华资本输出原理》,《上海经济研究》2005年第12期。
16. 范成泰、朱兴华:《江淮下游的几次大洪水》,《江苏水利》1999年第7期。
17. 陈卫民:《穆志英是妇女运动的先锋吗?》,《史林》1992年第3期。
18. 邵雍:《1935年上海法租界人力车夫罢工初探》,《社会科学》2009年第1期。
19. 宋良曦:《清代中国盐商的社会定位》,《盐业史研究》1998年第4期。
20. 汪崇:《乾隆朝徽商在淮盐业经营中的获利估算》,《盐业史研究》2000年第1期。
21. 何炳棣:《扬州盐商:十八世纪中国商业资本的研究》,《中国社会经济史研究》1999年第2期。
22. 许檀:《明清时期运河的商品流通》,《历史档案》1992年第1期。
23. 袁晓霞、曹阳:《近代扬州地区商会组织》,《扬州档案方志》2006年第4期。
24. 叶尚鼎:《扬州沐浴文化简史》(中),《扬州档案方志》2006年第4期。
25. 吴磊:《"江北大亨"顾竹轩》,《人物》杂志2008年11月。
26. 胡珠生:《青帮史初探》,《历史学》1979年第3期。

责任编辑:赵圣涛
封面设计:肖　辉
责任校对:吕　飞

图书在版编目(CIP)数据

苏北人与上海革命运动:1921～1949/张玲 著.-北京:人民出版社,2016.2
ISBN 978－7－01－015818－1

Ⅰ.①苏…　Ⅱ.①张…　Ⅲ.①移民-作用-革命运动-研究-上海市-
　1921～1949　Ⅳ.①K295.1

中国版本图书馆 CIP 数据核字(2016)第 026452 号

苏北人与上海革命运动(1921—1949)

SUBEIREN YU SHANGHAI GEMING YUNDONG(1921—1949)

张　玲 著

人 民 出 版 社 出版发行
(100706　北京市东城区隆福寺街 99 号)

北京中科印刷有限公司印刷　新华书店经销

2016 年 2 月第 1 版　2016 年 2 月北京第 1 次印刷
开本:710 毫米×1000 毫米 1/16　印张:20.75
字数:350 千字　印数:0,001－3,000 册

ISBN 978－7－01－015818－1　定价:60.00 元

邮购地址 100706　北京市东城区隆福寺街 99 号
人民东方图书销售中心　电话 (010)65250042　65289539

版权所有·侵权必究
凡购买本社图书,如有印制质量问题,我社负责调换。
服务电话:(010)65250042